인물로 본 부안 동학농민혁명과 동학정신

인물로 본 부안 동학농민혁명과 동학정신

초판 1쇄 인쇄 2023년 1월 15일
초판 1쇄 발행 2023년 1월 31일

편 자 동학학회
저 자 채길순·조극훈·조규태·박대길·맹문재·강민숙·성주현·임형진·김철배·이선아

발행인 윤관백
발행처 선인

디자인 박애리
편 집 이경남·박애리·임현지·김민정·염성운·장유진
영 업 김현주

등 록 제5-77호(1998. 11. 4)
주 소 서울시 양천구 남부순환로48길 1, 1층
전 화 02)718-6252/6257
팩 스 02)718-6253
E-mail sunin72@chol.com

정 가 26,000원
ISBN 979-11-6068-794-1 93910

인물로 본 부안 동학농민혁명과 동학정신

동학학회 편

선인

간행사

　1894년 전국에서 최초로 동학농민혁명의 깃발이 높이 올랐던 백산대회 (3.26-3.29)를 떠올리면 부안 동학농민혁명의 의의와 가치를 아무리 강조해도 지나칠 수 없습니다. 동학농민혁명이 시작되었고 그 정신이 살아남아 일제 강점기의 항일정신으로 계승된 자랑스러운 도시인 부안은 자부심 또한 큰 도시입니다. 오늘 또 한 권의 부안 동학농민혁명을 잇는 단행본을 간행하면서 뿌듯함과 함께 자부심을 가져 봅니다.

　COVID-19의 팬데믹 사태가 여전히 계속되고 있지만, 동학의 후예를 자부하는 우리는 오늘도 동학정신을 잊지 말고 실천을 위해 노력해야 합니다. 팬데믹 상황 속에서, 많은 분들이 희생과 고통을 받았고 또 지쳐있습니다. 그러나 이러한 아픔을 통해서도 우리는 배우는 것이 있어야 합니다. 지금껏 자연을 무분별하게 파괴하고, 자연은 인간을 위해서 희생할 수 있는 대상으로만 여겼다는 것에 대한 통렬한 반성이 그것입니다. 지금은 전 지구적 차원에서의 어려움을 극복하고 새로운 출발 선상에 서 있어야 하는 순간입니다. 마침 동학정신에는 사람과 자연을 포함한 모든 존재의 생명성을 소중히 여기는 철학과 사상이 담겨있습니다.

　부안은 동학농민혁명이 일어나기 훨씬 이전부터 동학이 전파된 땅이었습니다. 그것은 이미 자연과 함께 더불어 살아가는 마음을 가진 분들의 고향이었습니다. 일찍이 동학의 2대 교주인 해월 최시형 선생은 부안에 체류하시면서 "부안에서 꽃이 피어 부안에서 결실을 보리라(花開於扶安 結實於扶安)" 하였습니다. 전통과 문화의 도시 부안군에서 비로소 열매가 맺어지는 것을 예언하신 것입니다. 그 예언처럼 부안은 호남의 중심을 넘어서 한반도와 세계의 열매가 맺어지는 도시가 될 것입니다.

동학학회에서는 2021년의 "동학 문화콘텐츠 개발"이라는 주제로 진행된 학술대회에 이어서 2022년의 대주제로 "인물로 본 부안의 동학농민혁명과 동학정신"을 진행하였습니다. 행사는 동학학회와 부안동학농민혁명기념사업회가 공동주최로 하여 그 의의를 더욱 높였습니다. 그러나 동학학회는 한번 학술대회를 하는 것으로 성과를 내고 마무리하지만 지역의 기념사업회는 영원히 남아서 지역의 동학농민혁명의 정신과 의의를 끊임없이 선양해야 합니다. 따라서 동학회의 학술대회는 가급적 지역의 기념사업회와 함께하는 것을 원칙으로 정해서 추진하고 있습니다. 이번의 학술대회가 추진되기까지는 적어도 6개월 전부터 연구자를 공모하고 연구이사진의 충분한 숙의를 거친 뒤에 연구자를 선정해서 원고를 의뢰했습니다. 금번의 부안군 학술대회 역시 지난 2022년 6월에 원고 의뢰를 하였고 충분한 연구 끝에 훌륭한 논문을 제출해 주셨습니다.

제1주제로 조극훈(경기대) 교수님의 "해월 최시형과 부안의 동학"은 부안지역에 동학이 전파되는 과정에서 해월 최시형의 역할을 특별히 사상적 측면에서 규명함으로써 연구자들에게 새로운 시각을 주는 매우 신선한 연구였습니다.

제2주제는 조규태(한성대) 교수님의 "김낙철 형제의 동학과 부안 도소활동" 은 부안 동학의 상징적 인물인 김낙철과 김낙봉 형제의 역정을 추적하는 연 구로 특히 동학혁명기 그들 형제의 도소(집강소) 활동에 관한 연구가 부각되는 논문이었습니다.

제3주제는 박대길(전북대) 교수님의 "동학농민혁명을 계승한 부안의 민족정 신"은 우선 부안지역의 의병활동과 김낙철 형제의 유지를 이은 학산 정갑수 선생의 행적을 규명한 연구입니다. 박 교수님의 논문은 학산 선생에 대한 본 격적인 연구서로는 최초가 아닌가 싶습니다. 앞으로의 연구는 학회 회원 모 두의 과제가 되었습니다.

4, 5주제는 부안 출신의 강민숙 박사님과 안양대 맹문재 교수님이 부안 동 학을 배경으로 한 문학 작품들에 관한 연구로 나름의 정리와 시각을 준 발표 문들이었습니다. 5분의 발표에 대해서 김영철(동국대), 김영진(경희대), 성강 현(동의대), 김남희(가톨릭대), 우수영(경북대) 교수님께서 토론에 임해주셔서 풍 성함을 더해 주셨고 무엇보다도 한서대의 안외순 교수님의 카리스마 넘치는 좌장 역할에 모두가 감탄하며 학술대회를 마칠 수 있었습니다.

이러한 과정을 통해서 연구된 발표 논문들은 토론과정과 연구자 본인의 보 완 연구를 거쳐서 이번 단행본에 실리게 되었습니다. 아울러 행사일에 발표 되지는 않았지만, 추가로 4편의 원고를 더 취합해서 발간합니다. 모두 부안 의 동학농민혁명을 제대로 밝히고 나아가 그것이 일제강점기의 항일운동으 로 이어져서 부안군의 정체성을 확고히 해주는 정신으로 자리를 잡았음을 밝 혀주고 있습니다. 동학학회의 이러한 노력이 적은 부분일지라도 부안군의 옛것을 되새겨서 새로움을 창조한다는 법고창신(法古創新) 정신에 일조할 수 있다면 더한 바람이 없을 것입니다.

끝으로 이번에도 단행본 출간에 전적으로 지원을 아끼지 않아 주신 부안군의 권익현 군수님과 부안군의회 김광수 의장님, 부안동학농민혁명기념사업회 배의명 이사장님 그리고 부안군의 관계자 여러분들께 감사의 말씀을 드립니다. 그리고 어려운 출판업계의 상황 속에서도 큰 손해를 감수하시며 단행본 출간을 허락해 주신 도서출판 선인의 윤관백 대표님과 임직원 여러분들께도 감사의 인사를 드리며 동학학회의 손발이 되어 주신 임원 여러분들께도 고마움을 표합니다. 당신들이 없었다면 빛을 볼 수 없는 "부안의 동학농민혁명과 동학정신"입니다.

2023년 1월

동학학회 회장 임형진

차례

간행사··4

부안의 동학농민혁명과 현창 방안 ㅣ채길순·····················11

    1. 들어가며 ··13

    2. 전라북도 동학농민혁명 개관 ·······························13

    3. 부안의 동학농민혁명 전개 과정 ···························14

    4. 부안 지역 주요 사적지··22

    5. 참여자 기록을 통해서 본 부안 동학농민군 활동 ··········24

    6. 결론 ···26

해월 최시형의 동학사상과 부안 ㅣ조극훈·······················29

    1. 시작하는 글 ··31

    2. 해월 최시형의 동학사상 ······································33

    3. 최시형의 호남 포덕과 부안 ···································41

    4. 부안 동학농민혁명의 사상적 성격 ························46

    5. 맺는 말 ··55

김낙철 형제의 동학과 부안도소 활동 ㅣ조규태······················59

    1. 머리말 ···61

    2. 김낙철 형제의 동학 입도와 접의 조직 ····················63

    3. 동학농민운동기 김낙철 형제의 도소 활동 ················70

    4. 동학농민운동 후 김낙철 형제의 동향 ····················80

    5. 맺음말 ···84

동학농민혁명을 계승한 부안의 민족운동 I 박대길 · · · · · · · · · · · · · ·89

1. 머리말 · 91

2. 근대 부안지역 민족운동 ·93

3. 대한제국기 부안 의병 · 97

4. 일제강점기 부안 독립운동 · 102

5. 학산 정갑수와 호암수도원 ·111

6. 맺음말 · 124

현대시에 반영된 부안 동학농민혁명 I 맹문재 · · · · · · · · · · · · · · · · · 127

1. 서론 · 129

2. 부안 동학농민혁명의 실제 · 130

3. 부안 동학농민혁명을 반영한 시작품 · · · · · · · · · · · · · · · · · · · 135

4. 결론 · 152

부안 동학농민혁명의 문화콘텐츠 활용방안 연구 I 강민숙 · · · · · · · · · 157

1. 서론 · 159

2. 부안 동학농민혁명의 전개 과정과 스토리텔링 · · · · · · · · · · · · · · · 160

3. 동학농민혁명을 소재로 한 문화콘텐츠 현황 · · · · · · · · · · · · · · · 170

4. 부안 동학농민혁명 문화콘텐츠 활용방안 · · · · · · · · · · · · · · · 182

5. 결론 · 192

부안지역 동학의 조직과 활동 - 용암 김낙철을 중심으로 - I 성주현 · · · · · · · 197

1. 머리말 · 199

2. 김낙철 형제의 동학 입교와 부안 동학 · · · · · · · · · · · · · · · · · 200

3. 동학농민혁명과 부안지역 동학의 동향 · · · · · · · · · · · · · · · · · 208

4. 동학교단의 재건과 김낙철의 활동 · 215

5. 맺음말 · 220

백산대회와 동학농민혁명 -논쟁점을 중심으로 | 임형진 · · · · · · · · · · · · · · 223

1. 서론 · 225

2. 제 1차 백산 집결 · 227

3. 제 2차 백산대회 · 233

4. 백산대회의 쟁점 · 238

5. 결론: 백산대회의 역사적 의의 · 249

**전라도 부안 士族 奇幸鉉의『鴻齋日記』와 19세기 후반기
부안의 경제사정** | 김철배 · 255

1. 머리말 · 257

2. 부안의 사족 기행현과『홍재일기』· 258

3. 1866년~1894년 부안지역의 곡가변동 · · · · · · · · · · · · · · · · · 263

4. 19세기 후반기 부안지역의 경제사정 · · · · · · · · · · · · · · · · · · 267

6. 맺음말 · 275

**19세기 부안유생 奇幸鉉의『泓齋日記』와
동학농민혁명의 실상** | 이선아 · 279

1. 머리말 · 281

2.『홍재일기』의 동학농민혁명 · 282

3. 기행현의 '도소' 경험과 향촌 사회의 대응 · · · · · · · · · · · · · · · 302

4. 맺음말 · 308

부록: 부안지역 동학농민혁명 자료 · 313

부안의 동학농민혁명과 현창 방안

채길순(소설가, 명지전문대학 명예교수)

부안의 동학농민혁명과 현창 방안

1. 들어가며

그동안 동학을 공부해오면서, 특히 각 지역의 동학 사적지를 둘러보면서 지역의 동학에 관심을 가져 달라는 바람이 늘 간절했다. 그래서 동학농민혁명사 초청 강연은 늘 신이 났다. 부안의 동학농민혁명 강연도 그중 하나였다.

부안군에서는 백산대회 기념행사를 통해 주민들의 관심을 환기하고, 학술대회를 열어 부안 동학의 학문적인 깊이를 더해 오늘에 이르렀다. 아직 결실에 이르지 않았지만 동학농민혁명 기념관(가칭) 건립을 향해 접근해가고 있다. 이런 가운데 열리는 이번 학술대회는 어느 때보다 의미 있는 행사라고 본다.

2. 전라북도 동학농민혁명 개관

전라북도는 전라도 지역 동학 유입의 관문이고, 동학농민혁명의 중심 지역이었다. 고부 봉기 시기에 동학농민혁명의 횃불을 든 전봉준, 1차 봉기 시초가 된 무장 여시뫼봉 기포, 백산 대회, 정읍 황토재 전투, 장성 황룡강 전투, 김제 원평대회 끝에 전주성으로 들어간다. 그러나 청일 전쟁이 일어나 전주 화약이 체결되었고, 전 전라도 지역에 집강소가 설치됐다. 2차 기포 시기에 전라북도 곳곳이 전투지가 됐다. 따라서 관-민보군-일본군의 토벌전이 곳곳에서 참혹하게 전개됐고, 이 과정에서 많은 동학농민군이 희생됐다. 동학농민혁명이 대략 한 해 동안 전개되었다면, 1894년 말에서 1895년 초까지 전개된 토벌전에서 10만에서 30만 명이 희생됐다.

3. 부안의 동학농민혁명 전개 과정

1) 1980년대 말부터 동학 유입

호남 지역에 동학 유입은 충청도에 비해 좀 늦은 1880년 말쯤으로 추정된다. 1880년대 말에 익산 전주 등지로 동학이 확장되고 있었다. 동학 창도주 최제우가 1861년 겨울과 1862년 봄 사이에 전라도 남원 은적암에 머물며 경전을 집필할 때 남원 일대에 포덕 활동을 벌인 것으로 알려졌다. 그러나 최제우가 순도한 이후 전라도 지역과는 동학의 도맥이 끊긴 것으로 추정하고 있다.

부안 동학은 1890년 6월 쟁갈마을 김낙철, 김낙봉 형제가 동학에 입도함으로써 활성화되었다. 김낙철·낙봉 형제가 부안 일대에 포덕에 나서 이듬해 3월에는 동학교도가 수천 명에 이르렀다. 최시형은 김낙철의 요청에 따라 그해 7월에 부안, 금구, 전주 순회에 나섰다. 당시 윤상오의 집이 부안 신리(옹정리)에 있었다. 최시형이 이곳에서 수백 명의 도인을 모아 놓고 설법했다.

1891년 3월 김낙철 형제를 비롯하여 부안 옹정마을 출신 김영조(金永祚, 김석윤), 무장의 손화중 등이 공주 신평에 은거하던 최시형을 배알(拜謁)하고 지도받았다.

최시형이 부안에 다시 온 것은 1891년 5월이었다. 7월에는 최시형은 태인 김낙삼의 집에 들러 육임첩을 발급하고 쟁갈리에 있는 김낙철의 집으로 돌아왔다. 최시형은 부안에 동학이 성하게 뻗어가자 김낙철 대접주에게 동학이 "부안에서 꽃 피어 부안에서 결실이 맺어진다.(花開於扶安 結實於扶安)"라는 예언을 남겼다.

2) 문벌 타파의 교화를 설파한 곳

그즈음부터 호남 우도는 윤상오가, 좌도는 백정 출신 남계천(南啓天)이 맡게 되었다. 출신 배경이 서로 달라 두 지도자를 따르는 도인들도 두 패로 나뉘어 서로 반목과 질시가 심했다. 특히 남계천을 따르는 도인들의 불만이 더 심했다.

어느 날, 최시형이 윤상오의 집에 머물고 있을 때, 남계천을 따르던 김낙삼이 자신의 관내 16포의 도인 1백여 명을 데리고 최시형을 찾아와 백정 출신 남계천을 따를 수 없다고 항의했다. 이에 최시형이 "대신사(=최제우)께서 … 썩은 문벌의 높고 낮음과 귀천의 구별이 왜 필요한가? 대신사께서 일찍이 계집종 두 사람을 해방하여 양녀 삼고, 며느리 삼지 않았는가? 선사의 문벌이 제군들만 못한가. 제군은 먼저 이 마음을 깨우치고 자격을 따라 지휘를 따르라"[1]라고 역설하여 김낙삼 등 동학교도를 훈계했다.

3) 교조신원운동 시기의 동학교도 활동

교조신원운동 시기에 김낙철을 중심으로 한 동학교도 활동은 1893년 광화문 복합상소에서 확인된다. 1893년 2월의 광화문 복합상소 시기에 김낙철은 도도집(都都執)의 직책으로 김낙봉을 비롯하여 김영조와 함께 수백 명

---

1 『천도교회사 초고』, 「지통」

의 동학교도를 이끌고 상경하여 복합상소에 참여하고 이어서 보은취회에도 참여했다. 이에 대해 『김낙철 역사』 기록이 상세하다. "계사년 3월에 대선생님 신원을 하러 동생 낙봉이 김영조와 교도 몇 백 명과 함께 서울에 갔으나 대선생님의 억울함을 풀어드리지 못하고 돌아왔다. 그때 나는 도내의 도도집(都道執)을 맡아 있었다. 이때부터 각 도와 각 읍에서 지목이 크게 일어나 붙잡힌 자와 죽음을 당한 자가 이루 셀 수가 없었다. 그러나 나는 그들의 지목을 두려워하지 않고 중문을 열어 선약(仙藥)으로 병을 구제하는 일을 하며 3-4년 동안 별 탈 없이 포교하였다."라고 했다. 이는 광화문복합상소와 보은취회 이후 관이 이미 동학교도 핍박에 나섰던 사실을 알 수 있다.

4) '서면 백산(白山) 앉으면 죽산(竹山)', 백산에 호남창의대장소 설치

1894년 3월 20일 무장에서 전봉준, 손화중, 김개남 등의 동학 지도자들을 중심으로 동학농민이 기포했다. 동학농민이 3월 25일 백산으로 이동하는 동안 엄청난 숫자로 늘어났다. 백산에 모인 8천 여 동학농민군의 위세를 '서면 백산(白山) 앉으면 죽산(竹山)'이라는 말이 생겨났다.[2]

백산대회에서 동학농민군 진영에서는 전봉준을 총대장으로 추대하고 김덕명 손화중 김개남을 총관령으로, 최경선을 영솔장에 임명하여 진영을 군제로 개편하는 한편 창의의 뜻을 만천하에 밝히는 「사대명의(四大名義)」와 동학농민군의 행동 준칙이 되는 「12개조 기율」을 발표하고, 민중들의 적극적인 호응을 촉구하는 「격문(檄文)」을 띄웠다. 이로써, 군 조직을 완성하고 창의문을 선포하여 결의를 다진 것이다.

---

2 「동학농민혁명 특별법」에 명시된 3월 봉기 이전에는 백산대회를 3월 봉기로 이해해 왔다. 그런데, 백산대회 보다 6일 전에 있었던 무장기포를 3월 봉기로 표기하고, 확산되면서 3월 봉기가 무장기포를 가리키는 것으로 정착되고 있다. (윤석산 교수 2021년 11월 기조 강연 참조)

5) 부안 동학농민군 기포와 송정리 줄포에 도소 설치

1894년 4월 1일, 김낙철 대접주가 이끄는 부안 동학농민군이 기포하여 송정리 신씨 재각에 도소(都所=執綱所)를 설치하는 한편, 김낙철 대접주의 동생 김낙봉과 신소능은 줄포에 도소를 설치했다. 이는 백산에서 군제로 편성한 동학농민군이 부안 관아를 점령하기 이틀 전이었다.

전봉준이 백산에서 기포하고 총대장에 추대되는 등 동학농민군의 대오를 편성하여 전투태세를 마친 4월 3일, 동학농민군 일부를 부안현 부흥역(扶興驛)으로 보내 부안 관아를 습격하여 현감 이철화(李哲和)를 결박하고 군기고를 타파한 뒤에 군기와 전곡을 접수했다. 이 시기에 부안에서는 신명언, 백이구 등이 활약했다.

여기서 김낙철 등의 부안 동학 지도자들이 현실의 문제에 매우 적극적이었다. 다만 그 방법에 있어서 투쟁적이기보다는 상생과 조화라는 평화적인 방법을 택했다는 점이 다르다. 따라서 이러한 입장을 고수하여, 김낙철은 무력으로 부안 관아를 점령하지 않고 군수와 유생들의 요청을 받아 도소(都所)를 설치하기도 했다. 이러한 모습은 급진적인 사회변혁보다는 종교적인 신념에 따른 점진적인 변혁을 위한 조치였다.[3] 이 때문에 동학농민혁명 시기 내내 부안에서는 관과 유생, 그리고 동학의 관민상화(官民相和) 내지 민중자치(民衆自治)가 가능했었다.[4] 전봉준이 손화중과 연대하여 4월 3일 동학군 4천여 명을 이끌고 부안으로 들어와서는 군수 이철화를 처형하고자 했다. 이때 김낙철이 나서서 손화중을 달래서 부안군수 이철화가 화를 모면했다는 일화[5]는 부안 동학의 성격을 짐작하게 하는 중요한 부분이다.

---

3 「기획연재 정재철의 부안사람들」, 『부안 21』, 2006.
4 성주현, 「용암 김낙철과 부안지역 동학」, 『동학농민혁명과 부안』, 부안문화원 2011. 151쪽 참조.
5 『金洛喆 歷史』

결국, 김낙철은 손화중에게 부안 자치에 대해서는 자신에게 맡겨달라고 요구했다.

김낙철, 김낙봉 형제가 2차 기포 시기 이후에 민보군에 붙잡혔고, 나주 관아로 이송된 사실만으로도 부안 양반 보수층과 대척점에 있었던 사실을 짐작하게 한다.

6) 전라 감영의 긴박한 대응과 화호나루 전투

백산에 진을 치고 있던 동학농민군 주력은 전라감영군이 동학농민군을 진압하러 내려온다는 정보에 따라 전주로 향하려던 진로를 바꾸어 부안과 고부의 접경지에 근접한 성황산(城隍山)에 진을 쳤다. 이때 무남영병 700여 명과 보부상을 주축으로 한 전주 감영병 600여 명이 원평과 태인을 거쳐 백산 부근으로 진출했다.

4월 6일, 동학농민군과 감영군은 부안과 경계에 위치하는 태인 용산 화호(禾湖) 나루 부근에서 최초로 전투를 벌였다는 기록이 보이지만 전투 상황은 뚜렷하지 않다. 그러나 전투 끝에 동학농민군은 고부 매교(梅橋) 방향으로 퇴각했고, 감영군이 추격을 시작했다. 이에 동학농민군은 계속 패한 척하며 결전 장소인 정읍 황토재에 진을 쳤다. 감영군은 후퇴를 거듭하는 동학농민군을 얕잡아 보게 되었고, 이는 동학농민군이 황토재 전투에서 감영군을 크게 물리치는 계기가 되었다.

7) 줄포 동학농민군 활동과 부안현 점령 상황

동학농민혁명 초기 부안의 동학농민군 활동 내용은 『김낙철역사』에서 만날 수 있다. 다만 줄포에 세곡 창고가 있어서 동학농민군의 일차적인 공격 대상이 되었지만 구체적인 전투 기록이 없는 것으로 보아 무혈점령한 것 같다. 『김낙철역사』에 "당시 군수 이철화(李哲化)가 동학농민군에 붙잡혔고, 줄포에서는 식량을 구하러 온 제주도 선박과 선원을 나포했으며, 일본 선박 선장이 동학농민군에게 붙잡혔다"라고 했다. 부안 현감 이철화가 부안 현과 줄포 두 군데에 등장하는데, 이는 이철화가 당시 공석이던 고부 군수를 겸하고 있었기 때문이다.

8) 전주 화약과 집강소 시기, 김낙철 김낙봉 형제 송정과 줄포에 도소 설치

전주 화약 이후 본격적인 집강소 운영은 김낙철 대접주와 현감 이철화의 긴밀한 협조 체제에서 원만하게 치안을 유지한 것으로 보인다. 천도교 호암수도원에서 발행한 『학산 정갑수 선생 전기』(1994)와 전라북도에서 발행한 『전설지』에 따르면 "전주 화약 이후 김낙철은 송정리로 돌아와 영월 신씨(申氏) 재각에 도소(都所)를 설치하고 부안 군수 이철화의 협조를 얻어 민정을 실시했다."라고 했다. 이로 보아 김낙철이 부안 행안면 역리 송정마을 영월 신씨 재각에 대도소를 차려 민정을 폈고, 동시에 동생 김낙봉이 줄포 춘원장에 집강소를 열어 온건한 기조를 유지하며 지역의 폐정 개혁에 임했다.

9) 동학농민혁명 시기 줄포와 동학도소 활동

동학농민혁명 당시 줄포에는 고부군을 비롯한 인근 각지에서 거둬들인 세곡을 보관하던 큰 창고가 있었고, 한양 마포 나루로 오가는 세곡 운반선들이 빈번하게 출입하고 있었다. 1894년 동학농민혁명 당시 세곡 운반선 '한양호'의 일본인 기관수 파계생(巴溪生)의 기록에 "5월 24일(음 4.20) 곰소(=줄포)로 공미(貢米)를 받으려고 나갔는데, 현익호(顯益號)가 강화병(江華兵)을 싣고 같은 곳에 와 있었으므로 곧 가서 강화병을 법성(法聖)으로 호송하고 다시 곰소로 돌아와 공미를 실었다. (중략) 한양호는 이번에 공미를 법성 및 곰소에서 1천 7십 포를 싣고 돌아왔다"라고 하여, 갑오년 4월 20일에 한양호가 줄포에서 세미를 싣고 한양으로 올라간 사실을 전하고 있다. 당시에는 김낙철의 동생 김낙봉이 신소능과 함께 줄포에 도소를 설치하여 민정을 펴고 있었는데, 인명 살상이나 재물 탈취와 같은 극단적인 갈등은 없었다.

10) 위도에 동학교도 400명이 일본 상인 선박 나포

일본공사관 공문(1894.7.23)에 일본 상인 선박이 위도(蝟島)에서 동학당으로부터 재물을 약탈당했다는 공문이 접수됐다. 그에 따르면 "일본 상인 히다카 토모시로(日高友四郎)가 1894년 6월 8일 밤 전라도 위도에서 동학당의 공격을 받아 배에 싣고 있던 팔다 남은 상품과 한전(韓錢)을 잃었고, 7월 20일 간신히 當港(부산)에 도착하였다"고 보고했다. 일본 상인에 따르면 "1894년 6월 8일 위도에 잠시 정박했으며, '위도 안에는 당시 400여 명의 동도가 잠입해 있다'라고 했다.

11) 2차 동학농민혁명 시기 동학농민군 활동

이 시기에 부안의 동학농민군 활동 기록이 뚜렷하게 전해지지 않지만, 당시 부안 지역 지도자는 대접주 김낙철 외에도 김영조, 신명언, 강봉희, 신윤덕, 이준서, 신규석의 활동을 통해 짐작할 수 있다. 이들은 동학농민군이 공주 우금티 전투에서 관군과 일본군에 패퇴한 뒤 부안으로 돌아왔다. 이 시기의 부안 출신 동학농민군 활동은 송희옥(宋憙玉)의 행적으로 추정할 만하다. 송희옥은 부안 출신 도집강(都執綱)으로, 1894년 3월 전봉준의 비서(秘書)로, 그해 9월 전라도 삼례에서 재기포 때 전봉준에 합류했다.

이 밖에 부안 동학농민군은 무안으로 내려가 손화중, 최경선이 이끄는 동학농민군에 합류하여 나주성 공격에 가담한 활동도 확인되고 있다. 강봉희

(姜鳳熙)의 행적이 대표적인 예인데, 그는 나주성 공격 때 전사했다.

12) 동학농민군 토벌 시기

갑오년 11월 이후 동학농민군 주력이 공주 우금티 전투에서 궤멸적인 타격을 입고 후퇴를 거듭하는 국면이 전개되면서 부안 지역에서도 관군-일본군-민보군의 대대적인 토벌전이 전개됐다. 「갑오군공록」에 따르면 유학 이현기, 유림 유정문·최봉수 등이 활약하여 동학농민군 20여 명을 처형했다.

이 시기에 동학도인 쟁기리 최정현은 고향을 떠나 화순에서 살다가 죽었으며, 뒷날 아들이 기차로 유골을 싣고 와 마을 어귀에 묻었다고 했다.

동학농민군 주력 부대가 공주 전투에서 패하고 부안 동학농민군이 부안으로 돌아왔을 때는 새 현감 윤시영이 부임해있었다. 부안에서는 향유(鄕儒) 유정문, 최봉수 등이 앞장서 새 현감을 충동하여 동학농민군 20여 명을 붙잡아 총살했고, 가족들의 고초도 형언하기 어려울 정도로 심했다.

1894년 12월 11일, 김낙철 등 32명은 윤시영이 이끄는 민보군에 의해 체포되어 부안 옥에 수감 되었다가, 23일 관군-일본군이 부안으로 들어와 수감 중인 김낙철 등 32명을 나주로 압송했다. 나주옥에서 27명이 즉결 재판으로 총살됐고, 김낙철·김낙봉 형제는 제주도민들의 탄원에 힘입어 살아남아 서울로 압송됐다. 김낙철 형제가 살아남은 데는 사연이 있다. 김낙철·낙봉 형제가 나주 수성군에 끌려갔을 때 제주도에서 선원들이 소문을 듣고 몰려와 그들을 선처해 주도록 탄원서를 내어 구명운동을 했다. 이는 줄포에서 제주도에서 올라온 배가 나포되었을 때 김낙철 낙봉 형제가 이들을 풀어줬기 때문이다. 당장 총살은 면했으나 김낙철·낙봉 형제는 서울로 압송됐다. 서울 전옥서에 갇히자 이번에는 전날 현감 이철화가 대신들을 찾아다니며 김낙철·낙봉 형제에 대한 구명운동을 벌여 살아남았다.

4. 부안 지역 주요 사적지

- 부안 최시형 은거지1: (현, 부안군 동진면 내기리, 신리마을) 동학 포덕 시기 윤상오의 집. 최시형이 설법을 남겼다. 최근까지 윤 씨 성을 가진 사람이 살았으나 세를 주고 다른 지역으로 이주했다.

- 부안 최시형 은거지 2: (현, 부안군 부안읍 옹중리, 상리) 동학 포덕 시기 김영조의 집. 최시형이 이곳에서 포덕 활동을 펼쳤다.

- 부안 대접주 김낙철 생가 터: (현, 부안읍 봉덕리[長葛里], 쟁갈마을) 부안 지역 동학 포교를 주도했다. 현재 아파트가 들어서고 건물이 들어섰다.

- 동학농민혁명 백산 대회 터: (현, 부안군 백산면 용계리 산8-1, 국가문화재 사적 제409호) 1894년 3월, 8천여 동학농민군이 진을 치고, 군제로 대오를 편성했다.

- 부안 동학농민군 집결지 분포재: (현, 부안군 부안읍 모산리 대모산 [분포재, 粉圃齋]) 부안 지역 동학농민군이 이곳에 집결했다.

- 줄포 사정 동학농민군 주둔지: (현, 부안군 줄포면 장동리, 사정마을) 1894년 3월 23일, 부안 현감 이철화가 "이곳(사정마을)에 2, 3천 명의 동학군이 모여 있다"라고 보고했다.

- 부흥역 동학농민군 주둔지: (현, 부안군 행안면 역리[驛里], 송정 마을 서쪽 역참 마을) 이 지역 동학농민군이 주둔했다.

- 성황산 동학농민군 주둔지: (현, 부안군 부안읍 동중리 산4-1번지, 서림공원) 부안의 진산인 성황산(城隍山)에 부안과 태인 지역 동학농민군이 진을 쳤고, 2차 봉기 때는 민보군이 향교를 중심으로 진을 쳤다.

- 도소봉(道所峯) 동학농민군 천제 터: (현, 부안군 주산면 백석리 홍해, 예동마을) 동학농민군이 출정하기 전에 제를 올렸다.

- 내소사(來蘇寺) 동학농민군 천제 터: (현, 진서면 석포리 268) 부안의 동학농민군이 출정에 앞서 이곳에서 제를 올렸다.

- 장전평 동학농민군 주둔지: (현, 부안군 상서면 장전리, 장밭들, 장밭 뜸) 상서면 소재지로부터 동남 사산제(蓑山提. 土山提) 옆 마을로, 동학농민군이 주둔했다.

- 읍전동 동학농민군 훈련장(邑前洞 教鍊私習基): (현, 위치 불상) 『홍재일기』 1894년 9월 22일 자에 "모든 동학인이 읍전동의 교련 사습터에 모였다는 말을 들었다"고 기록했다.

- 부안 관아 터: (현, 부안군 부안읍 서외리 239-2번지, 부안군청 뒤) 1894년 4월 3일 동학농민군에 의해 부안 관아가 점령됐고, 12월 11일 민보군에 의해 김낙철 등 32명이 체포되어 부안 옥에 갇혔다가 나주로 압송됐다. 군청 뒤에는 관아로 들어가는 문루의 기둥 터가 남아 있다.

- 줄포 세고 터: (항구의 위치 변화로 당시 위치 비정 불가) 동학농민혁명 초기에 동학농민군에 점령하여 군량을 조달했다.

- 위도 동학농민군 일본 상인 선박 침탈: (현, 위도항, 장소 불상) 일본공사관 기록에 '위도에 정박 중인 일본 상인 선박이 동학당의 공격으로 팔다 남은 상품과 한전(韓錢)을 잃었으며', '위도에는 당시 400여 명의 동도가 잠입해 있다'고 했다.

- 동학집강소 신원재 신씨 재각: (현, 부안군 행안면 봉덕리 쟁갈리, 역리 283, 송정2길13-4) 동학 포덕 때 육임첩을 발급한 장소이자 집강소였다.

- 줄포 동학 집강소 춘원장: (현, 부안군 줄포면 장동리 산6, 선돌로 1235-39, 각동마을) 김낙철역사에 따르면 동학농민혁명 시기에 김낙봉 접주와 신소능이 집강소를 설치했다.

- 부안 향교 유회소 민보군 진지: (현, 부안군 부안읍 서외리 255) 동학농민군이 공주성 전투에서 패하자 토벌대를 결성하여 토벌에 나섰다.

- 부안읍성 남문 밖 동학농민군 처형 터: (현, 부안군 부안읍 남문안길10, 부안교육문화회관) 동학농민군 20여 명이 처형됐다.

- 부안읍성 동문 밖 동학농민군 처형 터: (현, 부안군 부안읍 동중리5) 1895
  년 2월 10일 동학농민군이 처형됐다.
- 동학농민혁명군 대장 김기병 행적비: (현, 부안군 상서면 감교리 714번지, 개암
  사 주차장 옆): 김기병은 1895년 2월 10일 부안 동문 밖에서 처형됐다.
- 사발통문 서명자 황홍모 묘소: (현, 주산면 사산리)
- 호암수도원: (현, 부안군 상서면 감교리 449, 병목골길 67-5) 김낙철 대접주의
  사위이자 수제자 정갑수가 설립하여 현재까지 전해 내려오고 있다.

5. 참여자 기록을 통해서 본 부안 동학농민군 활동

필자가 동학답사에 나설 때 늘 주목하는 것은 그 지역을 배경으로 한 인물
과 사건이다. 이 조건 속에서 스토리텔링이 생성되고, 모든 문화 콘텐츠가
시작되기 때문이다.

현재 동학농민혁명기념재단의 참여자 기록에 부안 출신 동학농민혁명 참
여자로 44명이 등재되었다. 『천도교백년약사』(상)에는 대접주 김낙철(金洛
喆), 김낙봉(金洛鳳), 김석윤(金錫允), 신명언(申明彦) 등 4인 만을 소개하고 있
다. (참고로, 부안 동학농민혁명유족회가 제공한 자료에는 동학농민혁명 희생자가 46명으
로, 2명이 더 많다.)

- 강봉희(姜鳳熙)는 1887년 동학에 입도하여 1892년 삼례 집회, 1894년
  3월 백산 기포에 참여했다가 함평을 점령하고 나주성 공격 때 전사했다.
- 곽덕언(郭德彦)은 1894년 부안에서 동학농민군으로 참여했다가 소모소
  (召募所)의 관문(關文)으로 인해 고부로 압송됐다.
- 김석윤(金錫允)은 부안 출신으로 1894년 9월 삼례에서 전봉준 부대에
  합류했다.
- 노대규(盧大圭)는 1894년 12월 29일 경군(京軍)에 의해 총살됐다.

- 손양숙(孫良淑), 손순서(孫順西)는 동학농민혁명에 참여했다가 1894년 12월 22일 전라도 부안에서 체포되어 1895년 1월 4일 나주로 압송됐다.

- 이기현(李基鉉)은 관군에게 쫓기는 동학농민군 황명구 외 여러 명을 자신의 집에 숨겨주었다.

- 함완석(咸完錫)은 김덕명 휘하에서 활동하다가 부안 전투에서 어깨에 총상을 입고 형 기택과 함께 도피했다.

- 송원환(宋元煥, 접주)은 1895년 1월 11일 일본군에 체포되어 처형됐다.

- 김기병(金基炳), 노입문(盧入文)은 이웃 백성의 밀고로 체포되어 1895년 2월 10일 부안읍 동문 밖에서 총살됐다.

- 송희옥(宋憙玉)은 부안 출신으로, 1894년 3월 백산대회에서 전봉준 총대장의 비서(秘書)가 되었다가 도집강(都執綱)으로서 같은 해 9월 전라도 삼례에서 전봉준과 함께 활동했다.

- 김인권(金仁權)은 1894년 12월 22일 전라도 부안에서 관군에게 체포됐다가 1895년 1월 4일 나주 초토영으로 압송됐다.

- 이기범(李基範, 異名: 基凡), 배홍렬(裵洪烈)은 1894년 12월 22일 전라도 부안에서 체포되어 1895년 1월 4일 나주에서 일본군 진영으로 압송됐다.

- 신소능(申少能)은 1894년 4월 부안에서 김낙봉과 함께 동학농민혁명에 참여했다가 1894년 전라도 고창에서 살해됐다.

- 김낙철(金洛喆)은 동생 김낙봉(金烙鳳)과 함께 1890년 동학에 입도하여, 부안 대접주로 활동했다. (본문 내용 참조)

- 이밖에 부안 출신 참여자로 26명이 등재됐는데 다음과 같다. 오치호(吳致浩, 지도자), 배준오(裵準五, 접주), 이준호(李俊鎬), 백원장(白元長), 이학서(李學西), 유영근(兪永根), 최진국(崔振國), 차도일(車道一), 김윤조(金允朝), 이기천(李基天), 김태수(金台洙), 조하승(曹夏承), 노학진(盧學辰), 이귀성(李貴成), 신규석(辛圭錫), 신순희(辛順熙), 조제강(趙濟綱), 황사덕

(黃四德), 김득식(金得植), 신기동(申基東), 신명언(申明彦), 이학선(李學先), 김윤석(金允錫), 김낙주(金洛柱), 송성구(宋成九), 백이구(白易九)

6. 결론

동학농민혁명사에서 백산대회가 지니는 위상이나 정신적 가치는 지금까지 많은 연구가 진행됐다. 그러나 부안의 동학 정신이 이런 백산대회라는 단순한 사건 외피와는 다른 것이라 할 수 있다. 즉, 동학농민혁명사에 존재하는 백산대회가 지닌 의미를 넘어 이를 치러낸 부안 동학인의 동학정신은 분명히 차별성이 있다. 이는 부안 동학인들이 치러낸 동학농민혁명사를 총체적인 안목으로 접근할 때 가능한 성과를 얻을 수 있다. 백산대회의 정신과 함께, 보국(輔國)을 통해 무너진 질서를 바르게 잡고, 무너진 질서 속에서 잃어가는 생명을 구하고, 억압과 다툼이 아닌 '상생과 조화'라는 새로운 차원에서 백성들로 하여금 편안한 삶〔安民〕을 이룩할 수 있는 길을 마련하는데에 있다고 하겠다.[6] 달리 말하면, 백산대회와 함께 부안의 동학 정신이 새롭게 조명되어야 한다. 나아가 진정한 부안의 동학 정신, 동학혁명의 의의가 무엇인가를 알 수 있는 대목이기도 하다.

현재 부안 동학농민혁명 기념관(가칭)은 아직 첫 삽도 뜨지 않았다. 이번 학술대회는 초석을 놓고 기둥을 세우는 학술대회이다. 그리고 동학농민혁명 기념관이라는 그릇에 무엇을 어떻게 담을 것인가를 고민하는 자리이기도 하다. 이 자리에 모인 모든 분의 말씀이 부안 동학농민혁명의 현창(顯彰) 방안이다.

---

6 윤석산, 기조강연, 부안 동학 문화콘텐츠 활용의 의의와 전망, 2021 부안 동학농민혁명 학술대회, 동학의 글로컬리제이션(Glocalization):동학 문화 콘텐츠 개발, 부안군청, 2021.12.

참고 문헌

사료

『東學亂記錄』상/하(국사편찬위원회刊)

『兩湖右先鋒日記(東學亂記錄)』, 1894.

『본교역사(本敎歷史)』1910.~1914.

『巡撫先鋒陳謄錄(東學亂記錄)』, 1894.

『承政院日記』(고종 20-31)

『시천교역사(侍天敎歷史)』, 1920.

『시천교종역사(侍天敎宗繹史)』, 1915.

『일성록』(고종)

『천도교서(天道敎書)』, 1920.

『천도교창건사(天道敎創建史, 이돈화)』, 1933.

『천도교회사초고(天道敎會史草稿)』, 1920.

『최선생문집도원기서(崔先生文集道源記書)』, 1879.

『해월문집(海月文集)』, 1885~1892.

『김낙봉 이력』

『김낙철 역사』

『홍재일기』

논문

김철배, 「『홍재일기』로 본 19세기말 부안의 사회상과 동학농민혁명」, 『부안의 동학사상과 동학농민혁명』, 동학농민혁명백산봉기기념사업회, 2016.

박맹수, 「김낙철계 동학농민군 활동과 갑오 이후의 동향」, 『동학학보』 제17호, 동학학회, 2009.

박준성, 「백산대회의 존재와 의의」, 부안문화원 편, 『동학농민혁명과 부안』, 부안문화원, 2011.

성주현, 「동학농민혁명과 백산의 의의」, 부안문화원 편, 『동학농민혁명과 부안』, 부안문화원, 2011.

윤석산, 「해월 최시형의 호남 포덕과 부안의 동학」, 『한국종교』 41, 원광대 종교문제연구소, 2017.

단행본

부안동학농민혁명기념사업회, 『부안 동학농민혁명 자료집』, 2016.

부안문화원編, 『동학농민혁명과 부안』, 부안문화원, 2011.

채길순, 『새로쓰는 동학기행1,2,3』 도서출판 모시는사람들, 2014, 2019, 2022.

표영삼, 해월신사연표, 「신인간」 1985.

한국역사문화원, 『백산과 동학농민혁명 학술연구용역 보고서』, 부안군, 2016.

지역 자료
부안문화원 편, 『동학농민혁명과 부안』, 부안문화원, 2011.
부안문화원, 『부안군지 1–4권—부안의 역사』, 부안문화원, 2015.
전라북도 동학농민혁명기념관, 『동학농민혁명과 전북』, 신아출판, 2006.

해월 최시형의
동학사상과 부안

조극훈(경기대학교 교수)

해월 최시형의 동학사상과 부안

1. 시작하는 글

'앉으면 죽산이요, 일어서면 백산이라.(坐竹山 立白山)'
'부안에서 꽃이 피고, 부안에서 결실이 맺힐 것이다.(花開於扶安 結實於扶安)'

부안의 동학농민혁명은 이 두 문장 속에 집약되어 있다고 해도 과언이 아
니다. '좌죽산 입백산'은 1894년 동학농민혁명의 시발점이 된 부안의 백산
대회를 상징하는 것으로 죽창을 든 동학농민군들이 앉으면 죽산이 되었고
흰옷을 입은 동학농민군들이 일어서면 백산이 되었다는 것을 의미한다. '개
화어부안 결실어부안'은 동학의 2대 교주 해월 최시형이 한 법설로 차별이
없는 평등한 세상을 위한 노력이 부안에서 시작하여 부안에서 결실을 맺을
것이라는 것을 의미한다.

해월 최시형은 1880년대부터 활발하게 호남 포덕을 시작했으며 1890년
부안 출신 동학 지도자가 될 김낙철, 김낙봉 형제를 포덕하면서 교세를 더
욱 확장시켰다. 부안 지역의 동학이 다른 지역과 다른 양상을 보이게 된 것
은 김낙철, 김낙봉 형제, 그리고 이들의 종제들이 해월과 같은 노선을 견지
하며, 호남의 다른 지도자들과는 일정한 거리를 유지하며 동학을 펼쳤다는
사실 때문이다.[1] 또한 부안이라는 지역 명칭인 도울 '扶'와 평안한 '安'이 결

---

1 윤석산, 「부안 동학 문화콘텐츠 활용의 의의와 전망」, 『동학학보』 제60호, 동학학회, 2021, 10쪽.

합한 한자 역시 평안을 돕거나 떠받든다는 의미에서 부안 동학의 개성을 보여준다.[2]

하지만 백산대회와 해월 법설이 부안 동학의 개성을 알 수 있는 중요한 요소인 것은 분명하지만 그 성격은 다르므로 논리적으로는 양자를 구분할 필요가 있다. 왜냐하면 "역사가의 임무의 본령은 사람들이 과거에 무엇을 행하였는가 하는 것을 아는 것이 아니라, 그 사람들이 과거에 무엇을 생각했는가 하는 것을 이해하는 것"[3]이기 때문이다. 과거에 일어났던 개별적 행위들이 아니라 그 행위들을 논리적으로 연결하는 "상호 연관되어 있는 사고들"을 이해하는 것이 역사 이해의 관건이 된다. 그런데 역사를 구성하는 행위들에는 내면과 외면이 있다. 외면적 행위들이란 "시간과 공간과 연관되어 있는 사건들"에 불과하지만, 내면적 행위들은 "논리적으로 상호연관 되어 있는 사고들이다."[4] 본 연구에서도 가급적 부안의 동학을 형성했던 행위들을 논리적으로 연결시킬 수 있는 사고들, 즉 동학의 사상적 측면에 주목하고자 한다.

부안의 동학혁명이 다른 지역과 다른 정체성을 보인 것은 혁명의 주체들 간의 관계와 그 활동 양상에 기인한다. 최시형과 부안의 대접주 김낙철, 김낙봉 형제 그리고 전봉준을 비롯한 동학혁명 지도자들 사이의 관계는 맹목적인 협력관계가 아니라 비판적 협력 관계였다는 점이다. 강건 노선과 온건 노선의 대립과 그 대립의 조정이라는 양상이 부안 동학혁명이 보인 표면상의 관계였다. 하지만 이러한 관계 양상은 결과이지 원인은 아니므로 그러한 결과를 낳은 원인인 동학사상에 주목해야 부안 동학혁명의 정체성을 해명하

---

2 박대길, 「부안 동학농민혁명 문화콘텐츠 방안 연구」, 『동학학보』 제60호, 동학학회, 2021, 119쪽.
3 R.G. 콜링우드 지음, 이상현 옮김, 『역사학의 이상』, 서울: 박문각, 1993, 238쪽.
4 R.G. 콜링우드 지음, 이상현 옮김, 『역사학의 이상』, 서울: 박문각, 1993, 242쪽.

는 데 한 발 더 다가갈 수 있을 것이다.

본 연구에서는 해월 최시형의 동학 사상을 중심으로 부안 동학혁명의 정체성을 형성하는 한 측면인 정신적인 것이 무엇인지에 주목하고자 한다. 『해월신사법설』에 나타난 해월의 주요 동학 사상을 살펴보고, 해월의 호남 포덕과 부안 출신 동학 지도자들이 남긴 『김낙철 역사』와 『김낙봉 이력』을 분석하는 방식으로 논의를 진행하고자 한다.

2. 해월 최시형의 동학사상

1860년 4월 5일 동학을 창도한 수운 최제우(水雲 崔濟愚. 1824-1864)는 4년 후인 1864년 3월 10일 삿된 도로 정도를 어지럽혔다는 '좌도난정'(左道亂正)의 죄로 대구 경상감영 안의 관덕정에서 처형을 당했다. 최제우의 뒤를 이은 해월 최시형(海月 崔時亨. 1827-1898)은 스승의 동학사상을 계승하고 더욱 확장하였으며, 최제우의 동학의 사상적 특징인, '다시개벽의 혁세사상', '시천주의 평등사상', '유무상자와 동귀일체의 대동사상', '척외양의 민족주체사상'[5]을 더욱 발전시켜 동학의 교세 확장의 발판으로 삼고자 하였다.

최제우보다 3살 아래인 최시형은 1827년 경주 황오리에서 출생하였으며 일찍 부모님을 여의고 불우한 어린 시절을 보냈다. 어머니 배씨(裵氏)는 최시형이 6세에 세상을 떠났고 아버지 종수(宗秀)마저 12세에 세상을 떠났다. 17세에는 제지장(製紙場)에 고용되어 일을 하였고, 28세경에는 경주 마복동에서 방의 집강(執綱)을 보았고, 33세에 검악산 밑 검곡으로 이사하고, 35세인 1861년 최제우의 가르침을 받았다.[6] 1864년 최제우로부터 도통을 이

---

5 성주현, 「해월 최시형과 동학혁명」, 『문명연지』 제4권 제3호, 한국문명학회, 2003, 8쪽.
6 오지영, 『東學史』, 서울: 宣閣刊, 1939, 101-102쪽.

어밭은 후 교단 조직 확장을 비롯하여 1880년에 〈동경대전〉, 1881년에 〈용담유사〉를 간행했다. 1884년 육임제를 정하여 교단을 정비했으며 1893년 교조신원운동, 1894년 농민농민혁명에 참여하고, 1898년 원주 송골에서 체포되어 6월 2일 교수형을 당할 때까지 동학의 지도자로서 동학교문을 이끌었다.[7] 여기에서는 『해월신사법설』을 중심으로 동학혁명을 이끌던 그의 사상이 무엇인지 살펴보고자 한다.

1) 사인여천(事人如天)과 평등사상

젊은 시절 그의 인생은 한 마디로 고난 역정이었다. 생활의 궁핍함과 관의 지목으로부터 잠시도 벗어나지 못한 긴장된 상황에 있으면서도 동학의 제2대 교조로서 포덕활동과 교단조직을 정비하여 동학을 재건하고 확장시킬 수 있었던 것은 그의 스승으로부터 물려받은 가르침과 인간에 대한 믿음 때문이었다. 최시형은 스승의 동학 정신을 계승하기 위해 "사인여천"(事人如天)을 평생의 화두로 삼았다. "사람을 한울처럼 대하라"라는 가르침은 당시에 만연했던 반상과 적서, 부귀와 빈천, 남녀와 노소의 차별을 두지 말라는 것이었다. 겉으로 드러난 차이에도 불구하고 누구나 다 한울이라는 점에서 본질적으로 평등한 존재이므로 겉으로 드러난 차이 때문에 차별을 받아서는 안 된다는 것이었다.

그래서 사람이 오는 것을 한울님이 강림하셨다고 하고, 베 짜는 며느리를 보고 며느리가 아니라 한울님이 베를 짠다고 하고, 아이를 때리는 것은 곧 한울님을 때리는 것이라고 하는 법설에서는 일상생활에서 갖추어야 할 사인여천의 생활 윤리적 측면을 보여준다. 더욱이 덕을 세우는 근본으로 "겸양"

---

7 성주현, 「해월 최시형과 동학혁명」, 『문명연지』 제4권 제3호, 한국문명학회, 2003, 7쪽.

을 강조하면서 나를 바르게 하고 사람들과 융화하는 것은 대인의 어진 마음
이라 하고, 한 사람의 화해짐이 한 집안, 한 나라, 더 나아가 천하가 화해
지는 근본으로 본 것은 "일용행사"(日用行事)에서 실천할 수 있는 생활규범을
중시했음을 보여준다.

> "사람을 대할 때에 언제나 어린아이 같이 하라. 항상 꽃이 피는 듯이 얼굴을 가지면
> 가히 사람을 융화하고 덕을 이루는데 들어가리라."[8]

사람을 한울처럼 대하라는 사인여천은 사람과 한울의 둘이 아니다고 하는
동일성 사상을 표현한 것이다. 사람과 한울을 동일체로 본다는 것은 외형적
물리적 형태를 기준으로 하는 것이 아니다. 사람과 한울이 하나인 것은 그
외형이 아니라 그 마음에서이며 누구나 마음을 진실하게 지켜 바른 마음을
회복하면 한울이 된다는 사상은 최시형에 의해 종교적 믿음을 넘어서서 사
회규범과 사회사상으로 확대되었다.

> "마음은 어느 곳에 있는가 한울에 있고, 한울은 어느 곳에 있는가 마음에 있느니라.
> 그러므로 마음이 곧 한울이요, 한울이 곧 마음이니, 마음 밖에 한울이 없고 한울 밖
> 에 마음이 없느니라. 한울과 마음은 본래 둘이 아닌 것이니 마음과 한울이 서로 화
> 합해야 바로 시정지(侍定知)라 이를 수 있으니..."[9]

한울과 둘이 아닌 마음은 한울과 같이 모든 것을 포용하고 받아들이고 운
용할 줄 아는 큰 마음이다. 이 마음이 곧 동학의 종지인 시정지라 할 정도로
최시형이 염두에 둔 마음은 대우주의 마음과 같은 것이었다.

---

8 『해월신사법설』, 「대인접물」.
9 『해월신사법설』, 「천지인, 음양, 귀신」.

2) 수심정기(守心正氣)와 마음의 철학

사인여천이 우주의 마음을 바탕으로 개인의 믿음뿐만 아니라 생활규범과 사회도덕으로 확장할 수 있었던 배경에는 수심정기라는 치열한 수행의 과정이 있었다. 수운이 강조했던 수심정기(守心正氣)는 사람이 곧 한울이고 한울이 곧 사람이며 마음이 곧 한울이라는 이치를 깨닫는 것을 목표로 한다. 최시형은 독공 수련 등 집중적인 수심정기 수행을 통해 많은 이적을 행하였다고 한다. 반종지의 기름으로 21일 밤을 보냈던 일, 큰 비에도 불구하고 옷이 젖지 않았던 일, 90리 밖에 있는 사람을 앉아서 보았던 일, 인가에 나쁜 귀신을 물리치는 일, 부서로써 사람의 병을 낫게 한 일 등이 있다.[10] 이러한 이적(異蹟)은 물론 대도(大道)는 아니라고 하였지만, 많은 사람들이 동학을 따르게 한 요인임은 부정할 수 없을 것이다. 이적을 일으키기 위해 수심정기 수련을 하는 것은 아니지만 마음을 고요히 하고 기운을 바르게 함으로써 내가 곧 한울과 다른 것이 아님을 깨닫는 과정에서 자연스럽게 드러나는 흔적들이다. 물론 이적의 존재 여부로 수심정기 수행의 완성도를 평가할 수는 없다. 하지만 이적은 수행이 진행되고 넘쳐나는 과정에서 나오는 자연스런 결과이므로 이를 부정적인 측면으로만 볼 필요는 없을 것이다.

수심정기는 나의 주체성을 강조했던 향아설위법의 근거가 되기도 하였다. 1897년 4월 5일 동학 창도 기념일에 맞춰 행해진 향아설위(向我設位) 법설에는 당시에 제사의례로 일반화되었던 유교식 제사법인 향벽설위(向壁設位)법이 현재보다는 과거에 중심을 두면서 한울과 인간의 관계와 조상과 자손의 관계를 왜곡시켰다는 문제의식이 크게 영향을 미쳤다. 천지도 귀신도 죽은 영부에게 있는 것이 아니라 살아있는 나에게 있으므로 제사를 지낼

---

10 오지영, 『東學史』, 서울: 宣閣刊, 1939, 103쪽.

때는 자기 쪽으로 정면을 향해 위패를 설치하고 의식을 행하라고 가르쳤다. 「해월신사법설」에 따르면, "제사 지낼 때에 벽을 향하여 위를 베푸는 것이 옳으냐, 나를 향하여 위를 베푸는 것이 옳으냐" 등 최시형의 질문에 대하여 동석했던 손병희, 손천민, 김연국의 답변과, 임규호, 방시혁, 조재벽의 질문의 과정을 통해 향아설위법의 목적과 내용이 서술되어 있다.[11] 제사는 정성껏 모셔야 한다고 하면서 나와 조상과 한울은 다른 것이 아니고 부모가 돌아가신 이후에도 그 심령과 정신이 나에게 남아 있으므로 나를 향해서 제사를 지내는 것이 온당하다는 것이다. 향아설위의 이유를 묻는 임규호의 질문에 최시형은 그 이유와 방법을 다음과 같이 제시하였다.

> "나의 부모는 첫 조상으로부터 몇 만대에 이르도록 혈기를 계승하여 나에게 이른 것이요, 또 부모의 심령은 한울님으로부터 몇 만대를 이어 나에게 이른 것이니 부모가 죽은 뒤에도 혈기는 나에게 남아있는 것이요, 심령과 정신도 나에게 남아있는 것이니라. 그러므로 제사를 받들고 위를 베푸는 것은 그 자손을 위하는 것이 본위이니, 평상시에 식사를 하듯이 위를 배푼 뒤에 지극한 정성을 다하여 심고하고, 부모가 살아계실 때의 교훈과 남기신 사업의 뜻을 생각하면서 맹세하는 것이 옳으니라."[12]

향아설위법은 그동안 관습적으로 내려온 유교적인 향벽설위 제사문화를 획기적으로 바꾼 것으로 사람이 곧 한울이요 한울이 곧 사람이라는 최시형의 사상이 잘 드러난 법설이다. 내가 중심이라는 생각은 자신이 누구인지 자각하는 주체적인 인간형을 보여준다.

3) 이천식천(以天食天)과 밥 한 그릇

하지만 수심정기 공부는 일상생활을 떠난 관념적인 세계에서 이루어진 마

---

11 『해월신사법설』, 「향아설위」.
12 『해월신사법설』, 「향아설위」.

음공부가 아니었다. 오히려 호미를 들고, 지게를 지고 다니는 평범한 사람들 가운데서 도인이 많이 나온다고 하면서 밥 한 그릇의 소중함과 생활윤리를 강조하였다. "우리 도를 깨닫는 자는 호미를 들고, 지게를 지고 다니는 사람들 속에서 많이 나오리라....만사지(萬事知)는 오직 밥 한 그릇"이다.[13]

이러한 생각은 한울로써 한울을 먹는다고 하는 "이천식천"(以天食天)에서 보다 정교하게 정립되었다. 사람과 한울은 둘이 아니고 더 나아가 사물과 자연까지도 한울이 아닌 것이 없다고 하는 범천론적 세계관은 인간과 자연의 공존과 인간과 인간의 화해와 평등을 지향한다. 따라서 사람이 가장 기본적인 생명 유지 활동인 밥 한 그릇을 먹는 것은 결국 사람이 밥을 먹는 것이지만 사인여천의 관점에서는 한울이 한울을 먹는 것과 다름 없는 것이다. 최시형은 한울로써 한울을 먹는다는 것을 한울의 기화작용으로 설명한다.

"만일 한울 전체로 본다면 한울이 한울 전체를 키우기 위하여 같은 바탕이 된 자는 서로 도와줌으로써 서로 기운이 화함을 이루게 하고, 다른 바탕이 된 자는 한울로써 한울을 먹는 것으로서 서로 기운이 화함을 통하게 하는 것이니... 그러므로 한울은 한 쪽 편에서 동질적 기화로 종속을 기르게 하고 다른 한 쪽 편에서 이질적 기화로 종속과 종속의 서로 연결된 성장발전을 도모하는 것이니, 합하여 말하면 한울로써 한울을 먹는 것은 곧 한울의 기화작용으로 볼 수 있다."[14]

한 그릇의 밥을 먹는 것은 한울의 기화작용이므로 먹는 주체와 그 대상이 모두 한울이라는 점에서 "식고"(食告)는 사인여천의 생활규범이라고 할 수

---

13 오지영, 『東學史』, 서울: 宜閣刊, 1939, 102쪽.
14 『해월신사법설』, 「以天食天」. 수심정기와 이천식천 설법은 부안의 대접주 김낙철에게 영향을 주었다. 김낙철은 천심, 식도, 정기, 식의 용어를 중심으로 최시형의 설법을 압축하여 기록하였다. "천심(天心)을 잃지 않고 식도(食道)를 미리 갖추고 기(氣)를 바르게 하는 것이 가장 어렵다. 또한 먹는 것이 하느님이다."(『김낙철 역사』, 경인(1890년), 신묘(1891년). 본 연구에서 『김낙철 역사』와 『김낙봉 이력』에 대한 인용은 국사편찬위원회 한국사데이터베이스(https://db.history.go.kr/)(2022.10.10.)의 자료에 근거하였다.

있다. 이질적 기화를 가능케 하는 한울작용에 감사의 표현을 함으로써 우리는 인간과 인간, 인간과 자연, 그리고 인간과 세계, 더 나아가 이 우주가 조화와 상생의 관계에 있음을 자각할 수 있게 된다. 한 그릇 밥은 한울의 기화작용을 자각하게 하여 모든 존재들이 평등한 관계적 존재로 전환하는데 매개 역할을 하고 있다. 따라서 최시형의 이천식천은 노동을 통해서 창조한 생명과 잉여가치를 다시 수렴해서 먹고 그래서 다시 생명력을 확장함으로써 적극적인 생명활동과 노동활동을 하는 능동적이고 역동적인 생명의 순환을 의미한다.[15]

4) 일하는 한울님과 노동의 가치

또한 최시형의 동학사상의 특징으로 빼놓을 수 없는 것으로 일하는 한울님 사상을 들 수 있다. 1885년 6월 충청 관찰사인 심상훈이 최시형을 체포하려고 했으나 최시형은 영적인 가르침으로 화를 피하였는데, 공주 마곡리, 영천 화계동, 상주 화영면 전촌 등으로 옮겨 다니면서도 잠시 동안이라도 놀고 있는 일이 없었다고 한다. 항상 새끼를 꼬거나 노끈을 꼬았고 재료가 없으면 다시 풀어 꼬았으며, 이사한 곳에서 항상 나무를 심었다고 한다.[16] 관가의 지목이 잦아지자 보따리를 짊어지고 다니자 '최보따리' 라는 별칭을 얻을 정도였으며, 최시형의 이러한 일하는 한울님 상은 동학은 일하는 일상에서 실천될 수 있다는 강력한 노동가치설을 내포하고 있다. 일하는 한울님 상은 노동의 소중함을 상징하며, 그의 일상적 노동은 도피 생활 동안의 불안한 마음을 안정시키는 데 큰 역할을 했다.

---

15 김지하, 『동학이야기』, 서울: 솔출판사, 1994, 250쪽.
16 오지영, 『東學史』, 서울: 宣閣刊, 1939, 129쪽.

5) 부화부순(夫和婦順)과 화해와 평화의 정신

최시형의 사인여천은 부화부순과 여성 존중 사상으로 구체화된다. 부부 사이의 화순함이 동학의 제일 종지라고 할 정도로 부부 사이의 화목을 강조하였고 도통 여부를 판단하는 기준으로 삼을 정도였다. 부인은 한울 공경, 제사의 모심, 손님 접대, 옷을 만드는 일, 음식을 만드는 일과 아이를 낳아 기르는 일, 베를 짜는 일 등 그만큼 중요한 일을 하므로 한 집안의 주인의 역할을 한다고 보았다. 오늘날에는 물론 부부의 역할이 예전과는 다르지만 부인을 "한 집안의 주인"으로 여긴 것은 여성 존중의 남다른 의미를 지닌다. 특히 부부간의 화합을 위한 방법으로 공경하는 마음으로 남편이 부인에게 절을 할 것을 제시한 점은 화합과 평화를 위해 공경의 마음을 갖추어야 한다는 점을 강조한 것이다. "마음과 정성을 다하여 절을 하라. 한번 절하고 두번 절하며 온순한 말로 성내지 않으면, 비록 도적의 악이라도 반드시 화할 것이나, 이렇게 절하고 이렇게 절하라."[17]

서택순의 집에서 며느리의 베 짜는 소리를 듣고 며느리가 베를 짜는 것이 아니라 바로 한울이 베를 짜는 것이라는 가르침은 사인여천의 한 사례로서 여성 평등을 단적으로 보여준다. 이러한 점은 1890년대 초 호남 포덕이 본격적으로 진행되고 조직이 정비되는 과정에서 일어난 사건에서도 확인된다. 1891년 무렵 호남 좌도 편의장(지방책임자)은 천민 출신인 남계천(南啓天), 우도 편의장은 양반 출신인 윤상오(尹相五)였으나 서로 문벌의 고하를 두고 다투었다. 그래서 최시형은 남계천에게 좌우도의 편의장을 겸임하도록 지시하였는데, 이에 대해 김낙삼 등이 불만을 표시하자 "오도는 후천개벽이라 출생전부터의 운을 갱정하는 것이므로 어째서 선천의 부패한 문벌의

---

17 『해월신사법설』, 「부부화순」.

고하나 귀천의 별을 논의하는 것이 정당한가, 수운 선생의 사적으로 보라, 두 여종을 해방해서 하나는 양녀로 삼고, 하나는 며느리로 삼지 않았나. 그 뜻을 생각해보라"고 타일렀다고 한다.[18] 갈등을 조정하고 화해를 지향한 최시형의 태도를 엿볼 수 있는 내용이다. 지도자의 권위는 자리에서 나오는 것이 아니라 동학의 법도에서 나오는 것임을 보여준 사례라 평가된다.

3. 최시형의 호남 포덕과 부안

최시형의 호남 포덕이 본격화된 것은 1880년경부터였다.[19] 최시형이 호남 포덕의 경과와 특히 김낙철과 김낙봉 등 부안 동학의 중심인물들과의 교류와 가르침을 정리한다면 부안 동학민혁명의 특성을 이해하는 데 도움이 될 것이다. 최시형의 호남 포덕은 김낙철과 김낙봉 형제를 비롯 그 종제들에 대한 입교에서 정점을 이루고 있으며 부안 출신인 이들의 동학 입교는 부안 동학이 이들 형제들에 의해 자리를 잡고 확대되었음을 보여준다. 1890년 6월 7일 김낙봉은 그의 형 김낙철과 함께 동학에 입도하였으며, 그해 가을에 공주에 있는 최시형을 찾아가 볼 정도로 포덕에 전념하였다. 이듬해 5월 부안에서 최시형의 방문을 받을 만큼 이들 형제는 짧은 기간에 적지 않은 교세를 이루었다.[20] 특히 부안 지역의 동학이 보여준 "상생과 조화의 정신"

---

18 오지영, 『東學史』, 서울: 宣閣刊, 1939, 137쪽. 전라 좌우도 편의장 임명을 둘러싼 갈등과 최시형의 개입을 통한 갈등의 해결 과정에 대해서는 표영삼, 『해월의 고난 역정 동학2』, 서울: 통나무, 2014, 165-169쪽 참조.

19 호남 지역의 동학 포교는 1) 동학 교조 수운 최제우에 의한 포덕의 단계, 2) 1880년대 초반 2대 교주 해월 최시형에 의한 포덕의 단계, 3) 1890년대 초반 이후 해월에 의해 동학의 가르침을 전해 받은 전라도 출신 동학 지도자에 의한 포덕의 단계로 진행되었다.(박맹수, 「김낙철계 동학농민군 활동과 갑오 이후의 동향」, 『동학학보』 제17호, 동학학회, 2009, 66쪽)

20 이진영, 「전라도 부안의 동학지도자 김낙봉 자서전 『金洛鳳履歷』 자료 해제」, 『全羅文化論叢』 제7집, 전북대학교 전라문화연구소, 1994, 301쪽.

은 투쟁을 중시한 백산대회와 성격이 다르다고 볼 수 있지만, 백산대회가
보국(輔國)을 통해 무너진 질서를 바르게 세우고, 무너진 질서 속에서 잃어
가는 생명을 구하고, 백성들로 하여금 편안한 삶(安民)을 이룩할 수 있는 길
을 마련하는 데 그 근본 취지가 있다는 점에서는 일치한다.[21]

다음은 1880년대부터 1890년대까지 진행된 최시형과 김낙철, 김낙봉
형제의 호남 포덕 과정을 정리한 것이다.

1) 최시형의 호남 포덕은 1880년경부터 시작되었다. 최시형이 전북 익산의 미륵산
   사자암(獅子庵)에 들어가 4개월을 체류했던 시기가 바로 이 시기와 일치한다는
   점이 그 근거다.[22]

2) 1887년에 최시형은 전라도 익산군 남이면 남참의리(南參議里) 남계천(南啓
   天), 김정운(金正運), 김집중(金集仲) 등의 집에서 수도연성으로 포덕을 하여 다
   수의 교인들을 입교시켰는데, 특히 남계천은 천민 신분으로 익산 지역 포덕에 공
   로가 컸다고 한다.[23] 또한 1888년 1월에는 호남 북부 도인들의 요청에 따라 순
   회에 나서게 되고 전주로 내려가 서문 밖에 있는 박공일(朴公日)의 집에서 각지
   의 두목들을 오게 하여 특별 기도를 시행하기도 하였다.[24]

3) 1889년에는 최시형은 전라도 남원, 임실 등지와 익산군의 고제정(高濟貞), 강
   영달(姜永達), 강수환(姜水煥) 등의 집에서 포덕을 하였다. 1889년 1월에는 전
   라도 장흥군 출신의 이인환(李仁煥), 이방언(李芳彦), 문남택(文南澤) 등이 입
   도를 하여, 장흥, 보성, 강진, 완도 등지에서가 포덕을 시작하게 되었고, 이때
   입도한 교인들이 수만 명에 달하였다고 한다. 1889년 5월에 최시형은 부안의
   김영조(金永祚)의 집에 머물면서 고부군(古阜郡)을 순회하였고, 이어서 김낙삼
   (金洛三)의 집으로 옮겨가 머물며 육임(六任)을 선임하는 업무를 보기도 했다. 6
   월에는 최시형은 전라도 태인 김기범(金基範, 김개남의 먼저 이름)의 집에 머물
   고 있는데, 김덕명(金德明)이 여름옷 다섯 벌을 지어 해월에게 바치고, 또 집주

21 윤석산, 「부안 동학 문화콘텐츠 활용의 의의와 전망」, 『동학학보』 제60호, 동학학회, 2021, 7쪽.
22 윤석산, 「부안 동학 문화콘텐츠 활용의 의의와 전망」, 『동학학보』 제60호, 동학학회, 2021, 10쪽.
23 표영삼, 『해월의 고난 역정 동학2』, 서울: 통나무, 2014, 148쪽.
24 윤석산, 「부안 동학 문화콘텐츠 활용의 의의와 전망」, 『동학학보』 제60호, 동학학회, 2021, 11쪽.
    『천도교회월보』, 「연혁」, 1924. 9. 15.

인인 김개남 역시 여름옷 다섯 벌을 지어 바쳤다고 한다.[25]

4) 1890년 이후 행적은 『김낙철 역사』에 상세하게 기록되어 있다. 1890년 6월 7
일에 김낙철이 동생 낙봉(洛葑)과 함께 동학에 입도하였으며, 6월 17일에 동
생 낙주(洛柱)가 종제(從弟)인 낙정(洛貞)·낙용(洛庸)과 함께 입교한 뒤에 7월부
터 점차로 포덕을 해서 1891년 3월에 이르러 신도수가 몇 천 명이 되었다. 최
시형이 구암 김연국·장백원(蔣伯元)·장희용(張喜用)·최덕기(崔德基)와 함께 공
주 보평(洑平)의 윤상오(尹相五) 집으로 이사를 하였는데, 김낙철은 동생 낙봉·
김영조(金永祚)·손화중(孫化中)과 함께 여러 번 가서 문안을 하였다. 이 때 최
시형은 "천심(天心)을 잃지 않고 식도(食道)를 미리 갖추고 기를 바르게 하는 것
[正氣]이 가장 어렵다. 또한 먹는 것이 하느님이다"라는 법설을 하였다. 이른바
이천식천과 수심정기의 법설이다. 7월경에는 최시형은 구암·장백원·장희용·최
덕기를 인솔해서 부안(扶安) 신리(新里) 윤상오의 소실(小室) 집으로, 이튿날 옹
정(瓮井.부안읍 옹중리) 김영조의 집에 갔는데, 마침 큰비가 내렸지만 짚신에 물
한 방울 묻지 않았다고 한다. 다음날 태인(泰仁) 동곡(洞谷)[26]의 김낙삼(金洛三)
의 집으로 떠날 때에, "부안(扶安)에서 꽃이 피고 부안에서 열매가 맺힐 것이다"
라는 법설을 남겼다.

1892년과 1893년 사이에는 신도수가 몇 만 명에 이르렀다고 한다.[27] 1893년
3월에 대선생님(大先生主. 최제우)[28]의 신원(伸冤)을 하러 김낙철은 동생 낙봉,
김영조와 교도 몇 백 명과 함께 서울에 갔으나 대선생님의 억울함을 풀어드리지
못하고 돌아왔으며 도내(道內)의 도도집(都都執)을 맡고 있었다.[29] 호남의 동학

---

25 윤석산, 「부안 동학 문화콘텐츠 활용의 의의와 전망」, 『동학학보』 제60호, 동학학회, 2021, 12쪽.
26 동곡(洞谷)은 동곡(銅谷)의 오자. 주민들은 지금실이라 부른다. 동학농민군 3대 지도자인 김개
남의 태생지요 거주지로 유명했다.(국사편찬위원회 한국사데이터베이스 참조)
27 『김낙봉 이력』에는 "개화어부안 결실어부안" 법설에 대하여, "신묘(1891년) 5월에 대신사와 대교
주께서 부안에 오셔서 며칠 동안 계시다가 금구(金溝)로 가서 김덕명(金德明)의 집에 머무르시다
가 말씀하시기를, "부안(扶安)에서 꽃이 피고 부안에서 열매가 맺힐 것이다"라고 하였다. 그 때
부안의 접주는 김영조(金永祚)씨였다."고 기록되어 있다.(『김낙봉 이력』 신묘(1891년) 5월).
28 동학에서는 1세 교주 최제우를 대선생 또는 대주인, 2세 교주 최시형을 선생 또는 주인이라 불
렀는데 시천교와 천도교로 개편되었을 때 대신사와 신사로 바꾸어 불렀다. 시천교에서는 최제
우를 천사, 최시형을 대신사라 하기도 했다.(국사편찬위원회 한국사데이터베이스 참조)
29 『김낙철 역사』, 경인(1890년), 신묘(1891년), 임진(1892년), 계사(1893년), 『김낙봉 이력』의 계
사(1893년)에는, "계사년(癸巳年, 1893) 봄 대궐 문앞에서 복합(伏閤) 상소를 할 때에 참여를
하였다. 연이어 계사년 3월 보은(報恩) 장내(帳內)에 집회가 있어 고산(高山) 등지로 올라갔다
가 해산하라는 명령을 듣고 집에 돌아왔고, 나중에 올라가 뵈었다."라고 기록되어 있다.

을 대표할 수 있는 전봉준(全琫準), 김개남(金開南), 손화중(孫化中), 김덕명(金德明), 김낙철(金洛喆), 김낙봉(金洛鳳) 등의 인물들이 동학에 입도를 한 것도 이때쯤이 된다.[30]

앞서 살펴본 것처럼 1880년대 중후반에 이르러 동학에 입도하는 인사들이 늘어나게 되고 이미 1890년대에 이르게 되면, 이들 새롭게 입도를 한 인사들이 동학의 중간 지도자로서 자리를 잡아갔다.[31] 하지만 이들 중간 지도자들의 성향이 모두 같은 것이 아니었다. 김연국처럼 현실개혁보다는 개인의 수행을 중시하는 온건파 지도자가 있는가 하면, 서병학이나 서인주와 같은 급진적 지도자도 있었으며, 손병희, 박인호와 같은 중도적 지도자도 있었다. 호남 지역 동학 인사들의 급진적 성향에 대하여 수련을 중시했던 최시형의 입장에서는 편한 마음은 아니어서 "도를 알려고 하는 이가 적다."라는 우려의 말을 남기기도 하였다.[32]

5) 동학 지도자들에 대한 최시형의 반응

동학 지도자들의 급진적 성향에 대해 우려했던 최시형은 1894년 전봉준의 봉기에 대해서도 시운(時運)이라고 인정하면서도 김낙철, 김낙봉에게는 적극적인 참여를 만류하고 봄을 기다리라고 했다. 『김낙철 역사』와 『김낙봉 이력』에는 전봉준의 이와같은 행동에 대해 매우 부정적으로 묘사되어 있어 이들 형제의 보고가 과장되어 그런 것인지, 최시형의 노선 자체가 온건주의이기 때문에 그런 것인지 명확하지 않을 정도다. 김낙철은 전봉준에 대

---

30 윤석산, 「부안 동학 문화콘텐츠 활용의 의의와 전망」, 『동학학보』 제60호, 동학학회, 2021, 13쪽.
31 1880년대부터 해월의 포덕활동이 이전보다 활발해지고 교단조직이 급속히 확대된 것은 당시 정권에서 개화파의 발언권이 힘을 얻는 정치적 분위기와 무관하지 않다.(오지영, 『동학사』, 서울: 宣閣刊, 1939, 102쪽)
32 윤석산, 「부안 동학 문화콘텐츠 활용의 의의와 전망」, 『동학학보』 제60호, 동학학회, 2021, 15-16쪽.

하여, "갑오년(甲午年, 1894) 3월부터 고부(古阜) 전봉준이 민요(民擾)의 장두(將頭)로서 고부 경내(境內)의 인민을 선동한다는 말이 들리므로, 은밀히 그 속을 탐문해 보았더니 외면은 민요의 장두이나 내면은 스스로 동학의 두목이라 부르며 다른 사상을 품고 있었다."고 보고 있다.[33] 김낙봉은 더 나아가 전봉준에 대하여 "고부군(古阜郡)의 전봉준(全琫準)이 자신의 아버지가 해당 군수 조병갑(趙丙甲, 丙은 秉의 오식)의 손에 죽은 일을 보복하기 위하여" 봉기하였다고 최시형에게 보고하였다. 이에 대해 최시형은 "이것도 시운이어서 금지할 수가 없다. 그러나 너는 형과 상의하여 접(接)의 내부를 정중히 단속하고 숨어 지내는 것을 위주로 하라"고 하였다.[34]

이와 같은 서술을 종합해 볼 때 최시형은 물론 김낙철과 김낙봉은 전봉준에 대하여 부정적인 시각을 갖고 있음을 알 수 있다. 물론 동학혁명의 대의에 대해서는 공감하고 김낙철의 경우 1893년 복합상소 운동에 참여하였고, 1894년 3월 1차 동학농민혁명이 일어나자 부안에서 봉기하였으며, 집강소 통치기에는 부안에서 도소를 설치 운영하였으며, 1894년 9월 2차 동학농민혁명 과정에서는 전봉준의 동모자로 참여하는 등[35] 전체적으로 동학혁명에 적극적이었다. 하지만 이들의 전봉준에 대한 평가는 지나치게 부정적이어서 경직된 측면이 없지 않은 것 같다.

인간의 삶을 한 가지 결로 규정할 수 없듯이 역사적 인물인 전봉준 역시 혁명가로 인식되어 있지만 그 이면에는 또 다른 전봉준이 존재한다. '억울

---

33 『김낙철 역사』, 갑오(1894년) 3월.
34 『김낙봉 이력』, 갑오(1894년) 봄. 『김낙철 역사』에는 최시형의 답변을 "저 봉준은 교인으로 일을 하는 것이 아니라 속으로 다른 생각을 갖고 있으니, 너의 사형(舍兄, 김낙철)과 상의하여 절대 상관하지 말고, 몰래 각 접(接)에 기별(奇別)해서 비록 온갖 어려움 가운데에 있더라도 조금도 상관하지 말게 하고, 모두 지휘에 따라 봄을 기다리라"라고 기록하고 있다. (『김낙철 역사』, 갑오(1894년) 3월)
35 박맹수, 「김낙철계 동학농민군 활동과 갑오 이후의 동향」, 『동학학보』 제17호. 동학학회, 2009, 63쪽.

한 백성'의 설움을 대변하여 탐관오리와 맞서 싸우는 반항적인 인간상과 동
학접주(東學接主)로서 닦은 교양인으로서의 인간상을 종합하여 전봉준의 인
간상을 설정할 필요가 있지 않을까?[36]

이이화는 전봉준의 인간상에 대하여 다음과 같이 묘사했다.

> "그는 체구는 작았지만 코는 크고 귀도 크며 눈빛은 형형하여 그와 한번 만나면 그
> 당당한 위풍에 압도될 정도였다. 평생 과묵하여 말을 많이 하지 않고 집에서는 부
> 모를 지극한 효성으로 모셨으며 아내를 사랑하여 집 안은 항상 화기가 돌았다. 그는
> 마을의 어린이를 모아 천자문과 소학을 가르쳤는데 사방으로부터 찾아오는 손님이
> 줄을 이었다. 마을 사람이 오면 반드시 툇마루에 나와 인도했고 그 집안의 경중, 신
> 분의 고하를 차별하지 않았다."[37]

인간주의자, 불우한 혁명가, 평화주의자 등 전봉준의 인물 평가는 전봉준
과 동학농민혁명에 대한 이해의 폭을 넓혀줄 것이다.[38]

4. 부안 동학농민혁명의 사상적 성격

최시형의 법설은 천도교 경전인 『해월신사법설』에 수록되어 그 대의와 내
용을 파악할 수 있었다. 앞서 언급한 것처럼 부안의 대접주인 김낙철과 그
동생 낙봉이 서술한 두 권의 책은 전해들은 이야기를 구술한 것이 아니라 직
접 경험한 것을 기록한 문헌으로 최시형의 생생한 법설과 어록을 확인할 수
있는 자료가 된다. 두 형제는 다른 누구보다 최시형을 자주 찾아 뵙고 가까

---

36 조극훈, 「역사의 해석과 삶의 서사: 전봉준 평전 소고」, 『동학학보』 제58호, 동학학회, 2021,
　431쪽.
37 이이화, 『전봉준, 혁명의 기록』, 서울: 생각정원, 2014, 35쪽.
38 조극훈, 「역사의 해석과 삶의 서사: 전봉준 평전 소고」, 『동학학보』 제58호, 동학학회, 2021,
　457쪽.

운 거리에서 모셨던 인물로 마지막까지 함께 했기 때문에 그의 동학의 정신
에 영향을 많이 받았다고 볼 수 있다. 김낙철의 수기인『김낙철 역사』와 김
낙봉의 회고록인『김낙봉 이력』에 담긴 최시형의 법설과 어록을 살펴본다.
이러한 기록을 통해 부안 동학의 성격의 일부를 유추해볼 수 있을 것이다.

『김낙철 역사』는 동학의 부안 대접주 김낙철(1858~1917)이 1890년 동학에
입도한 후 1917년 천도교 성도사(誠道師) 임명첩(任命帖)을 받을 때까지 국한
문으로 기록한 자전적 기록이다.[39]

『김낙봉 이력』은 김낙철의 동생 김낙봉(1860~1937)이 부안에서 형 낙철과
함께 동학에 입도하여 1894년 동학농민혁명부터 1937년까지 자신이 직접
겪고 체험한 일들을 회고 형식으로 남긴 자전적 기록이다. 김낙철 역사에
비해 개인의 체험이 더 많으며 특히 최시형과의 문답과 교류를 상세히 적고
있다. 김낙봉 이력은 기록사적으로 의미가 깊다. 그것은 한 개인의 삶을 정
리한 '개인사'일 뿐만 아니라 동학교단 중심에 깊숙이 개입했던 개인의 경험
을 근간으로 동학 교단의 활동과 변천 등 교단 내의 실상을 서술하고 있다는
점에서 '동학교단사'라 할 수 있기 때문이다.[40] 특히 최시형과 김낙봉이 주고
받은 교리문답 내용이나 최시형이 들려준 수련 중에 겪은 일화도 소개되어
있어, 최시형이 부안 동학 지도자들에게 끼친 동학사상의 내용을 알 수 있
는 자료로서의 의미 또한 크다. 다음 내용은 부안 출신 동학 지도자인 김낙
철, 김낙봉 형제가 남긴 기록인『김낙철 역사』와『김낙봉 이력』에 보인 동학
사상을 몇 가지로 정리한 것인다.

---

39 용암 김낙철의 생애와 동학의 입교 및 활동에 관해서는 박맹수의 논문(「김낙철계 동학농민군
　활동과 갑오 이후의 동향」,『동학학보』제17호, 동학학회, 2009)에서 상세하게 서술되어 있다.
40 이진영,「전라도 부안의 동학지도자 김낙봉 자서전『金洛鳳履歷』자료 해제」,『全羅文化論叢』
　제7집, 전북대학교 전라문화연구소, 1994, 300쪽.

1) "천심(天心)을 잃지 않고 식도(食道)를 미리 갖추고 기(氣)를 바르게 하는 것이
가장 어렵다. 또한 먹는 것이 하느님이다"[41]

1891년 3월경 최시형이 공주 보평 윤상호 집에 있을 무렵, 김낙철, 김낙
봉, 손화중, 김영조가 문안을 드렸을 때 한 법설이다. 수심정기와 이천식천
은 가장 핵심적인 최시형의 동학사상이다. 최제우는 인의예지는 옛 성인의
가르침이지만 수심정기는 내가 정한 것이라고 하면서 동학의 실천법으로 수
심정기를 강조하였다. 최시형은 수심정기를 실천윤리로 구체화하였다. "수
심정기 하는 법은 효제온공(孝悌溫恭)이니 이 마음 보호하기를 갓난 아이 보
호하는 것 같이 하며, 늘 조용하여 성내는 마음이 일어나지 않게 하고 늘 깨
어 혼미한 마음이 없게" 하는 것이라 하였다.[42] 거경궁리와 같은 유가적인
실천법이 아니라 일상에서 실천할 수 있는 방법을 제시한 것이다. 이천식천
법설 또한 도의 이치가 한 그릇 밥에 있다고 함으로써 식고를 통해 만물평등
의 사인여천 사상을 실천하게 하였다. 효도하고 공경하고 온화하고 공손한
일상의 태도가 곧 수심정기요 동학의 도이다.

2) "부안(扶安)에서 꽃이 피고 부안에서 열매가 맺힐 것이다"[43]

'부안에서 꽃이 피고 부안에서 열매가 맺힐 것이다'(開花於扶安 結實於扶安)은
죽산 전투를 상징적으로 표현한 '앉으면 죽산이요, 일어서면 백산이라'(坐竹
山 立白山)이라는 말과 더불어 부안 동학농민혁명을 상징하는 말이 되었다.
최시형이 이 말을 하게 된 장소가 기록에 따라 상이하다.[44] 기록에 차이가

41 『김낙철 역사』, 경인(1890년), 신묘(1891년), 임진(1892년), 계사(1893년).
42 『해월신사법설』, 「수심정기」.
43 『김낙철 역사』, 경인(1890년), 신묘(1891년), 임진(1892년), 계사(1893년). 『김낙봉 이력』 신묘
   (1891년) 5월.
44 『김낙철 역사』에는 1891년 7월경 옹정(甕井. 부안읍 옹중리) 김영조의 집에서 이튿날 태인 동

있지만 이 말의 진의는 부안에서라는 장소성에 있을 것이다. 1890년 대 최시형의 순회와 김낙철, 김낙봉 형제의 노력으로 부안은 교세가 급속하게 확장되었다는 점에서 동학의 확장과 미래를 상징하는 의미로 해석할 수 있다. 그만큼 부안에서 동학의 힘이 크게 일어날 것이라는 것이다. 최시형이 씨를 뿌리고 김낙철과 김낙봉 등 동학 지도자들이 꽃을 피우고 백성들이 결실을 맺어 부안(扶安)이라는 지명의 뜻이 말해주듯 서로 도와 안정되고 평화로운 세상을 만들자는 의미가 함축되어 있다. 하지만 다시 개화와 결실을 보기 위해서는 선조보다 더 많은 노력이 필요하다. 물과 거름을 주고 정성을 기울이지 않고 방치한다면 열매는 썩게 되고 이듬해 꽃은 피지 않게 될 것이기 때문이다. 부안이 평화와 행복의 지역으로 거듭날 수 있었던 것은 동학혁명 이후 한국 근대사로 이어지는 과정에서 보여주었던 부안군민의 부단한 개화와 결실의 노력이 있었기 때문에 가능했을 것이다.

> 3) "해월선생님께서 새벽녘에 분부하시기를 "이 일은 천추동안 바뀌지 않을 법이다. 비록 과실 한 개라도 노인 소년 어린애 속인 고인(삯꾼)의 등급을 구분하지 않고 나를 향해 자리를 마련해서 지성으로 하늘에 고하되, 1월 1일은 새해의 기운을 각기 받는 법이니 지금부터 진리를 아는 두령은 차차 그것을 실행하라." 하시고 새로 향아설위법을 마련하셨다."[45]

1897년 4월 5일 최제우가 득도한 날, 이천 앵선동(설선면 앵산동)에서 행한 최시형의 향아설위법에 관한 내용이다. 앞서 서술했듯이, 향아설위 법설에는 상당히 많은 제자들이 참석하였다. 더욱이 최제우가 득도한 날을 선

곡(자금실)의 김낙삼(金洛三)의 집으로 떠날 때에 했다는 기록으로 보아 그 장소가 부안인데 반해, 『김낙봉 이력』에는 1891년 5월에 대신사와 대교주께서 부안에 오셔서 며칠 동안 계시다가 금구(金溝)로 가서 김덕명(金德明)의 집에 머무르시다가 말씀하셨다는 기록으로 보아 그 장소가 부안이 아닌 금구(김제)이다.

45 『김낙철 역사』, 정유(1897년) 2월.

택한 것은 향아설위법의 중요성을 말해준다. 나와 조상과 한울이 다른 것이 아니며 조상의 기운이 결국 살아있는 나에게 남아 있으니 벽을 향해서가 아니라 나를 향해서 제를 올리는 것은 현존의 중요성을 일깨운다. 산 자와 죽은 자가 기운으로 연결되어 있지만 결국 지금 살아있는 현존에 그 기운이 모아짐으로써 개인은 과거의 시간이 집적된 역사적 존재임을 알게 되기 때문이다. 이처럼 향아설위 제사법은 의례의 형식을 띤 법설이지만 인간의 실존의 자각과 함께 바람직한 삶의 방향을 안내한다.

> 4) "이것도 시운(時運)이어서 금지할 수가 없다. 그러나 너는 형과 상의하여 접(接)의 내부를 정중히 단속하고 숨어 지내는 것을 위주로 하라."[46]

전봉준에 대한 최시형의 반응의 한 면을 보여준다. 1894년 봄에 고부군의 전봉준이 무장군의 손화중과 함께 기포를 일으키려는 기미를 보고 김낙봉이 형 김낙철의 편지를 가지고 청산의 문암리에 있는 최시형에게 보고하였는데, 그에 대해 최시형이 했던 답변이었다. 시운이어서 막을 수가 없지만 직접 행동에 나서지 말고 내부 단속에 힘써라는 것이다. 제자를 아끼려는 스승의 마음이 보이지만 부안 동학의 성격의 일면을 보여준 말로 해석된다. 동학 지도자들의 성격 양상을 강경파, 중도파, 온건파로 나눈다면, 부안 동학 지도자인 김낙철과 김낙봉을 온건파로 분류할 수 있는 근거를 제공한 셈이다. 사인여천에 대한 강력한 믿음으로 수심정기를 통한 동학인의 자세를 강조한 최시형의 가르침이 그대로 김낙철 형제에게 전달되었고 이러한 가르침으로 부안 동학은 강경한 노선보다는 온건한 노선을 걷게 된 배경이 되었다. 하지만 이들 형제 또한 동학혁명에 소극적이지 않은 것을 보면 동

---

46 『김낙봉 이력』, 갑오(1894년) 봄.

학의 대의에서는 다른 동학 지도자들과 뜻을 같이 했다고 볼 수 있다.

> 5) "지난번에 갇혀 있을 때에 형수님이 축원하기를, "나는 자식이 1명 있고 동생은 자식이 없으니 동생이나 살려 달라"고 하고, 내 아내는 축원하기를, "집안 일은 장자에게 맡겼으니 시숙이나 살려 달라"고 하였다. 그래서 대신사께서 이 말을 듣고 말씀하시기를, "사람의 집안이 이와 같아야 재앙이 없다"고 하셨다."[47]

형제지간 의리에 대하여 최시형이 언급한 찬사의 말이다. 1896년 6월 김낙봉은 최시형과 김연국과 달마다 왕래하면서 당국의 지목과 도적이 많았지만 한번도 봉변을 당한 일이 없었다고 한다. 이는 천사가 도와준 덕분으로 감사하면서 이전에 감옥에 갇혀 있을 때에 있었던 일을 김낙봉이 회상한 이야기를 듣고 최시형이 했던 말이다. 부화부순의 법설에서 알 수 있듯이 형제지간 의리는 생활윤리를 강조했던 최시형이 강조한 부분이고, 이들 형제가 몸소 그 모범을 보이고 있다.

> 6) "하루는 대신사를 모시고 잠을 자고 있는데, 내꿈에 밤(栗)과 같은 종자 수백 개를 심어 어떤 것은 모두 싹이 나고 어떤 것은 전혀 싹이 나지 않았다. 그래서 싹이 난 종자를 나누어 싹이 나지 않은 종자를 모두 옮겨 심고 꿈에서 깨어났다. 일어나서 앉아 묵묵히 생각을 할 때에 대신사께서 묻기를, "너는 어떤 꿈을 꾸었는가"하기에, 꿈을 꾼 사실을 말씀드렸더니, 대신사께서 말씀하시기를, "네가 널리 포교할 징조로다"라고 하셨다."[48]

밤은 제를 올릴 때 빠지지 않은 과일로 자기와 조상의 연결과 독립된 생활을 상징한다. '조율이시'라 하여 제사상에 진상할 때 대추(棗), 밤(栗), 배(梨), 감(枾)은 빠지지 않은 과일이다. 밤 꿈을 꾸었고 더욱이 싹이 난 종자

---

47 『김낙봉 이력』, 병신(1896년) 6월.
48 『김낙봉 이력』, 정유(1897년) 9월.

를 옮겨 심었다는 것은 자손이 번창하듯 포덕 활동을 활발하게 할 것이라는 꿈 풀이다. 이 대화에서 두 가지 점이 주목된다. 하나는 꿈에 대해서 물어볼 정도로 양자 관계가 매우 친밀하다는 것이고 다른 하나는 묻지도 않았는데 미리 물어볼 정도로 최시형의 예지력이 있었다는 것이다. 김낙봉은 최시형을 뵙고 "성훈(聖訓)에 감복"할 정도로 종교적 감회가 깊었다. 최시형은 일찍이 김낙봉의 종교심이 깊다는 것을 알아보고 동학의 미래를 기대했던 것이다.

> 7) "수기무왕불복지리(受其無往不復之理)'라는 말이 무슨 뜻인가"라고 하기에, 옛날의 문리(文理)대로 물으실 이유가 전혀 없으리라고 생각되어 갑자기 대답을 하지 못하였다. 계속 3일을 물어보시기에 대답하기를, "수련을 지극히 하면 본성을 회복한다는 말씀인 듯합니다"라고 하였더니, 대신사께서 말씀하기를, "아니다. 위의 문장을 보아라. 지금 천령(天靈)이 선생에게 강림했는데, 어찌 그러하겠는가? '수기무왕불복지리'로다 하셨으니 내가 선생이나 너희도 모두 다른 사람의 선생이 된다. 천령을 사람마다 모셨으니 어찌하여 나보고만 천령이 강림했다고 하느냐는 뜻이다"라고 하셨다.[49]

천도의 이치를 강설한 부분이다. 무왕불복지리란 가서 되돌아오지 않는 이치란 없다는 뜻으로 귀신의 음양론적 세계관을 부연설명한 것이다. 주역 계사(繫辭)에 "가면 돌아오지 않는 이치가 없다"는 구절이 있는데 곧 시운이 순환한다는 의미로 새로운 운수를 말한 것이다. 최제우는 『동경대전』 논학문에서 어떤 깨달음을 얻었고 천도가 무엇인지 알고 싶어 찾아온 사람들에게 강설했던 동학의 기본적인 교리에 해당한다. 논학문에서는 이렇게 서술되어 있다. "우리 도는 무위이화(無爲而化)라. 그 마음을 지키고 그 기운을 바르게 하고 한울님 성품을 거느리고 한울님의 가르침을 받으면, 자연

---

49 『김낙봉 이력』, 정유(1897년) 9월.

한 가운데 화해나는 것이요, 서양 사람은 말에 차례가 없고 글에 순서가 없
으며 도무지 한울님을 위하는 단서가 없고 다만 제 몸만을 위하여 빌 따름이
라."[50] 최시형은 무왕불복지리이니 스승과 제자 누구나가 천령을 모셨으니
천도를 얻을 수 있다고 풀이함으로써 동학이라는 새로운 운수가 왔음을 풀
이한 것이다.

8) "이 운(運)이 열매를 맺을 때가 되면 9월과 10월에 단풍이 든다. 푸른 소나무 가
지를 베어 음지에 두고 여름 3달 동안 장마를 지나면 낙엽은 모두 지고 가지만 남게
된다. 그 시대가 되면 운수를 보게 될 것이다. 지금은 천지의 도수(度數)가 변천하
여 남극의 노인성(老人星)이 몇 길 정도 높으니 60노인은 반드시 늙어서 만나지 못
할 것이다"라고 하시고, 다시 말씀하시기를, "명심(明心)과 명덕(明德) 4글자로 근
본을 삼고 노고(勞苦)와 근면(勤勉) 4글자로 업(業)을 삼으라"고 하셨다.[51]

시운의 순환성을 언급하면서 마음을 닦는 법과 생활 규범을 제시한 것이
다. 밝은 마음, 또는 마음을 밝힌다는 명심은 불교적인 것이다. 밝은 덕 또는
덕을 밝힌다는 명덕은 유교적인 것이다. 대학(大學)』에서는 명덕(明德)이 가장
중요한 덕목이고, 명덕에 해당하는 것이 불교에서는 묘정명심(妙精明心), 즉
'묘하고 깨끗하며 밝은 마음'이 중요한 개념이다. 본래 갖추어져 있는 명덕과
명심을 삶의 근본으로 삼고 생업에서는 노고와 근면으로 노력해야 천도가 실
현될 수 있다는 최시형의 가르침이다.

위의 8가지 항목은 김낙철 김낙봉 형제의 기록에서 사상적 측면이 비교
적 강한 부분을 정리한 것이다. 이러한 기록에서 우리는 어느 정도 부안 동
학농민혁명의 사상적 특성도 유추해볼 수 있을 것이다. 물론 위와 같은 내
용이 최시형의 동학사상의 전체를 대표하거나 김낙철 형제가 활동했던 부안

50 『동경대전』, 「논학문」.
51 『김낙봉 이력』, 정유(1897년) 9월.

동학의 성격을 규정하는 결정적인 요소라고 단언할 수는 없을 것이다. 하지만 지금까지 기록에서 알 수 있듯이, 김낙철 형제는 최시형을 지근거리에서 모시면서 동학의 사상을 배울 수 있었고 최시형 또한 이들의 신심을 알아보고 애제자로 생각하고 각별한 관심을 보였다는 것은 이 기록이 다른 어떤 자료보다 부안 동학의 성격을 보여주는 자료로 보아도 무리가 없을 것이다.

지금까지 논의를 종합해 볼 때 부안의 동학은 '생명동학', '인간 동학', '생활동학'으로 요약해볼 수 있을 것이다. 물론 동학의 어떤 면을 강조하느냐에 따라 "보국안민 사상", "외래사상에 대한 부정적 사상", "후천개벽사상", "인간의 인격적 평등을 고취하는 사상"등으로 표현될 수 있을 것이다.[52] 여기에서는 부안의 동학을 상징하는 인물들의 기록에 주안점을 두었다.

생명동학은 최시형의 동학사상의 핵심으로 모든 존재를 상생과 평화의 관계적 존재로 파악하고 관계의 단절로 인해 초래된 불평등과 부조리를 관계의 회복을 통해 극복하려는 것이다. 관계의 단절은 죽음을 뜻하고 관계의 회복은 생명을 살리는 것을 의미한다. 그의 범천론적 천관, 이천식천 등은 단절된 관계를 회복하여 죽은 것을 되살리는 생명의 존재론이다. 인간 동학은 인간존중 사상으로 표현된다. 사람은 한울처럼 대하라는 사인여천은 인간 동학을 상징한다. 신분, 성별, 나이, 재산과 관계없이 사람은 누구나 한울이라는 점에서 평등하게 대해야 한다는 인간 동학은 근대의 인권 사상을 선취하고 있다. 향아설위법 또한 인간 실존 존중의 중요성을 함축하고 있다는 점에서 그 특성으로 읽을 수 있을 것이다. 생활동학은 생활윤리로 무엇보다 일상생활에서 당장 실천할 수 있는 규범들을 제시하고 있다는 것을 말한다. 부부애, 형제애, 노고와 근면, 효제온공 등 동학의 도는 일상생활에

---

52 임형진, 「이필제와 전봉준의 혁명정신」, 『동학농민혁명과 시대정신』, 동학농민혁명 128주년 기념 학술대회 자료집, 정읍시, 2022, 86-87쪽.

서 실천할 수 있는 생활동학이다. 더구나 부안 동학이 다른 지역보다 상대적으로 상생과 화해의 분위기가 강한 것도 이러한 성격에서 찾아볼 수 있을 것이다.

5. 맺는 말

부안의 동학농민혁명은 해월 최시형과 김낙철, 김낙봉 형제가 스승과 제자 관계 이상으로 인간적인 유대 관계를 유지하면서 상생과 평화의 정신으로 진행되었다. 김낙철과 김낙봉의 기록물에는 최제우의 동학사상뿐만 아니라 최시형의 생활 윤리적이며 종교적 감성이 묻어나는 내용들이 많다. 특히 지근거리에서 자주 찾아보고 같이 머무르면서 법설 형태의 종교적 가르침을 직접 받았다는 점이 주목을 끈다. 그만큼 동학사상을 몸소 체험하여 읽힐 수 있었기 때문이다.

하지만 전봉준에 대한 평가는 부정적이었다. 다만 우리는 이러한 평가를 종교심이라는 원칙과 기준에서 나온 비판적 평가라고 이해할 수도 있을 것이다. 그럼에도 전봉준에 대한 평가는 다소 경직되어 있다는 점은 부인할 수 없다. 부안 동학농민혁명의 성격으로 제시한 '생명동학', '인간 동학', '생활동학'은 개혁적인 특성은 약하지만 동학을 보편화하는데 유용한 개념으로 생각된다.

한 가지 빼놓을 수 없는 것은 김낙철과 김낙봉이 남긴 기록의 의미에 관한 것이다. 동학에 직접 참여한 사람이 썼다는 점에서 동학혁명사의 귀중한 자료가 되는 의미도 있겠지만 이와 못지않게 역사적 사건에 관여한 기록을 남기려는 역사의식을 엿볼 수 있는 의미도 있을 것이다. 역사의식은 역사적 사건들에 관여하면서도 그 사건들의 의미를 묻는다. 역사에 대한 반성을 하

는 활동이라는 점에서 사건들의 우연한 연쇄에서도 일정한 패턴이나 연결고
리와 같은 무언의 사상을 발견할 수 있었을 것이다.

서론에서 언급했듯이 역사가의 임무는 "사람들이 과거에 무엇을 행하였는
가 하는 것을 아는 것이 아니라, 그 사람들이 과거에 무엇을 생각했는가 하
는 것을 이해하는" 데 있다. 해월 최시형의 호남 포덕과 그의 생애사, 김낙
철과 김낙봉 형제들의 동학입도와 포덕활동, 동학지도자들의 활동과 전투
속에는 과거의 '행위' 뿐만 아니라 과거의 '생각'도 내재되어 있다. 그 생각에
는 이들 역사적 인물들이 의식하고 있는 것도 있겠지만 의식하지 못한 것이
지만 오히려 역사를 움직이게 하는 필연적인 힘으로 작용하는 생각도 있을
것이다. 후자의 생각을 이해하는 일은 연구의 외연을 더 확대하는 작업이기
도 하다. 부안에는 실학의 비조 반계 유형원이 18년간 반계수록을 집필한
반계서원이 있다. 그 개혁성과 민중성은 동학사상 못지않다. 부안의 동학은
역사적 시간의 확대를 통해 더 잘 이해할 수 있을 것이다.

[참고문헌]

『동경대전』, 「논학문」.

『해월신사법설』, 「대인접물」.

『해월신사법설』, 「천지인, 음양, 귀신」.

『해월신사법설』, 「향아설위」.

『해월신사법설』, 「以天食天」.

『해월신사법설』, 「부부화순」.

『김낙봉 이력』, 국사편찬위원회 한국사데이터베이스(https://db.history.go.kr/) (2022.10.10.)

『김낙철 역사』, 국사편찬위원회 한국사데이터베이스(https://db.history.go.kr/) (2022.10.10.)

김지하, 『동학이야기』, 서울: 솔출판사, 1994.

박대길, 「부안 동학농민혁명 문화콘텐츠 방안 연구」, 『동학학보』 제60호, 동학학회, 2021.

박대길 · 강민숙, 『부안의 동학과 동학농민혁명』, 부안군, 2019.

박맹수, 「백낙철계 동학농민군 활동과 갑오 이후의 동향」, 『동학학보』 제17호, 동학학회, 2009.

부안문화원編, 『동학농민혁명과 부안』, 부안문화원, 2011.

부안동학농민혁명기념사업회, 『부안 동학농민혁명 자료집』, 2016.

성주현, 「해월 최시형과 동학혁명」, 『문명연지』 제4권 제3호, 한국문명학회, 2003.

신영우, 「학산 김진봉교수 정년기념특집호: 1894년 해월 최시형의 행적(行蹟)」, 『충북사학』 제11, 12 합집, 충북사학회, 2000.

오지영, 『東學史』, 서울: 宣閣刊, 1939.

윤석산, 「해월 최시형의 호남 포덕과 부안의 동학」, 『한국종교』 제41집, 원광대학교 종교문제연구소, 2017.

윤석산, 「부안 동학 문화콘텐츠 활용의 의의와 전망」, 『동학학보』 제60호, 동학학회, 2021.

이이화, 「인간과 신의 차이-최시형의 역사적 재평가」, 『역사비평』 제60호, 역사비평사, 1988.

이이화, 『전봉준, 혁명의 기록』, 서울: 생각정원, 2014.

이진영, 「전라도 부안의 동학지도자 김낙봉의 자서전, 『김낙봉 이력』 자료 해제」, 『전라문화논총』 제7집, 1994.

이현희, 「경주인 해월 최시형 연구」, 『경주사학』 제16집, 경주사학회, 1997.

임형진, 「이필제와 전봉준의 혁명정신」, 『동학농민혁명과 시대정신』, 동학농민혁명 128주년 기념 학술대회 자료집, 정읍시, 2022.

조극훈, 「역사의 해석과 삶의 서사: 전봉준 평전 소고」, 『동학학보』 제58호, 동학학회, 2021.

표영삼, 『해월의 고난 역정 동학2』, 서울: 통나무, 2014.

R.G. 콜링우드 지음, 이상현 옮김, 『역사학의 이상』, 서울: 박문각, 1993.

한국역사문화원, 『백산과 동학농민혁명 학술연구용역 보고서』, 부안군, 2016.

홍영기 외, 『부안의 동학농민혁명과 민족운동』, 부안동학농민혁명기념사업회 · 전북대학교 이재연구소, 2020.

김낙철 형제의 동학과
부안도소 활동

조규태(한성대학교 교수)

김낙철 형제의 동학과
부안도소 활동

1. 머리말

김낙철(金洛喆, 1858-1917)과 김낙봉(金洛鳳, 1861-1934)은 부안지역의 대표적 동학지도자이다. 1890년 동학에 입교한 김낙철과 김낙봉은 접주와 지도자로 부안지역에 동학을 전파하였을 뿐만 아니라 지역대표자로 교조신원운동에 참여하였다. 특히 동학농민운동기에는 도소(都所)를 설치하고 부안의 지배세력과 협의하면서 동학의 이상을 구현하려고 하였다. 그리고 동학농민운동 후에는 최시형을 보필하며 교단의 정비를 위해 활동하였고, 1898년 최시형의 사후 근대화운동을 추진한 손병희가 아니라 김연국을 지지하며 동학의 전통적 사상을 고수하려고 하였다.

김낙철 형제에 관한 연구는 부안지역에 동학이 전파된 배경과 과정, 부안지역 동학농민군의 도소를 통한 동학농민운동, 동학농민운동 후 김연국을 지지한 호남지역 동학집단의 면모와 특성을 밝히는 데에 도움이 된다. 이는 호남지역 동학집단의 연원과 종교적 특징의 다양성, 동학농민운동기 전봉준의 노선과 다른 호남지역 동학농민군 집단의 노선과 그 배경, 최시형 사후 동학의 근대화노선에 대한 호남지역 동학집단의 계파별 태도 등의 이해에도 기여하는 바 크다.

이처럼 김낙철 형제가 동학과 동학농민운동, 동학농민운동 이후 동학농민군의 동향을 밝히는 데 중요한 위치를 차지하므로 지금까지 김낙철 형제에 관해서는 약간의 연구가 있었다.[1] 지금까지의 연구로 김낙철 형제가 동학에 입교한 시기, 구암 김연국 및 해월 최시형과의 종교적 관계, 김낙철 형제의 교조신원운동, 김낙철 형제의 동학농민운동기 도소 활동, 동학농민운동 후 최시형과의 관계 등이 밝혀졌다.

그렇지만 김낙철 형제의 동학 입교의 배경, 김낙철 형제의 동학 연원과 그 특징, 동학농민운동 후 최시형의 사후 교권 승계와 손병희의 근대화운동을 둘러싼 태도 등에 대해서는 아직 규명해야 할 점이 상당히 있다. 특히 동학농민운동기 김낙철 형제가 이끈 부안 도소의 노선 및 그 변화에 대해서는 사료를 비교하며 면밀하게 검토할 필요가 있다.

이 글에서는 먼저 '김낙철 형제의 동학 입도와 접의 조직'을 살피면서 두 형제의 동학 연원과 특징을 알아보려고 한다. 다음으로 '동학농민운동기 김낙철 형제의 도소 활동'을 기본적 특징뿐만 아니라 시기별 변화 속에서 고찰하도록 하겠다. 마지막으로 '동학농민운동 후 김낙철 형제의 동향'을 교단의 정비 활동과 최시형 사후 김연국 지지 및 손병희의 근대화운동 반대라는 관점에서 고찰하도록 하겠다.

* 이 논문은 한성대학교 교내연구비 지원과제임.

1 이진영,「자료: 전라도 부안의 동학지도자 김낙봉 자서전『김낙봉이력』 —자료해제—」,『전라문화논총』7, 1994. 신용하,「갑오농민전쟁의 주체세력과 사회신분」,『한국사연구』50·51합집, 1985. 박맹수,「김낙철계의 동학농민군 활동과 갑오 이후의 동향」,『동학학보』17, 2009. 조성운,「부안지역의 동학농민운동과 백산대회」,『역사와실학』61, 2016. 노용필,「도소의 유형별 사례에 비춰본 1894년 부안 동학 도소의 실상」,『부안의 동학사상과 동학농민혁명』, 동학농민혁명백산봉기기념사업회, 2016. 김철배,「『홍재일기』로 본 19세기 말 부안의 사회상과 동학농민혁명」,『부안의 동학사상과 동학농민혁명』, 동학농민혁명백산봉기기념사업회, 2016. 임형진,「부안 지역의 동학과 김낙철—전봉준 노선과의 차이를 중심으로—」,『부안의 동학사상과 동학농민혁명』, 동학농민혁명백산봉기기념사업회, 2016. 윤석산,「해월 최시형의 호남 포덕과 부안의 동학」,『한국종교』41, 2017. 이선아,「19세기 부안 유행 기행현의『홍재일기』와 동학농민혁명의 실상」,『동학학보』50, 2019. 정우봉,「동학농민혁명 지도자의 자기 증언에 나타난 주체의 형상」,『한문학논집』52, 2019. 성주현,「용암 김낙철과 부안지역 동학」,『제117주년 동학농민혁명 백산봉기대회 초청강연회 자료집』, 동학농민혁명백산봉기기념사업회·부안문화원, 2011.

2. 김낙철 형제의 동학 입도와 접의 조직

김낙철(金洛喆, 1858-1917)은 본관이 부안, 자가 여중(汝仲), 도호가 용암(龍菴)이다. 그는 1858년 전북 부안군 봉덕리(奉德里)에서 3형제 중 장남으로 출생하였다. 그의 동생 김낙봉(1861-1934)은 자가 명중(明仲), 도호가 연암(淵菴)으로 김낙철의 출생 후 3년 뒤인 1861년에 출생하였다.[2]

두 형제는, 10대 후반에서 20대에, 조선의 개항(1876), 임오군란(1882), 갑신정변(1884)의 대사건을 겪고, 서양의 문화와 문물이 조선에 확산되고, 미곡의 수출로 가난한 백성들이 식량 부족으로 고통받던 상황을 목도하고 경험하였다. 부안의 청년 지식인인 김낙철과 김낙봉은 당시의 정치·사회적 문제를 분명히 인식하고 그 해결 방안에 대하여 고민하였음에 틀림이 없다.

그런데 마침 서학(西學)의 타자로서 대두한 동학(東學)의 지도자들이 유·불·선 등 동양문화의 고수와 평등의 구현 등을 통한 개벽된 사회의 건설을 표방하며 호남, 특히 전북의 부안 등지에서 포교하고 있었다. 동학의 2세 교주 최시형은 1880년대 초 호서지역의 손병희·서인주·손천민·안교선·박인호·황하일을 입교시키는 것과 함께 부안의 동학 포교에 공헌한 공주의 윤상오(尹相五)를 입교시켰다. 그는 1884년 박치경(朴致卿)의 도움으로 전북 익산의 사자암에서 수도한 후 포교 활동을 본격화하였다. 그는 1887년에는 익산군 남참의리의 남계천(南啓天), 김정운(金正運), 김집중(金集仲) 등의 집에서 다수의 교인을 가입시키고, 1888년에는 전주와 삼례에서 포교활동을 벌였다. 또 1889년에는 전북 남원·임실, 전남 장흥·보성·강진·완도 등지에서 포교활동을 벌이고, 5월 부안의 김영조(金永祚, 金錫允)의 집에 머물면서

---

2 이진영, 「자료: 전라도 부안의 동학지도자 김낙철 자서전『김낙봉이력』－자료해제－」,『전라문화논총』7, 1994, 1쪽. 박맹수, 「김낙철계의 동학농민군 활동과 갑오 이후의 동향」,『동학학보』17, 2009, 63쪽.

고부군을 순회하고, 이어 태인의 김낙삼(金洛三)의 집에 머물며 6임을 선임
하였다. 또 동년 6월에는 태인의 김기범(金基範, 김개남)의 집에서 김기범·김
덕명(金德明)과 협의하며 전도에 매진하였다.[3]

이러한 동학지도부와 부안과 인근 동학지도자의 포교 활동의 물결 속에
서, 김낙철과 김낙봉은 1890년 6월 7일 동학에 입도하였다. 얼마 뒤인 동
년 6월 17일에는 김낙철의 동생 김낙주(金洛柱)가 사촌동생인 낙정(洛貞)·낙
용(洛庸)과 함께 동학에 입도하였는데[4], 이에는 김낙철과 김낙봉의 영향이 컸
을 것이다.

그러면 김낙철과 김낙봉은 왜 동학에 입교하였을까? 이 의문에 대한 해답
의 실마리는 다음에서 찾을 수 있다.

① 봉(鳳)은 본관이 부안(扶安)이고 부안에 1,000년이 넘게 대대로 살아온 성문고
족(盛門孤族)이다. 5대 동안 독자로 내려오다가 아버지 대에서 형제분이 나와 맨손
으로 집안을 이루어 몸소 수만 환(圜)의 재산을 이루었다. 형제분이 모두 70까지 장
수를 하였는데, 평생 동안 잠자리를 함께 하고 겸상을 하여 서로 간에 구분이 전혀
없었다. 나의 대에는 5종(五從) 사이가 한마음이었고, 동덕(同德, 천도교에서 같은
교인끼리 부르는 이름)으로 수련을 위주로 하였다. 그래서 가산을 돌보지 않고 포교
에만 전념하여 빈객이 집안에 가득하였으나 재산은 점점 줄어들었다.[5]

② 敬道師 淵菴
吾宗에 有一道師焉호니 其心이 斷斷兮오 無他技라. 只有一敬字而已라. 道師는
誰오. 井邑金洛鳳씨러라. 氏는 海月舊徒오 龍菴賢季라. 曾히 扶安에 隱居호야
世業은 陶朱의 巨富요. 心情은 商澔의 淸閑이라. 雲外靑山에 塵烟이 不侵호더
니. 及庚寅六月에 龍菴道師를 隨호야 龜菴의 布德으로 聖門에 入호니 其心에 旣

3 윤석산, 「해월 최시형의 호남 포덕과 부안의 동학」, 『한국종교』 41, 2017, 26-29쪽.
4 「金洛鳳履歷」, 『동학농민전쟁사료총서』 7, 史芸연구소, 1997, 376쪽.
5 『김낙봉이력』(번역), 동학농민혁명 사료 아카이브.

히 一度靈韻을 覺得흔지라.[6]

위의 자료 ①에 의하면, 김낙철과 김낙봉 형제는 부안에 세거한 부안 김씨의 번성한 가문과 고고한 족계 출신이라 하여 먼 선대는 양반이었던 것 같다. 그러나 6대조 이후 5대 독자로 내려오면서 그것이 이어지지 못하였던 것 같다. 그렇기에 ②의 김낙봉의 열현록에는 집안에 대한 자랑이 전혀 없다. 몰락한 잔반이거나 서계(庶系) 출신일 가능성이 높다.

다만 경제적으로는 매우 부유하였다. 아버지 대에 사업으로 수만 환의 큰 부를 축적한 결과이다. 그래서 ②의 김낙봉 열현록에는 "세업(世業)은 월나라의 재상인 범여(范蠡)처럼 큰 부자였다."고 하였다. 김낙철의 수제자 박기중의 증언에 따르면 김낙철은 쟁갈리 일대에서 700석 이상을 거두던 지주 집안이었다고 한다.[7] 김낙철이 어려서 유학을 공부한 것[8]도 이러한 경제적 토대 덕택이었다.

김낙봉의 성품과 심정은 "주나라의 대부인 상고(商澔, 商高)처럼 맑고 한가하여 운외의 청산에 티끌과 연기가 침범하지 않았다"고 할 정도였다. 자신의 축재와 출세를 위하여 주위의 가난하고 약한 사람을 짓밟기에는 그의 성품이 너무나 맑았다.

김낙철과 김낙봉의 동학 입도는 몰락한 양반 출신 지식인의 양심과 정의감과 애국심의 발로로 보인다. 이들은 신분제의 질곡과 경제적 곤궁으로 고통받는 빈자와 천자를 돌아보는 심성을 가졌고 사회문제를 해결하고 외세의 침략에서 나라를 보호해야 하겠다는 신념을 가졌다. 이러한 점에서, 이들의 동학 입도는 삼재팔난을 면하려는 기복적 요소보다 인즉천·광제창생·보

---

6 「天道列賢錄-敬道師淵菴金洛鳳氏」, 『龜岳宗報』 2, 1914.7, 61쪽.
7 김영웅, 「동학조직 재건에 앞장 선 김낙철, 손자 영송」, 『동학농민혁명증언록』.
8 박맹수, 「김낙철계의 동학농민군 활동과 갑오 이후의 동향」, 『동학학보』 17, 2009, 63쪽.

국안민 등 동학의 평등사상, 사회개벽사상, 반외세사상에 기인하였을 것이다.[9]

1890년 가을 김낙철과 김낙봉은 공주군 요면(要面, 寺谷面) 신평리(新坪里, 현 신영리)의 윤상오의 집에 머무르던 최시형과 대교주 김연국을 찾아가 성훈(聖訓)을 받고 감복을 받았다. 그 뒤 이들은 달마다 최시형과 김연국을 찾아뵈었다.[10]

동학 입도 후 김낙철과 김낙봉은 친척과 이웃에게 포교를 확대하였다. 그는 위의 사례처럼 형제와 사촌끼리 잠자리를 함께하고, 겸상을 하고, 서로 간에 구분이 없게 하고, 동덕으로 대하였다. 그리고 이웃에도 포교하여 빈객이 집안에 가득하였다. 1890년 7월부터 포덕이 점차 늘어나 1891년 3월에 이르러 신도수가 몇 천명이 되었다.[11]

김낙철과 김낙봉이 동학에 입교하였을 즈음 부안의 접주는 부안의 옹정(甕井)에 거주하던 김연국계의 김영조(金永祚, 김석윤)였다. 『김낙봉이력』에는 1891년 5월 부안 접주 김영조가 김낙봉에게 말하기를 "어젯밤 꿈에 대신사께서 금구(金龜)와 같은 물건 하나를 채색 비단으로 4~5겹 싸서 주시며 그대에게 전하라고 하였다."는 기록이 있다.[12] 금거북이는 일반적으로 상서로운 물건을 의미하지만, 김연국의 도호가 구암(龜菴)이므로, 김영조는 김낙철과 김낙봉에게 구암계인 자신과 구암 김연국과 연비를 맺기를 희망한 듯하다.

9　성주현, 「용암 김낙철과 부안지역 동학」, 『제117주년 동학농민혁명 백산봉기대회 초청강연회 자료집』, 동학농민혁명백산봉기기념사업회·부안문화원, 2011, 3쪽. 성주현도 김낙철이 매우 선진적인 사고를 시천주의 만민평등사상, 보국안민사상, 척왜양의 민족주체사상, 유무상자의 경제적 평등사상에 매료된 것으로 보고 있다.

10　『김낙봉이력』(번역), 동학농민혁명 사료 아카이브, 『동학농민전쟁사료총서』 7, 史芸연구소, 1997, 376쪽.

11　『김낙철역사』(번역), 동학농민혁명 사료 아카이브.

12　『김낙봉이력』(번역), 동학농민혁명 사료 아카이브, 1891년 5월.

김낙철과 김낙봉이 동학에 입교한 당시 호남의 동학인들은 호남좌도도령 윤상오(尹相五)와 호남우도도령 남계천(南啓天)을 지지하며 서로 대립하고 있었다.[13] 이는 1891년 3월 김낙철과 김낙봉이 부안 옹정의 김영조(金永祚, 錫允), 태인의 김낙삼(金洛三), 남계천 및 손화중과 함께 공주군 요면(사곡면) 신평리 윤상오의 집에 머무르던 최시형을 찾았을 때 최시형이 행한 다음의 말에서 짐작된다. 즉 최시형은 "금일 도운은 즉 동방의 목운(木運)이라. 목은 서로 비비면 불이 나는 것이 필연지세이니 인심(人心)이 순리에 화합하면 하늘이 반드시 감응할 것이라 하였다. 또 그 재덕이 있는 사람을 선택하여 그 두령을 삼을 것이다. 하나같이 두령의 지휘를 따라 서로 둘로 갈라지지 않으면 도는 반드시 스스로 이루어질 것이다."고 하였다.[14]

그런데 김낙철과 김낙봉은 호남좌도도령인 윤상오를 지지하였을 가능성이 높다. 1891년 5월 최시형이 부안의 윤상오(尹相五) 소실 집에 와서 호남좌도의 두령인 윤상오 대신 호남우도의 도령인 남계천(南啓天)을 호남좌우도의 편의장으로 임명하자 태인의 김낙삼(金洛三)이 호남좌우도의 16포 100여 인의 도인을 이끌고 최시형을 찾아와 항의하였기 때문이다.[15] 다음과 같이 남계천의 지위가 낮고, 나이도 어린 것을 문제로 삼았다고 한다. 그런데 한편으로는 윤상오가 태인과 부안지역 동학인의 연원에 속하여 그를 지지하였을 가능성도 있다.

13 「大先生事蹟」, 『동학농민혁명사료총서』 27, 사운연구소, 1996, 〈海月先生文集〉. 『김낙철역사』 (번역), 동학농민혁명 사료 아카이브.
14 오상준, 『본교역사』, "금일 도운은 乃東方木運이라. 木相磨則 生火는 必然之勢니 人心이 和順 則天必感應이라 하고, 又曰 擇其才德者하여 爲其頭領이오. 一從頭領之指揮하여 勿相岐貳면 道必自成이리라.
15 『본교역사』, 〈제2편, 해월신사〉. 『해월선생문집』. 『동학농민전쟁사료총서』 27, 〈해월선생사적〉. 『김낙철역사』.

최시형과 김연국이 "우리 도는 5만 년 개벽의 운수를 타서 무극의 큰 도를 창설했다. 이에 따라 문벌의 높고 낮음과 노소의 등급과 구분이 사라졌다. 어찌 논의할 필요가 있겠는가? 비록 문벌이 낮고 한미하더라도 두령의 자격이 있으면 한결같이 그 지휘를 따라서 도를 밝히는 것으로 마음을 삼는 것이 옳다."라고 하자, 부안지역의 동학인들은 김낙삼 및 여러 도인과 함께 "알겠습니다."라고 하면서 물러났다.[16]

1891년 7월 김낙철은 최시형이 부안에 찾아와 부안교인들을 위무할 때 육임첩을 받음으로써 명실상부한 접주로서의 권한을 가졌다. 1891년 7월 최시형은 김연국(金演局), 장백원(蔣伯元), 장희용(張喜用), 최덕기(崔德基), 남계천(南啓天) 등과 부안 신평리의 소실(小室) 집에 머무르던 윤상오를 방문하고, 다음날 옹정(瓮井)에 있는 김영조(金永祚, 金錫允)의 집을 방문하였다. 이곳에서 최시형은 "부안에서 꽃이 피고 부안에서 열매가 맺힐 것이다."라는 법설을 하였다.[17] 같은 달 부안의 김낙철은 최시형·김연국·장한주·장세원의 방문을 받고, 육임첩을 받았다.[18] 관할 교인에게 교장(教長)·교수(教授)·도집(都執)·집강(執綱)·대정(大正)·중정(中正)의 육임[19]을 줌으로써, 김낙철은 접을 정비하고 접주로서의 권한을 제대로 행사하게 되었다.

김낙철은 1892~1893년 포교를 크게 확대하였다. 1892년과 1893년 포교를 확대한 결과 그 산하의 신도수가 수만명에 이르렀다고 한다.[20] 물론

---

16 『본교역사』, 〈제2편, 해월신사〉. 「大先生事蹟」, 『동학농민혁명사료총서』 27, 사운연구소, 1996, 〈海月先生文集〉. 『侍天教宗歷史』, 〈제9장 誘掖教徒〉. 『本教歷史』, 〈제2편 포덕32년〉. 『본교역사』에는 이러한 말을 한 것이 최시형이라 하였는데, 『시천교종역사』에는 김연국으로 되어 있다.

17 「大先生事蹟」, 『동학농민혁명사료총서』 27, 사운연구소, 1996, 〈海月先生文集〉. 『김낙철역사』 (번역), 동학농민혁명 사료 아카이브.

18 『天道教書』, 〈제2편 해월신사, 포덕 32년〉.

19 교장은 자질이 알차고 인망이 두터운 사람, 교수는 성심으로 수도하여 가히 교리를 전할 수 있는 사람, 도집은 위풍이 있고 기강이 밝으며 시비선악의 한계를 아는 사람, 집강은 시비를 밝히고 기강을 바로 잡을 수 있는 사람, 대정은 공평성을 갖고 부지런하고 중후한 사람, 중정은 바른 말을 능히 할 수 있는 강직한 사람에게 주어졌다.

20 『김낙철역사』, 동학농민혁명 사료 아카이브, 1890-1893년.

김낙철 연원의 신도수는 과장임에 틀림이 없다. 그렇지만 부안지역 동학인의 증가 상황은 부안 유생 기행현의 『홍재일기』에서도 확인된다. 이 자료에 의하면, 부안에서는 1892년 무렵 동학인의 수가 증가하여 1892년 7월 부안관아에서 동학인을 잡아 징치하고 속전 300냥을 받았으며, 1892년 8월 향교에서 동학인을 적발하라는 회문을 발송하기도 하였다.[21]

1892년 10월부터 1893년 4월까지 전개된 공주집회(1892년 10월), 삼례집회(1892년 11월), 복합상소(1893년 2월), 금구취회(1893년 3월)로 전개된 교조신원운동시 김낙철과 김낙봉은 1893년에야 대표자로 활동하였다. 김낙철과 김낙봉이 1892년 10월의 공주집회와 1892년 11월의 삼례집회에 참여하지 않은 이유는 서인주와 서병학이 최시형의 허락 없이 전개한 것을 비판적으로 보는 김연국과 같은 견지였다.[22] 1893년 1월 중순 보은군 장내에 모여 복합상소의 책임자를 정하였을 때 김낙철은 부안 접주인 김영조와 함께 교인대표로 선정되었다. 당시 소두는 박광호, 제소는 손천민, 서사 남홍원, 교인대표 박석규·임규호·(이용구)·박윤서·김영조·김낙철·권병덕·박원칠·김석도·이문찬, 총지도자 손병희·김연국·손천민이었다.[23] 1893년 2월 복합상소 시 김낙철은 도도집(都都執)을 맡고 있어서 김낙봉과 김영조가 부안의 동학인을 이끌고 서울에 올라가 복합상소를 하였다.[24] 당시 김낙봉과 부안의 동학인들은 김연국의 휘하에서 안온하게 행하고, 정당하게 대처하며, 원만하게 돌아가 사문(師門)의 대명을 욕되게 하지 않았다고 한다.[25]

21 奇行鉉, 『鴻齋日記』, 1892년.
22 성주현, 「용암 김낙철과 부안지역 동학」, 『제117주년 동학농민혁명 백산봉기대회 초청강연회 자료집』, 동학농민혁명백산봉기기념사업회·부안문화원, 2011, 4쪽.
23 이돈화, 『천도교창건사』 제2편, 50쪽. 성주현, 「보은·금구집회의 전개와 동학농민혁명」, 『중원문화연구』 21, 2013, 53쪽. 『동학도종역사』, 『동학농민혁명사료총서』 29권, 〈제11장 爲先師伸冤伏閤上疏〉. 『동학도종역사』에는 교인대표로 이용구가 포함되어 있다.
24 『김낙철역사』, 동학농민혁명 사료 아카이브, 1893년.
25 「天道列賢錄-敬道師淵菴金洛鳳氏」, 『龜岳宗報』 2, 1914.7, 62쪽.

복합상소에 참여한 전라도의 동학인들이 1893년 3월 금구의 원평에 모여 '척왜양창의'를 외치며 종교적 신원운동에서 반외세적 운동으로 전환하였을 때 김낙철과 김낙봉 휘하의 동학인도 이에 참여하였다. 그 사례는 금구취회에 참여한 부안의 동학인 박문숙(朴文璹)이 부안 유생 기행현에게 전한 내용에서 확인된다.

> 동학인 3,000여 명이 이미 금구의 원평에 모여 진을 이루었는데 진법(陣法)은 궁을진(弓乙陣)이고 깃발의 이름[旗名]은 창의(倡義)인데 깃발에 '충의지사(忠義之士)에게 물어 도모하여 저 왜양(委洋)을 쓸어 버리자.'라고 썼다. 다음 달 2일에 행군(行軍)하여 팔도(八道)에서 합세하여 왜양(委洋)을 쫓아낼 것이다.[26]

그런데 김낙철과 김낙봉 그리고 그 휘하여 도인들은 보은집회에도 참여하고자 하였다. 이는 『김낙봉이력』의 다음과 같은 기록에서 확인된다.

> 계사년 봄 대궐 문앞에서 복합 상소를 할 때에 참여하였다. 연이어 계사년 3월(음력 2월) 보은 장내에 집회가 있어 고산(高山) 등지로 올라갔다가 해산하라는 명령을 듣고 집에 돌아왔다.

위와 같이 김낙봉은 보은집회에 참여하고자 하였으나 중간에 해산 명령이 있어 전북 완주군 고산면에서 집으로 돌아왔던 것이다.

3. 동학농민운동기 김낙철 형제의 도소 활동

1894년 음력 1월 10일 고부에서 봉기가 일어나고, 2~3월 백산과 무장 등지에서 활동할 때 부안의 동학인 가운데에 참여한 사람들이 있었다. 오지

---

26 奇行鉉, 『鴻齋日記』, 1893년 3월 21일.

영의 『동학사』에 따르면, 1894년 음력 1월 3일 호남창의소가 만들어져 1월 14일 고부성을 함락한 후 1894년 1월 17일 고부의 백산으로 호남창의소를 옮겨 진을 조직하였을 때 부안의 두령인 신명언(申明彦)과 백역구(白易九)가 관하 도인을 이끌고 참석하였다고 되어 있다.[27] 1894년 3월 호남의 동학인들이 다시 고부 백산에 모이고, 무장에서 기포하였을 때, 부안의 동학인 강일봉(姜一奉)과 박문표(朴文表)가 참여하였다.[28] 부안인 강일봉(姜一奉)은 호남의 동학농민군에 참여하여 1894년 3월 23일 장성의 월평전투에도 참여하였다.[29] 그리고 부안의 동학인 박문표도 호남의 동학농민군에 참여하여 전투를 벌였는데 홍계훈과 전주화약을 맺고 해산한 후 전주에서 부안으로 돌아왔다.[30]

그러나 김낙철과 김낙봉은. 1894년 1~3월 전봉준·손화중·김개남이 주도한 고부봉기와 백산대회와 무장봉기에 직접 참여하지 않았다. 김낙철은 전봉준이 외면으로는 민요의 장두이나 내면으로는 스스로 동학이라 부르며 다른 사상을 품고 있다고 보고 동생 김낙봉으로 하여금 그 사실을 최시형에게 알리게 하였다. 그러자 최시형은 김낙봉에게 비밀리에 지시하여 "저 봉준은 교인으로 일을 하는 것이 아니라 속으로 다른 생각을 갖고 있으니, 너의 사형(舍兄, 김낙철)과 상의하여 절대 상관하지 말고, 몰래 각 접(接)에 기별(奇別) 해서 비록 온갖 어려움 가운데에 있더라도 조금도 상관하지 말게 하고, 모두 지휘에 따라 봄을 기다리라."고 하였다.[31] 그 지시를 들은 김낙철은 마음으로 홀로 기뻐하여 자부하고 은밀히 각 접에 알리고는 수도만을 하

27 오지영, 『동학사』(초고본), 『동학농민전쟁사료총서』1, 사운연구소, 1996, 457-458쪽.
28 奇行鉉, 『鴻齋日記』, 1893년 3월 24일.
29 奇行鉉, 『鴻齋日記』, 1894년 4월 26일.
30 奇行鉉, 『鴻齋日記』, 1894년 5월 9일.
31 『김낙철역사』, 동학농민혁명 사료 아카이브. 『鴻齋日記』에는 장갈리의 김여중(金汝中, 김낙철)이 무리 수백인을 거느리고 분토동 김씨의 재실에 모여 있다고 기록되었다.

였다.[32] 김낙봉도 전봉준 등이 봉기하라고 강요하였음에도 해월 최시형의 내명을 받들어 경천(敬天)·경인(敬人)·경심(敬心)의 요체를 잃지 않고 포교에 종사하였다.[33]

그런데 3월 26일에서 29일에 걸쳐 '동학군'이 무장, 고창, 홍덕, 고부 4 읍에서 군기를 탈취하여 고부의 마항에 둔취하였고, 백산으로 진을 옮긴 후 곧 부안에 들어온다는 사실이 알려졌다. 이어 '동학군'이 전주로 향했다는 소식과 제주의 동학군이 부안에 들어왔다는 이야기도 전해졌다. 이에 부안 관아에서는 동학농민군의 공격을 방어하기 위하여 장정을 모집하기 시작하였다.[34]

무장, 고창, 영광, 홍덕 등지의 동학농민군이 부안현에 들어오자 김낙철은 이 지역의 동학농민군과 하동면 분토동에 둔취하였다. 기행현은 장갈리의 김낙철이 "1894년 4월 1일 분토동(分土洞) 김씨의 재각(齋閣)에 수백명의 동학농민군을 모았다."고 하였다.[35] 부안현감 이철화의 첩정에 의하면, 1894년 4월 1일 500명의 동학농민군이 부안, 영광, 무장, 홍덕, 고창 등의 작은 깃발을 들고 하동면 분토동에 모였고, 이들 중 200명이 성안으로 들어와 순영문(巡營門)으로 가기 위하여 대기하던 장정을 해산시키고 돌아갔다고 한다.[36] 기행현의 기록에도, 부안현감 이철화가 건장한 사람 100명을 군사로 충원한 후 김방헌(金邦憲)을 영거대장(領擧大將)으로 삼아 올려보내려 하자, 김낙철은 4월 1일 40여 명을 이끌고 성안으로 들어가 감옥에 수감된 군정들을 모두 풀어주었다고 되어 있다. 그리고 그는 수령에게 "어찌하여

32 『김낙철역사』, 동학농민혁명 사료 아카이브.
33 「天道列賢錄-敬道師淵菴金洛鳳氏」, 『龜岳宗報』 2, 1914.7, 62쪽.
34 奇行鉉, 『鴻齋日記』, 1893년 3월 26일-4월 1일.
35 奇行鉉, 『鴻齋日記』, 1894년 4월 1일.
36 『隨錄』, 『동학농민전쟁사료총서』 5, 사운연구소, 1996, 〈營寄〉, 173-174쪽.

장정을 모으는 것인가"하고 장정을 모집하지 말라고 신신당부하였다.[37]

그런데 부안군수 이철화(李哲化)가 유생 및 이호(吏戶)와 상의하고 누차 와서 "고을 일이 어떤 지경이 될지 알 수가 없으니 들어와서 성을 지켜 외적을 막아달라"고 김낙철에게 요청하였다. 그러자 김낙철은 어쩔 수 없이 1894년 4월 1일에 교인 수백명과 부안현 서도면(西道面) 송정리(松亭里, 五松亭) 신씨(辛氏) 재각(齋閣)에 도소를 설치하였다. 그리고 김낙봉은 신명언(申明彦, 申少能)과 함께 부안 줄포(茁浦)에 도소를 설치하였다.[38]

김낙철과 김낙봉은 4월 2일 남문에 포고문을 붙이고 도소를 운영하였다. 도소의 운영과 관련하여 군수가 향유 및 향리와 협의하여 비용과 물자를 경내의 일반호에 배정하고, 나머지를 부민호에 배정하자[39] 김낙철은 관아에서 부담하자고 주장하였다. 김낙철은 이방과 호방에게 백미 10석과 전 200량을 제공하라고 요청하였다. 그러나 수령이 크게 화를 내며 반대하여 이는 실현되지 못하였다.[40]

도소 운영의 방향은 포고문이 확인되지 않아 정확히 알 수 없다. 그러나 다음의 김낙봉 열현록으로 대강이나마 짐작할 수 있다.[41]

용암(龍菴, 김낙철)이 부안에서 평화강도(平和講道)를 개시함에 도사(김낙봉: 필자)는 남으로 만포(萬浦, 줄포의 오기: 필자)에 나아가 강좌를 열고 포덕선무하니 고로

37 奇行鉉, 『鴻齋日記』, 1894년 4월 2일.
38 『김낙철역사』, 동학농민혁명 사료 아카이브. 『동학농민전쟁사료총서』 28, 사운연구소, 1996, 239-240쪽. 「天道列賢錄-敬道師淵菴金洛鳳氏」, 『龜岳宗報』 2, 1914.7, 62쪽. 이 자료에는 김낙철은 부안에서 소위 '평화강도회'를 개시하고, 김낙봉은 줄포(茁浦)에 나아가 강좌를 열고 '포덕선무'에 힘썼다고 되어 있다. '평화강도회'와 '포덕선무회'라는 용어는 일제 치하에 맞추어 사용한 것으로 보인다.
39 『김낙철역사』, 동학농민혁명 사료 아카이브. 『동학농민전쟁사료총서』 28, 사운연구소, 1996, 239-240쪽.
40 奇行鉉, 『鴻齋日記』, 1894년 4월 2일.
41 「天道列賢錄-敬道師淵菴金洛鳳氏」, 『龜岳宗報』 2, 1914.7, 62쪽.

당세 제2 평화도사의 칭이 유함과 동시에 교문군도(敎門群徒) 중 특연히 이기경초
(利器勁草)로 두각을 고현(高顯)함에 지(至)하였더라.

위의 내용과 같이 도소 운용의 방향은 '평화강도'와 '포덕선무'에 있었다.
그러니까 그 방향은 첫째 동학의 가치와 사상을 널리 알려 입도자를 늘리
고, 둘째 평화에 대한 선무로 무력 충돌을 방비하는 것이었다. 그 당시에는
폐정개혁에 관한 사항은 거론되지 않았던 것으로 보인다.

김낙철은 "전봉준·김개남·정일서(鄭一西)의 포가 동도라고 하며 포구와 부
민에게 탁란함이 극심하니 주야로 설력방어(設力防禦)하였다."[42] 즉 전봉준과
손화중이 4월 3일 동학군 3,000명을 이끌고 부안으로 들어와 군수 이철화
를 잡아 처단하고자 하였을 때, 김낙철은 "성주는 부모와 같은데 어찌 죽일
수 있겠느냐 하면서" 손화중을 달래 이를 막았다.[43]

또 김낙철은 부안에서 무력충돌이 일어나는 것을 막고자 손화중에게 부
안이 한쪽 귀퉁이 땅에 사방이 막힌 곳이므로 넓은 곳으로의 이동을 제안하
여 "부안에서 호응하여 따른다면 그렇게 하겠다"는 승낙을 받았다. 김낙철
과 김낙봉은 4월 6일 부안의 동학농민군을 이끌고 전봉준·손화중이 이끄는
동학농민군을 고부군 황토현으로 안내하여 진을 치게 하였다. 그리고 김낙
철과 김낙봉은 4월 6일 밤 동지 2~3인과 몸을 피해 다음 날 아침에 집으로
돌아왔다고 한다.[44]

당시 김낙철과 김낙봉이 겪었던 긴박한 상황은 다음의 기행현의 『홍재일
기』에서도 확인된다.

---

42 『김낙철역사』, 동학농민혁명 사료 아카이브, 『동학농민전쟁사료총서』 28, 사운연구소, 1996,
239-240쪽.
43 『김낙봉이력』, 동학농민혁명 사료 아카이브, 1894년 4월 3일.
44 『김낙봉이력』, 동학농민혁명 사료 아카이브, 1894년 4월 3일.

○ 1894년 4월 4일
동학군 만여 명이 불시에 성에 들어와 일시에 성을 둘렀다. 수령이 도피하려 하자
저들의 군대가 그것을 알고 잡아 왔다. 동헌의 당시 긴박했던 상황은 형용하기 어렵
다고 한다. 저녁에 문묘에 들어갔지만 여러 건물에는 적막만 흐르고 한 사람도 없었
다. 돌아와서 성안을 바라보니 불빛이 하늘에 가득했고 포성이 천지를 진동하였다.

○ 1894년 4월 5일
다시 읍에 갔다. 남성에 올라 동학군 진중을 바라보니 기치와 검극과 고각과 화포
가 하늘을 치켜들었다. 오후에 소산(蘇山)에 올라 열진하고 곧 내려왔다. 경병과 영
병이 4면에 배치되어 이른다고 한다. 날이 저물어 서해에서 대포 소리가 6, 7차 진
동하였다. 이속배·향유와 반상을 논하지 않고 유죄인과 훼도자(毁道者)를 종일토록
엄형하여 읍의 규율을 안정시킨다고 한다. 향유와 당장(堂掌: 교생가운데 연장자)
은 도피하고, 부득이 향교문서궤는 땔감으로 쓰고, 청금안과 교생안을 불태웠다고
한다. 날이 저물어 귀가하였다. 본촌 동학인 박문표가 돌아온 고로 물어보니 본읍은
일이 많으나 경병과 영병은 가히 두렵지 않다고 하였다.

○ 1894년 4월 6일
읍에 가서 동학인들이 길을 떠나는 것을 보았는데, 진의 기세가 아주 엄정하였으며
5세 아이와 14세 아이도 우두머리가 되었다고 한다. 다시 도소봉에 올라 바라보니
사거리에서 곧장 외료촌(外蓼村)으로 방향으로 중간 다리를 지나 고부에 도착하여
올라가 터를 잡은 뒤에 내려왔다. 듣자니 영문의 병사가 입성하였지만 본읍 수령은
도망치고 관아 안은 텅 비어 있었다고 한다. (중략) 저녁을 먹은 후 동헌에 가서 수
령을 만나 위문하고 왔다. 향교에서 머물렀는데 본읍 수령과 교임(校任)들은 성황사
에서 잔다고 하니 본읍 수령이 정말로 도주한 것은 아니었다. 왕의 군대를 맞이할 뜻
으로 동진에 갔다 온 것이라 하였다. 영병은 백산에서 곧바로 고부로 향한다고 하였
다. 듣자니 옛적의 비기(秘記)에 "계사년(1893, 고종 30) 7월 사방의 들판이 하얗
게 되고, 갑오년(1894, 고종 31) 오월에 만인이 푸르러 진다."고 적혀있다고 한다.

○ 1894년 4월 7일
향교로부터 나와 오다가 장갈리의 김여중(김낙철: 필자)를 만났다. 그는 본읍에 바야
흐로 후환이 있을 것이고, 이는 누구인지 논하지 않을 것이니, 삼가 피하라고 하였다.

위의 내용으로 사건의 흐름을 재구성해보면 다음과 같다. 4월 4일 동학
농민군 만여 명이 부안성을 함락하고 관아를 점령하였다. 수령은 도망치려
다가 잡혀 와 향임 등과 함께 성황사에 거주하였다. 김낙철은 동학농민군뿐
만 아니라 이속 및 향유, 양반 등과 협의하고 전봉준·김개남·정일서의 동
학농민군을 설득하여 살상이 일어나지 않도록 힘을 쏟았다. 4월 5일 경 경
병과 영병이 부안에 들어와 동학농민군에 가담한 이속배와 향유, 양반과 상
민을 엄벌하여 규율을 안정시킬 것이라는 소문이 돌았다. 그러자 김낙철은
손화중에게 권유하여 4월 6일 전봉준 등이 이끄는 동학농민군을 고부군 황
토현으로 안내하였다. 4월 7일 김낙철은 기행현을 만나 이제 후환이 염려
되니 삼가 피하라고 하였다. 이 내용을 보면 김낙철은 황토현 전투에 참가
하여 감영군의 패퇴 사실을 알고 있었기에 감영군의 무자비한 보복에 대한
후환을 걱정하였던 것 같다.

이 이후 김낙철과 김낙봉은 전주성을 점령하기까지 일어난 일련의 전투에
참여하였을 가능성이 높다. 부안의 동학인 박문표가 전주성 공격에 참여한
사실이 확인되기 때문이다.[45]

그런데 5월 8일 전주화약을 맺은 후 제1차 동학농민운동에 참여하였던
다수의 부안 동학인이 부안에 돌아왔다. 박문표(朴文表)가 전주에서 홍계훈
과 화친하고 동학농민군을 해산하고 돌아왔다.[46] 1894년 6월 초 백계중(白
癸中)과 백사준(白士俊), 김자현(金自賢)도 부안에서 활동하고 있었다.[47]

1894년 6월 경 부안의 동학농민군은 무기를 갖고 각지를 활보하고 다
니며 약탈과 구타와 납치와 살인을 행하였다. 1894년 6월 7일 동학인 10

---

45 奇行鉉, 『鴻齋日記』, 1894년 5월 9일.
46 奇行鉉, 『鴻齋日記』, 1894년 5월 9일.
47 奇行鉉, 『鴻齋日記』, 1894년 6월 7일, 6월 9일.

여 명이 기행현의 친구 김씨의 집에 들어가 전 100량을 도적질하여 가져갔고, 30여 명의 동학인은 백석의 최태보(崔泰甫)에게서 400냥을 훔쳐갔다.[48] 1894년 6월 9일 밤에는 동학인 백사준(白土俊)이 10여 명을 이끌고 집안으로 갑자기 들어와서 기행현의 아들 동환(東煥)을 구타하고 예동(禮洞)으로 잡아갔다.[49] 그리고 같은 날 동학인 박문표와 김자현(金自賢)은 면사로 결가(結價)를 높여 세금을 지나치게 거두고, 사음으로 작답(作畓)을 이정(移定)한 죄를 물어 백원장(白元丈, 白仁欽)을 때려죽이겠다고 협박하기도 하였다.[50] 난리를 피하려면 섬멸해야 하는데 섬멸할 수 없어 어찌할 수 없는 상황이었다.[51]

이 시기 김낙철과 김낙봉은 급진적인 동학농민군의 작란(作亂)을 방비하는 활동을 하였다. 기행현의『홍재일기』1894년 6월 15일 기록에 "동학 제인이 (중략) 혹 작란(或作亂) 혹 금란(或禁亂)"이라고 하였는데[52], 금란(金亂)의 대표적인 인물이 바로 김낙철과 김낙봉이었던 것이다.

한편 일본군의 경복궁 점령(6월 21일)과 청일전쟁의 발발(6월 23일) 후, 부안 동학인의 활동은 점차 격화되었다. 먼저 곡식과 군수품의 확보 활동이 늘어났다. 6월 26일 동학인 수백명이 격포의 무기를 탈취하여 갔다.[53] 부안 동학인의 노력으로 동학 입도자가 격증하였다. 1894년 6월 23일 부안 외료촌(外蓼村)의 박문표의 접에는 하루 30명의 도인이 새로 입도하였는데 부안 출신 입도자만 하여도 하루 3~4명이나 되었다.[54]

부안의 동학인들은 6월 27일 부안읍에 모이고, 다음날에는 다시 줄포에

---

48 奇行鉉, 『鴻齋日記』, 1894년 6월 7일, 6월 7일.
49 奇行鉉, 『鴻齋日記』, 1894년 6월 10일.
50 奇行鉉, 『鴻齋日記』, 1894년 6월 9일.
51 奇行鉉, 『鴻齋日記』, 1894년 6월 7일, 6월 17일.
52 奇行鉉, 『鴻齋日記』, 1894년 6월 15일.
53 奇行鉉, 『鴻齋日記』, 1894년 6월 7일, 6월 26일.
54 奇行鉉, 『鴻齋日記』, 1894년 6월 7일, 6월 17일.

모였다.[55] 7월 3일 경 부안의 대접주 해사장(解詞丈) 김영조(金永祚, 金錫允)이
만경읍에서 곤경을 당하자 부안의 천여 명의 동학농민군이 만경으로 출동하
였다. 그리고 입도자가 많았던 박문표를 새로 접주로 임명하였다. 그의 휘
하에는 연락을 담당한 전통(傳通)이 60명이나 되었다.[56] 1894년 7월 13일
남하면(현 주산면)의 동학인들은 외료촌(外蓼村) 삼원장(三元丈) 백인흠(白仁欽)
의 집에 갔다가 저녁에 부안읍으로 들어갔다.[57] 1894년 7월 14일 부안의
동학인들은 상서면 장전평에서 집회를 가졌다. 이 집회에서는 전봉준의 서
한이 전달되었다.[58]

이 무렵인 1894년 7월 김낙철과 김낙봉은 신명언, 김영조과 함께 기포
하였다고 한다.[59] 앞서 살폈듯이, 김낙철과 김낙봉은 이미 4월 1일에 도소
를 설립한 바 있었다. 그러므로 7월에 김낙철과 김낙봉이 기포하였다는 것
은 이는 일본군의 경복궁 점령과 청일전쟁에 대응하여 도소를 새롭게 정비
한 것으로 보인다.

1894년 7월 경 새롭게 도소를 정비한 김낙철과 김낙봉이 벌인 대표적 활
동은 유생층의 동학 입도였다. 부안의 동학인 김봉보(金鳳甫)는 부안 유생 기
행현에게 누차 입도를 권유하였고, 기행현의 벗 시동(柿洞) 거주 김순일(金順
一)도 동학인으로부터 누차 입도를 권유받았다.[60] 동학인들은 유생층에게 입
도를 권유하면서 "종사의 위급함과 어려움에 힘을 다해 달려가서 일체로 종
사하는 대의(大義)에 보응하자."고 하였다.[61] 그러니까 위정척사사사상과 충

---

55 奇行鉉, 『鴻齋日記』, 1894년 6월 27일, 28일.
56 奇行鉉, 『鴻齋日記』, 1894년 7월 3일.
57 奇行鉉, 『鴻齋日記』, 1894년 7월 13일.
58 奇行鉉, 『鴻齋日記』, 1894년 7월 14일.
59 이돈화, 『천도교창건사』(대동인쇄소, 1933), 62쪽.
60 奇行鉉, 『鴻齋日記』, 1894년 7월 4일.
61 奇行鉉, 『鴻齋日記』, 1894년 9월 29일.

의정신으로 무장된 유생층에게 함께 서울로 가성 왕을 구하자고 하며 동학 입도를 이끌어내었던 것이다. 이러한 활동으로 기행현의 벗 고응찬(高應贊)이 7월 10일 경 동학에 입도하였고[62], 8월 4일 경 둔계(遯溪)의 기행현의 벗 김여교(金汝敎)가 동학에 입도하였다.[63] 이처럼 유생층의 동학 참여가 늘어나니 1894년 7월 초 향교의 훈집(訓執)이 동학인으로 임명되었고[64], 동년 8월 향교 석전대제(釋奠大祭)의 헌관을 모두 동학인이 맡기도 하였다.[65]

1894년 8월 초, 김낙철(金洛喆, 金汝中)은 부안 집강소의 도집강(都執綱)으로 활동하였다.[66] 당시 집강 중 한 사람이 새로 입도한 부안 유생 기행현의 벗 김봉보(金鳳甫)였다.[67] 김낙철은 집강소의 도집강으로 신임군수 윤시영(尹時榮)과 향촌의 일을 상의하여 처리하였다 한다.[68]

1894년 9월 중순 최시형이 각지 동학인의 참살 소식을 듣고 각포의 도인에게 통유하여 기포를 명하였을 때, 김낙철과 김낙봉도 기포하였다. 1920년 초 천도교에서 제작한 『천도교서』에는 부안의 기포자로 접주 신명언(申明彦), 김영조(김석윤)과 함께 김낙철과 김낙봉이 확인된다.[69]

그렇다고 한다면, 김낙철과 김낙봉, 그리고 그 휘하의 동학인들은 1894년 양력 10월~12월 전봉준·손화중이끄는 동학농민군에 합세하여 공주 우금치 전투 등에 참전하였을 가능성이 높다. 『김낙봉역사』와 『김낙봉이력』에 이 부분의 기록이 없는 것이 그런 생각을 떠올리게 만드는 한 요인이다.

---

62 奇行鉉, 『鴻齋日記』, 1894년 7월 4일.
63 奇行鉉, 『鴻齋日記』, 1894년 7월 4일.
64 奇行鉉, 『鴻齋日記』, 1894년 7월 8일.
65 奇行鉉, 『鴻齋日記』, 1894년 8월 3일.
66 奇行鉉, 『鴻齋日記』, 1894년 8월 3일.
67 奇行鉉, 『鴻齋日記』, 1894년 8월 3일.
68 『김낙철역사』, 동학농민혁명 사료 아카이브, 1894년 7월.
69 『천도교서』, 『동학농민전쟁사료총서』 28, 사운연구소, 1996, 237-238쪽.

4. 동학농민운동 후 김낙철 형제의 동향

김낙철과 김낙봉은 1894년 12월 12일 부안현 관리에게 체포되었다. 12월 21일 나주의 수성군에게 인계된 김낙철과 김낙봉은 고부-정읍-장성 등지를 거쳐 1895년 1월 3일 나주에 도착하였다. 그리고 김낙철과 김낙봉은 장성-정읍-금구-전주-여산-노성-공주-천안-수원을 거쳐 서울의 진고개 일본인 순사청에 갇혔다가 다음날 감옥소로 수감되었다. 2개월 여 동안 조사를 받으면서 옥고를 치른 그는 3월 21일 석방되었다.[70] 김낙철 형제의 석방은 사촌 김낙정의 노력과 제주 뱃사람의 청원을 받은 나주목사 민종렬의 장계와 전 현감 이철화의 탄원 등에 힘입은 바 컸다.[71]

김낙철과 김낙봉은 1895년 3월 29일 몰래 부안 갈촌에 도착하여 사촌 도생의 집으로 가서 5~6일 동안 숨어지냈다. 그리고 4월 4일 밤에는 고잔(古棧)의 김낙봉의 집에 곁방에 함께 숨어지냈다. 김낙철과 김낙봉은 30여 장의 편지를 만들어 부안현감 윤시영과 향교 회원과 문중의 친족, 이방 및 호장 등에게 보내었다.[72] 그리하여 부안 유생 기행현도 1895년 4월 11일 김낙철과 김낙봉은 나주에서 서울로 상경하였다가 다시 부안으로 내려온 사실이 알려졌다.[73] 김낙철과 김낙봉은 부안현의 관아와 향촌 지배층의 여론을 확인하고 4월 12일 집으로 돌아왔다. 그후 김낙철과 김낙봉은 부안현감의 당부도 있어 외부 출입을 삼가고 은밀히 집에 머물렀다.[74]

1895년 5월 19일 김낙철과 김낙봉은 최봉수에 의해 체포될까 우려하여 부안 동도면 신월리 친족 여문(汝文) 김재중과 그의 조카 도숙(道叔)의 집

70 『김낙철역사』, 동학농민혁명 사료 아카이브, 1894년 12월 12일-1895년 3월 21일.
71 奇行鉉, 『鴻齋日記』, 1895년 5월 23일. 『김낙철역사』, 동학농민혁명 사료 아카이브, 5월 21일.
72 『김낙철역사』, 동학농민혁명 사료 아카이브, 3월 21일, 4월 4일.
73 奇行鉉, 『鴻齋日記』, 1895년 4월 11일.
74 『김낙철역사』, 동학농민혁명 사료 아카이브, 4월 4일, 4월 12일.

에 가서 토굴을 파고 숨어지냈다.[75] 부안현감 윤시영이 장차(將差) 노대규(盧
大圭)와 노팔문(盧八文)을 보내어 김낙철과 김낙봉 형제를 체포하게 하였으나
도피하였기에 위기를 면하였다.[76] 1895년 5월 21일 경 김낙철 형제의 사
촌 동생인 낙정을 잡아 장 10여 대를 때리고 그로 하여금 김낙철과 김낙봉
형제를 자수시키도록 한 일도 있었다.[77]

1895년 여름 이후 김낙봉은 부안과 순천 등지를 전전하였다. 1895년 5
월 김낙봉은 신성리의 족인 김재중의 집 등을 전 숨어 지냈다. 그러면서 김
낙봉은 고부군 오신 거주 유재오(劉載午) 및 함평군의 전장섭(全章燮)과 비밀
리에 연락을 하였다. 9월 이후에는 순창군 등지로 돌아다니면서 5~6개월
간 돈을 벌기도 하였다. 그 후 1896년 3월 17일 처자를 고부군 거마면 오
신리 유재오의 곁방으로 옮긴 후 5월 21일 거마면 반월리에 마련한 초가 3
칸의 달팽이 집으로 이사하였다.[78] 그리고 1896년 2월 9일 김낙철은 부안
군 하동면 신성리로 이거하였다.[79]

1895년부터 김낙철과 김낙봉은 동학 조직의 재편과 동학 지도부와의 연
락을 도모하였다. 김낙철은 1895년 7월 경 자신이 관할하는 태인과 임실
등지를 방문하여 임실의 김학종과 옥구의 허진·양기용 등과 접촉하고 이를
통해 최시형의 거처를 확인하였다.[80] 그리고 1896년 4월 장수군 교인 김숙
여(金淑汝)가 찾아와 최시형의 거처를 말하자, 김낙철은 바로 길을 떠나 상주
군 고대촌 이팔홍의 집에서 최시형을 만나 곁에서 수행하였다. 그리고 김낙

75 『김낙철역사』, 동학농민혁명 사료 아카이브, 5월 19일.
76 奇行鉉, 『鴻齋日記』, 1895년 5월 22일.
77 奇行鉉, 『鴻齋日記』, 1895년 5월 23일. 『김낙철역사』, 동학농민혁명 사료 아카이브, 5월 21일.
78 『김낙봉이력』, 동학농민혁명 사료 아카이브, 1895년 5월 2일, 6월 23일, 1896년 3월 17일.
79 『김낙철역사』, 동학농민혁명 사료 아카이브. 성주현, 「용암 김낙철과 부안지역 동학」, 『제117주
   년 동학농민혁명 백산봉기대회 초청강연회 자료집』, 동학농민혁명백산봉기기념사업회·부안문
   화원, 2011, 9쪽.
80 박맹수, 앞의 글, 85쪽. 성주현, 앞의 강연문 10쪽.

봉도 동학지도부와 연락을 하게 되었다.[81]

1898년 1월 4일 김낙철은 강원도 원주 전거론(현 경기도 여주군 전거론)에서 최시형을 보필하다가 체포되었다. 이천의 권성자가 병사 20명을 데리고 전거론에 거주하는 최시형을 잡으로 왔을 때 최시형을 대신한 것이다. 그는 이천군에 끌려갔다가 서울로 압송된 후 수원으로 이송되었다. 김낙봉의 석방 노력이 있었지만, 김낙철은 최시형이 체포되어 6월 2일 교수형을 당하고 20여 일이 지난 6월 13일에야 풀려났다.[82]

최시형의 사후 김낙철과 김낙봉은 김연국의 제자로서 활동하였다. 특히 김낙철은 1900년 7월 7일 신택우·이종구·홍병기·이상옥과 함께 동학의 편의장에 임명되었다.[83] 그리고 1900년 12월 김연국을 강원도 양구군 전월리로 옮기고 그 곁에서 모셨다.[84] 또 김낙철은 김연국이 1901년 6월 1일 공주관아에 체포되어 1904년 12월 6일 법부대신 권중현에 의해 풀려나기까지 그의 석방을 위해 노력하였다.[85]

1904년 손병희가 이끄는 동학교단이 갑진개화운동을 전개하였을 때 김낙철과 김낙봉은 이에 참여하지 않았다. 이는 김연국이 옥고를 치르고 있어 그 연비의 교인들이 손병희가 주도하던 진보회운동에 참여할 수 없었기 때문이다. 그러나 이점과 아울러 이들이 경천(敬天), 경인(敬人), 경심(敬心)의 유교적 수양과 실천을 중시하였던 연유로 친일적 근대화·서구화 운동에 공감하지 않은 것도 한 요인일 것이다.

1905년 12월 천도교가 창립되고 다음 해 손병희가 일본에서 돌아오자

---

81 『김낙봉이력』, 동학농민혁명 사료 아카이브, 1896년 4월.
82 『김낙철역사』, 1898년 1월 4일–1898년 8월 12일. 『김낙봉이력』, 동학농민혁명 사료 아카이브, 1898년 1월–1898년 7월.
83 『김낙철역사』, 1900년 6월 1일, 7월 7일.
84 『김낙철역사』, 1900년 12월.
85 『김낙철역사』, 1901년 6월–1904년 9월.

김낙철과 김낙봉은 김연국을 보필하며 천도교에서 활동하였다. 김낙철은 1907년 김연국을 천도교 대도주로 하기 위하여 노력하였다. 그리고 김낙봉은 1907년 3월부터 9월까지 금융관장으로 활동하였다.[86]

김낙철과 김낙봉은 1907년 김연국과 함께 이용구와 송병준이 이끄는 시천교로 가서 핵심 교직에서 활동하였다. 1909년 3월 김낙철과 김낙봉은 권병덕·최유현·원용일·곽기룡과 함께 관도사(觀道師)로 활동하였다. 김낙철은 1910년 4월에 시천교의 전도부장에 선임되었고, 얼마 후 삼남순회교사로서 포덕활동을 하였다. 김낙봉은 1913년 2월 15일 종리사 서리에서 해임된 송병준을 대신하여 종리사에 임명되었다. 1913년 3월 25일에는 김낙철이 종리사에 선임되었다.[87]

1913년 5월 1일 김낙철과 김낙봉은 김연국과 함께 시천교에서 나와 시천교총부를 조직하고 핵심 간부로 활동하였다. 1911년 시천교주 이용구가 사망하고 송병준이 이를 대신하자, 김낙철은 김연국, 권병덕 등과 함께 송병준의 횡포에 분개하여 동지를 규합하고 혁신파로서 활동하였다.[88] 1913년 5월 1일 김낙철과 김낙봉은 김연국과 함께 나와 시천교총부를 조직하고 김연국을 대교주로 하였다. 김낙철이 대종원장을 맡았고, 김낙봉은 1913년 6월 21일 도사의 지위에 올랐다.[89]

김낙철과 김낙봉은 1915년 이후 시천교총부와 거리를 둔 후 1917년 교인과 함께 천도교로 합하였다. 김낙철은 1915년 음력 2월 3일에 천도교의 성사 손병희로부터 성도사(誠道師)의 직을 전수받는 예식을 치렀다.[90] 1917

---

86 『김낙철역사』, 1906년 1월 1일-1908년.
87 『김낙철역사』, 1907년-1910년 10월, 1913년 3월 25일.
88 『조선인개황』송부에 관한 건,(1919. 03. 26.),『불령단관계잡건-조선인의부-재구미 7잡』.
89 『김낙철역사』, 1913년 5월 1일-1910년 10월, 1913년 3월 25일.
90 『김낙철역사』, 1915년 2월 3일.

년 9월 시천교총부가 재정난에 빠지자, 김낙철은 교내의 지도자 최유현과 대립하고, 순회포교를 빙자하여 남선지방을 순회하고 유세를 통해 지방 두목의 동의를 구하였다. 이후 김낙철은 1917년 11월 23일 각지에 "천도교에 전교하겠다."는 포고문 400여 통을 보낸 후 천도교로 합류하고 천도교의 장로가 되었다.[91] 김낙철은 1917년 음력 12월 14일 천도교의 의암 손병희로부터 성도사의 임명첩을 받았다.[92]

천도교에 온 후 김낙철과 김낙봉은 두드러진 활동을 전개하지 않았다. 중앙총부와 전북 정읍과 고부와 태인의 교구와 의정원 등의 활동에서 그의 이름이 확인되지 않는다.[93]

5. 맺음말

김낙철과 김낙봉은 최시형의 부안지역 포교가 활발히 이루어지던 1890년 인간존중의 평등사상과 개벽사상 등에 감응하여 동학에 입교하였다. 부유한 지식이었으나 신분적 한계로 사회적 모순을 뼈저리게 인식한 그는 공동체의 구성원이 평등하게 살아가는 사회를 염원하였다.

입교 당시 이들의 연원은 김연국이었다. 김낙철과 김낙봉은 김연국의 연비인 윤상오와 깊은 관계를 맺고 활동하였고, 김연국의 정신을 계승하여 경천·경인·경심과 같은 유교적 덕목의 실천을 중시하였다.

김낙철의 경우 1891년 접주가 되어 포교활동을 벌인 결과 1892~1893년 연비가 크게 증가하였다. 그리고 그 교세를 바탕으로 1892~1893년 교

---

91 『조선인개황』 송부에 관한 건,(1919.03.26.), 『불령단관계잡건-조선인의부-재구미 7잡』.
92 『김낙철역사』, 1917년 12월 14일.
93 이동초 편저, 『천도교회 종령존안』, 모시는사람들, 2005. 이 책에서 김낙철과 김낙봉의 이름은 확인되지 않는다.

조신원운동이 전개되었을 때, 김낙철과 김낙봉은 부안지역 동학의 대표자로서 활동하였다.

1894년 초 고부봉기와 백산대회와 무장기포시 김낙철과 김낙봉은 급진적 변혁운동을 전개하지 않았다. 이는 무력적 변혁운동을 반대하는 최시형과 김연국의 지시 때문이기도 하였지만 그 자신도 이를 찬성하지 않았기 때문인 듯하다. 그렇지만 제1차 동학농민운동 당시 전봉준·손화중 등이 이끄는 급진적 동학농민군과 이에 동조하는 부안지역의 동학농민군의 요구를 무시할 수 없어 1919년 4월 1일 부안에 도소를 설치하였다.

부안도소를 설치하였으나 김낙철과 김낙봉은 작란을 막고, 금란을 행하여 무력 충돌을 막고자 하였다. 그리고 동학의 정신을 전파하면서도 평화롭게 문제를 해결하고자 하였다. 그렇지만 전봉준과 손화중 등이 이끄는 급진적 동학농민군과 이에 동조하는 부안 지역의 동학농민군의 요구에 따라 무력적 변혁운동에 휘말리기도 하였다.

1894년 6월 일본군의 경복궁 점령 후 새롭게 도소를 정비한 김낙철과 김낙봉은 입도자의 증가를 통해 세력을 신장시켰다. 특히 위정척사사상과 충의정신을 가진 유생층의 입도를 통해 동학농민군과 유생층·향촌지배층의 협동전선을 이루고자 하였다.

이러한 바탕 위에 김낙철과 김낙봉은 1894년 9월 최시형의 명을 받아 다시금 기포하였다. 이는 서울로 들어가 일본인을 구축하고 왕을 구하여 자주적인 나라를 세우려는 민족적 발로였다. 김낙철과 김낙봉은 제2차 동학농민운동기 우금치전투 등에 참여하였고, 이로 인해 옥고를 치렀다. 다만 일제의 식민통치를 받았기 때문에 자신이 편찬한 역사서에서 이러한 사실을 철저히 숨겼던 것 같다.

동학농민운동 후 김낙철과 김낙봉은 해월 최시형을 보필하여 동학교단의 정비에 매진하였다. 그리고 1898년 최시형이 사망한 이후에는 김연국을 보필하며 교세의 신장을 위해서 노력하였다. 그렇지만 김낙철의 체포와 옥고, 김연국의 장기간 옥고 등으로 소기의 성과를 거두지는 못하였다.

1904년 손병희가 이끄는 동학교단이 갑진개화운동을 전개하였을 때 김낙철과 김낙봉은 참여하지 않았다. 그 이유는 김연국이 감옥에 갖혀 있었기 탓이기도 하지만 동양적 정신을 중시하고 수양에 중점을 두었던 종교적 특성 때문이었다.

[참고문헌]

奇行鉉, 『鴻齋日記』.
「金洛鳳履歷」, 『동학농민전쟁사료총서』 7, 史芸연구소, 1997.
『김낙봉이력』(번역), 동학농민혁명 사료 아카이브.
「金洛喆歷史」, 『동학농민전쟁사료총서』 7, 史芸연구소, 1997.
『김낙철역사』(번역), 동학농민혁명 사료 아카이브.
오지영, 『동학사』(초고본), 『동학농민전쟁사료총서』 1, 사운연구소, 1996.
『隨錄』, 『동학농민전쟁사료총서』 5, 사운연구소, 1996, 〈營寄〉.
「天道列賢錄-敬道師淵菴金洛鳳氏」, 『龜岳宗報』 2, 1914.7.
「大先生事蹟」, 『동학농민혁명사료총서』 27, 사운연구소, 1996, 〈海月先生文集〉.
『侍天敎宗歷史』, 〈제9장 誘捉敎徒〉.
『本敎歷史』, 〈제2편 해월신사, 포덕32년〉.
『天道敎書』, 〈제2편 해월신사, 포덕 32년〉.
『동학도종역사』, 『동학농민혁명사료총서』 29권, 〈제11장 爲先師伸冤伏閣上疏〉.
「『조선인개황』 송부에 관한 건」(1919.03.26.), 『불령단관계잡건-조선인의부-재구미 7잡』.
김영웅, 「동학조직 재건에 앞장 선 김낙철, 손자 영웅」, 『동학농민혁명증언록』.

김철배, 「『홍재일기』로 본 19세기 말 부안의 사회상과 동학농민혁명」, 『부안의 동학사상
    과 동학농민혁명』, 동학농민혁명백산봉기기념사업회, 2016.
노용필, 「도소의 유형별 사례에 비춰본 1894년 부안 동학 도소의 실상」, 『부안의 동학사
    상과 동학농민혁명』, 동학농민혁명백산봉기기념사업회, 2016.
박맹수, 「김낙철계의 동학농민군 활동과 갑오 이후의 동향」, 『동학학보』 17, 2009.
성주현, 「용암 김낙철과 부안지역 동학」, 『제117주년 동학농민혁명 백산봉기대회 초청강
    연회 자료집』, 동학농민혁명백산봉기기념사업회 · 부안문화원, 2011.
신용하, 「갑오농민전쟁의 주체세력과 사회신분」, 『한국사연구』 50 · 51합집, 1985.
윤석산, 「해월 최시형의 호남 포덕과 부안의 동학」, 『한국종교』 41, 2017.
이선아, 「19세기 부안 유행 기행현의 『홍재일기』와 동학농민혁명의 실상」, 『동학학보』
    50, 2019.
이진영, 「자료: 전라도 부안의 동학지도자 김낙봉 자서전 『김낙봉이력』 -자료해제-」,
    『전라문화논총』 7, 1994.
임형진, 「부안 지역의 동학과 김낙철-전봉준 노선과의 차이를 중심으로-」, 『부안의 동
    학사상과 동학농민혁명』, 동학농민혁명백산봉기기념사업회, 2016.
정우봉, 「동학농민혁명 지도자의 자기 증언에 나타난 주체의 형상」, 『한문학논집』 52, 2019.
조성운, 「부안지역의 동학농민운동과 백산대회」, 『역사와실학』 61, 2016.

동학농민혁명을 계승한 부안의 민족운동

박대길(전북대학교 문화융복합아카이빙연구소)

동학농민혁명을 계승한 부안의 민족운동

1. 머리말

부안의 동학농민혁명에 관한 관심과 연구와 기념사업이 최근 들어 부쩍 늘고 있다. 백산대회가 개최된 백산을 중심으로 「부안 동학농민혁명 백산성지 조성 및 세계 시민혁명의 전당」이라는 좀 긴 사업명으로 추진하는 기념사업은 향후 부안 동학농민혁명 기념사업의 방향과 위상을 가늠하는 척도가될 것으로 기대된다.

그러나 부안 동학과 동학농민혁명, 그리고 그 정신을 계승한 근대 민족운동, 즉 의병항쟁과 독립운동에 관한 연결고리를 찾은 조사와 연구는 거의 없었다. 최근 부안군에서 443쪽 분량의 『근대 부안 민족운동 자료집』을 발간하였지만, 그 흔한 언론홍보조차 찾아볼 수 없다. 따라서 애써 조사·연구한 부안인의 민족운동마저 일반인은 물론 부안군민조차 접할 기회마저 제공되지 않았고, 귀중한 자료가 발간된 사실조차 알 수가 없다.

한편, 부안 동학과 동학농민혁명을 상징하는 龍庵 金洛喆 대접주의 사위로 부안 동학과 동학농민혁명의 맥을 잇는 鶴山 丁甲秀가 동학을 잇는 천도교 포교에 큰 성과를 거두고, 부안군 상서면 감교리에 壺岩修道院을 세웠다. 그러나 학산 死後 한때 증가하였으나 시나브로 교세가 위축되고, 현재는 수도원의 명맥마저 불투명한 상황이다.[1] 한때 호암수도원에는 동학 2대

---

[1] 호남수도원을 안내하는 이정표마저 2020년에 사라졌지만, 누구도 이를 다시 세우려 하지 않

교주 崔時亨의『海月文集』[2]과 부안 출신 동학농민군 지도자 김낙철 대접주의 친필 수기인『龍菴 誠道師 歷史 略抄』[3], 동학 교단 초기역사를 담은『大先生 事蹟』, 김낙철 부부의 사진 원본 등 귀중한 자료를 보관하였는데, 현재 이들 자료는 흩어져 있다.

이런 현실을 반영하듯이 동학농민혁명 이후 의병항쟁과 독립운동을 잇는 인맥과 학맥, 또는 지연을 통해 연결고리를 찾는 연구는 불모지에 가깝다. 그것은 부안의 동학과 동학농민혁명의 맥이 끊어진 데 일차적인 원인이 있지만, 무엇보다 지역민의 관심이 적었던데 기인한다고 볼 수 있다.

동학농민혁명 국가기념일 제정과 관련하여 백산대회가 부상(浮上)하고, 최근 들어 관심을 보이고 있지만, 지역민에게 관심의 대상은 아니었다. 백산면민 또는 외부 연구자와 기념사업회가 주도하는 행사가 불과 수년 전의 일이다. 이러한 상황과 결과는 모처럼 의욕적으로 추진하는「부안 동학농민혁명 백산성지 조성 및 세계 시민혁명의 전당」이라는 사업명을 부안 동학농민혁명 또는 백산대회를 상징하는 간결한 이름으로 바꾸는 것조차 주저하거나 외면하는 것에서 알 수 있다.

한때「동학농민혁명 백산봉기 기념사업회」가 주관하는 '백산봉기 기념행

고 있다. 또한 호암수도원에 대한 부안군의 관심은 고사하고, 수도원이 부안에 존재하는 배경과 의의마저 도외시하는 게 현실이다.

2 최시형이 1885년부터 1892년 말까지 각 지역의 동학 지도자들에게 보낸 '통문'을 연도별로 정리해 1880년대와 1890년대 동학 교단의 동향과 갑오년 직전 전라도 지방을 중심으로 한 동학 교세의 조직화 과정을 상세하게 밝혀주고 있다. 문집은 가로 21㎝ 세로 24㎝ 크기의 한지에 순한문체로 씌어져 있는데 이 자료를 통해 갑오년 당시의 동학 교세 및 동학농민혁명에 미친 동학사상과 지도부의 역할 등을 새롭게 규명할 수 있는 사료이다.

3 국한문 혼용체이며 김낙철이 사망 직전인 1917년 말경에 쓴 것으로 추정하고 있다. 수기는 김낙철이 1890년 동생과 동학에 입교한 이후의 체험담을 상세하게 기술하고 있다. 특히 농민군 1·2차 봉기에 참여한 뒤 경군과 일본군에게 체포되어 32명의 농민군과 함께 나주(羅州)로 압송당해 고문받고, 제주도민의 도움으로 구사일생(九死一生)한 사실, 서울로 압송당한 뒤 일본 순사청(巡使廳)에 갇힌 전봉준·손화중·최경선 등 동학농민군 지도자들을 만난 정황 등을 생생하게 기록으로 남겼다.

사'가 면 단위 행사라는 한계를 극복하고, 부안군 차원의 명실상부한 기념사업회로 발돋움하려는 목적으로 「부안 동학농민혁명기념사업회」로 명칭을 바꾸었다. 그러나 구태(舊態)를 반복하며 기념사업회 회원이 단 1명도 없다는 사실,[4] 「부안 동학농민혁명 기념사업 지원 조례」에 근거하여 조직하여 운영하는 '동학농민혁명 기념사업 운영위원회'의 위원마저 전문연구자보다 지역민이 다수를 점하고 있으며, 형식적으로 운영한다는 지적이 있다.

본 글은 이러한 현실을 직시하고, 동학농민혁명 이후 부안지역에서 전개한 민족운동을 정리하였다. 그러나 필자가 직접 조사·수집·정리한『근대 부안 민족운동 자료집』에서 이와 관련한 인물이나 사건을 찾지 못하였다. 따라서 먼저『근대 부안 민족운동 자료집』을 중심으로 근대 부안지역 민족운동을 살펴보고, 동학농민혁명의 맥을 잇는 학산 정갑수에 대해서 정리하고자 한다. 다만, 부안 동학농민혁명을 계승한 민족운동가들이 배출되지 않았다고 해서, 부안 사람들의 민족운동이 훼손되거나 폄하되는 게 아니라는 점은 분명하다.

2. 근대 부안지역 민족운동[5]

1) 부안지역 민족운동 연구 현황

부안의 동학농민혁명에 관한 관심과 연구와 기념사업은 최근 들어 늘고 있으나 의병과 독립운동에 관한 관심과 기억을 위한 구체적인 움직임은 더디다. 그것은 지금껏 부안의 의병과 독립운동에 관한 단일 주제 논문은 물

---

4 이사장과 이사들로 구성되어 있으며, '코로나19'를 내세워 임기마저 지키지 않은 관행을 되풀이하고 있다.
5 이하 내용은 필자가 조사·연구하고, 2022년 6월 부안군이 발간한『근대 부안 민족운동 자료집』을 참고하여 작성하였다.

론 단행본마저 없는 것으로 확인할 수 있다.[6] 물론 『부안군지』 등 향토지와 「광복회 전라북도지부」 등이 발간한 자료집이나 도서(圖書)에 부안 출신 의병과 독립운동 참여자 등을 수록하고 있지만, 국가의 서훈(敍勳)을 받은 인물 중심이어서 아쉬움을 갖게 한다.

부안군의 역사문화 전반을 망라해서 1991년 발간한 『부안군지』[7]는 부안인의 임진왜란과 정유재란 의병 활동, 그리고 호벌치전투에 참여한 인물에 대해서 4쪽에 걸쳐 소개하고 있으나, 대한제국기 의병 활동은 전혀 언급하지 않았다. 일제강점기 독립운동은 부안의 3·1운동을 중심으로 9줄로 간략하게 언급하였으나, 부안 연고 독립운동가에 대한 언급은 없다. 대신, 「부안의 인물」 충신(忠臣) 항목에 독립운동가 최두영을 소개하였다. 또한 현대 인물 17명을 소개하였는데, 독립운동가로 고제신·고평·이승호·김환 등 4명을 수록하였다. 이로 보아 1991년 발간한 『부안군지』는 대한제국기 의병과 일제강점기 독립운동에 참여한 부안인에 관한 관심과 인식이 부족하였음을 알 수 있다.

2015년 발간한 『부안군지』(총 4권) 역시 위와 비슷하다. 제1권 「부안의 역사」를 보면, 동학농민혁명에서 바로 일제강점기로 넘어가 대한제국기 부안지역의 의병 활동은 전혀 언급하지 않았다. 대신, 제4권 「부안의 인물」과 「근현대 인물」 항목에 대한제국기 의병과 일제강점기 독립운동 참여자를 모두 '독립운동가'로 묶어서 수록하였다. 강재숙·고웅건·고제신·고치범·고평·김경태·김공삼·金樂先·金洛先·김내서·김상술·김영진·김옥남·김재

---

6 김철수에 관한 자료집과 연구집이 1980～1999년에 발간되었으나 기초자료와 학술적인 전문서로 부안지역에는 거의 알려지지 않았다. 지운 김철수 기념사업회에서 2001년 57쪽 분량의 『김철수』를 발간하였으나 이 역시 관계자들 외에는 보급되지 않았다.

7 전북향토문화연구회 편저, 제3편 역사 / 제6장 현대 [제1절 日本의 侵略과 抗日主權守護鬪爭(242～245쪽) / 제2절 日本의 侵略과 抗日獨立鬪爭(246～254쪽)]

선·김철수·김호준·김환·박병득·백정기·은희송·이거석·이경선·이사성·이승호·임종한·전봉균·정판용·진상구·채복만·최두영·최상욱·최순환·최종현·홍순옥 등 33명이다. 그러나 김공삼은 고창 출신이다. 이처럼 부안에서 발간한 공식 문건이나 자료는 단일 주제로 대한제국기 의병이나 일제강점기 독립운동을 다루지 않았고, 「부안의 인물」이라는 단일 항목에 묶어 소개하였다.

2020년 6월 작성한 『부안 동학농민혁명과 민족운동 학술연구용역 결과보고서』는 부안지역의 포상 훈격자 46명을 수록하였는데, 의병 28명 독립운동가 18명이었다. 판결문과 관련 자료를 수집하여 수록한 점은 눈에 띄지만, 포상(褒賞)받지 못한 의병과 독립운동가에 관한 조사가 부족하다는 아쉬움이 있다. 2020년 12월, 「부안의 동학농민혁명과 민족운동」 학술대회 발표문을 한데 묶어 단행본으로 발간한 『부안의 동학농민혁명과 민족운동』[8] 역시 포상 훈격자를 대상으로 하고 있다. 차이점은 2020년에 추서 받은 강희석과 이영일을 추가하여 전체 인원을 48명으로 정리한 것이다.

2021년 10월 현재, 부안군청 홈페이지에 제공하는 「부안 이야기」 사이트[9]는 부안 출신 독립유공자[국가의 서훈을 받은 자] 총 45명의 공적 내용을 서비스하고 있다. 이중 의병계열은 모두 27명이다.

이와 달리 2015년 전주시·전주역사박물관이 발간한 『전북지역 항일 의병과 독립운동』[『전주학 총서』 33]을 보면, 전북 출신 독립유공자 명단과 시군별 현황(총 750명)에서 부안의 독립유공자를 27명으로 정리하였다. 의병뿐만 아니라 국내 항일, 3·1운동, 노동운동 등을 포함한 숫자이다. 운동계열로 다음과 같이 분류하였다. 의병 계열로 강금성·고치범·김경태·김낙선·

8 홍영기 외, 부안동학농민혁명기념사업회·전북대학교 이재연구소.
9 (https://www.buan.go.kr/tour/index.buan#)

김재선·오두천·이거석·이경선·임경조·정판용·진상구·채복만 등 12명, 국내 항일은 고제신·김병은·김철수·박병권·임종한·최순환·홍순옥 등 7명, 그리고 김상술(만주·군자금 모집)·김옥남(노동운동)·김환(국내 항일·군자금 모집)·박병득(노동운동)·신헌(국내 항일·군자금 모집)·은희송(3·1운동)·이승호(국내 항일·군자금 모집)·최두영(국내 항일·문화운동) 8명 등이다. 그런데, 고치범은 본적이 고창이므로 제외하면, 부안 출신 의병은 11명, 독립운동가는 16명이다.[10]

대한광복회 전북지부가 2017년 『한말 전북의병사』를 출간하였다. 전북 출신 의병으로 공훈을 인정받은 421명 이외에 의병항쟁 참가자 830여 명[『전북지역 항일의병과 독립운동』(『전주학 총서』 33, 전주시·전주역사박물관), 부록 364쪽. 전라도 천년의 중심 전주, 그 역사와 의미]의 인적정보를 추출하여 총 1,252명의 의병을 수록하였는데, 부안 출신 의병 활동은 간략하게 기술하였다.

그리고 2020년 출간한 『전북의 항일독립운동』(전라북도 문화원 연합회)의 「일제에 맞선 부안의 한말 의병들」은 국가기록원의 독립운동 관련 판결문을 근거로 부안과 관련한 의병 33명의 명단을 제시하였다. 이 중 의병 9명의 훈격을 표시하였는데, 정판용·김낙선·김내서·이경선·이거석·진상구·채복만·김낙선·김재선이다.[11]

2022년 파악한 대한제국기 부안 연고 의병은 59명이다. 이중 서훈을 받은 의병은 33명[12]이고, 이름이 다른 이명동인(異名同人)은 김낙선·김낙진, 김대서·김내서, 김옥엽·김옥화, 문판석·문판철, 채동찬·채동환 등 5명이

---

10 김건우, 「부안지역 한말의병 연구 현황과 과제」『부안의 동학농민혁명과 민족운동』, 전북대학교 이재연구소, 2020, 76쪽.
11 김건우, 위 논문, 76~77쪽.
12 애국장 13, 애족장 14, 건국 포장 3, 대통령 표창 3.

다. 아직도 26명은 서훈을 받지 못하였다.

일제강점기 독립운동가 78명 중 25명[13]이 서훈을 받았고, 이름이 다른 이명동인(異名同人)은 고제신·고문경, 김환·김장권, 신남근·신혜근, 유희용·유기석, 임종한·임종항 등 5명이다. 아직도 53명이 서훈을 받지 못하였다.

이상으로 의병과 독립운동에 나선 부안 인물은 모두 137명이고, 이중 서훈을 받은 인물이 58명, 서훈받지 못한 인물이 79명이다. 따라서 이들에 관한 자료 수집과 조사, 그리고 이를 근거로 서훈을 추진해야 할 것이다. 그러나 현실적으로 후손이나 관련 단체의 서훈 추진이 어려운 상황을 고려한다면, 지자체의 적극적인 관심과 의지, 지원이 필요하다.

3. 대한제국기 부안 의병

현재까지 기존 연구와 사료 등을 통해 파악한 부안 출신 의병의 수는 총 59명이다. 각 의진 별로 참여한 의병 현황을 보면, 김영진 의진에 김내서[김대서]·정판용·조덕삼(3명), 유장렬 의진에 김홍일·박경석·양사언·채복만(4명), 국호남 의진에 김낙선(金落先)·김옥엽·문판석[문판철](3명), 김영백 의진에 김보배·임경조·최명집(3명), 서응오 의진에 김경태·이태섭(2명), 박도경 의진에 강금성·최기섭(2명), 이성화 의진에 김방언·이경선(2명), 서주사 의진에 안동찬·진홍대(2명)가 활동하였다. 그리고 정대홍 의진에 고용건, 이용서 의진에 김낙선(金樂先), 이백겸 의진에 김재선, 기삼연 의진에 박재두, 전해산 의진에 송방섭·정일국. 권삼봉 의진에 송하명, 신도남 의진에 오두천, 최익현 의진에 오상철, 유진원 의진에 이거석, 이재형 의진에 이춘

백, 김치현 의진에 장순서, 이평해 의진에 전관준, 최원경 의진에 채동환이 활동하였다.

독자적으로 의진을 이끈 의병으로 김치운·이영일·이재형·최원경 등이 있다. 또한 林炳贊이 이끈 대한독립의군부 부안군 대표로 강치형·은성대·장서규·장세갑·장현갑·정판용 등이 있다.

의진을 이끈 인물을 살펴보면, 박도경과 유장렬은 고창 출신이고, 이성화는 고부, 이용서는 고산, 정일국은 남원, 전해산은 임실(장수) 출신이다. 기삼연·국호남(국동완)·김영백은 전남 장성 출신이다. 특히 인접 지역인 고창·고부 그리고 장성 출신이 이끄는 의진에게 많이 참여하였다. 따라서 이들 의진의 활동을 주목하여 부안 의병항쟁을 살펴볼 수 있다.

예를 들면, 박도경은 김영엽·전수용 의병과 연합하여 남포·부안 등지에서 활동하며 변산 월명암(月明庵)에 주둔하였다. 1909년 4월 부안 상서면에서 일본 기병대와 교전하였으나 전투에서 패한 뒤 의병을 해산하고 피신하였다. 이때 부안 출신 강금성 등이 박도경 의진을 따라 의병 활동을 하다가 1909년 9월 30일에 체포당하였다.

〈표 1〉 부안 연고 의병항쟁 참여자 현황

구분	성명	한자명	포상 년도	포상 훈격	연고지 [본적]	수록 정보	비고
1	강금성	姜今成	2013	건국 포장	부안읍 동중리	판결문. 21권(2014 년 발간)	
2	강영성				부안군	『한말전북의병사』	1909년 9월 일본 경찰 체포
3	강치형	姜致馨			부안군	『돈헌유고』 6권 「거의일기」	대한독립의군부 부안군 대표
4	고융건	高隆乾	2003	애국장	좌산면 요동	한국독립운동사 자료 15 폭도 사살의 건	

구분	성명	한자명	포상 년도	포상 훈격	연고지 [본적]	수록 정보	비고
5	고치범	高致範	1991	애국장	부안군	한국독립운동사 자료집	최익현 의진
6	김경태	金京太	1995	애족장	우산내 중계	12권(1996년 발간). 판결문	서응오 의진
7	김낙선 김낙진	金樂先 金洛振	1990	애국장	소산면 운곡	판결문 8권(1990년 발간)	이용서 의병장
8	김낙선	金洛先	1995	애국장	상서면 감교리	판결문. 폭도에 관한 건 12권(1996년 발간)	국호남 의진
9	김내서 김대서	金乃西 金大西	1990	애족장	상서면 감교리	판결문. 한말전북의 병사 8권(1990년 발간)	異名同人[金乃瑞]
10	김민술	金敏述				『돈헌유고』6권 「거의일기」	대한독립의군부 부안군 대표
11	김방언	金方彦			우산내면 굴막동	판결문. 독립운동 사 자료집	군자금 모금
12	김보배	金寶拜	2016	애국장	입하면 사창	판결문. 23권 (2017년 발간)	김영백 의진
13	김영진	金永鎭 金永振	2003	애국장	불명	15권(2003년 발간)	의병장. 부안 활약 / 戰死 [정판용·김내서 의병]
14	김옥엽	金玉燁 金玉化	2015	애족장	백산면 묘산리	판결문. 한국독립운동사 15권	국호남 의병진 異名同人
15	김재선	金在善	1995	애족장	우산내 중계	판결문. 폭도에 관한 건 12권(1996년 발간).	이백겸 의진
16	김치운	金致云			하동면 요리	1·2심 판결문	絞刑 → 무죄
17	김치현	金致玄				전북의병사 하권. 폭도 출몰의 건	[장순서와 함께 활동]
18	김한문	金汗文			우산내면 합구미	판결문	군자금 모금 [장명선]
19	김호준	金浩俊	2005	애국장	상서면 봉운리	폭도에 관한 편책 16권(2006년 발간)	피체 후 피살

구분	성명	한자명	포상 년도	포상 훈격	연고지 [본적]	수록 정보	비고
20	김홍일	金洪一	2016	애국장	상서면 장교리	判決文 19111019 判決文 19130710 判決文 19130927 서종채남광윤 판결문 23권(2017년 발간)	[고문경]
21	문판석	文判石 文判哲	2015	애족장	하서면 신기리	판결문. 폭도에 관한 건 22권(2016년 발간)	국치진 의진. 異名同人
22	박경석	朴景錫	2015	애국장	소산면 신율포	폭도 체포의 건 22권(2016년 발간)	유장열 의진. [양사언, 朴京石]
23	박경석	朴京石			소사면 율포리	폭도 체포의 건	유장열 의진. 酒幕業 [양사언, 朴景錫]
24	박재두	朴在斗	2015	건국 포장	좌산내 우서	판결문. 폭도 체포의 건 22권(2016년 발간)	기삼연 의진. [임경조]
25	변기석	邊基石			부안읍내	한국독립운동사 자료 8권 폭도에 관한 편책	이평해 의진 서기. [전관준]
26	손태흥	孫泰興				전북의병사 하권	대한독립의군부 부안군 대표
27	송방섭	宋方攝	2015	대통령 표창	우산내면 고사포	판결문. 22권 (2016년 발간)	전해산 의진.
28	송하명	宋河明	2014	애족장	소산면 대주	판결문. 22권 (2016년 발간)	정일국·권삼봉 의진
29	신기석	辛箕錫			상동면 운곡리	전북의병사 하권 한국독립운동사 9권	압송 도중 물에 뛰어든 후 행방불명
30	신봉민	申奉民	2017	대통령 표창	하남면 옹정	판결문	박찬중 의진. [이영삼]
31	안동찬	安同贊			부안	전북의병사 하권 진홍대 자료	서주사 의진
32	양사언	梁士彦			소산면 화정리	전북의병사 하권 폭도 체포의 건	유장렬 의진. 박경석(2)
33	오두천	吳斗天	2013	애족장	상서면 의복	판결문. 21권 (2014년 발간)	신도남 의진
34	오상철	吳相喆				『돈헌유고』 6권 「거의일기」 습재실기	최익현 의진

구분	성명	한자명	포상 년도	포상 훈격	연고지 [본적]	수록 정보	비고
35	은성대	殷成大			줄포	『돈헌유고』 6권 「거의일기」	대한독립의군부 부안군 대표
36	이거석	李擧石	1990	애족장	주산면 소주	판결문. 폭도에 관한 건 9권(1991년 발간).	유진원·양경운· 서주사 의진
37	이경선	李京先	2006	애족장	하서면 구지산	판결문. 폭도 수색의 건 17권(2009년 발간)	이성화 의진
38	이덕중	李德仲			하동면 역구기	전북의병사 하권 폭도 체포·수색의 건 폭도 대토벌의 건	
39	이영일	李永日			동도면 산성리	판결문	군자금[강도]
40	이재형	李在亨			건선면 대동리	판결문	군자금[강도]. [이춘백]
41	이춘백	李春白			건선면 신성리	판결문	군자금[강도]. [이재형]
42	이태섭	李泰燮				공훈록, 전북의병사 하권 매일신보, 1913. 09. 02	서종채·남광윤 의진 김홍일
43	임경조	林京祚	2013	건국 포장	좌산내 대소	폭도 체포에 관한 건 21권(2014년 발간)	김영백 의진 [박재두]
44	장서규	張瑞奎				『돈헌유고』 6권 「거의일기」	대한독립의군부 부안군 대표
45	장세갑	張世甲				『돈헌유고』 6권 「거의일기」	대한독립의군부 부안군 대표
46	장순서	張順西	2015	애족장	소산면 연제	판결문. 폭도 출몰의 건. 폭도대토벌의 건. 22권(2016년 발간).	김치현 의진
47	장현갑	張鉉甲				『돈헌유고』 6권 「거의일기」	대한독립의군부 부안군 대표
48	전관준	田寬俊			부안읍내	한국독립운동사 자료 8권	이평해 의진, 포군 십장 [변기석]
49	정판용	鄭判用	1995	애족장	좌산내 사동	판결문. 13권 (1996년 발간)	김영진 의진

구분	성명	한자명	포상년도	포상훈격	연고지[본적]	수록 정보	비고
50	조덕삼	趙德三	2017	애족장	입상면 월천	판결문	김보배 의진
51	진상구	陳相九	1993	애국장	하서면 대포	판결문. 폭도대토벌의 건 11권(1994년 발간).	이성화 의진
52	진홍대	陳洪大	2015	애족장	하서면 두포	판결문. 폭도에 관한 건 22권(2016년 발간).	서주사 의진
53	채동환	蔡東煥 蔡東贊	2015	애국장	소산면 신률포	판결문. 22권 (2016년 발간)	최원경 의진
54	채복만	蔡福萬	1992	애국장	주산면 동정	판결문. 10권 (1993년 발간)	유장렬 의진
55	최기섭	崔基燮	2016	애족장	좌산내 용동	판결문. 23권 (2017년 발간)	박도경 의진
56	최명집	崔明集	2017	대통령 표창	입하면 도지	판결문	김영백 의진
57	최영숙	崔永叔			하동면 신석리	전북의병사 하권 폭도대토벌의 건	
58	최원경	崔元京			상서면 허광리	한국독립운동사 자료 16권 폭도습래의 건	
59	최종현	崔宗賢	1995	애국장	부안 고부 활동	판결문. 부안군지 [2015]	

출처: 박대길 편저, 『근대 부안 민족운동 자료집』, 부안군, 2022.

4. 일제강점기 부안 독립운동

일제강점기 부안의 독립운동은 동학농민혁명이나 의병 전쟁과 마찬가지로 강렬한 인상을 남길만한 사건은 없었다. 그러나 여타 지역처럼 독립을 염원하며 해방의 그 날까지 독립운동을 지속하였다. 일제강점기 사회주의 독립운동의 대표적인 운동가 지운 金錣洙(1893~1986)가 있으며, 백범 김구가 三義士의 한 분으로 모신 鷗波 白貞基(1896~1934)[14]가 있다. 이외 辛日鎔과

14 일본군 시설물을 파괴하려다가 사전에 폭로되어 만주 봉천으로 망명하였다. 이때 이회영과 신

全榮律 등은 부안이 아닌 서울과 해외에서 독립운동에 헌신하였다.

일제강점기 부안에는 사회주의 사상을 받아들이고 활동한 인물이 적지 않았다. 경제적으로 여유 있는 지역적 특성일 수 있으나, 부안은 일찍부터 일본 유학생을 배출하였다. 이들은 일본에서 사회주의 사상을 접하고, 독립운동에 적합한 방법의 하나로 받아들였다. 대표적인 인물이 김철수이다. 일본에서 귀향한 이들은 지역에서 농민의 계몽 활동에 그치지 않고, 단체의 결성과 집단행동에 직·간접으로 참여하거나 도움을 주었다.

외형상 부안에서의 노동농민운동은 두드러지지 않지만, 가장 이른 시기의 조직은 1925년 9월에 조직한 백산면 원천리의 소작동우회이다. 원천리 농민은 지리적으로 인접한 정읍군 화호리의 화호노농친목회와 제휴하며 활동하였다. 이 지역에는 일제강점기 전라도의 대표적인 일본인 農場主였던 구마모토(熊本)의 소유지가 있었다. 이로 인해 행정구역은 달랐지만, 같은 농장의 소작농으로 연대감이 자연스럽게 형성된 것으로 보인다. 이들은 1926년 백산노농친목회와 합하여 삼각노농연맹을 결성하고, 단체는 물론 지역 간 연대를 유지하며 활동하였다.

부안의 노동농민 활동에서 가장 큰 조직은 1928년 8월 5일 「중외일보」가 보도한 '부안 농민조합 창립 준비회'이다. 그 당시 참여자는 의장: 임승화, 서기: 신영근, 위원: 김명진·김태수·문병렬·박영달·송시옥·우재규·임복래·임승화·임종한, 규약 기초 위원: 김태수·임복래·최규섭 등 14명이다. 이 모임은 대농·중농·소농·빈농을 중심으로 합법 농조를 창립하려고 준비위원회를 결성했는데, 어떤 이유인지 알 수 없으나 농조의 결성은 실패하였

채호의 영향으로 무정부주의자가 되어 무정부 투쟁을 전개하였다. 1933년 육삼정에서 일본 정객 참모부원과 군인 100여 명을 초대해 연회를 연다는 소식을 듣고, 무정부주의자 이강훈·원심창과 함께 습격하려다 붙잡혀 나가사키법원에서 무기형을 선고받고, 복역 중 지병으로 순국하였다. 1963년 건국훈장 독립장이 추서되었다.

다.[15] 이후 활동 상황이 소개되지 않은 것으로 보아 동력을 잃고 좌초한 것으로 보인다.

1932년 11월 25일 전라북도 경찰부 고등과에서 '부안노동조합협의회 사건'과 관련하여 부안노동조합원 10여 명을 수개월 동안 취조한 후 전주지방법원 검사국에 송치하였는데, 백남철·강희석·박병근·박예동·김옥남·임진수·신남근(신혜근)[16] 등이었다. 이들 중 강희석·신남근·임장수·김옥남 등은 1934년 3월 31일 전주지방법원에서 판결이 내려진 '조선공산당 재건 운동 사건'에 연루된 부안노동조합 활동가들이다.

부안의 혁명적 농조운동은 1932년 4월 동진면 당상리에서 전개되었다. 검사국 자료에 의하면, 당산리 저축조합 활동을 하던 중 치안유지법으로 탄압을 받은 김한동·최옥환·최순환·박병근 등이 독서회와 적색 농조를 조직하려 했는데, 자세한 내용은 알 수가 없다.[17]

이와 함께 '전북 폭탄 사건' 관련자로 강태삼과 서경남이 있고, 부안 합동 노조에서 신기주와 백남기 등이 활동하였으며, 김병은과 최상욱은 보안법, 김용일과 최순철은 일제에 저항하다 조선임시보안령 위반으로 고초를 겪었다. '전북 교원 적화사건'에 신석효·임학래·유인각 등이 참여하였다.

독립군자금을 모금하다가 체포당해 고초를 겪은 이들은 세 부류로 나뉘는데, 고제신·임성태·한우석, 김상술·손영권, 김환·신헌·이헌·조기담 등이

---

15 『중외일보』 1928. 8. 5 농조창립준비회; 『중외일보』 1928. 10. 4 농조 창립 연기. 문병렬은 1928년 10월 1일, 임종한·김명진·임복래 세 사람은 10월 2일 경기도 경찰부에 치안유지법 위반으로 구속되었다고 하는데, 준비위원회 위원의 구속으로 농조를 결성할 수 없었던 것이 아닌가 한다. 국사편찬위원회 한국사 데이터베이스 일제 감시 대상 인물 카드(http://db.history.go.kr/)

16 『동아일보』 1932. 11. 28 전북 양대 비사 25일 送局.

17 국가보훈처의 공훈전자 사료관 독립유공자 공적조서에는 최순환에 대해서 "1931년 음력 10월경 전북 부안에서 최옥환·박병권 등과 회합하여 1932년 2월 말 부안군 동진면 당상리의 위친계를 당상리 저축조합으로 변경, 조직하여 동 조합의 서기로 활동하다가 체포되어 징역 2년 집행유예 5년을 받은 사실이 확인된다."라고 하였다. [https://e-gonghun.mpva.go.kr]

다. 한편, 부안 변산을 중심으로 일제의 패망을 공공연하게 예언하며 해방 이후를 준비하던 이들이 일본 경찰에 체포당한 뒤 고초를 겪은 사건이 있었다. 강양원·강재숙·국채준·김만암·박일명·이내룡·이득춘·전봉균·홍순옥 등으로 모두 甑山敎徒였다.

한편, 김철수의 遺稿에 의하면, 부안에는 엄주천의 주도 아래 송덕호와 김방욱 등이 이끈 '독립운동클럽'이 만들어져 있었고, 김금동이라는 지주에게서 비교적 호의적으로 지원을 받을 수 있었다고 하는데,[18] 이에 대한 구체적인 사실은 확인할 길이 없다.

이렇듯 부안에서 결성을 준비하거나 실제로 결성 단계까지 이른 농민단체가 여러 개 있었다고 하는데, 단체의 결성 과정이나 주요 활동, 부안의 소작쟁의와 단체와의 연관성 등 구체적인 사항에 대한 조사와 연구가 부족한 상태이다.

〈표 2〉 부안 연고 독립운동가 현황

구분	성명	한자명	포상 연도	포상 훈격	연고지[본적]	수록 정보	비 고
1	강양원	姜陽元			산내면 지서리	판결문[증산교]	치안유지법 위반
2	강재숙	姜在淑 大山在淑	1991	애족장	옥구군 부안군	판결문[증산교]	치안유지법 위반
3	강태삼	康泰三			부평면 서외리	동아일보 매일신보	전북폭탄사건
4	강희석	姜喜錫	2020	애족장	부령면 옹중리	판결문	전북공산당 재건 사건 부안노동조합. 치안유지법 위반 이리농림학교 독서회 조직

18 이균영, 「자료 김철수 친필 유고(220매)」, 『역사비평』 7, 1989, 47쪽.

구분	성명	한자명	포상 연도	포상 훈격	연고지[본적]	수록 정보	비 고
5	고광계	高光契 고광설			상서면 청림리	일제침략하 한국 36년사 6권	대한광복단 함남 갑산분단
6	고제신	高濟臣	1990	애국장	하서면 청호리	판결문	군자금 모금 [임성태·한우석]
	고문경	高文京					
7	고 평	高平	1992	독립장	진서면 운호리	독립운동사	대종교, 광복단·의군부 조직, 간도 독립만세 시위 고광계 의사. 고제신. 내소사
8	국채준	鞠採準	2020	애족장	산내면 지서리	판결문[증산교]	치안유지법 위반
9	김광수	金光洙			백산면 원천리	판결문	치안유지법 위반 [조선공산당] [異名(?) 朴東秀·朴容德]
10	김금남	金錦南			백산면 원천리	신문조서	서울여학생 동맹 휴교 사건 김철수 長女
11	김길성	金吉成 金山吉成			산내면 운산리	판결문	해군형법 위반
12	김만암	金萬岩 金光萬岩			산내면 지서리	판결문[증산교]	치안유지법 위반
13	김명진	金明振			부령면 봉덕리	인물 카드	부안농민조합
14	김병은	金炳澱 松岡信吉	2012	대통령 표창	부령면 동중리	판결문 21권(2014년 발간)	보안법 위반 [한국인 차별 대우 및 내선일체 선전 비난]
15	김복현	金福鉉			상서면 용서	인물 카드	국가총동원법 위반
16	김상술	金相述	2008	건국포장	부령면 동중리 부안읍 연곡리	판결문 18권(2010년 발간)	대한독립군비총단, 동지 규합과 군자금 모금. [손영권]
17	김상옥	金相玉			백산면 평교리	판결문	보안법 위반

구분	성명	한자명	포상 연도	포상 훈격	연고지[본적]	수록 정보	비 고
18	김옥남	金玉男	2008	애족장	상서면 통정리	판결문 18권(2010년 발간)	전북공산당 재건 사건 부안노동조합협 의회
19	김용성	金用成			부령면 동중리	인물 카드	치안유지법 위반
20	김용일	金容逸 / 金谷容逸			줄포면 파산리	판결문	조선임시보안령 위반 [최순철] [育本光藏-부안 읍 선은리]
21	김정철	金丁喆			행안면 진동리	판결문	황극교(계룡산), 조선 독립, 신국가 건설
22	김철수	金錣洙	2005	독립장	백산면 원천리	공훈록 16권(2006년 발간)	고려공산당, 임정 국민대표회의 자료집, 기념사업회
23	김태수	金泰秀			부령면 선은리	판결문, 인물 카드	치안유지법 위반
24	김판곤	金判坤	2019	애족장	백산면 신평리	공훈전자사료 관	군자금 모금
25	김학봉	金學鳳			상서면 통정리	판결문	군자금 모금
26	김 환 / 김장권	金桓(煥) / 金章權	1990	애족장	부안면 동중리	판결문 7권(1990년 발간)	군자금 모금 [신헌·이헌· 조기담]
27	문병렬	文秉烈			백산면 용계리	인물 카드	치안유지법 위반, 부안농민조합
28	박병권	朴炳權	2010	대통령 표창	동진면 당상	판결문 19권(2011년 발간)	치안유지법 위반 [당산리저축조합] [최순환·최옥환]
29	박병득	朴丙得	2007	건국포장	상서면 용서	판결문 17권(2009년 발간)	전북공산당 재건 사건 부안청년동맹
30	박영달	朴英達			상서면 용서	인물 카드	부안농민조합
31	박예동	朴禮棟			행안면 삼천	판결문	전북공산당 재건사건
32	박일명	朴日明 / 正木日明	2010	건국 포장	산내면 지서리	판결문[증산교]	치안유지법 위반

구분	성명	한자명	포상연도	포상훈격	연고지[본적]	수록 정보	비 고
33	백남기	白南祺			상서면 통정	인물 카드	부안 합동노조
34	백남철	白南哲			부령면 서외리	판결문	전북공산당 재건사건
35	백정기	白貞基	1963	독립장	부령면 서외리	판결문	정읍 [백정기 의사 기념관]
36	서경남	徐京南			부령면 서외리	동아일보 매일신보	전북폭탄사건
37	손영권	孫永權			부령면 옹중리	판결문	독립군자금 모금 [김상술]
38	송병섭	宋丙燮			백산면 하청리	인물 카드	치안유지법 위반
39	송시옥	宋時玉			상서면 통정리	인물 카드	치안유지법 위반 부안 농민조합
40	신기주	辛基冑			부령면 선은리	인물 카드	부안 합동노조
41	신남근	辛南根			동진면 봉황리	판결문 [징역 1년]	전북공산당 재건 사건
	신혜근	辛惠根					
42	신석갑	辛錫鉀			부령면 선은	인물 카드	치안유지법 위반
43	신석창	辛錫昌			부령면 선은리	판결문	치안유지법·육군 형법·해군형법 일본 경시청
44	신석효	辛錫孝			부령면 동중리	판결문	전북교원 적화사 건 [임학래·유인각]
45	신영근	辛榮根			부령면 동중리	인물 카드	치안유지법 위반
46	신일용	辛日鎔			부령면 동중리	인물 카드 판결문. 각종 자료	치안유지법 위반 [노동자 공산혁 명] / 논문 등
47	신 헌	辛憲	1990	애족장	부안면 선은리	판결문. 신문조서 7권(1990년 발간)	군자금 모금 [김환·이헌·조기담]
48	양병초	梁炳初 良原炳初			백산면 신평리	판결문	치안유지법, 공소 기각 [1945. 08. 17] / 보도연맹 학살 [1950년/정진석 자성록]

구분	성명	한자명	포상 연도	포상 훈격	연고지[본적]	수록 정보	비 고
49	엄규영	嚴奎永	2019	대통령 표창	건선면 줄포리	신문조서, 의견서	학생운동
50	우재규	禹在奎			동진면 동전	인물 카드	부안농민조합
51	유영희	柳永喜			백산면 오곡리	판결문	조선임시보안령 위반
52	유희용	柳希容			지포면 포신	인물 카드	치안유지법 위반 [공산당 재건] 신문 자료
	유기석	柳琪錫					
53	은희송	殷熙松	1990	애족장	동진면 장등리	판결문, 신문조서 9권 (1991년 발간)	보안법 위반 [3·1독립만세운동]
54	이내룡	李乃龍 廣田乃龍			산내면 지서리	판결문[증산교]	치안유지법 위반
55	이득춘	李得春 春山得春			산내면 지서리	판결문[증산교]	치안유지법 위반
56	이 섭	李 燮 和田敬順			줄포면 대동리	판결문	조선임시보안령 [1945. 06. 19]
57	이승필	李承弼			상서면 청림리	판결문	군자금 조달[장 물고매] [이승호]
58	이승호	李承鎬	1990	애족장	부안면 선은리	신문조서 7권 (1990년 발간)	독립운동 자금 조달 [이승필]
59	이태호	李泰浩 永木秀威			산내면 지서리	판결문	치안유지법 위반 경북 영일군
60	임복래	林福來			행안면 진동리	인물 카드	부안농민조합
61	임성태	林聲泰			하서면 백련리	판결문	독립군자금 모금 [고제신·한우석]
62	임장수	林長壽			행안면 진동리	판결문	전북공산당 재건사건
63	임종한	林鍾翰	2005	건국포 장	주산면 돈계	신문 자료 16권 (2006년 발간)	신간회, 고려공 산청년회, 부안농민조합, 조선청년총동맹
	임종항	林鍾恒					
64	임학래	林鶴來			행안면 진등리	판결문	전북교원 적화사 건 [신석효]

구분	성명	한자명	포상 연도	포상 훈격	연고지[본적]	수록 정보	비 고
65	전봉균	田鳳均	1991	애족장	산내면 지서리	판결문 [증산교]	본적: 옥구 / 국채준
66	전영률	全榮律			백산면 용계리	인물 카드	치안유지법 위반 신간회. 고려공 산청년회
67	최대렬	崔大烈			백산면 금판리	판결문	공산혁명 결사 조직
68	최두영	崔斗榮	1990	애족장	산내면 연동	판결문 6권(1988년 발간) 전북의병사 하권	이완용 치죄문 발송. 일왕 등에게 항일 문서 발송.
69	최병제	崔秉濟 島雁秉濟			상서면 감교리	판결문	조선임시보안령 위반
70	최상욱	崔相煜 松山和映	1990	애족장	부령면 동중리 전남 광산.	판결문	신사참배 반대, 조선인 차별 비판. [김병은]
71	최순철	崔淳哲			부안읍 서외리	판결문[김용일]	조선임시보안령 위반. [김용일]
	최광장	崔光藏 育本光藏					
72	최순환	崔順煥	2010	건국포장	동진면 당상	판결문 19권(2011년 발간)	치안유지법 위반 [박병권. 최옥환]
73	최옥환	崔玉煥			동진면 당상	판결문	치안유지법 위반 [박병권. 최순환]
74	최종채	崔鍾彩 阿部鍾彩			주산면 백석리	판결문	육·해·군 형법 위반
75	최치홍	崔致弘			남하면 송림리	판결문	소요. 상해죄
76	홍 순 옥	洪淳玉 山本淳玉	2005	건국포장	산내면 지서리	판결문 [증산교] 16권(2006년 발간)	치안유지법 위반
77	금광영 태	金光永泰			주산면 돈계리	판결문	조선임시보안령 위반
78	성본하 수	星本河洙			주산면 돈계리	판결문	조선임시보안령 위반

출처: 박대길 편저, 『근대 부안 민족운동 자료집』, 부안군, 2022.

5. 학산 정갑수와 호암수도원

1) 학산의 가계 및 김낙철 대접주와 인연

학산의 일대기를 정리한 『鶴山經歷史』는 학산 死後 20년이 지난 1972년 3월, 白巖 金光烈[19]이 가로 17.5㎝ 세로 24.6㎝ 크기의 양면괘지[편지지]에 국한문 혼용체로 직접 작성한 88쪽 분량이다. 현재 동학혁명 100주년 기념관에 소장되어 있다. 백암이 『학산경력사』를 집필할 때, 77세라는 적지 않은 나이였던 관계로, 기억에만 의존해서 작성한 것이 아니라 참고 자료가 있었을 것으로 추정된다. 그러나 이에 대해서 아무런 언급이 없다. 다만, 백암이 여러 기록을 남긴 것으로 보아, 평소 작성해 놓았던 기록을 토대로 서술한 것으로 짐작할 수 있다.

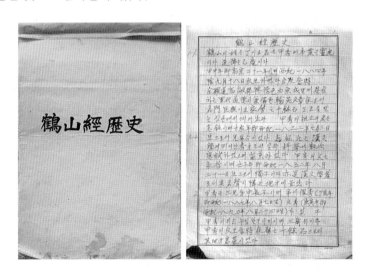

---

19 김광렬(1897~1974)은 부안군 백산면 용계리 백산 기슭의 山內에서 태어났다. 字는 鍾敏, 道號는 白巖이다. 그는 자신의 활동에 대해서 자서전을 비롯하여 논설·설교·수상록·시문 등을 남겼다. 학산과 인연을 맺은 이후 학산의 家庭史는 물론 천도교와 관련 公私 활동을 함께 하였다. 「부안독립신문」, 2018.11.30

『학산경력사』는 학산이 태어난 때부터 還元할 때까지 시기별·사건별로 정리되어 있다. 내용은 크게 修道를 강조한 修道者이자 宗敎人이었던 학산의 삶, 일제강점기 조국의 독립을 염원하며 실천적 활동을 지향한 독립운동으로 나뉜다. 그러나 전체적으로 보아 역사적 사실과 구체적인 서술 내용의 因果關係에 대한 검증이 필요하다.

학산은 1884년 (음) 9월 8일, 高敞郡 興德邑內 宗成里에서 태어났다. 본관은 靈光이고, 道號는 義菴 孫秉熙(1861~1922)에게서 받은 乙庵이다. 집안은 一千餘石의 賭租를 받는 富豪였다. 할아버지 지현(志鉉. 1832년생)은 과거에 수차 응시하였으며, 아버지 영철(永哲. 1852년생)은 외아들로 '漢文學'을 공부하였고, 인근 지방에서 명성이 높았다. 학산은 3형제 중 큰아들이며, 동생 俊秀와 文秀, 3살 연상의 누나가 있었다.[20]

7세 되던 1890년 할아버지의 뜻에 따라 부안군 下東面[현 부안읍 옹중리] 당가리 외가댁 근처로 이사하였고, 8세 때 서당에 입교하였으나 글공부보다 친구들과 노는 데 열심이었다. 이로 보아 학문에는 그다지 관심이 많지 않았던 것으로 보인다. 학산이 부안으로 이사한 후 만난 사람으로 부안 동학 대접주 김낙철이 있다. 김낙철은 부안 동학과 동학농민혁명의 상징적인 인물이다. 두 사람이 어떤 인연으로 알게 되었는지 알 수 없다. 그런데 김낙철이 학산을 자주 불러 이뻐했으며, 학산이 14세 되던 1897년 김낙철의 사위가 된 것으로 보아, 장인 김낙철과 학산의 아버지 사이에 깊은 인연이 있었던 것으로 추정할 수 있다. 학산은 결혼 후 12월 25일, 장인 김낙철을 통해 입도하여 九庵 金然局의 연원에 속하였다.[21]

---

20 『鶴山經歷史』[丁甲秀] − 壬子[1972]년 음력 3월, 전라북도 부안군 白山面 桂洞里 白庵 金鍾敏 著.
21 장인의 인도로 입도한 학산은 자연스럽게 김연국의 연원에 속하였다. 김연국이 손병희와 불화로 독립하여 侍天敎를 창시하였을 때, 장인 김낙철과 함께 시천교에 몸담았고, 都執事 등을 역

한편, 1905년 乙巳勒約이 있었고, 1907년 군대가 해산을 당했으며, 헤이그 밀사 사건으로 고종이 퇴위당하고, 순종이 즉위하였으며, 일제의 침략이 구체화 노골화하면서 국가의 존망이 風前燈火에 처하였다. 1910년, 庚戌國恥로 亡國이 이르자 학산과 부친, 그리고 祖父가 굶어 죽을 결심을 하고, 방문을 걸어 잠근 뒤 두문불출하였다. 부친과 조부는 가족과 주위 사람들의 만류로 중단하였으나 학산은 계속 버티어 가족과 지인이 나서서 방문을 강제로 열고 중단시켰다. 요양 후 학산은 교인들을 둘러보고 悲壯하고 세찬 목소리로 "우리 敎人들은 落心말고 死力을 다하여 우리나라 獨立爭取를 합시다."라고 하였다.

이후 김연국과 갈등을 겪은[22] 학산은 장인 김낙철을 설득하여 시천교에서 천도교로 바꿀 것을 권유하였다. 학산은 김낙철을 모시고 손병희를 찾아갔고, 그 자리에서 손병희는 김낙철을 宣導師로 임명하였다.[23] 이와 함께 학산은 侍天敎인 1천여 명과 함께 천도교로 옮겼다. 학산은 1912년, 손병희에게서 乙庵이라는 도호를 받았다. 같은 해 10월, 井邑郡 德川面 達川里로 이사하였고, 古阜邑內敎區로 侍日을 참례하였다. 이 시기 古阜 朴世煥·李泰化·吳眞卓·吳現根, 高山 李根尙, 長城 金鍾眞·金長燮·邊方基, 淳昌 金義植, 井邑 李永順·李有祥, 泰仁 朴海龍·金奉植, 咸平 李道範, 萬頃 林炳順 등이 함께 활동하였다. 이들은 1916년 2월 3일, 布德天下·廣濟蒼生·保輔安民·爲國忠臣 하기로 天師聖靈前에 同盟決意하였다.

임하면서 포교에 집중, 큰 성과를 거두었다.

22 "김연국(金演局)은 서울 社稷洞 도장굴 앞에 붉은 벽돌집이다 시골에다 土地를 많이 삿다고 하여 敎中이 騷亂하여졌다. 其後로 甲秀는 김연국(金演局)과 싸흠이 자조 버려졌다. 하루는 甲秀가 禍가 치밀어서 김연국(金演局)을 그 집 마루에서 한 길이나 되는 뜰에 끄집어 내려 내동댕이를 쳤다. 甲秀는 其後에 생각하니, 너무 過度히 하였다는 生覺이 드렀다."『鶴山經歷史』, 5쪽.

23 김낙철은 그 후 3년 동안 천도교에서 활동하였으며, 1917년 음력 11월 4일, 京城府 鐘路二丁目 益善洞 七九番地 자택에서 還元하였다.

2) 학산의 독립운동과 신앙생활

1919년 3·1운동 당시 학산이 33인에 가담할 눈치를 손병희가 斟酌하고 학산을 불러 "너는 여기에 가담할 때가 아니다. 너는 달리 크게 할 일이 있으니, 앞으로 더욱 수도하여 蒼生을 건지라."라고 하였다. 그러나 학산은 독립운동자금을 각 지방 교인에게서 거두어 손병희에게 전달하였다. 정읍군 德川面 達川里 송성화에게서 5천원, 같은 마을 김주경에게서 3천원, 화순 사람에게서 1만원, 부산 사람에게서 7천원을 거출하여 전달하였다.

한편, 학산은 3·1운동 당시 일본 憲兵 梢本이 발사한 권총에 귀를 맞아서 큰 상처를 입었다.[24] 그 이후 일본 형사가 매일 같이 학산을 체포하려는 바람에 피해 다녔다. 익선동 처가에서 오래 피신할 수 없어서 내자동에 있는 四從 兄弟 丁學秀 집에서 잠시 피신하다가 1919년 6월경, 낙향하였으나 일본 순사의 감시는 계속되었다. 이때 상황을 다음과 같이 기록하였다.

"서울서는 到底히 있을 수 없어서 當年 六月初에 下鄕하여 □家하니 서울 鐘路警察署에서 井邑警察署로 連絡이 와서 日本人 巡査가 每日 每日 乙庵의 집에 와서 嚴重 監視하고 있었다. 日警은 每日 午前 9時가 되면 乙庵의 집에 와서 監視하고 있다가 午後 6時가 지나서 도라간다. 乙庵은 집에서 짚신을 삼고 골망태를 만들고 하여 日警의 監視를 피하고 있는 中 同年 陰 11月 20日 때 乙庵의 父親 永哲씨가 별세하였다."

학산이 어찌하여 일본 헌병이 쏜 권총에 맞아 상처를 입었고, 왜 일본인 형사가 학산을 체포하려 했으며, 감시했는지에 대한 설명이 없다.

그즈음 학산은 吳顯根을 통해『학산경력사』를 집필하게 되는 金鍾敏을 만

---

24 학산의 3·1운동 참여와 관련하여 다음 기록을 참고할 수 있다.『韓民族獨立運動史資料集』9권,「三一運動과 國權恢復團」, 一. 京城憲兵分隊(國漢文), 金台鉉·鄭廣朝 대질신문 조서; 피고인 金台鉉 조서(제2회).『韓民族獨立運動史資料集』10권,「三一運動과 天道教誠米」, 三. 地方憲兵分隊 및 警察署(2)(國漢文), 金斗業 청취서.

나게 된다. 그 당시 김종민은 학산에 대한 인상을 "乙庵을 처음 뵈올 때, 乙庵의 爲人이 正直하고 風度가 凜凜하여 可히 英雄의 기틀이라 生覺하였다."라고 기록하였다.

김종민을 만난 이후 학산은 우여곡절 끝에 집을 나서 북한산 아래 僧迦寺에서 玄谷 金祥國을 만났고, 대전 남서당골에서 林敬洗를 만났다. 목적은 독립의 방책을 묻는 것이었고, 그 방책을 실행하려 성금도 거두었다. 그러나 결과적으로 虛荒無實하였다. 그 후 강원도 금강산 楡岾寺을 찾아가 道僧을 만났는데, 그는 "英雄이 때를 만나지 못하니 失期한 氣像이라. 故鄕에 돌아가 구름 속에 밭을 갈고 釣台에 고기를 낚거, 때를 기다리라. 勸하노니 修道하여 傳心工夫하라."고 하였다." 이와 함께 "國運이 不幸하여 倭놈이 나라를 侵略하며 國權을 主張하니, 나는 한때 貴族으로 벼슬이 吏曹判書에 있다가 이 절에 온 지가 數年이라."며 자신을 소개하였다.

학산은 落望하였지만, 상해로 갈 작정을 하고 준비하였다. 김종민과 헤어져 서울로 간 학산은 池昌奎·金昌善·丁學秀 등을 비롯한 지인들을 만나 계획을 설명하였다. 그 뒤 정황을 다음과 같았다.

> "乙庵은 拳銃 30여 자루를 求하여 둥근 바구니를 求하여서 池昌奎와 같이 銃을 包裝하여 바구니 속에 싸서 託送하는데, 長城驛 長城商店 李種現이라는 假名을 受取人으로 하여 長城驛으로 託送하고, 그 翌日 乙庵은 京城驛을 출발하였다. (중략) 車는 어느 사이에 長城驛을 到着하였다. 乙庵은 下車하여 金長爕의 집으로 가서 여러 同志를 相逢하고 經營事를 相議하고 金鍾敏을 기다렸다. (중략) 정자나무 밑에는 乙庵과 金鍾眞·邊方基·金長爕·金以植·李道範·李有祥·李永順·李玉禮 등이 앉았다. 隨問隨答하는 말은 결국은 목포를 가서 乘船하고 돌아서 상해에 갈 목적이다."

그런데 일본인 형사가 들이닥쳐 먼저 내려보내 권총을 압수당하고, 모두 체포당해 경성으로 압송되었다. 1921년 음 6월 20일, 학산 38세였다.

학산을 종로경찰서에 收監한 일본 경찰은 종로경찰서 고등계 囑託을 제안하였다. 그러나 학산은 이를 단호히 거절하였는데,[25] 어찌 된 일인지 곧바로 석방되었다. 학산이 수감된 사이 金鍾敏 등을 비롯하여 친우 數千餘名이 진정서를 경찰서에 제출하고, 만일 석방하지 않으면 '漢江 投死'하겠다고 한 일이 있었다.[26]

한편, 정읍에서 다시 경성으로 올라 온 학산은 내자동에서 종교인으로 祈禱生活을 하는 척하면서 "나라의 獨立爭取를 目的으로 地下室에서 秘密裏에 資金調達을 爲하여 造幣"하였다. 그런데 조폐한 지폐를 모자 천정에 감추고 경성역으로 가던 중 일본 형사에게 발각되어 지폐를 압수당하였다.[27]

조폐사건 이후 1922년 9월, 변방기·이도범·전이식·이근상·김종진 등과 함께 6명이 밤 9시에 淸水를 모시는데, 형사가 들이닥쳐 종로경찰서로 연행되었다. 그 후 8일째 되는 날 서대문형무소로 압송되었고, 재판이 열렸다. 검사는 "정갑수는 두목으로 세상을 자기 주먹에 넣고 세상을 騷亂시켜 其 罪 重하기 말할 수 없어 3년 징역을 구형"하였고, 다섯 사람은 각기 1년 징역을 구형하였다. 판사는 정갑수 징역 2년, 5인에게는 각기 징역 6개월을 언도하였다. 그때 학산은 최후 진술에서 "나는 이제 죽어도 恨이 無합니다. 내 나라를 되찾아 保國安民하고 廣濟蒼生하여 爲國忠臣되기를 發顯합니다. 此 以上 할 말이 없다."라고 하였다. 당시 판사는 朝鮮人 李鍾國이

---

25 그 당시 상황을 백암은 "黑田이는 乙庵다려 警察署 高等係 囑託에 되어 달라고 累累히 事情하였다. 諸般事를 熟考하고 警察署內에 있으면, 當身 일은 얼마든지 할 수 있고, 當身이 願하는 獨立도 할 수 있고, 여러 가지가 便利하게 될 터이니, 承諾만 하라고 하였다. 乙庵 曰 不願死生하고 하는 말이 이 몸이 一萬番 죽사온들 一片丹心 먹은 마음 一毫變改하오리까. 一時刑厄 가소롭다. 내의 責任을 다했으니 어서 刑을 내리소서 하였다."라고 기록하였다.

26 언뜻 상식적으로 이해되지 않는다. 권총 30자를 소지할 정도의 무장을 갖춘 집단인데도 별다른 조치없이 석방하였다. 그런데 이러한 서술이 여러 곳에 나온다.

27 僞造紙幣事件은 대사건임에도 불구하고 이후 어떻게 처리되었는지 언급하지 않아 알 수가 없다.

었고, 檢事는 일본인 靑山이었다. 6개월 후 다섯 사람이 먼저 석방되었고, 학산 역시 1923년 음 7월 하순에 석방되었다. 조기 석방은 '日皇이 兒孩를 낳았다고 罪囚를 放免'한 때문이었다. 학산의 出獄을 환영하고 위로하는 자리가 西大門 順天館에서 있었다.

학산이 감옥에 있는 동안 기독교 집사로 冷洞에 사는 金世羅에게 付託하여 16세 장녀 賢子가 西洋女子의 修養女로 들어가고, 남은 가족은 집세도 제대로 내지 못해 곤경에 처해 있었다. 우여곡절 끝에 지인의 도움으로 집을 구해 살게 되었다. 학산의 부인은 팥죽 장사를 하고, 딸 현자를 다시 데리러 왔다.

1923년 딸 현자를 시집보내고, 金堤郡 扶梁面 新陽里 모샛말 洞里로 이사하였다. 이후 포교에 나서 부안 백산·신태인·고창·순창·장성·함평·정읍·고부 등지를 순회하였다. 그러나 好事多魔라고, 불행이 닥쳤다. 1924년 10월 20일, 순회를 마치고 집에 왔는데, 14세 장남 炳玉이 3일 전부터 병이 나 시름시름 앓다가 다음날 사망하였다. 이후 論山의 妻家[28]로, 정읍군 북면 대곡리에 사는 큰딸 현자의 집에서 1개월 머무르다 裡里 葛山洞으로, 다시 松鶴洞에서 杜門不出하였다.

1926년, 沃溝郡 大野面 남우정리로 이사하여 농사를 지으며 돈을 모았다. 이때 그동안 신세를 진 이들에게 은혜를 갚으려는 마음으로 群山 米豆場에서 미두[29]를 시작하였으나 손해를 봤다. 이때 학산은 過去事를 回想하면서 다음과 같이 恨歎하였다.

어화 世上 벗님네들 이내 말씀 들어보소.

---

28 김낙철 대접주의 가족이 살고 있었다.
29 미두(米豆). 현물 없이 미곡(米穀)을 거래하는 일. 실제 거래를 목적으로 하는 것이 아니고 미곡의 시세를 이용하여 약속으로만 거래하는 행위.

하날이 곳 사람이요, 사람이 곳 하날인 줄, 世上 사람 어찌 알리.

忠臣烈士 뒤를 이어 億萬年 다盡토록 爲國忠臣 되어보세.

平生에 먹은 마음 하날님께 造化받어 世上風塵 消滅하고,

泰平曲 擊壤歌를 불러볼까 하였드니,

一陣狂風 서리바람에 이내 몸은 八道江山 다 밟고서,

故鄕山川 돌아오니, 모진惡風 風雨霜雪 또다시 남았든가.

지난 歷史 生覺하니, 父母苦生 妻子苦生 親友苦生 子息을 여의고,

惡風속에 쌓여 銃劍을 맞은같은 이내 運數

안개구름 검은날에 草露人生 홀로앉아 四方八面 둘러보니

四顧無親하여 찾어 오는 사람 숳혀 없어, 어찌할 길 바이없네.

億兆蒼生 많은 사람 天道理致 알았든가.

道는 곳 天이요, 天은 곳 道라. 하날인즉 無爲化니라.

바뿐 것도 없고, 急한 것도 없고, 게으른 것도 없고, 天地萬物이 다 한결같은지라.

사람의 마음이 天下萬事를 天道에 붙여서 한결같아야만, 曰, 道人이라 하니라.

未來之事를 안다는 것을, 말을 하는 것은 中才요,

上才는 無爲化에 理致로서 行하나니,

萬事가 때가 되면, 때를 따라 되는 故로,

말을 한들 下才가 어찌 알며, 옳다할 者 몇이나 되냐.

白雪이 滿乾坤하니 一片丹心이로다.

그런데 같은 해[1927년] 11월 11일 차남 병오가 세상을 떠났다. 장남 병옥이 사망한 후 3년 뒤 둘째마저 세상을 떠난 것이다. 이때 학산은 魂飛魄散하여 半生半死 지경이었다. 지인의 도움으로 장례를 치른 뒤 沃溝郡 大野面 德谷里로 이사하였다. 그리고 주위의 격려와 도움으로 다시 포교에 나섰다. 그때 김종민·변방기·이도범·이유상, 고산의 이은상 등이 함께하였다.

학산은 1931년 무장 禪雲寺에서 49일 기도를 하던 중 心靈으로 自己 號를 鶴山으로 받았다. 기도를 마친 후 학산은 吳文述을 만나 입교시켰는데, 오문술은 일본인이 경영하는 若山精米所 付長職을 맡고 있었는데, 바로 사

표를 냈다. 오문술의 동생 吳仁述도 입도하면서 같은 정미소를 퇴직하였다. 그즈음 학산은 사위에게 곧 일본이 망할 것이라고 예언하였다.

1932년 학산은 崔列卿·崔雲徹·金洛貞·康昭永·이유상 등에게 수도 공부를 역설하였고, 高山 李根尙, 臨陂 金洛貞, 泰仁 朴海龍, 扶安 金鍾敏·吳文述, 沃溝 崔列卿·崔雲徹·康昭永 등 9명과 沃溝郡 臨陂 鰲城山 日光寺에서 結義兄弟를 맺고, 告天하고 淸水 앞에 誓心同盟하고, 그 자리에서 49일 기도하기를 정하였다. 그 이후 각처를 순회하며 포교하였다.

1938년 학산은 이리 水月里에 工所를 정하였다. 한편 戊寅年 6월 하순, 학산이 덕곡리 집에서 공부하던 중 "扶安 邊山에서 龍이 놀고 있는데, 새끼를 數千마리를 데리고 있는데, 게으름을 부리고 비를 안 주어서, 날은 가물어 사람도 타지고 草木도 타지는데 게으름을 부려서, 학산이가 지팽이를 들어서 龍頭를 三次레 때리니, 그제야 머리를 空中으로 치며 하날로 올라 비를 주어 世上이 다 살아나는 것을 보았다."라는 적이 있었다. 이후 학산은 수도를 역설하였다.

계속해서 포교한 결과 1939년 8월 27일, 天道敎 門牌를 달았다. 본래 문패는 裡里府 古縣洞 吳泰永의 집에 걸었는데, 가정불화로 소란이 있어 수월리로 옮긴 것이다. 敎區長은 崔奉奎였다. 학산은 "周遊四海하고 不避風雨하고 온갖 苦楚를 겪으면서라도 誠米를 摠部에 獨身上納하였다."

그런데 1938년 학산이 '地[侍]日記念日'에 맞추어 상경하였는데, 摠部의 문패가 2개였다. 왼쪽에는 天道敎中央摠部, 오른쪽은 天道敎 總本部였다. 舊派는 오전 10시에, 新派는 오전 11시에 侍日을 본다고 하였다. 그 당시 玄庵長 鄭廣朝(1883~1951.)[30]가 하는 말이 "내가 德이 不足하여 이런 法이 생

---

30 손병희의 둘째 사위로 천도교 중앙총부 서계원을 시작으로 대종사, 포덕과 주임, 부도령, 대령, 대도정, 고문, 현법사, 상주선도사, 교령 등을 역임하였다. 1919년 3·1운동을 앞두고 손

겼다 하며 歎息하고, 하는 말이 모든 것은 自己 不足이라." 하였다. 이런 일이 3년이 지난 뒤 '中央摠部'라는 문패가 하나만 붙었다. 그 후 현암이 학산을 敎領에 임명하려고 하였으나 한사코 거절하며, 道德 布敎에 열중하였다.

1944년 10월 15일 밤 9시, 淸水를 모시고 마루에 나왔는데, 땅에서 瑞氣가 일어나 玲瓏하더니, 그 줄기가 湖南線 木浦行 鐵道로 裡里變電所로 木川浦로 하여 扶安 邊山에서 그 줄기가 멈췄다. 이때 학산은 변산에 교회가 설치될 것으로 예측하였다.

1945년 2월 하순경, 부안 용설리 朴崙重 집에서 40여 명이 모여 밤 9시에 청수를 모시고 기도 중 공부하다가 밤 9시에 청수를 모시고 기도하던 중, 1938년 덕곡리에서 龍의 形體가 나타난 것과 같은 현기를 봤는데, 아침에 崔成然 역시 학산과 같은 현기를 봤다고 하였다. 이에 학산은 아침 일찍 박기중을 불러 甘橋里의 감나무 집에 가서 방 한 칸이라도 마련하라고 하였다. 박기중이 집터를 빌렸고, 그곳에 修道院을 세웠다.[31] 그 뒤 큰 수도원은 潭陽에 사는 전국엽이 도왔고, 전라남북도 교인이 합력하여 세웠다.

병희의 측근이 되어 3·1운동 준비에 참여했으며, 이후 천도교의 운영과 사후 수습 등에 노력했다. 같은 해 5월 의친왕(義親王)을 상하이로 탈출시키려 한 대동단사건(大同團事件)에 연루되어 서대문형무소에서 심한 고문을 받았다. 1920년 신숙을 천도교 대표로 대한민국 임시정부에 파견하고 군자금을 조달·제공하였다. 1912년 보성전문학교 교감으로 취임했으며, 1922년에 이사로 재직했다. 1921년 조선인산업대회 발기인, 1930년 조선농민사 고문, 1934년 친일단체인 시중회 발기인으로 활동하였다. 천도교인의 친일협력을 촉구하는 강연을 하고, 여러 편의 글을 발표하였다. 1943년 8월 천도교 대표로 직접 국민총력조선연맹 사무국에 징병제 실시 감사 헌금 500원을 전달하였다. 1960년 건국훈장 애국장에 추서되었는데, 1996년 취소되었다. 출처: 『한국민족문화대백과사전. https://100.daum.net/encyclopedia/view/14XXE0049971』
31 이 내용은 1945년 학산의 현기 체험과 호암수도원이 설립되는 1948년을 혼재(混在)하여 기록한 것으로 보인다. 천도교에서 발간하는 자료를 비롯하여 각종 문헌을 보면, 호암수도원은 1948년 2월 20일 학산이 창설하고 '봉황대(鳳凰臺)'라 불렸다.

학산이 8·15 해방을 맞은 것은 高敞郡 興德邑內 金容默의 집에서 49일 기도를 할 때였다. 이때 학산은 우리 힘으로 독립을 하지 못하고, 洋人의 손으로 해방된 것을 걱정하였다.[32] 그러면서 무엇보다 수도에 매진할 것을 강조하였는데, 그것은 앞으로 더 큰 일이 일어날지 모른다는 우려가 있었다.

3) 해방정국과 한국전쟁

학산은 1946년 4월 5일, 天日記念[崔濟愚 先生 別世日]에 상경하여, 吳世昌[33]에게서 "玉쇄와 「韓日合邦議定書」를 내놓으며, 美軍政廳 하지 將軍이 韓國 代表 天道敎에다 保管하라고 傳하여 주어서 天道敎 總本部에 玉쇄와 「韓日合邦議定書」를 보관하였다."라는 말을 들었다.

이에 앞서 3·1절 기념행사에 대해서 하지 장군이 오세창을 만나 행사 중지를 요구하였다. 그러나 도저히 받아들일 수 없어, 총부에 모여서 기념식

---

32 "陽曆 八月 十五日 날 解放이 되었다고 世上 사람들은 떠든다. 鶴山은 이 말을 듣고 상기가 되었다. 自己 精誠으로 倭敵을 물리치고 祖國을 獨立시킨다는 것이 平生 心中所願事이였는데, 洋人의 손으로 解放되었음이 일변 ㅅ하기가 짝이 없었다." 『학산경력사』, 55쪽.

33 1864년 서울에서 출생하였으며, 자는 중명(仲銘), 호는 위창(葦滄·韙傖)이다. 3·1운동 민족대표 33인 중 한 사람이다. 1896년 독립협회의 간사원으로 선임되었으며, 독립문·독립공원의 건조사업을 관장하는 임원으로 선정되었다. 1902년 6월 개혁당 사건으로 일본으로 망명하였는데, 이때 손병희를 만나 입도하였다. 1910년 일제가 조선을 강점하자 삼갑운동을 추진하는 등 천도교 교단에서 활동했다. 1919년 손병희·최린·권동진 등과 더불어 독립운동에 관해 협의하고, 운동의 3대 기본노선을 대중화·일원화·비폭력으로 확정했다. 일제에 체포되어 3년간 옥고를 치른 이후 서화에 전념, 한국서화사 연구에 중요한 업적을 남겼다. 한국전쟁 중 피난지 대구에서 사망하였다. [https://100.daum.net/encyclopedia/view/b16a0936a]

만 하고 끝내는 것으로 승낙을 받았다. 그리고 3·1절 행사에 참석한 군중에 게 이 사실을 발표하였다. 이때 학생 하나가 손가락을 잘라 군중에게 피를 부리며 大韓獨立萬歲를 高唱하며 나갔다. 市民이 곳곳에서 일어나 합세하며 만세를 불렀다. "倭政治下에 壓迫을 받고, 또 洋人한데 壓迫을 받을 수가 없다."라며, 일반 시민들이 우렁찬 소리로 만세를 불러 장안이 뒤집혔다.

이때 6대 종교 대표들이 체포당해 서대문형무소로 끌려갔다. 오세창이 하지 중장을 만나 석방을 요구하였는데, 하지는 1인당 6만 원, 합해 36만 원의 벌금을 4월 12일까지 내면, 석방하겠다고 하였다. 이때 체포당한 천도교 대표의 벌금을 모았는데, 4월 5일까지 겨우 4천원 밖에 모으지 못하였다. 한편 오세창은 본인이 한국을 대표하는 자로 함께 잡혀간 여섯 명을 모두 석방해야 한다면서 의견을 구하였다. 이때 학산이 나서서 본인이 다 하겠다고 하니, 그 자리에 있던 사람들이 함께하여 13만4천3백원을 모았다. 그 뒤 학산은 나머지 금액을 책임지겠다고 한 뒤, 내려와 각 교구 교인들에게 취지를 설명하고, 성금을 모아 부족액을 채워서 총부로 보냈다.

이에 앞서 '북한지방 천도교인' 400명이 경비원의 감시를 피해 천신만고 끝에 1946년 4월 5일 천도교 총본부에 도착하였다. 그리고 天日記念式을 마치고, 천도교의 앞날에 대한 의견을 교환하며 여러 이야기를 나누었다. 이들은 남북통일이 되면 다시 만나기로 약속하며 헤어졌다. 그러나 그 이후 북한 교인은 한 사람도 오지 못하였다.

1950년 6월 28일 丁來輝·朴王根 安모성 등 세 사람이 학산을 찾아왔다. 이들은 학산이 인민위원장을 맡아야 자신들이 산다고 하면서 4, 5일을 두고 찾아와서 졸랐다. 정래휘는 군인 가족이었고, 박왕근은 일본인 밑에서 종사하였으며, 안모성은 기독교 집사이며 일정 때 部落 主事로 있을 때 잘 못한 일이 많아서 죽는다며 매달렸다. 학산은 동년 7월 5일 인민위원장을 맡았다. 그러나 얼마 되지 않아 위원장직을 사임하고, 부위원장 柳應根에게 부탁한 후 교인들을 수도원으로 불렀다. 80여 명이 모여 기도하는데, 괴뢰군이 들어와 총으로 위협하며 학산을 비롯하여 6인을 체포하였다. 이들은 부안군 상서면 지서에서 하룻밤을 자고, 다음 날 부안읍 내무서로 넘겨졌는데, 고초를 겪은 후 6일 만에 석방되었다. 이후 학산은 또 한 차례 체포당한 뒤 석방되었다.

학산은 한국전쟁이 끝나지 않은 1952년 양력 12월 7일[음력 10월 21일] 오후 11시. 69세로 還元하였다.

다음은 학산의 평생 所願이다.

萬古聖賢 一過處에 내가 또한 있었든가.
하날님이 주시기만 주신다면 八陣圖도 가소롭다.
하나님께 造化받어 全世界宇宙를 平和統一시켜노코,
太平世界 되게 되면 太平曲 擊壤歌를 불러볼까.
堯舜의 智惠인들 이내能力黨할손냐.

6. 맺음말

부안 동학과 동학농민혁명의 가장 큰 특징은 '花開於扶安 結實於扶安', 그리고 동학농민혁명의 본격적인 시작이 된 '백산대회'이다. 최시형이 남긴 '화개어부안 결실어부안'은 장치 "부안에서 꽃을 피우고, 결실을 보리라."는 기대감을 나타낸다.

백산대회는 고부봉기와 무장기포를 거쳐 백산에 집결한 호남 일대 군중이 혁명군을 조직하고, 혁명의 시작을 만방에 알리는 격문과 강령, 그리고 혁명군이 지켜야 할 군율을 선포한 실질적인 동학농민혁명의 시작을 알린 역사적인 사건이다.

그런데 동학농민혁명 동안 부안은 관민상화(官民相和)가 이루어졌고, 다른 지역에 비해 상대적으로 평온을 유지하였다. 그것은 부안 동학 대접주 김낙철의 영향력이 컸음과 동시에 지역의 정서를 반영한다. 그런 까닭에 혁명 기간 격렬함이나 극단적인 보복이나 갈등이 다른 지역에 비해 적었다. 그리고 동학농민혁명 이후 1900년대 초반까지 '동학'이라는 이름의 소규모 집단 활동이 있었지만, 그다지 주목할만한 대상이 아니었다.

1895년 乙未義兵과 1905년 乙巳義兵, 그리고 1910년 庚戌國恥 이후 의병항쟁과 이후 독립운동이 전국적으로 전개되었다. 그리고 앞에서 살펴본 바와 같이 부안을 연고로 하는 의병과 독립운동가, 우국지사들이 나라를 지키고, 독립을 위해서 일어났다. 그렇지만, 이들이 동학농민혁명을 계승하였다는 직접적인 연계 고리를 찾지 못한 아쉬움이 있다. 그나마 부안 동학과 동학농민혁명의 상징적 인물인 용암 김낙철의 사위인 학산 정갑수를 통해, 그리고 호암수도원을 통해, 동학과 동학농민혁명 정신이 면면히 이어졌으며, 오늘날 그 흔적을 호남수도원에서 찾을 수 있다.

학산이 직접 작성하지 않았으나 오랫동안 학산과 동고동락(同苦同樂)한 백암 김종민이 쓴 『학산경력사』는 구체적인 내용에 있어서 검증이 필요하지만, 동학과 동학농민혁명을 계승하고자 치열하게 살았던 학산의 인간적인 삶과 조국의 독립을 염원하며 실천적인 삶을 살았던 궤적을 살펴볼 수 있다.

한편 부안의 대표적인 독립운동가 지운 김철수는 말 그대로 사람이 사람답게 사는 세상을 위해서 실천적인 삶을 살았던 인물로 평가받는다. 그러나 지운이 동학이나 동학농민혁명에 직접 또는 간접적으로 연결된다는 글이나 평가를 접하지 못하였다. 그렇지만 지운의 삶과 독립운동, 학산의 독립운동과 삶은 궁극적으로 지향점이 같았다고 본다.

[참고문헌]

김종민, 『학산경력사』, 1972.

부안군지편찬위원회, 『부안군지』, 부안군, 1991.

부안문화원, 『부안군지』, 부안군, 2015.

전주역사박물관, 『전북지역 항일 의병과 독립운동』 전주학 총서』 33, 전주시, 2015.

(사)한국고전문화연구원, 『한말전북의병사』, 대한광복회 전북지부, 2017.

전라북도 문화원 연합회, 『전북의 항일독립운동』, 전라북도 문화원 연합회, 2020.

부안군, 『부안 동학농민혁명과 민족운동 학술연구용역 결과보고서』, 2020.

홍영기 외, 『부안의 동학농민혁명과 민족운동』, 부안동학농민혁명기념사업회 · 이재연
　　구소, 부안군, 2020.

박대길 편저, 『근대 부안 민족운동 자료집』, 부안군, 2022.

『한국민족문화대백과사전』

현대시에 반영된 부안 동학농민혁명

맹문재(안양대학교 교수)

현대시에 반영된 부안 동학농민혁명

1. 서론

1894년 3월 부안에서 열린 백산대회는 생명 존중과 평등사상으로 봉건 질서를 타파하고, 외세의 침략을 물리쳐 자주적 근대국가를 세우려고 한 동학농민혁명의 출발이었다. 백산에 집결한 동학농민군은 전봉준(全琫準)을 대장으로 추대하는 등 조직과 행동강령을 갖추고 혁명 전투에 나섰다.

부안 동학농민군이 혁명에 참여한 정도는 두 가지 견해로 나뉘고 있다. 대부분의 관점은 김낙철(金洛喆)·김낙봉(金洛鳳) 등 부안 지역의 동학 지도자들이 해월(海月) 최시형(崔時亨)의 노선을 견지해 전봉준·손화중(孫化中)·김개남(金開南) 등이 추구한 노선과는 다른 양상을 보였다는 것이다. 해월은 급진적인 동학도들이 수련을 통해 신앙적 입지를 확립하지 않고 현실 개혁을 추진하는 데 우려를 나타내었다. 부안 지역 동학 지도자들은 해월의 뜻에 따라 동학농민혁명에 적극적으로 참여하지 않고 상생과 조화의 자세로 지역의 질서 유지에 중점을 두었다.

그렇지만 동학농민혁명의 불길이 타오르는 시기에 부안 지역만 예외적이고 독립적으로 행동했을까 하는 의문이 든다. 근래에 『홍재일기(鴻齋日記)』를 검토한 연구에서는 부안의 동학농민혁명이 관민상화(官民相和)의 모범이 된다는 기존의 견해에 이의를 제기하고 있다. 김낙철, 김낙봉이 부안 읍성을 장악하고 이속(吏屬)과 향유(鄕儒)를 징치(懲治)한 점 등을 들어 동학농민혁명의 흐름에 함께했다고 보는 것이다. 이 논문은 후자의 관점을 따르고자 한다.

지금까지 부안 동학농민혁명을 담은 시집이나 장편서사시로는 신동엽의 『금강』(1967), 안도섭의 『황토현의 횃불』(1979), 양성우의 「만석보」(1980), 장효문의 『서사시 전봉준』(1982), 김남주의 「황토현에 부치는 노래」(1984), 박영복의 『동학농민전쟁』(1994), 최광림의 『황토현에 부는 바람』(2006), 강민숙의 『채석강을 읽다』(2021) 등이 있다.

부안 동학농민혁명을 집중적으로 반영하지는 않았지만 동학농민혁명을 담은 작품으로는 수운(水雲) 최재우(崔濟愚)의 삶과 죽음을 그린 김지하의 『이 가문 날에 비구름』(1988), 조운의 「고부 두승산」(1947), 신석정의 「갑오동학혁명의 노래」(1963), 황동규의 「삼남에 내리는 눈, 전봉준」(1975), 김관식의 「황토현에서」(1976), 정렬의 「동학혁명기념탑」(1976), 박봉우의 「쓰레기 역사」(1976), 문병란의 「죽순밭에서, 전라도 뻐꾸기」(1977), 김규동의 「부여」(1977), 정희성의 「피의 꽃, 황토현에서 곰나루까지」(1978), 오태환의 『북한산』(1986), 오봉옥의 『붉은 산 검은 피』(1989) 등이 있다.[1]

2. 부안 동학농민혁명의 실제

부안 동학농민혁명을 역사적으로 규명하는 데는 『홍재일기』의 발굴이 중요한 역할을 했다.[2] 부안군 남하면(현재 주산면) 홍해마을에서 거주한 기행현

---

1 강민숙, 「부안 동학의 문화콘텐츠 활용 방안 연구」, 『동학의 글로컬리제이션(Glocalization) : 인물로 본 부안 동학농민혁명과 동학 정신』(2022 부안 동학농민혁명 학술대회집), 2022, 112쪽.

2 『홍제일기』와 관련된 연구는 다음과 같다. (1) 김영준, 「19세기 후반 전라도 부안현 호구 및 결가 조사의 실제적 양상—남하면 훈집 기행현의 『홍재일기』를 중심으로」, 『전북사학』 제53호, 전북사학회, 2017. (2) 김철배, 「전라도 부안 士族 奇幸鉉의 『鴻齋日記』와 19세기 후반기 부안의 경제사정」, 『전북사학』 제46호, 전북사학회, 2015. (3) 김철배, 「『홍재일기』로 본 19세기말 부안의 사회상과 동학농민혁명」, 『부안의 동학사상과 동학농민혁명』, 동학농민혁명백산봉기기념

(奇幸鉉)이 1866년부터 1911년까지 쓴 것인데, 개인의 일상을 비롯해 민정과 물가 등을 기록한 것이어서 부안 지역의 역사 연구에 귀중한 사료가 되고 있다. 그동안 실체 여부가 논란되었던 백산대회를 확인해주는 등 부안 지역 동학농민혁명 연구에 결정적인 근거를 제공한 것이다. 했다. 기행현은 혁명 전투에 참가한 신분이 아니었기에 그의 일기는 동학교도가 남긴 기록보다 객관성을 담보한다.

『홍재일기』에 동학이 처음 언급된 것은 1890년 7월 29일이다. 이 무렵부터 동학교도들이 교조 최제우가 혹세무민의 죄명으로 처형된 억울함을 풀어내 종교 자유를 얻고자 한 교조신원운동(敎祖伸寃運動)이 시작되었음을 알 수 있다. 조선 정부는 동학교도들의 요청을 들어주지 않았을 뿐만 아니라 해산을 통고하고 탄압을 가했다. 그에 따라 동학 교단은 새로운 투쟁 방향을 모색했는데, 전라도의 경우 1892년의 삼례 집회에 이어 1893년 원평 집회가 열린 것이었다.[3]

1894년 1월 12일 고부 봉기가 일어났다. 갖가지 폭정으로 농민들을 괴롭혀온 고부 군수 조병갑(趙秉甲)은 만석보(萬石洑)를 축조한다는 명분으로 농민들을 징발해 노동력을 착취했다. 또한 보를 이용하는 농민들에게 세를 과하게 받았고, 자신의 아버지 비각을 건조한다는 명분으로 세금을 거두기도 했다. 이에 전봉준은 농민군 1천여 명을 이끌고 고부성을 공격해 무기고를 열었고, 억울하게 구속된 사람들을 석방했다. 아울러 악질적인 아전들을 문초했고, 불법적으로 거두어간 쌀을 농민들에게 돌려주었으며, 농민들의 원성이었던 만석보를 허물었다.

사업회, 2016. (4) 이선아, 「19세기 부안 儒生 奇幸鉉의 『鴻齋日記』와 동학농민혁명의 실상」, 『동학학보』 제50호, 2019.

3 이선아, 위의 논문, 88~91쪽.

고부 봉기 소식을 들은 조선 정부는 조병갑을 처벌하고 장흥 부사 이용태(李容泰)를 안핵사(按□使)로, 용산 현감 박원명(朴源明)을 신임 고부 군수로 임명해 사태를 수습하고자 했다. 박원명은 광주에서 살아온 부유한 집안 태생으로 지역 형편을 잘 이해하고 있어 유화책을 발휘했다. 요구 사항을 모두 들어주기로 약속하자 농민들이 해산한 것이다. 그에 반해 안핵사 이용태는 박원명의 합의를 인정하지 않고 농민군을 반란으로 규정하고 잔인하게 보복했다. 이에 전봉준, 김개남, 손화중 등은 농민들을 이끌고 다시 고부 관아를 점령했고,[4] 더 큰 혁명 전투를 준비하기 위해 백산으로 이동했다.

백산에 집결한 동학농민군은 혁명군 체제를 이루었다. 전봉준을 대장으로 추대했고, 총관령(摠管領)에 손화중·김개남, 총참모(摠參謀)에 김덕명(金德明)·오시영(吳時英), 영솔장(領率將)에 최경선(崔景善), 비서에 송희옥(宋喜玉)·정백현(鄭伯賢)을 정한 것이다. 아울러 동학농민군은 "우리가 의를 들어 이에 이름은 그 본의가 결코 다른 데에 있지 아니하고 창생을 도탄 속에서 건지고 국가를 반석 위에다 두고자 함이다. 안으로는 탐학한 관리의 머리를 베고 밖으로는 횡포한 강적의 무리를 구축하고자 함이다. 양반과 부호 앞에서 고통을 받는 민중들과, 방백과 수령 밑에서 굴욕을 받는 소리(小吏)들은 우리와 같이 원한이 깊은 자라 조금도 주저하지 말고 이 시각으로 일어서라. 만일 기회를 잃으면 후회하여도 돌이키지 못하리라."(「격문」 전문)[5]는 격문을 선포했다. 혁명을 일으킨 목적이 도탄에 빠진 국민을 구해내고 국가를 바로 세우고자 함을 밝혔다. 그것을 위해 탐학한 관리를 처단하고 외세의 침략을

---

4 "전봉준이 무장을 경유해서 고부 관아를 다시 점령한 것은 봉기의 목적이 탐관오리를 좇아내고 몰아내는 징치는 물론 제폭구민(除暴救民)과 보국안민(輔國安民)이었음을 분명히 보임과 동시에 더 많은 군중이 백산에 집결할 수 있도록 시간적·지리적·공간적 여건을 만들기 위한 과정이었다." 박대길, 「동학농민혁명 초기 전개 과정에서 백산대회의 위상」, 『동학학보』 제62호, 2022, 177쪽.

5 우윤, 『전봉준과 갑오농민전쟁』, 창작과비평사, 1993, 169쪽.

물리칠 것을 알리면서, 고통 받는 민중이나 말단 관리는 주저하지 말고 함께할 것을 호소했다.

백산대회에서는 4대 명의(名義), 즉 4대 행동강령도 선포했다.

첫째, 사람을 함부로 죽이지 말고 가축을 잡아먹지 말라(不殺人 不殺物).
둘째, 충효를 다하여 세상을 구제하고 백성을 편안케 하라(忠孝雙全 濟世安民).
셋째, 왜놈을 몰아내고 나라의 정치를 바로잡는다(逐滅倭夷 澄淸聖道).
넷째, 군사를 몰아 서울로 쳐들어가 권귀들을 없앤다(驅兵入京 盡滅權貴). [6]

4대 강령은 생명을 존중하고, 충효를 다하고, 탐관오리를 제거하고, 외세를 몰아내고 나라를 바로 세우겠다는 의지를 담고 있다. 그것을 실행하기 위해 동학농민군은 서울로 올라가 부정하게 권세를 누리는 세력을 처단하겠다는 것이었다. 백산대회에서는 12조의 기율도 발표되었다. [7]

1. 항복하는 사람은 사랑으로 대한다(降者愛待).
2. 곤궁한 사람은 구제한다(困者救濟).
3. 탐학한 관리는 쫓아낸다(貪官逐之).
4. 따르는 사람은 공경하여 승복하게 한다(順者敬服).
5. 굶주린 사람은 먹여준다(飢者饋之).
6. 간사하고 교활한 사람은 없앤다(姦猾息之)
7. 도주하는 사람은 쫓지 않는다(走者勿迫).
8. 가난한 사람은 구해준다(貧者賑恤).
9. 불충한 사람은 제거한다(不忠除之).
10. 거역하는 사람은 효유한다(逆者曉喩).
11. 병든 사람에게는 약을 준다(病者給藥).

---

6 우윤, 위의 책, 171쪽.
7 이 군율이 격문 및 행동강령과 함께 발표되었는지, 아니면 시차를 두고 발표되었는지는 좀 더 연구가 필요하다.

12. 불효하는 사람은 형벌로 다스린다(不孝刑之)[8]

동학농민군은 전투 과정에서 항복한 자는 더 이상 해치지 않고, 도주하는 자는 쫓아가지 않으며, 곤궁한 자는 구제할 정도로 상생의 가치를 추구했다. 또한 효심과 충성심을 내세울 정도로 인륜을 중요시했다. 이처럼 백산대회에 참여한 동학농민군은 혁명의 목표와 행동강령을 분명히 인식했다. "고부가 동학농민혁명의 진원지로서의 상징성이 있다면 백산은 농민혁명군의 위상이 갖추어진 대회"[9]였던 것이다.

동학농민군이 본격적인 전투에 들어간 상황인데도 부안 군수는 수륙군도대장(水陸軍都 大將)의 전령에 따라 본읍을 수성할 수성군 모집에 나섰다. 수성군 모집에 부안읍의 민심이 동요되자 김낙철은 동학군을 이끌고 읍성을 들어가 옥문을 부수고 모집한 군정을 모두 내보내고 군수를 책망했다. 부안 군수가 이러한 정황을 알리자 영문(營門)에서는 4일 이내에 상송(上送)하라고 또다시 명령을 내렸다. 군수가 재차 수성군 모집에 나서자 김낙철은 동학농민군 1천여 명을 이끌고 부안읍성을 함락시켰다.

『김낙철 역사』와 『김낙봉 이력』에는 부안 군수 이철화의 요구로 동학농민군이 움직였으며, 부안읍을 보전하기 위해 입성한 것으로 기록되어 있다. 그리하여 부안의 동학농민혁명은 '관민상화(官民相和)' 협력적, 평화적 사례로 평가되어 왔다. 그렇지만 『홍재일기』에는 감영의 명령에 따라 수성군을 모집한 부안 군수에 반발하여 동학농민군이 관아를 점령하였다고 기록되어 있다. 관아를 점령한 김낙철은 부안 군수를 처벌했고, 이속과 향유를 징치

8 윤석산, 「부안 동학 문화콘텐츠 활용의 의의와 전망」, 『동학의 글로컬리제이션(Glocalization) : 동학 문화콘텐츠 개발』(2021 부안 동학농민혁명 학술대회 논문 발표집), 2021, 27쪽.
9 임형진, 「백산대회와 동학농민혁명—논쟁점을 중심으로」, 『동학학보』 제25호, 2012, 114쪽.

했으며, 향교의 청금록(靑衿錄)을 불태웠다.[10]

백산대회를 마친 동학농민군은 고부의 황토현에서 영병(營兵)과 접전했다. 영병 수천 명이 몰사했고, 중군장(中軍長) 이재섭(李在燮)이 도주했다. 황토현 전투에서 승리한 동학농민군은 정읍, 흥덕, 고창, 영광, 함평, 무안 지역을 점령한 뒤 전주성을 함락했다. 전주 전투에서 동학농민군과 경군의 사망자가 많이 발생하자 양쪽은 화약(和約)을 체결했다. 그 뒤 동학농민군은 도소(都所)를 세우고 향권(鄕權)을 장악했고, 세력을 확대해 나갔다.

동학농민군의 세력이 확대되자 조선 정부는 청나라에 군대 파병을 요청했다. 청나라 군대가 인천에 상륙하자 일본도 텐진조약을 빙자해 조선에 파병했다. 갑신정변이 삼일 천하로 끝나 개화파가 추진했던 개혁 조치가 무효가 되었고, 조선과 일본은 한성조약을 체결했다. 일본이 불에 탄 공사관의 신축비와 배상금을 요구하자 조선 정부는 조약에 따라 배상금을 지불할 수밖에 없었다. 또한 청나라와 일본은 텐진조약을 체결하고 조선에 군대를 파병할 때는 상대국에 알릴 것을 약속했다. 그에 따라 조선 정부가 동학농민군을 진압하기 위해 청나라에 파병을 요청하자 일본도 조선에 군대를 파병해 결국 청일전쟁이 일어난 것이다.

3. 부안 동학농민혁명을 반영한 시작품

1) 1960년대 : 신동엽의 『금강』

신동엽의 장편서사시 『금강』은 한국 시문학사에서 동학농민혁명을 가장 일찍이 집대성한 기념비적인 작품이다. 형식적인 면에서 "서화(序話), 후화

---

10 이선아, 위의 논문, 99쪽.

(後話)를 포함해 총 30장 4,673행"이라는 방대한 규모도 그렇지만, "동학과 3·1운동, 4·19혁명을 하나의 흐름으로 엮어내는, 그리고 4·19혁명의 좌절 이후 민중에 의해 이루어질 또 다른 격변을 예견하고 꿈꾸도록 이끄는 역사의식"[11]을 지니고 있다. 『금강』은 동학농민혁명을 현재 진행형의 역사로 인식하고 있는데, 백산대회가 그 시작이었다.

> 고부성에는
> 崔慶善 인솔하는 팔백 명 남겨두고
> 농민군 주력부대는
> 白山을 향해 진격했다.
> 서울 갈 稅米
> 수십만 석이
> 쌓여 있는 港口,
>
> 농민군이 이르기 전
> 白山에서는 백여 명의 官兵들이
> 환경 깃발 들고 십리 밖까지 나와
> 농민군을 영접했다.
> 꽃다발 쏟아지는
> 무혈 入城.
>
> 바닷가에 진을 치고
> 作戰計劃,
> 부대편성,
> 인원 점호했다,
> 전녹두, 김개남, 손화중, 김남지,
> 신하의, 그리고

---

11 신좌섭·맹문재 대담, 「신동엽 시인의 『금강』 읽기」, 『푸른사상』 가을호, 푸른사상사, 2019, 111쪽.

일만 삼천 명,
—「금강」17장 부분[12]

전봉준이 고부성을 공격해 점령한 뒤 본진을 백산으로 옮긴 장면이다. 전봉준은 손화중과 함께 무장에서 4천여 명의 농민군을 모으고 '창의문(倡義文)' 선포한 뒤 최경선이 조직해 놓은 농민군 3백여 명과 함께 고부성을 공격했다.

고부성을 함락한 동학농민군은 본진을 백산으로 옮긴 뒤 "바닷가에 진을 치고/作戰計劃,/부대편성,/인원 점호했"를 했다. 그리고 "전녹두, 김개남, 손화중, 김남지"를 비롯해 "일만 삼천 명"의 동학농민군은 조직 체제를 갖추었다. 전봉준을 대장으로 추대하고, 호남창의대장소를 설치하고, 대장기에 보국안민 글자를 써넣었다. 그리고 격문을 사방에 띄워 동학농민군의 전투에 동참할 것을 호소했다.

전라감사 김문헌은 동학농민군의 사태가 매우 심각하다고 판단해 조선 정부에 보고했다. 정부는 홍계훈(洪啓薰)을 전라병사로 제수했다가 다시 양호초토사(兩湖招討使)로 임명하였다. 홍계훈은 장위영 병정 800여 명을 거느리고 군산항으로 들어왔다. 전봉준이 이끄는 동학농민군은 황토재 전투에서 주도면밀한 전술로 관군을 몰살시켰다. 그리고 그 기세를 몰아 정읍, 흥덕, 고창, 무장, 영광, 함평 등을 차례로 장악했다. 「금강」은 그 전투를 기록하고 있다.

황토현, 잔솔밭 언덕에서,
大砲 二문까지 끌고온 全州官軍 三천 명이

---

12 김종문·홍윤숙·신동엽, 『현대 한국 신작 전집 5— 장시·시극·서사시』 5, 을유문화사, 1967, 196~197쪽.

농민군의 대창과 쇠스랑에 전멸되고, 더러는 투항하고
칠팔십 명만 살아 돌아갔다는 이야기,

서울에서 보낸 洪啓薰 휘하의 王兵 二천 명이
대포 八문 끌고 군산항 상륙하여 뒤쫓아왔지만
농민군의 의기와 戰略에 지리멸렬
재티처럼 흩날렸다는 이야기,

전라땅 곳곳에 농민들, 말단관리들이 벌떼같이
일어나 관아를 점령하고 농민군 主力部隊에
합세하여 와, 한 달 후 全州城에 무혈입성할 때엔
농민군의 총수 십二만 명이 되더라는 이야기,
—「금강」17장 부분[13]

「금강」은 동학농민군의 전투 과정에서 신하늬를 내세우고 있다. 신하늬는 호남 지방 동학 접주들을 만나고 세정(世情)과 인심을 살펴보기 위해 서울로 올라와 같은 방에 묵게 된 전봉준과 의형제를 맺었다. 두 사람은 배포와 뜻이 맞아 "두 살 위인 전봉준이 형/하늬가 아우"(「금강」13장)[14]가 되어 시대 상황을 논했다.

그렇지만 혁명 전투의 방식에 대해서는 견해가 달랐다. 동학농민군을 이끌고 있던 전봉준은 "우리가 자진 해산하면/日軍과 中國軍은 과연/철수할까?"(「금강」18장)[15]를 고민하다가 관군과의 협상에 서명했다. 협상 내용은 "전라도 五십 三주에 집강소를 설치/東學 교인이 이를 맡아 民政에 참여한다", "탐관오리는 낱낱이/들추어 엄징한다", "모든 토지는 농민에게 평등

---

13 위의 책, 196~197쪽.
14 위의 책, 165쪽.
15 위의 책, 207쪽.

분배한다"(「금강」18장)[16] 등 만족할 만한 것이었다.

　전봉준은 협상한 뒤 동학농민군을 철수시켰지만, 신하늬는 국난이 끝나지 않을 것으로 보고 "전주성에서 머뭇거리지 말고/그 길로 서울 직충했"다면 "벌써 스무날 전에" "한양성 점령할 수 있었"(「금강」18장)[17]을 것이라고 말했다. 청나라 군대와 일본 군대가 상륙하기 전에 서울에 동학 농민혁명위원회를 조직해 조선을 지킬 수 있었을 뿐만 아니라 국제 관계도 마련할 수 있었다고 주장한 것이다.[18]

　동학농민혁명이 진정되었지만, 일본군은 철병을 거부하고 오히려 경복궁을 점령하고 친일정권을 수립했다. 신하늬는 이와 같은 상황에서 적군을 이기는 길이 있다고 전봉준에게 말했다. 그 방법은 적을 정면으로 공격하는 것이 아니라 소규모의 병력으로 옆이나 뒤를 기습적으로 공격하는 유격전이었다. 신하늬는 적군이 조선의 지리와 풍습을 제대로 알지 못하기 때문에 역으로 이용한 것이었다. 전봉준은 신하늬의 제언을 진지하게 고민했지만, 끝내 실행하지 않았다.

　신하늬가 전봉준에게 전주성에서 머뭇거리지 말고 서울로 밀고 올라가고 한 것이나, 유격전으로 적을 공격하자고 제언한 것은 신동엽이 펼치고 싶었던 전술이다. 동학농민혁명의 실패를 안타깝게 여기고 그 대안을 신하늬의 입을 빌려 표명한 것이었다.[19]

16　위의 책, 207~208쪽.
17　위의 책, 210쪽.
18　맹문재, 「신동엽의 「금강」과 투르게네프의 「루딘」에 나타난 민중혁명」, 『우리문학연구』 73집, 우리문학회, 2022, 120~122쪽.
19　위의 논문, 122~124쪽.

2) 1970년대 : 안도섭의 『황토현의 햇불』

『황토현의 햇불』은 전체 4,654행에 7장 231의 구성으로 되어 있다. 신동엽의 『금강』 이후 농학농민혁명을 집중적으로 다룬 시집이어서 주목된다.

이 시집에서는 백산대회에서 동학농민군의 조직이 체계화된 것을 구체적으로 보여주고 있다. "대장기 밑에/손화중·김개남이 총관령으로/김덕명·오시영이 총참모로/최경선이 영솔장으로"(제2장 46)[20] 정해져 혁명군으로서의 진영을 갖추었다. 또한 "사람을 죽이지 않고 물건을 함부로 없애지 않"고, "충과 효를 함께 온전히 하며 세상을 구하고 백성을 편하게" 하고, "일본 오랑캐를 쫓아내 없애고 성스러운 도를 맑고 깨끗하"고 "군대를 몰고 서울로 들어가 권세가와 귀족을 모두 없앤다"는 "4대 강령 내걸어/군기 다스리기"도 했다. 2대 교주 최시형에 대한 평가도 들어 있다.

뒷걸음질 치던
2대 교주 최시형은
都禁察 새로 뽑아
각 包에 통유문을 내보내니

이 혁명의 불길
두려워서인가
손끝 다칠까
미리 겁내서인가

이념과 행동의
통일은
이리 어려운 것

---

20 안도섭, 『황토현의 햇불』, 우신문화사, 1979, 54쪽.

— 제3장 67의 부분[21]

"2대 교주 최시형"이 통유문(通瑜文)을 통해 전달한 내용은 "가만히 숨어 수도하라//계속 흐린 데 끌리면/같은 惡 서로 건지는 꼴이니/이는 逆天의 일이요/선사를 배반하는 일이로다"(제3장 68의 부분)[22]였다. 동학 입도자들에게 지금은 도를 닦으며 천명(天命) 받들고 때를 기다리는 것이 혁명 전투에 나서는 것보다 필요하다고 말한 것이다.

그렇지만 해월은 "역사의 큰 눈" 뜨고 "비로소 현실 바로 보"고 "구월 그믐께" "명령 내"렸듯이 동학농민혁명의 길을 전봉준과 같이했다. "구름의 떼처럼 몰린/畿湖 10만의 戰列"(제5장 147)로 일본군을 물리치기 위해 북상한 것이었다.

3) 1980년대 : 양성우의 「만석보」, 장효문의 『서사시 전봉준』, 김남주의 「황토현에 부치는 노래」

(1) 양성우의 「만석보」

「만석보」는 양성우의 네 번째 시집 『북치는 앉은뱅이』의 5부에 실려 있는 장시이다. 만석보는 전라북도 정읍에 있는 관개용 저수지인데, 고부 군수 조병갑이 그 밑에 새로운 보를 세웠다. 조병갑은 새 만석보를 만들기 위해 농민들의 노동력을 강제로 동원했고, 공사를 마친 뒤에는 물을 이용하는 농민들에게 비싼 수세를 징수했다. 농민들은 과한 세금 징수의 개선을 요구했지만, 조병갑은 받아들이기는커녕 오히려 탄압했다. 분노한 농민들이 고부 관아로 몰려가 무기를 탈취했고, 아전들을 징치했으며, 불법적으로 거둔 쌀

21 위의 시집, 76쪽.
22 위의 시집, 77쪽.

을 농민들에게 되돌려주었다. 농민들의 이 봉기가 동학농민혁명의 발단이
되었다.

이제 와서 그 흙탕물
어찌 두고 보랴.
원한 쌓인 만석보 삽으로 찍으며
여러 사람이 한 사람처럼
소리소리쳤다.
만석보를 허물어라.
만석보를 허물어라.
터진 봇둑 밀치며 핏물이 흐르고,
여러 사람이 한 사람처럼
얼싸안고 울었다.
— 「만석보」 13장[23]

고부 군수 조병갑은 만석보 밑에 새로운 보를 쌓으면서 군민들에게 노역
을 시켰고, 산의 나무를 주인의 허가도 받지 않고 베어다가 썼다. 그리고
새 보의 수세를 올려 받아 이익을 챙겼다. 황무지를 개간하면 세금을 받지
않겠다고 농민들에게 약속해 놓고 추수할 때가 되어서는 강제로 징세하기도
했다. 심지어 농민들에게 억지로 죄목을 뒤집어씌워 돈을 빼앗아 갔다.

조병갑뿐만 아니라 균전사로 내려온 김창석(金昌錫), 전운사 조필영(趙弼泳)
도 갖가지 방법으로 세금을 징수해 농민들을 괴롭혔다. 고부의 농민들은 조
병갑에게 불법을 시정해줄 것을 요구하며 등소(等訴)하였으나 오히려 잡혀
들어가 갖가지 고욕을 치렀다. 그리하여 농민들은 합법적인 방법으로는 해
결될 수 없음을 깨닫고 구체적인 결의 사항을 마련해 행동했다.[24]

---

23 양성우, 『북치는 앉은뱅이』, 창작과비평사, 1980, 130쪽.
24 1. 고부성을 격파하고 군수 조병갑을 효수할 것. 2. 군기창과 화약고를 점령할 것. 3. 군수에

전봉준은 태안의 최경선에게 봉기 날짜를 알렸고 다른 동지들에게도 연락한 뒤 농민들이 말목장터로 몰려드는 날 고부 관아를 공격했다. 농민들의 원성이었던 만석보 아래에 새로 만든 보도 허물었다. 농민들은 "원한 쌓인 만석보 삽으로 찍으며/여러 사람이 한 사람처럼" "만석보를 허물어라. /만석보를 허물어라"고 소리쳤다. 농민들은 "터진 봇둑 밀치며" 흐르는 물을 바라보면서 그것이 자신들이 흘린 "핏물"로 여겼고, "여러 사람이 한 사람처럼/얼싸안고 울"며 더 큰 항전에 나섰다.

(2) 장효문의 『서사시 전봉준』

1982년에 간행된 『서사시 전봉준』은 동학농민혁명의 전개 과정 전체를 담고 있는데, 시집 후기[25]에서 볼 수 있듯이 많은 노력을 기울인 역작이다.

이 시집에서 주목되는 면은 전봉준의 가족사이다. 사실 전봉준의 출생지를 비롯해 그의 가계에 대해서는 정확하게 알려지지 않았다. 가령 ① 전봉준이 고창현 덕정 당촌 태생이라는 설(오지영, 『동학사』, 김의환 『전봉준 전기』, 최현식, 『갑오동학혁명사』), ② 고부군 이평면 장내리 조소마을이라는 설(김상기, 『동학과 동학란』), ③ 전주라는 설(장봉선, 「전봉준 실기」, 『정읍군지』), ④ 정읍군 덕천면 시목리라는 설(신복룡, 『전봉준 생애와 사상』) 등이 있지만,[26] 정확한 고증이 없다.

영병 사백팔십이 명 전사

게 빌붙어 인민을 침략한 참리를 징치할 것. 4. 전주 감영을 함락하고 서울로 곧바로 향할 것. 우윤, 앞의 책, 151쪽.
25 "빈혈과 혈압 때문에 세 번씩이나 병원에 입원을 해야만 했고 작품을 버리지 않으면 건강을 회복할 수 없다는 의사의 간곡한 지시도" 받아들이지 않고, "이 작품이 유작으로 만들어지더라도 기어이 완성해야겠다는 생각으로" "하루 열 시간의 강행군"으로 썼다. 장효문, 『서사시 전봉준』, 전예원, 1982, 360~361쪽.
26 우윤, 앞의 책, 27~31쪽.

보부상 별동군 백육십이 명 전사
전주를 떠난 영병과 별동군은
육백사십이 명이 전사하고
부상자 육십삼 명으로
영병은 일어설 수 없도록
완전히 주저앉고 말았다. (중략)

동학군 쪽에서는
금구 지역에서 올라온 동학군
육 명이 전사하고
이십칠 명의 부상자가 나왔으며
전 대장의 아들 용현이가 사망했다. (중략)

아버님의 돌아가심과
어머님의 돌아가심
둘째 아들 용현의 죽음으로
가슴이 찢어질 듯한 슬픔에 잠겨
본진을 향해 돌아온다.
나를 버리고
의를 구하고자 나서는 길에
눈물을 보일 수는 없다.
—「죽음의 안개」 부분[27]

황토현 전투에서 전봉준이 이끈 동학농민군은 관군에 완전한 승리를 거두
었다. 관군은 동학농민군을 진압하러 출정했지만 전술과 투쟁 의지가 부족
해 전멸하고 말았다. 전사자 수는 "영병 사백팔십이 명"을 비롯해 "보부상
별동군 백육십이 명"이었고, "전주를 떠난 영병과 별동군은/육백사십이 명"
이나 되었다. 부상자도 "육십삼 명"이 되었다. 동학농민군은 관군과의 이

---

27 장효문, 앞의 시집, 151쪽.

전투에서 대승을 거두어 전주성까지 파죽지세로 진격할 수 있었다.

황토현 전투에서 농민군의 희생도 있었다. "금구 지역에서 올라온 동학군/육 명이 전사하고/이십칠 명의 부상자가 나"온 것이었다. 그 전사자 중에서 "전 대장의 아들 용현이가" 있었다. 승리한 쪽에서도 희생자가 나올 수밖에 없는 것이 전쟁이지만, 전봉준의 아들이 들어 있어 주목된다. 전봉준의 아버지, 어머니가 고부 군수를 비롯한 탐관오리에 희생되었고, 그것에 항전하던 자신의 아들도 전사했기 때문이다.

전봉준의 아버지 전창혁(全彰赫)은 "탐관오리들의 횡포와 과중한 조세를 과하는 데 首狀頭가 되어 等訴하였는데 조병갑에게 난을 창란했다는 죄목으로 杖殺"[28]되었다.[29] 전봉준의 어머니는 안핵사 이용태에게 희생되었다. "이용태의 칼끝에서/이용태의 불호령 끝에서/전 대장의 어머니"(「이용태의 칼춤」)[30] 목숨을 잃은 것이었다.

전봉준은 "둘째 아들 용현의 죽음으로/가슴이 찢어질 듯한 슬픔에 잠겨/본진을 향해 돌아"왔지만, "나를 버리고/의를 구하고자 나서는 길에/눈물을 보일 수는 없다"고 다짐했다. 비극적인 가족사를 품고 동학농민군을 이끈 것이다. 가족이 당한 희생이 결코 자기에게만 해당하는 것이 아니라 다른 농민들도 겪을 수밖에 없다고 자각하고 나선 것이다.

(3) 김남주의 「황토현에 부치는 노래」

「황토현에 부치는 노래」는 김남주의 첫 시집 『진혼가』에 수록된 장시이다.

---

28 위의 시집, 35쪽.
29 전창혁의 죽음에 대해서는 이외에도 ① 군수의 탐학에 민요를 일으켜 군아를 습격하다가 피살되었다는 설(김상기, 『동학과 동학란』), ② 조병갑이 모상(母喪)을 당해 부의금을 걷도록 했는데 이를 거부하자 조병갑이 앙심을 품고 전창혁을 잡아다가 곤장을 때려 장독(杖毒)으로 죽었다는 설(장봉선, 『전봉준 실기』) 등이 있다. 우윤, 앞의 책, 28~29쪽.
30 앞의 시집, 151쪽.

김남주는 1972년(27세) 10월 17일 박정희 정권이 10월유신을 선포한 것을
고향의 집에서 라디오 방송을 통해 듣고 광주로 올라와 죽마지우인 전남대
법대생 이강을 만나 유신헌법에 반대하는 행동에 나서자고 결의했다. 김남
주는 투쟁 결의를 다지고자 이강과 함께 전봉준 장군의 생가(전북 정읍군 이평
면 조소리), 동학농민군의 집결지인 백산(전북 부안), 동학농민군의 최초 전승
지로 동학혁명 기념탑이 있는 황토현 등 갑오농민전쟁의 전적지를 거쳐 마
이산(전북 진안군)에 들어가 천지신명에게 민족의 염원을 빌고 광주로 돌아왔
다. 그리고 1929년 광주학생항일운동 당시의 지하 신문과 러시아 혁명기
의 지하 신문을 연구한 뒤 비록 규모는 작지만 목소리가 거족적으로 울려 퍼
져야 한다는 의미로 『함성』이라는 제호를 붙이고 유인물 제작에 들어갔다.[31]

> 압제와 수탈의 가면을 뒤집어쓴
> 양반과 부호들의 강탈에 항쟁하였던
> 저 동학혁명의 함성을 들어다오
> 그리고 다시 한번
> 이 사람을 보아다오
> 죽어서도 영원히 살아남아
> 아직도 민중의 곁을 떠나지 못하고
> 우리들의 귓창을 울리고 있는
> 저 민중의 아픔을 보아다오
> 저 혁명가의 외침을 보아다오
> 저 동학농민혁명의 함성을 보아다오
> —「황토현에 부치는 노래」부분[32]

안핵사로 임명된 이용태는 조병갑의 부정부패를 오히려 정당화하며 동학

---

31 맹문재 엮음, 『김남주 산문 전집』, 푸른사상, 2015, 648쪽.
32 김남주, 『진혼가』, 청사, 1984, 86~87쪽.

농민군을 역적죄로 몰았다. 그리고 봉기에 참가한 주민들을 색출한다는 명분으로 갖가지 행패를 부렸다. 이용태의 잔학무도한 만행에 동학농민들은 다시 투쟁에 나섰다. 전봉준은 무장의 동학 접주 손화중, 태안의 동학 접주 김개남, 원평의 동학 접주 김덕명 등과 손을 잡고 무장에서 「창의문(倡義文)」을 선포하고 동학농민군을 이끌고 고부읍성을 점령한 것이다.

전봉준은 백산으로 본진을 옮겨 지도부를 구성하는 등 동학농민군의 조직을 갖춘 뒤 전주성으로 진격해 갔다. 태안을 접수한 뒤 원평으로 진격하는 도중에 감영군(監營軍)이 내려온다는 소식을 듣고 본진의 행로를 다시 태안 쪽으로 돌렸다. 그리고 매교(梅橋)에서 감영군과 접전을 벌이다가 패한 척하면서 부안 쪽으로 후퇴했다. 감영군이 쫓아오자 동학농민군은 반으로 나뉘어 고부 쪽으로 물러났다. 부군의 지형을 손바닥처럼 잘 알고 있는 전봉준은 감영군을 유인한 것이다. 동학농민군을 추격하던 감영군은 해 질 무렵 황토재에 이르렀다. 산에 몸을 숨긴 채 결전의 순간을 기다리던 동학농민군은 다음날 새벽 대대적으로 공격해 감영군은 몰살시켰다. 이 전투에서 승리한 동학농민군의 사기는 절정에 달했다.

위의 작품의 화자는 동학농민군이 관군과의 전투에서 처음으로 승리는 거둔 "황토현"을 찾아가 "동학혁명의 함성"을 듣는다. "죽어서도 영원히 살아남아/아직도 민중의 곁을 떠나지 못하고/우리들의 귓창을 울리고 있는/저 민중의 아픔을" 본 것이다. 화자는 "저 혁명가의 외침을 보아다오/저 동학농민혁명의 함성을 보아다오"라고 하면서 결국 자신에게 노래 부른다.

4) 1990년대 : 박영복의 『동학농민전쟁』

『동학농민전쟁』은 동학농민전쟁 100주년을 기념해서 간행한 장편 서사시집이다. 동학농민혁명이 일어난 지 백 년이 되었지만, 농민들의 처지가 나아지지 않았다는 현실 인식을 토대로 하고 있다. 농민들이 부패한 정부에 탄압받고 일본, 미국, 중국, 러시아 등의 강대국에 의해 지배받고 있는 현실이 동학농민혁명이 일어난 때와 다르지 않다고 여기는 것이다.

이 시집은 총 6장으로 구성되어 있는데, 부안 동학농민혁명은 제4장 '제1차 농민전쟁(1984)'에 집중적으로 담겨 있다.[33] 1월 고부성 함락, 2월 백산 농민군 결집과 해산, 3월 고부성 재점령 및 백산대회, 4월 황토현 전투, 5월 전주성 입성, 6월 집강소(執綱所) 설치 등으로 부안 동학농민군의 전투 과정 월별로 그렸다.

> 농민이
> 지방정치에
> 관여하고
> 농민의 눈으로
> 관의 부정부패를
> 감시하는
> 집강소가
> 세워졌다 (중략)
>
> 고을마다
> 집강소마다
> 억울한
> 농민들의 민원이
> 줄을 잇고
> 짓밟혔던 풀뿌리들의
> 하소연이
> 메아리쳤다

---

33 나머지는 1장 '조선 땅(1810~1860)', 제2장 '들불(1861~1890)', 제3장 '동학(1891~1893)', 제5장 '제2차 농민전쟁(1894)', 제6장 '꿈꾸는 산하(1895)' 등으로 구성되어 있다.

— 제4장 「6월/집강소」 부분[34]

전봉준은 전주화약을 맺은 뒤 집강소를 설치해 폐정개혁을 지속해 나갔다. 지방 수령의 협조를 얻어내면서 농민들을 약탈하는 양반과 부호 세력에도 대비했다. 군과 현을 계속 장악한 채 민정을 처리한 것으로 "종래에 지방 행정을 원활히 수행하기 위해 수령의 보조기구로 면·리 단위에 두었던 집강에 근원을 두고 있"지만, "전주화약 이후의 집강 및 집강소라는 것은 어디까지나 농민군의 지방통치 조직이었"[35]다. 농민들이 혁명전쟁을 통해 주권을 쟁취해 중앙 봉건 권력을 대신해 정치를 한 것이었다. 그 결과 "집강소마다/억울한/농민들의 민원이/줄을 잇고/짓밟혔던 풀뿌리들의/하소연이/메아리"칠 정도로 호응이 컸다.

제6장에서는 관군에 체포된 전봉준의 마지막 생애를 담았다. 1월 8일 서울로 이송, 2월 9일 1차 심문, 2월 11일 2차 심문, 2월 19일 3차 심문, 3월 7일 4차 심문, 1895년 3월 29일 처형 등을 그린 것이다. 전봉준은 죽음 앞에서도 "너는 나의 적이요, 나는 너의 적이니/내가 너희를 처없애고/나라 일을 바로 잡으려다/도리어 너의 손에 잡혔으니/너희는 나를 죽일 뿐/다른 말로 묻지 말라"(「너는 나의 적이요, 나는 너의 적이라」 부분)고 말했다. 일본 영사가 전봉준을 심문하는 과정에서 살길을 회유했지만 엄하게 꾸짖으며 거절한 것이었다. 그 결과 비록 전쟁에서 패했지만, 그의 혁명 정신은 꺼지지 않는 불씨가 되었다.

34 박영복, 『동학농민전쟁』, 학민사, 1994, 158~160쪽.
35 우윤, 앞의 책, 209쪽.

5) 2000년대 : 최광림의 『황토현에 부는 바람』, 강민숙의 『채석강을 읽다』

(1) 최광림의 『황토현에 부는 바람』

이 시집에는 동학농민혁명이 일어난 정읍을 무대로 그 자취와 흔적, 민중들의 숨결이 담긴 22편의 시작품이 수록되어 있다. 전체 3부로 구성되어 있는데, 부안 동학농민과 관계된 시편들은 제1부에 들어 있다.

> 황토현 가는 길에
> 늙은 소나무 하나
> 상처 난 가슴을 훈장인 양 달고 있다
>
> 등이 굽은 황토 위로
> 세월의 무게를 담은 바람의
> 목마른 시위
>
> 솔숲을 휘돌아
> 산자락을 타고 흐르는
> 뜨거운 함성
> —「황토현 가는 길에」 부분[36]

1894년 3월 20일 무장에서 전봉준이 손화중, 김계남, 최경선 등 남접계 동학농민군과 함께 봉기해 고부 관아를 점령했다. 그 뒤 동학농민군은 인근 지역을 한 눈으로 내려다볼 수 있는 요새인 백산에 진을 쳤다. 인근의 동학 농민군이 속속 집결했고 진영도 갖추어 마침내 황토현 싸움에서 관군을 격퇴했다.

위의 작품의 화자는 그 역사적인 현장을 찾아다니며 동학농민군의 함성을

---

36 최광림, 『황토현에 부는 바람』, 북랜드, 2006, 23쪽.

듣는다. 부정부패에 함몰된 봉건 관리들과 일본군의 침략에 목숨 걸고 맞서 항쟁했던 동학농민군의 용기와 충정을 떠올리는 것이다. "솔숲을 휘돌아/ 산자락을 타고 흐르는/뜨거운 함성"을 들으며 동학농민혁명의 의의를 다시금 새기는 것이다.

(2) 강민숙의 『채석강을 읽다』

『채석강을 읽다』는 부안 동학농민혁명과 관련된 인물, 장소, 상황, 기록 등을 집중적으로 담아내었다는 점에서 주목된다. 20편의 연작시로 만석보, 백산대회, 『홍제일기(鴻日記)』, 배들평야, 황토현, 전주성, 집강소, 우금치 전투, 김낙철, 김기병, 김수병, 손상옥, 정일서, 김덕명, 최경선, 김개남 등을 그린 것이다.

> 자랑스러운 부안 땅
> 젊은 양반, 지주 김낙철
> 그 뜨거운 피로
> 수천의 동학농민군을 이끌고
> 대접주로 우뚝 일어났어라
>
> 서면 백산이요 앉으면 죽산이라는
> 백산 꼭대기에 올라
> 수탈과 차별 없는 세상에서
> 살자고 외치던
> 그날의 함성소리 들려온다
> ─「김낙철─동학농민혁명 13」 전문[37]

위의 작품에 등장하는 "김낙철"은 "부안 땅/젊은 양반, 지주"였다. 그는

---

37 강민숙, 『채석강을 읽다』, 실천문학사, 2021, 119쪽.

"뜨거운 피로/수천의 동학농민군을 이끌고/대접주로 우뚝 일어났"다. 그가 양반이고 부자이면서도 동학에 입도한 것은 당시 지배 계층의 부조리와 횡포가 심각해 더 이상 묵과할 수 없었기 때문이다. 그는 세상을 개혁하고자 하는 동학에 동참해 "서면 백산이요 앞으면 죽산이라는/백산 꼭대기에 올라/수탈과 차별 없는 세상에서/살자고 외"쳤다. 당시 동학농민들은 모두 흰옷을 입은 채 손에 죽창을 들고 있었기에, 서면 흰옷으로 뒤덮인 산처럼 보여 백산(白山)이라고 했고, 앞으면 세운 죽창이 도드라지게 보여 죽산(竹山)이라고 불렀다.

"김낙철"은 실제 인물로 동생 김낙봉과 함께 부안 지역의 동학 지도자로 활약했다. 그는 1890년 6월 해월 최시형이 공주군 신평리에 주재하고 있다는 말을 듣고 찾아가 입도했다. 셋째 막내인 김낙주, 종형제인 김낙정, 김낙용 등도 입도해 온 가족이 동학교도가 되었다. 김낙천은 종교적 수행을 성실하게 하면서 현실 문제에 적극성을 띠어 전봉준, 손화중 등과 함께 황토현 전투에 참여했다. 해월이 9월 18일 총기 포령을 내리자 김낙철은 김석윤, 최경선, 송희옥 등의 부안 지역 접주들과 함께 일본군을 물리치기 위해 거병도 했다.[38]

4. 결론

이 논문에서는 부안 동학농민혁명의 실제를 정리한 뒤 그 상황을 반영한 시작품들을 시대별로 살펴보았다. 1998년 동학학회가 창립될 정도로 동학농민혁명에 대한 본격적인 연구는 뒤늦은 편이지만, 학술지 논문이 수백 편

---

38 조성운, 「부안 지역의 동학농민운동과 백산대회」, 『역사와 실학』 제61호, 2016, 330쪽.

에 이를 정도로 연구 성과가 상당하다. 그동안 진위 논란이 있었던 백산대
회, 격문, 4대 명의(名義), 12조의 기율 등이 역사적으로 규명되었고, 『홍
재일기』도 발굴되어 동학농민혁명의 연구에 큰 기여를 했다. 물론 동학농민
혁명에 참여한 인물들이며 전개 과정 등에 대한 면밀한 고증이 더욱 필요하
다. 부안 동학농민혁명을 담은 시작품들의 창작도 기대된다.

동학농민혁명을 반영한 시작품들은 국내의 정치 상황과 밀접한 관련이 있
다. 민주주의에 대한 국민들의 열망은 이승만 정권의 3·15부정선거를 계
기로 4·19혁명으로 타올랐다. 그렇지만 민주주의의 실현은 압도적인 무기
를 갖춘 정치군인들의 5·16쿠데타에 의해 좌절되었다. 권력을 장악한 박
정희 군부는 경제 발전을 표방하면서 국민의 정치적 자유를 억압했다. 일제
식민지와 한국전쟁을 겪으면서 경제 위기를 절실히 느낀 국민들은 군부 정
권의 탄압에 침묵할 수밖에 없었다. 신동엽의 『금강』은 그와 같은 시대 상황
에 맞서 동학농민군을 불러온 것이었다.

1972년 10월 유신헌법이 공포됨으로써 국민의 자유는 더욱 억압되었다.
급변하는 세계정세에 대처하고 조국의 평화 통일을 이루기 위한 것이라는
명분을 내세웠지만, 정권 유지를 위한 수단에 불과했다. 국민 주권을 무시
한 독재 정권은 10·26사건으로 말미암아 무너졌다. 국민들은 군부 정권이
함락됨에 따라 민주주의의 회복을 기대했지만, 전두환이 이끄는 신군부의
등장으로 인해 또다시 좌절되었다. 신군부는 1980년 5월 광주 시민들을
무참히 짓밟는 만행을 저질렀다. 안도섭의 『황토현의 횃불』(1979), 양성우의
「만석보」(1980), 장효문의 『서사시 전봉준』(1982), 김남주의 「황토현에 부치는
노래」(1984) 등이 그 상황을 동학농민군의 항전으로 반영해냈다.

1990년대 이후 동구 사회주의 몰락과 국내 정치의 변화로 말미암아 자본
주의가 본격화되었다. 물질주의가 사람들을 지배해 민족·민중·역사·국가

· 계급 등의 가치보다 일상 · 개인 · 욕망 등의 가치가 중시되었다. 그에 따라 인간 소외가 확대되고, 부익부 빈익빈 상황이 심해졌다. 박영복의『동학농민전쟁』(1994), 최광림의『황토현에 부는 바람』(2006), 강민숙의『채석강을 읽다』(2021) 등은 소외된 사람들이 살 수 있는 세상을 동학농민혁명의 정신으로 추구했다.

부안 동학농민군의 전투는 동학농민혁명이 전국적으로 확대해 나가는 데 결정적인 역할을 했다. 특히 백산대회는 동학농민군의 역사적 위상을 확보했다. 그곳에서 동학농민군은 조직 편성을 통해 혁명군의 체계를 갖추었고, 4대 명의로 혁명의 대의를 마련했으며, 12개조 기율로써 규율을 지켰다. 봉건적 지배 질서를 타파하고 외세의 침탈을 물리쳐 주체적인 근대국가를 이룩하려는 것이었다.

[참고문헌]

강민숙, 『채석강을 읽다』, 실천문학사, 2021.

김남주, 『진혼가』, 청사, 1984.

김영준, 「19세기 후반 전라도 부안현 호구 및 결가 조사의 실제적 양상–남하면 훈집 기행현의 『홍재일기』를 중심으로」, 『전북사학』 제53호, 전북사학회, 2017.

김종문·홍윤숙·신동엽, 『현대 한국 신작 전집 5– 장시·시극·서사시』 5, 을유문화사, 1967.

김철배, 「『홍재일기』로 본 19세기말 부안의 사회상과 동학농민혁명」, 『부안의 동학사상과 동학농민혁명』, 동학농민혁명백산봉기기념사업회, 2016.

_____, 「전라도 부안 士族 奇幸鉉의 『鴻齋日記』와 19세기 후반기 부안의 경제사정」, 『전북사학』 제46호, 전북사학회, 2015.

맹문재 엮음, 『김남주 산문 전집』, 푸른사상, 2015.

맹문재, 「신동엽의 「금강」과 투르게네프의 「루딘」에 나타난 민중혁명」, 『우리문학연구』 73집, 우리문학회, 2022.

박대길, 「동학농민혁명 초기 전개 과정에서 백산대회의 위상」, 『동학학보』 제62호, 동학학회, 2022.

박영복, 『동학농민전쟁』, 학민사, 1994.

신좌섭, 「신동엽 시인의 「금강」 읽기」, 『푸른사상』 가을호, 푸른사상사, 2019.

안도섭, 『황토현의 횃불』, 우신문화사, 1979.

양성우, 『북치는 앉은뱅이』, 창작과비평사, 1980.

우 윤, 『전봉준과 갑오농민전쟁』, 창작과비평사, 1993.

윤석산, 「부안 동학 문화콘텐츠 활용의 의의와 전망」, 『2021 동학의 글로컬리제이션(Glocalization):동학 문화콘텐츠 개발』(부안 동학농민혁명 학술대회 논문발표집), 2021.

이선아, 「19세기 부안 儒生 奇幸鉉의 『鴻齋日記』와 동학농민혁명의 실상」, 『동학학보』 제50호, 동학학회, 2019.

임형진, 「백산대회와 동학농민혁명—논쟁점을 중심으로」, 『동학학보』 제25호, 동학학회, 2012.

장효문, 『서사시 전봉준』, 전예원, 1982.

조성운, 「부안 지역의 동학농민운동과 백산대회」, 『역사와 실학』 제61호, 역사와실학회, 2016.

최광림, 『황토현에 부는 바람』, 북랜드, 2006.

부안 동학농민혁명의 문화콘텐츠 활용방안 연구

강민숙(유라시아문화포럼 연구교수)

부안 동학농민혁명의
문화콘텐츠 활용방안 연구

1. 서론

지금까지 문화콘텐츠 관련 글은 많았지만, 특정 지역의 동학·동학농민혁명[1]을 소재로 한 문화콘텐츠 연구[2]는 많지 않았다. 그나마 광범위한 문화콘텐츠 영역을 소략하거나, 일부 지역 문화콘텐츠 활용방안을 제시하는 데 그쳤다.

이 연구의 목적은 부안지역 동학농민혁명의 흐름을 고찰하여 부안지역 동학농민혁명의 역사적 의의를 도출하고, 부안 동학농민혁명을 문화콘텐츠로 활용하는 방안을 제시하는 데 있다. 이를 위한 내용으로 부안지역 동학농민혁명의 전개 과정을 스토리텔링으로 제시하여 역사 문화콘텐츠 활용의 토

1　"동학·동학농민혁명"이라는 용어는 대략 창도 시기와 포교 시기, 교조신원운동 시기를 동학, 1차 2차 기포 시기를 동학농민혁명으로 구별하여 사용하였다.

2　우수영, 「동학농민혁명과 관련된 문화 콘텐츠의 연구 동향 분석과 앞으로의 과제 – 부안 백산 역사공원에서의 활용방안을 중심으로」, 『동학학보』 제60호, 동학학회, 2021.
채길순, 「김천지역 동학농민혁명 전개 과정과 문화콘텐츠 활용방안: 사적지를 중심으로」, 『동학학보』 제41호, 동학학회, 2016.
_____, 「수원지역 동학농민혁명 전개 과정과 문화콘텐츠 활용방안」, 『동학학보』 제45호, 동학학회, 2017.
_____, 「영동지역 동학농민혁명 전개 과정과 문화콘텐츠 활용방안」, 『동학학보』 제48호, 동학학회, 2018.
_____, 「원주 동학농민혁명사 전개 과정과 문화콘텐츠 활용방안 연구」, 『동학학보』 제49호, 동학학회, 2018.
_____, 「전주성 전투의 전개과정과 문학작품에 나타난 역사적 의미」, 『동학학보』 제51호, 동학학회, 2019.
박대길, 「부안 동학농민혁명 문화콘텐츠 방안 연구」, 『동학학보』 제60호, 동학학회, 2021.

대를 마련하고자 한다. 이어 동학농민혁명을 소재로 한 문화콘텐츠 현황을 고찰하고, 진행 중인 〈부안동학문화기념관〉(가칭)의 문화콘텐츠 활용방안을 제안하고자 한다.

연구 방법은, 먼저 부안지역 동학농민혁명의 흐름을 사료 분석 방법으로, 문화콘텐츠 활용방안은 〈부안 백산성지 조성 및 세계시민혁명의 전당 기본 계획 및 타당성 조사 용역 보고서〉(2022.5)를 검토한 뒤, 이미 개관된 다른 지역 동학 관련 기념관의 문화콘텐츠 현황을 고찰할 것이다.

2. 부안 동학농민혁명의 전개 과정과 스토리텔링

부안은 1880년대 말에 동학이 포교 되었고, 빠르게 전파되어 많은 동학 교도에 의해 다양한 활동이 전개되었다. 그러나 백산대회에 치우쳐 부안의 동학농민혁명 시기에 전개된 '부안지역 동학농민혁명'의 스토리텔링[3]이나 이미지가 뚜렷하지 않았다.

부안지역에 일찌감치 동학이 포교 되었고, 동학교도는 백산대회를 통해 동학농민혁명의 정신을 정립했으며, 주로 부안지역을 근거지로 삼아 주변 지역으로 투쟁 활동을 전개하는 양상을 보였다. 그런데 이런 역사적 도정(道程)이 백산대회 연구에 치우쳐 부안지역 사적지와 인물과 사건에 대한 종합적인 고찰에 소홀했다.

부안지역 동학 문화콘텐츠 활성화와 발전 방안을 위해서는 먼저 각 사적지의 인물과 사건에 기반한 스토리텔링이 필요하다. 스토리텔링은 기본적

---

3 여기서 스토리텔링이란 이야기의 화소를 시간의 축에 따라 연결하는 전통적인 스토리텔링과 다르게, 선택이 가능한 이야기 화소를 공간(사적지)의 축에 따라 병렬하는 스토리텔링을 말한다. 이때 스토리텔링의 인과관계는 잠재되어 나타난다.

으로 흥미 있게, 쉽게 이해할 수 있는 이야기를 의미한다. 여기서는 각 지역의 구체적인 동학 사적지(공간)와 인물과 사건이 상호작용하는 스토리텔링을 제시하고자 한다.

1) 동학 포교 시기 부안의 교도 활동

1980년대 말에 익산 전주 등지로 동학이 확장되고 있었다.[4] 강봉희(姜鳳熙)[5]가 1887년 동학에 입도했다는 기록으로 보아 부안지역에 동학이 들어온 시기는 1880년대 말로 추정된다.[6] 1889년 5월에 최시형이 부안의 김영조(金永祚)의 집(부안군 부안읍 옹중리, 상리)에 머물면서 포덕 활동을 펼쳤다. 특히 최시형은 고부군을 순회하고, 이어서 김낙삼(金洛三)의 집에 머물며 육임(六任)을 선임하기도 했다. 이어서 같은 해 6월에는 해월이 전라도 태인 김기범(金基範, 김개남의 앞의 이름)의 집에 머물고 있을 때 김제 원평의 김덕명(金德明)이 여름옷 다섯 벌을 지어서 해월에게 바치고, 또 집주인이었던 김개남 역시 여름옷 다섯 벌을 지어 바쳤다.[7]

1890년 6월 쟁갈마을 김낙철(현, 부안읍 봉덕리[長葛里], 쟁갈마을), 김낙봉

---

4 최시형(1827-1898)이 호남 지역을 방문하는 일이 많아졌다. 1887년에는 최시형이 전라도 익산군 남이면 남참의리(南參議里) 남계천(南啓天), 김정운(金正運), 김집중(金集仲) 등의 집에서 수도연성으로 포덕을 하여 다수의 교도를 입교시켰고, 또한 1888년 1월에는 전라도 전주 서문 밖에 있는 박공일(朴公日)의 집에서 각지의 두목들을 오게 하여 특별기도를 시행하기도 하였다. 전주에서 특별 기도를 행한 뒤에 도제(徒弟) 10여 인과 더불어 삼례(參禮)에 있는 이몽로(李夢老)의 집을 순회하였다. (「연혁」, 『천도교회보』, 1924년 9월 15일 조) 즉, 해월이 주관이 되어 이 시기에 특별 수련, 특별기도 등의 종교적인 행사를 수행했고, 이를 통해 전라도 사람들에게 포덕 활동을 펼친 것이다. (『천도교서』, 무자년 조)

5 강봉희는 1892년 삼례 집회, 1894년 3월 백산대회에 참여했다가 함평을 점령하고 나주성을 공격할 때 전사했다.

6 동학 창도주 최제우(1824-1864)가 1861년 겨울과 1862년 봄 사이에 전라도 남원 은적암에 머물며 그 일대를 포덕한 것으로 되어 있다. 그러나 최제우가 남원을 떠난 뒤에는 교류가 끊어진 것으로 추정된다. (윤석산, 「부안 동학 문화콘텐츠 활용의 의의와 전망」, 『동학학보』 제60호, 동학학회, 2021)

7 『천도교회사 초고』, 「지통」

형제가 동학에 입도했다. 김낙철·낙봉 형제가 부안 일대에 포덕에 나서자 이듬해인 1891년 3월에는 동학교도가 수천 명에 이르렀다. 최시형은 이런 빠른 교세 확장을 두고 김낙철 대접주에게 "동학이 부안에서 꽃 피어 부안에서 결실이 맺어진다. (花開於扶安 結實於扶安)"라는 예언을 남겼다.

최시형은 김낙철의 요청에 따라 그해 7월에 부안, 금구, 전주 순회에 나섰다. 당시 최시형이 윤상오(尹尙五, 부안군 동진면 내기리, 신리마을)[8]의 집에서 수백 명의 도인을 모아놓고 설법했다.

1891년 3월 김낙철 김낙봉 형제와 부안 옹정마을 출신 김영조(金永祚, 김석윤), 무장의 손화중 등이 공주 신평에 은거하던 최시형을 배알하고 지도받았다. 이 같은 사실은 부안 동학 교세가 자못 크고, 주변 지역 동학교도와 활발한 교류를 의미한다.

이 시기에 호남 우도는 윤상오가, 호남 좌도는 백정 출신 남계천(南啓天)이 교도 관리를 맡았다. 출신 배경이 서로 달라 두 지도자를 따르는 도인들도 패가 나뉘어 서로 반목과 질시가 심했다. 특히 남계천을 따르는 도인들의 불만이 심했다. 최시형이 윤상오의 집에 머물고 있을 때, 남계천을 따르던 김낙삼이 자신의 관내 16포의 1백여 도인을 데리고 최시형을 찾아와 백정 출신 남계천을 따를 수 없다고 항의했다. 이에 최시형이 "대신사(=최제우)께서…썩은 문벌의 높고 낮음과 귀천의 구별이 왜 필요한가? 대신사께서 일찍이 계집종 두 사람을 해방하여 양녀 삼고, 며느리 삼지 않았는가? 선사의 문벌이 제군들만 못한가. 제군은 먼저 이 마음을 깨우치고 자격을 따라 지

---

8 동학농민혁명기념재단 참여자 기록(2258)에 따르면 윤상오(尹尙五, 1861-1925)는 1892년 전라도 태인에서 동학에 입도한 뒤 1894년 전라도 고부, 전주에서 백형(伯兄) 윤상홍을 따라 동학농민혁명에 참여했고, 활동 지역은 전라도 태인·고부·전주로 알려졌다. 당시 부안은 고부에 속한 마을이 많았다.

휘를 따르라"[9]라고 역설하여 김낙삼 등 동학교도를 훈계했다.

2) 교조신원운동 시기 부안 동학교도 활동

교조신원운동 시기인 1892년 삼례취회에 강봉희가 참여했다는 사실이 확인된다. 그러나 본격적인 부안 동학교도 활동은 1893년 2월 광화문복합 상소와 3월 보은취회에서 더 활발한 활동이 나타난다. 이 시기에 김낙철은 도도집(都都執)의 직책으로 김낙봉을 비롯하여 김영조와 함께 수백 명의 동학교도를 이끌고 상경하여 광화문복합상소에 참여했고, 이어서 보은취회에도 참여했다.[10]

3) 백산대회 시기의 부안 동학교도 활동

1894년 3월 20일 무장에서 전봉준, 손화중, 김개남 등의 동학 지도자를 중심으로 동학농민군이 기포했다. 이들은 3월 25일 백산으로 이동하는 동안 동학교도가 엄청난 숫자로 늘어났다. 백산(현, 부안군 백산면 용계리 산8-1)에 모인 동학농민군의 위세를 '서면 백산(白山) 앉으면 죽산(竹山)'이라는 말이 생겨났다.[11]

백산에 호남창의대장소 설치한 동학교도는 전봉준을 총대장으로 추대하

---

9 앞의 책, 같은 곳.
10 "계사년 3월에 대선생님 신원을 하러 동생 낙봉이 김영조와 교도 몇백 명과 함께 서울에 갔으나 대선생님의 억울함을 풀어드리지 못하고 돌아왔다. 그때 나는 도내의 도도집(都道執)을 맡아 있었다. 이때부터 각 도와 각 읍에서 지목이 크게 일어나 붙잡힌 자와 죽음을 당한 자가 이루 셀 수 없었다. 그러나 나는 그들의 지목을 두려워하지 않고 중문을 열어 선약(仙藥)으로 병을 구제하는 일을 하며 3~4년 동안 별 탈 없이 포교했다."(『金洛喆歷史』)
11 「동학농민혁명 특별법」에 명시된 3월 봉기 이전에는 백산대회를 3월 봉기로 이해해 왔다. 그런데, 백산대회보다 6일 전에 있었던 무장기포를 3월 봉기로 표기하고 확산되면서, 3월 봉기는 무장기포를 가리키는 것으로 정착되고 있다.(윤석산, 「부안 동학 문화콘텐츠 활용의 의의와 전망」, 『동학학보』 제60호, 동학학회, 2021. 참조)

고, 김덕명 손화중 김개남을 총관령, 최경선을 영솔장에 임명하여 진영을
군제로 개편했다. 이어서 창의의 뜻을 만천하에 밝히는 「사대명의(四大名義)」
와 동학농민군의 행동 준칙이 되는 「12개조 기율」을 발표하고, 민중들의 적
극적인 호응을 촉구하는 「격문(檄文)」을 띄웠다. 이로써, 백산대회를 통해 동
학교도가 동학농민군이 되었고, 「창의문」을 선포하여 결의를 다져 이념으로
무장한 동학농민군이 되었다.

백산대회에 많은 부안 동학농민군이 참여했다.[12] 특히 도집강(都執綱) 송희
옥(宋憙玉)[13]이 백산대회에서 전봉준 총대장의 비서(秘書)로 추대되었다.

백산에 진을 치고 있던 동학농민군 주력이 전라감영군이 동학농민군을 진
압하기 위해 출동했다는 정보에 따라 전주 감영으로 향하려던 계획을 바꾸
어 진로를 바꾸어 부안과 고부의 접경지에 근접한 성황산(城隍山, 부안 현아 뒷
산, 현, 부안군 부안읍 동중리 산4-1번지)에 진을 쳤다.[14] 이때 무남영병 700여 명과
보부상을 주축으로 한 전주 감영병 600여 명이 원평과 태인을 거쳐 백산까
지 추격해왔다.

4월 6일, 동학농민군과 감영군이 태인 화호(禾湖) 나루 부근에서 최초로
전투를 벌였다. 전투 끝에 동학농민군이 고부 매교(梅橋) 방향으로 퇴각했
고, 감영군이 계속 추격해왔다. 이에 동학농민군은 계속 패한 척하며 결전
장소인 정읍 황토재에 진을 쳤다. 감영군은 동학농민군이 후퇴를 거듭하자
감영군은 동학농민군의 군세를 얕보게 되었고, 동학농민군이 첫 전투 황토
재 전투에서 감영군을 크게 물리치는 계기가 되었다.

---

12 사발통문 서명자 황홍모 묘소(현, 주산면 사산리): 황홍모(黃洪模)는 1893년 전봉준 등과 사발
  통문에 서명하고, 1894년 백산대회에 참여하였으며, 그해 11월에 체포되어 1895년 1월 나주에
  서 처형됐다. 그의 활동지는 전라도 백산과 나주 지역이다.
13 도집강(都執綱) 송희옥(宋憙玉)은 부안 출신으로, 1894년 3월 백산대회에서 전봉준 총대장의
  비서(秘書)가 되었다가 같은 해 9월 전라도 삼례에서 전봉준과 함께 활동했다.
14 성황산(城隍山)은 부안의 진산으로, 부안 현아 뒤편에 위치한다. 동학농민혁명 시기에 부안과
  태인 지역 동학농민군이 진을 쳤고, 2차 봉기 때는 민보군이 진을 쳤다.

4) 집강소 시기 부안 동학교도 활동

부안 백산대회에서 총대장으로 추대된 전봉준은 4월 3일, 4천여 동학농민군을 보내 부안 관아(현, 부안군 부안읍 서외리 239-2번지, 부안군청 뒤)를 습격하여 현감 이철화(李哲和)를 결박하고 군기고를 타파한 뒤에 군기와 전곡을 접수했다. 이때 부안 동학농민군은 분포재(粉圃齋, 현, 부안군 부안읍 불곶이길 54-14)에 집결했으며, 당시 부안의 군장급(軍長級)으로 신명언, 백이구 등이 활약했다. 이 시기에 부흥역(현, 부안군 행안면 역리[驛里], 송정 마을 서쪽 역참 마을)에 동학농민군이 주둔했다는 기록으로 보아 부안의 동학농민군 일부 세력이 출전한 것으로 보인다.

이 시기에 김낙철은 투쟁적이기보다는 상생과 조화라는 평화적인 방법을 선택했다는 점이 달랐다. 김낙철은 무력을 선택하지 않았고, 군수와 유생들의 요청으로 도소를 설치하기도 했다. 이는 급진적인 사회 변혁보다는 종교적 신념에 따른 점진적인 변혁을 위한 조치였다.[15] 이 때문에 동학농민혁명 시기 내내 부안에서는 관과 유생, 그리고 동학의 관민상화(官民相和)와 민중 자치(民衆自治)가 가능했다.[16]

1894년 4월 1일, 김낙철 대접주가 이끄는 부안 동학농민군이 기포하여 송정리 신 씨 재각 신원재(愼遠齋, 현, 부안군 행안면 봉덕리 쟁갈리, 역리 283)에 도소(都所=執綱所, 집강소)를 설치하는 한편, 김낙철 대접주의 동생 김낙봉과 신소능은 춘원장(春園莊, 현, 부안군 줄포면 선돌로 1235-39)에 줄포 도소를 설치했다.[17] 이는 동학농민군이 부안 관아를 공격하기 이틀 전이라는 사실을 주목

---

15 「기획연재 정재철의 부안사람들」, 『부안 21』, 2006.
16 성주현, 「용암 김낙철과 부안지역 동학」, 『동학농민혁명과 부안』, 부안문화원 2011, 151쪽.
17 『김낙봉 이력(金洛鳳履歷)』에 따르면, 줄포 도소의 행적에 대해 다음과 같이 정리하고 있다. "줄포는 유명한 포구로 인물과 재산이 풍부하고 고부(古阜), 흥덕(興德), 고창(高敞), 무장(茂長)의 4개 군이 서로 접하여 사방에서 적을 맞는 곳이었다. 해당 지역의 인민을 안정시켜 줄 것을 요청했기 때문에 6월에 나아가니, 각처의 탁란배(濁亂輩)가 그 소문을 듣고 물러가는 것

할 필요가 있다.

4월 3일, 전봉준 손화중이 군수 이철화를 처형하려고 했다. 이때 김낙철이 손화중을 달래서 부안군수 이철화가 화를 모면하게 되었다.[18]그리고 김낙철은 손화중에게 부안지역 자치는 자신에게 맡겨줄 것을 요청했고, 이를 관철해냈다.

이에 따라 전주 화약 이후 본격적인 집강소 운영은 김낙철 대접주와 현감 이철화의 긴밀한 협조 체제에서 원만하게 민정을 펼치게 되었고, 동시에 동생 김낙봉이 줄포 춘원장에 집강소를 열어 비교적 온건한 기조를 유지하며 폐정 개혁에 나섰다.[19]

5) 집강소 시기 줄포와 위도의 동학교도 활동

동학농민혁명 당시 줄포에는 고부군 부안현을 비롯한 인근 각지에서 거둬들인 세곡을 보관하던 큰 창고가 있어서 동학농민군의 일차적인 공격대상이 되었지만 각별한 전투 기록이 없는 것으로 미루어 무혈점령으로 보인다.[20]

1894년 3월 23일, 부안 현감 이철화가 "이곳(사정마을)에 2, 3천 명의 동학군이 모여 있다"라는 보고를 통해 줄포 동학농민군의 주둔지(현, 부안군 줄포면 장동리, 사정마을)를 확인할 수 있다. 그리고 장전평 동학농민군 주둔지(현, 부안군 상서면 장전리, 장밭들, 장밭 뜸)가 확인이 되며, 상서면 사산제(簑山提.

을 보았다. 남녀와 아이 및 노인들이 길을 막고 붙잡았기 때문에 차마 떼어 버리지 못하고 여섯 달 동안 머물렀는데, 그 공덕을 칭송하는 목비(木碑)가 곳곳마다 많이 세워지고 가인(佳人)과 명기(名妓)가 절개를 훼손하지 않았다고 하니, 이것은 천사의 큰 덕이었다."

18 『金洛喆 歷史』

19 천도교 호암수도원에서 발행한 『학산 정갑수 선생 전기』(1994)와 전라북도에서 발행한 『전설지』에 따르면 "전주 화약 이후 김낙철은 송정리로 돌아와 영월 신씨(申氏) 재각에 도소(都所)를 설치하고 부안 군수 이철화의 협조를 얻어 민정을 실시했다."라고 했다. 여기에 줄포에 도소를 차렸다는 기록도 함께 나온다.

20 줄포 세고는 동학농민혁명 초기에 동학농민군이 점령하여 군량을 조달했다. 현재 줄포항의 변화로 당시 위치 비정이 불가능하다.

土山堤) 옆 마을에 동학농민군이 주둔했다.

1894년 당시 줄포항에는 동학농민혁명 한양 마포 나루로 오가는 세곡 운반선들이 빈번하게 출입하고 있었는데, 세곡 운반선 '한양호'의 일본인 기관사 파계생(巴溪生)의 기록에 "5월 24일(음 4.20) 곰소(=줄포)로 공미(貢米)를 받으려고 나갔는데, 현익호(顯益號)가 강화병(江華兵)을 싣고 같은 곳에 와 있었으므로 곧 가서 강화병을 법성(法聖)으로 호송하고 다시 곰소로 돌아와 공미를 실었다. (…) 한양호는 법성 및 곰소에서 공미 1천 7십 포를 싣고 돌아왔다"라고 하여, 갑오년 4월 20일에 한양호가 줄포에서 (동학농민군에게 빼앗기지 않고= 필자) 세미를 싣고 한양으로 올라간 사실을 전하고 있다.[21]

이 시기에 김낙철의 동생 김낙봉이 신소능과 함께 줄포에 도소를 설치하여 민정을 폈는데, 인명 살상이나 재물 탈취와 같은 극단적인 갈등은 없었다. 『김낙철역사』 기록에 "당시 군수 이철화(李哲化)가 동학농민군에 붙잡혔고, 줄포에서는 식량을 구하러 온 제주도 선박과 선원을 나포했으며, 일본 선박 선장이 동학농민군에게 붙잡혔다"라고 당시 사정을 전했다.

이보다 좀 뒤의 일이지만, 일본공사관 공문(1894.7.23. 양력)에 일본 상인 선박이 위도(蝟島, 현, 위도항으로 추정되지만 정확한 장소 비정 불가) 일본공사관 기록에 "위도에 정박 중인 일본 상인 히다카 토모시로(日高友四郎)의 선박이 동학당의 공격으로 팔다 남은 상품과 한전(韓錢)을 잃었으며", "위도에는 당시 400여 명의 동도가 잠입해 있다", "7월 20일 간신히 當港(부산)에 도착하였다"라고, 위도 동학당으로부터 재물을 약탈당했다는 공문이 접수됐다.

---

21 당시 줄포에 살던 파계생(巴溪生)이라는 일본인이 쓴 『전라도고부민요일기(全羅道古阜民擾日記)』에 "(1월) 20일 아침 저들 무리 30~40명이 내가 있는 줄포(茁浦)를 지나갔는데, 각기 죽창을 갖고 있었다. 들으니 그들은 강 건너에 사는 고부 농민으로서 본영(本營)으로 모이러 가는 것"이라고 했으며, "민군(民軍)의 수령은 앞서 비밀리에 58주의 동학당에게 격문을 띄워서 자기들의 목적은 다만 한 군의 이해를 위한 것일 뿐만 아니라, 우선 전운영(轉運營)을 파괴하고 나아가 폐정(弊政)을 바로잡는 데 있다."라고 했다.

6) 2차 봉기 시기 부안 동학농민군 활동

1894년 9월, 동학교단의 9.18재봉기 선언 전후시기에 부안의 동학농민군 활동은 동학 지도자 대접주 김낙철, 김영조, 신명언, 강봉희, 신윤덕, 이준서, 신규석의 활동을 통해 짐작할 수 있다. 부안의 동학농민군은 전봉준을 따라 삼례를 거쳐 논산으로 이동하여 공주전투에 참여했다가 관군과 일본군에 패퇴한 뒤 부안으로 돌아왔다. 송희옥(宋憙玉)의 행적이 예인데, 송희옥은 부안 출신 도집강(都執綱)으로 1894년 3월 백산대회 때 전봉준의 비서(秘書)로 발탁된 뒤, 그해 9월 전라도 삼례 재기포 시기에 전봉준군에 합류했다. 김석윤(金錫允)도 전봉준 부대에 합류했다.

부안 동학농민군이 도소봉(道所峯) 동학농민군 천제 터(현, 부안군 주산면 백석리 홍해, 예동마을)와 내소사(來蘇寺) 천제 터(현, 진서면 석포리 268) 두 곳에서 출정을 앞두고 천제를 올렸는데, 이는 모두 2차 기포 시기의 사적이다. 그리고 1894년 9월 22일 자 『홍재일기』에 "모든 동학인이 읍전동의 교련 사습 터(邑前洞 敎鍊私習基, 현, 위치 불상)에 모였다는 말을 들었다"고 기록하여 2차 기포시기에 줄포를 비롯한 부안의 여러 지역 동학농민군의 활동을 짐작할 수 있다.

이 밖에 부안 동학농민군은 무안으로 내려가 손화중, 최경선이 이끄는 동학농민군에 합류하여 나주성 공격에 가담한 활동도 확인된다. 강봉희(姜鳳熙)의 행적이 대표적인 예인데, 그는 나주성 공격 때 전사했다.[22]

---

22 동학농민혁명기념재단 참여자 기록(3246번)에 따르면 "강봉희(姜鳳熙, 1863-1894)는 1887년 동학에 입도하여 1892년 삼례집회, 1894년 3월 백산대회, 이후 함평점령과 나주성 공격에 참여하여 전사했다.

7) 동학농민군 토벌 시기 부안 동학농민군의 희생

공주 우금티 패전 뒤인 1894년 11월 이후 부안지역에 관군-일본군-민보군의 대대적인 토벌전이 전개됐다. 구체적인 기록으로, 「갑오군공록」에 "유학 이현기, 유림 유정문 최봉수 등이 활약하여 (부안) 동학농민군 20여 명을 죽였다."라고 했다.[23]

1894년 12월 11일, 김낙철 등 32명이 새 군수로 부임한 윤시영이 이끄는 유림 중심의 민보군에 의해 체포되어 부안 옥에 수감 되었다. 12월 23일 부안으로 들어온 관군·일본군이 수감 중인 김낙철·낙봉, 손양숙(孫良淑), 손순서(孫順西) 김인권(金仁權) 이기범(李基範, 異名: 基凡), 배홍렬(裵洪烈) 등 32명을 나주로 압송했다. 나주옥에서 27명이 즉결 재판 끝에 총살됐고, 김낙철·낙봉 형제는 제주도민들의 탄원에 힘입어 살아남아 서울로 압송됐다.[24] 전옥서에 갇히자 이번에는 전날 현감 이철화가 대신들을 찾아다니며 김낙철·낙봉 형제에 대해 구명운동을 벌여 살아남았다.[25]

토벌 시기에 노대규(盧大圭)는 1894년 12월 29일 경군(京軍)에 의해 총살됐고, 송원환(宋元煥, 접주)은 1895년 1월 11일 일본군에 체포되어 처형됐다.[26] 김기병(金基炳)[27], 노입문(盧入文)은 이웃 백성의 밀고로 체포되어 1895년 2월 10일 부안읍 동문 밖(현, 부안읍 동중리5)에서 총살됐다. 동학농민군

---

23 부안 민보군은 집강소 시기에 협치했던 태도에서 돌변하여, 부안 향교에 유회소를 설치하고 부안지역 동학농민군 토벌에 앞장섰다.
24 김낙철 형제가 살아남은 데는 특별한 사연이 있다. 김낙철·낙봉 형제가 나주에 끌려갔을 때 제주도에서 선원들이 소문을 듣고 몰려와 그들을 선처해 주도록 탄원서를 내어 구명운동을 했다. 이는 지난봄 제주도에서 올라왔던 배가 줄포에서 나포되었을 때 김낙철·낙봉 형제가 이들을 풀어줬기 때문에 당장 나주 초토영에서 총살을 면하고 서울로 압송됐다.
25 『金洛喆 歷史』
26 부안 읍성 남문 밖(현, 부안군 부안읍 남문안길 10, 부안교육문화회관)에서 동학농민군 20여 명이 처형됐을 것으로 추정하고 있다.
27 동학농민혁명군 대장 김기병 행적비(현, 부안군 상서면 감교리 714번지)가 개암사 주차장 옆에 서 있다.

최정현은 고향 쟁기리를 떠나 화순에서 살다가 사망했으며, 뒷날 아들이 기차로 유골을 싣고 와 마을 어귀에 묻었다고 했다. 곽덕언(郭德彦)은 1894년 부안에서 동학농민군으로 참여했다가 소모소(召募所)의 관문(關文)으로 인해 고부로 압송됐다. 이기현(李基鉉)은 관군에게 쫓기는 동학농민군 황명구 외 여러 명을 자신의 집에 숨겨주었다. 함완석(咸完錫) 함기택 형제는 김덕명 휘하에서 활동하다가 부안 전투에서 어깨에 총상을 입고 형 함기택과 함께 도피했다. 신소능(申少能)은 1894년 4월 김낙봉과 함께 줄포에 도소를 차렸던 동학지도자인데, 1894년 고창에서 살해됐다.

부안지역 동학 스토리텔링의 큰 흐름은 동학 포교 과정과 교조신원운동, 1차 기포 시기, 백산대회와 집강소 설치, 2차 재 기포 시기에 공주성 전투에서 패퇴한 뒤부터 전개된 토벌전이 중심 스토리텔링이다. 이상과 같이 다양한 지역의 인물과 사건이 부안 고유의 스토리텔링을 형성하고 있으며, 이는 부안지역 동학 문화콘텐츠의 바탕이 될 것이다.

3. 동학농민혁명을 소재로 한 문화콘텐츠 현황

여기서는 지금까지 진행된 문화콘텐츠를 이해와 함께 장차 동학농민혁명 문화콘텐츠 활용방안을 제안하기 위해, 동학농민혁명을 소재로 문화콘텐츠화 된 작품 현황[28]을 개관하고자 한다. 이는 기념관 내부시설에 대한 중요한 방향 설정이 될 수 있기 때문이다.

문화콘텐츠[29]란 문화 영상 소리 등의 정보를 제작하고 가공해서 소비자에

---

28 이하 자료는 (1) 채길순, 「전주성 전투의 전개 과정과 문학작품에 나타난 역사적 의미」, 『동학학보』 제51호, 동학학회, 2019. (2) 〈부안 백산성지 조성 및 세계시민혁명의 전당 기본계획 및 타당성 조사 용역 보고서〉(2022.5), 두 자료를 근거로 기술했다.

29 조우찬, 「문화예술 콘텐츠로써 동학농민혁명의 확장성과 스토리텔링의 활용」, 『문화콘텐츠연

게 전달하는 정보 상품으로 정의할 수 있다. 좀 더 구체적으로 극장에서 보는 영화나 비디오 텔레비전 프로그램 책 신문 CD와 라디오로 듣는 음악 컴퓨터 게임, 우리가 매일 이용하는 인터넷으로 보는 모든 정보가 문화콘텐츠이다.[30] 특히, 인터넷과 모바일 환경 속에서 스토리텔링의 중요성을 강조함과 아울러 문화예술 콘텐츠의 활용에 주목하고자 한다. 문화예술 콘텐츠는 오프라인과 온라인을 망라한다. 뮤지컬 오페라 연극 무용 등의 공연 콘텐츠, 회화와 사진 등의 전시 콘텐츠, 영화와 다큐멘터리 애니메이션 등의 영상 콘텐츠, 드라마와 기획 프로그램 등의 방송 콘텐츠, 가요와 OST 등 음악 콘텐츠, 웹툰(webtoon)과 모바일 게임 등 온라인 콘텐츠에 이르기까지 광범위하다.[31]

디지털 시대에는 예외 없이 문화콘텐츠 분야에도 큰 영향을 미치고 있다. 문화콘텐츠 분야는 인간의 창조성과 지식 예술이 집약된 분야인데, 인터넷과 디지털 기술이 바로 이런 창조 행위와 지식 분야에 큰 영향을 미치고 있기 때문이다.[32] 인터넷에서 유통되는 문화콘텐츠 분야는 다양하지만, 특히 요즘 기관이나 단체의 홈페이지를 통해서 만나게 되는 문화콘텐츠에 대한 영향력은 자못 크다.

1) 동학농민혁명을 소재로 한 문학작품(소설을 중심으로)

(1) 동학농민혁명을 소재로 한 문학작품 개관

저항의 역사인 동학농민혁명 연구가 오랫동안 제한적이었던 것처럼, 문

구」17호, 건국대학교 글로컬문화전략연구소, 2019.
30 문화관광부 편, 「문화콘텐츠산업 진흥 방안」, 문화관광부, 2000. 3쪽.
31 위의 자료. 3쪽.
32 유승호, 디지털 기술이 문화콘텐츠산업의 제작 및 산업구조에 미치는 영향에 관한 연구: 음반과 애니메이션 산업을 중심으로, 43쪽. (지식정보 시대에서 문화벤처와 문화콘텐츠, 한국문화제학회 / 학국기업 매세나 협의회, 문화관광부, 2001년도 춘계학술대회)

학작품 소재의 활용도 제한적이었다. 동학농민혁명이 4.19혁명 이후 민주화운동이 점차 활성화되면서 현실 대안적인 문학 소재로 대두되었다. 군부독재에의 저항, 반외세와 민족 민주화 열풍, 산업화 과정에서 열악한 노동구조와 소외된 계층에 대한 문학 소재로 등장했다.

이에 따라 한국문학에서 동학농민혁명이 ① 농민 해방 투쟁 ② 서구 근대문명 부정에 따른 반외세 민족운동 ③ 반독재 저항 투쟁운동 ④ 산업화에 따른 노동 민중해방운동 등으로 인식됐다. 많은 문학작품이 백산대회를 동학농민혁명의 단초로, 비중 있게 다루고 있다.

동학농민혁명을 소재로 한 문학작품을 시대별로 살펴보면 다음과 같다.

(2) 오랫동안 동학농민혁명 소재 활용은 금기였다

동학 소재 소설은 일제강점기에 이돈화의 장편소설 『동학당』(1935)이 최초로 발표되었다. 시 분야에서는 1947년 〈연간조선시집〉에 발표된 조운의 시 「고부 두승산(古阜 斗升山)」이 최초다. 이 시는 고부 군수 폭정으로 일어난 고부지역의 민란, 전봉준이라는 인물로 소재 활용이 제한적이었다.

(3) 1960년대

4.19혁명을 거치면서 민주주의 의식이 높아지고, 사회 변혁에 대한 인식이 달라지면서 동학농민혁명에 대한 인식도 차츰 달라지기 시작했다. 1967년에 신동엽의 장편서사시 「금강」과 「껍데기는 가라」 외 3편의 시가 발표되면서 동학농민혁명이 반외세 자주적 사건으로 문학 소재로 활용되기 시작했다. 이런 분위기에서 장편소설 최인욱의 『초적(草笛)』(1961), 서기원 『혁명』(1965), 최인욱 『전봉준』(1967)이 발표되었다.

1963년 9월 29일 자 전북일보에 부안 시인 신석정의 「갑오동학혁명의 노래」가 발표되었다. 이 시는 1963년 5·16정권이 자신들의 행위를 '혁명'

으로 정당화시키기 위해 황토현에 '갑오동학혁명기념탑'을 세웠는데, 제막식 나흘 전에 시가 발표되었다.

(4) 1970년대

박정희 군부독재 유신정권에 맞서면서 김관식, 황동규, 문병란 등이 동학농민혁명을 저항적인 소재로 10편의 시를 발표했다. 장편소설에서는 이용선『동학』(1970), 유현종『들불』(1976), 박연희『여명기』(1978)가 발표되어 동학 소재의 장편 역사소설이 활기를 띠기 시작했다.

(5) 1980년대

1980년대 신군부 독재정권에 대한 민주화운동이 활성화되면서 동학농민혁명을 소재로 한 문학작품이 본격화되었다. 시에서 임홍재「청보리의 노래」(1980), 장효문「서사시 전봉준」(1982), 안도현「서울로 가는 전봉준」(1985), 양성우「만석보」(1985), 고운기「봉준이 성님」(1987), 고은「첫닭 울면」(1988), 김남주「황토현에 부치는 노래」(1988) 등이 발표되었다.

신동엽의 시집『금강』(1989년)은 크게 세 토막으로 전개되는데, 서사는 7장까지로, 각종 민란의 발생과 동학의 태동, 그리고 우리 역사에 대한 화자의 소회와 1960년대 현실 비판이 섞여 있다. 본사는 23장까지로, 허구 인물인 신하늬가 출생하고 실제 인물인 전봉준이 탄생하면서 동학농민혁명이 발발하고 전개되었다가 마침내 전봉준 등 동학 지도자들이 처형당하는 내용으로 구성되었다. 결사는 전체적인 찬양시와 진아의 후일담과 아기 하늬의 출생을 통한 미래에 대한 희망으로 마무리되고 있다.

장편소설에서는 안도섭『녹두』(1988), 강인수『하늘보고 땅보고』(1988), 박태원『갑오농민전쟁』(1988), 문순태『타오르는 강』(1989)이 발표됐다.

(6) 1990년대

1990년대는 동학농민혁명 100주년을 맞이하면서 문학계는 반독재운동과 민중 해방운동의 분위기를 타고 다양한 역사 인식으로 활성화되었다. 김남주, 곽재구, 김용락 등의 시에서, 그리고 장효문, 송수권 김용관『파랑새 전봉준』(1997) 등이 장편 서사시를 발표했다.

소설은 역사소설 활성화의 분위기를 타고 많은 장편소설이 발표됐다. 채길순『소설 동학』(1991), 강인수『낙동강』(1992), 박일『이제 동학을 이야기하자』(1994), 강인수『최보따리』(1994), 한승원『동학제』(1994), 송기숙『녹두장군』(1994) 서기원『광화문(부분)』(1994), 이병천『마지막 조선검 은명기』(1994), 박경리『토지(부분)』(1994), 채길순『흰옷 이야기(부분)』(1994), 윤영수『광야에서』(1996), 이윤희『네가 하늘이다』(1998) 등이 발표되어 동학농민혁명 소재의 소설이 활성화되었다.

시집『황토현에 부치는 노래』(1993년)는 동학농민혁명100주년을 기념하여 민요와 1920년대 이후에 발표된 동학농민혁명 관련 시 90여 편을 뽑아서 엮은 시선집이다. 이 시집 제목은 김남주 시인의 장시「황토현에 부치는 노래」시 제목에서 차용됐으며, 시집에 실린 시들은 전봉준을 비롯한 동학혁명의 주요 장면들을 묘사하고 있다.

(7) 2000년대와 2000년대 이후

1990년대 이념이 붕괴된 빈자리에 2000년대 한국문학은 각별한 흐름을 보였다. 탈이념화 시대에 동학농민혁명 소재의 문학작품이 위축되었다. 포스트모더니즘은 대량 생산과 대량 소비의 사회구조에 편입해 다양한 형태로 변화했다. 이에 편승된 2000년대 이후 한국문학은 집단 서사적 빈자리에 '개인의 감성과 감각'에 의존하는 측면이 강하게 나타나면서 동학농민혁명과 같은 문학적인 소재는 외면되었다. 따라서 동학농민혁명을 소재로 한 문학작품도 많지 않았다. 채길순의 장편소설 『동트는 산맥』 7권(소설 동학 개작, 2001)은 충청도를 배경으로 동학 포교 과정과 민란, 교조신원운동, 동학농민혁명이 전국으로 발전해나가는 과정을 담아내고 있다. 『조캡틴정전』(부분, 2010)이 동학농민혁명의 한 부분을, 『웃방데기』(2014)는 동학농민혁명의 전 과정을 보여준다. 전진우 『동백 전봉준』(2014), 여성 활동가와 교사, 작가 등 14명으로 구성된 여성 저자 그룹 '동학언니들'이 집필한 『여성동학 다큐소설』 13권(2015)이 출판됐다. 이윤영 『혁명』(2018), 김동련 『소설 동학』 6권(2022)이 발표되었다. 이 책은 동학을 창도한 최제우의 어린 시절부터 성장과 구도, 득도와 포덕, 순도에 이르는 과정을 다룬 1부, 최시형의 동학 입도와 동학 수련, 도통 승계와 고비원주하는 고난의 역사를 다루며, 교조신원운동으로 역사의 전면에 나서는 2부, 그리고 동학혁명이 전개되는 3부로 구성됐다.

2) 동학농민혁명을 소재로 한 기타 예술 장르

여기서 '기타 예술 장르'는 주류 문화콘텐츠에서 벗어난 콘텐츠의 의미가 아니다. 어쩌면 미래 문화콘텐츠의 중심자리를 차지할 가능성이 크고, 이 글의 논지는 문학적 콘텐츠보다 우위의 자리에 두려는 방향에서 기술되었음을 밝혀둔다. 그 이유는 요즘 '기타 예술 장르'가 문화콘텐츠의 중심 자리에 놓였거나 놓일 가능성이 크기 때문이다. 미리 결어를 대신한다면, 장차 지자체 홈페이지나 기념관의 콘텐츠 구성은 '기타 예술 장르'에 주목해야 할 것이다.

(1) 마당극, 민족극, 굿

〈황토현의 항전〉, 〈황토현의 횃불〉, 〈이걸이, 저걸이, 갓걸이〉, 〈녹두꽃〉, 〈1894-1919〉, 〈멈춰선 저 상여는 상주도 없다더냐?〉, 〈금강〉, 〈새야 새야〉, 〈고부봉기 역사맞이 굿〉, 〈동학해원 상생 열림 굿〉, 〈우리동네 갑 오년〉, 〈서울로 가는 전봉준〉

(2) 뮤지컬, 총체극

〈천명〉, 〈들불〉, 〈징게맹개 너른들〉, 〈녹두꽃이 다시 피리라〉

(3) 음악극

〈새야 새야〉, 〈새야 새야 파랑새야〉, 〈천리〉

(4) 무용

〈파랑새〉, 〈서울로 가는 전봉준〉, 〈들의 노래〉, 〈새야 새야 파랑새야〉, 〈검결·칼노래·칼춤〉, 〈녹두꽃이 떨어지면〉, 〈새하늘! 새땅!〉, 〈다시 피는 그 대에게〉, 〈무수장삼 떨쳐 입고 이칼 저칼 넌즛들어〉

(5) 오페라

〈녹두장군〉, 〈동녘〉

(6) 영화, 드라마, 연극

〈동학란〉, 〈개벽〉, 〈역류〉(MBC), 〈가두어진 역사, 그 백년 동안의 빗장을 열다〉, 〈한 개땅쇠의 땅〉

(7) 미술, 전시

〈황토현에서 광화문까지〉, 〈희망의 무등을 넘어〉, 〈녹두꽃이 떨어진 그 이후〉, 〈역사의 정신, 역사의 인물〉(서예전), 〈갑오동학미술대전〉[공모전: 제

10회(2012년)], 〈제127주년 동학농민혁명 기념미술제〉, 전북민예총, 대도소가 있었던 전라감영에서(2021)

(8) 공연·영상 콘텐츠

동학농민혁명은 그 장엄한 서사성으로 인하여 일찍부터 공연·영상 창작의 소재·제재로 다뤄왔으며, 무대와 영상을 통해 형상화되었다.

박길수, 그날밤, 1927: 신경향 작가인 박길수는 동학농민혁명의 계급투쟁 측면을 부각시켰다.

조용만, 가보세, 1931: 계급적인 측면보다는 정치 개혁적인 측면을 강조

임선규, 동학당 1941: 동학농민운동의 계급투쟁적인 측면을 부각시키는 동시에 민족주의적 색채를 강하게 드러낸 본격적인 역사극으로 평가되었다. 공연 당시 '극단아랑'의 최고 흥행작 가운데 하나였으며, 공연 1주일 만에 4만7천 명의 관객을 동원했으며, 어떤 때는 1일 4회 1만 7백 명을 동원하여 화제가 되기도 했다.

박노아, 녹두장군 1950: 1894년 정월, 부패한 정부에 대한 대대적인 동학교도의 봉기로부터 청일군의 진주로 동학군이 패하고 전봉준이 체포될 때까지의 동학농민혁명을 소재로 다룬 희곡작품이다.

차범석, 새야새야 파랑새야 1976: 녹두장군 전봉준 사후 그의 추종자였던 기천석과 오세정의 삶에 초점을 맞추어 어떻게 사는 삶이 올바른 자세이며, 인간 삶의 참된 가치가 어디에 있는가를 보여주고 있다. 한때는 생사를 같이했던 동지였지만 대의명분과 현실주의라는 두 논리 앞에서 갈등하는 두 인물을 제시하고 있다.

임진택, 녹두꽃, 1980: 서울대학교 총연극회에서 공연한 〈녹두꽃〉은 우리 현대사에서 이른바 '서울의 봄' 시기인 1980년 4월17~18일, 25일 서

울대학교 본부 앞 잔디밭에서 공연됐다. 〈녹두꽃〉은 김지하의 공판정 최후 진술에 나오는 장편 서사시 〈장일담〉의 구상을 토대로 하여 동학농민운동 과정을 담아내고 있는 역사극이며, 포교극이자 정치극 풍자극이다.

극단 아리랑, 갑오세 가보세, 1988: 극단 아리랑의 세 번째 공연된 작품 으로 1894년 동학농민혁명을 소재로 삼고 있다. 이 작품은 특정한 역사적 인 인물의 무용담에서 벗어나 평범한 농민들의 이야기를 중심으로 전봉준 등 지도자의 갈등, 조정의 무능력, 청국과 일본의 침략적인 움직임을 배치 하여 다양화된 측면에서 동학농민혁명 전개 과정을 보여준다.

김정숙, 들풀, 1994(초연)/2014(재연): 동학농민혁명이 전개되던 1894 년 일본과 관군을 맞서 싸운 동학농민군의 최대 격전지였던 '우금치전투'를 배경으로 동학농민혁명 당시의 부정한 세상, 부조리를 온몸을 던져 바꿔보 고자 했던 동학농민군의 이야기를 뮤지컬로 담았다. 1994년 초연되었다가 2014년에 〈들풀Ⅱ〉로 개작되어 공연되었으며, 극본은 김정숙 연출은 권호 성 씨가 맡았다.

(9) 영화

임권택, 개벽, 1991: 1991년에 상영된 영화로, 동학 제2대 교주 해월 최시형의 삶과 사상을 그린 작품으로, 도올 김용옥이 원작 시나리오를 썼 다. 〈개벽〉은 동학을 '종교운동'으로 바라보았으며, 거기에 내포된 새로운 가르침이 변혁을 바라는 민중의 기대에 부응했다는 점을 강조했다. 해월은 평화를 추구하며 미래지향적인 세계관을 지닌 선구적인 인물로 그렸다.

최훈, 동학난, 1962: 이 영화의 시각은 당시 지배계급이었던 양반들에 대한 일반 상민들의 항쟁이었다. 그 항쟁 속에 피어나는 한 젊은이들의 애 절한 사랑이 있었으니 그것은 바로 양반댁 규수와 상민집 총각의 목숨을 건사랑을 그렸다. 비록 동학란은 실패로 돌아가고 말았지만, 그 정신만은 신분을 초월한 그들의 사랑과 함께 길이 전해진다고 보았다.

박영철, 동학, 수운 최제우, 2012: 신념을 지키기 위해 지독한 소외를 극복하기 위해 죽음까지 마다하지 않았던 동학 창도주 최제우, 최제우의 마지막 생애를 중심으로 그려낸, 발견의 휴먼 드라마다. '동학혁명'이 단순히 외세를 물리치기 위한 분노한 민중봉기가 아닌 우리 민족이 만들어 낸 고유 사상이라는 점을 한 권의 책을 읽듯이 무거운 주제를 영화 속에 담아내고 있다.

마에다 겐지, 동학, 농민혁명 고추와 라이플총, 2016: 일본 다큐멘터리 영화의 대가로 알려진 마에다 겐지 감독의 작품이다. 마에다 겐지는 역사 인식에 큰 구멍이 나 있는 일본의 바람직한 정체성 확립을 위해, 그리고 일본이 과거에 타 민족에게 어떤 잘못을 저질렀는지 제대로 일깨우기 위해서라도 '동학농민혁명'을 만들어야 한다고 제작 의도를 밝혔다. 마에다 겐지는 동학의 창도자 최제우와 동학농민군의 흔적을 찾기 위해 남한 땅 전역을 답사하면서 제작했다.

(10) TV

MBC, 새야 새야 파랑새야, 1994: 1994년 3월 7일부터 방영이 시작된 월화 드라마로, 밤 9시 50분에 특집극 8부작으로 편성되었다. 재야 영화운동가인 홍기선이 극본을 썼고, 이은규가 연출하였으며, TV드라마 사상 최초로 동학을 본격적인 소재로 한 역사 드라마이다. 1880년부터 1895년까지 혼란의 시대 속에서 개혁의 동학농민군과 이에 맞서야 했던 보수의 자리에 서야 했던 두 주인공이 겪어낸 역동적인 사건으로 엮어졌다.

SBS, 녹두꽃, 2019: 2019년 SBS에서 제작한 24부작 미니시리즈, 이 드라마는 '동학'하면 떠오르는 전봉준 일대기에서 벗어나, 항쟁의 소용돌이에 휩쓸린 민초가 주인공이다. 동학농민군과 토벌대로 갈라져 서로의 가슴에 총구를 겨눠야 했던 이복형제가 벌이는 애증과 영욕의 드라마, 역사에 이름 석 자 남기지 못하고 스러져간 무명전사들, 혁명과 반혁명이 교차하는 와중에도 삶의 의지를 잃지 않았던 1894년의 위대한 민초에게 바치는 헌사라고 했다.

(11) 만화·웹툰·판화 콘텐츠

동학 소재 이야기는 만화로도 출판되어, 주로 초등학교를 대상으로 하는 교육 콘텐츠로 기획되었다. 이 콘텐츠는 '에듀테인먼트'[33] 콘텐츠의 성격을 띠고 있으며, 디지털 시대에 맞춰 웹툰으로 제작되기도 했다.

동학의 시각화 혹은 이미지화는 판화에서도 이뤄졌다. 1970~1980년대 오윤, 홍성담 등 판화가들이 동학을 소재로 한 판화를 제작하여 동학사상의 가치와 시대적 함의를 천명하여 민중을 일깨우는 예술적인 장치로 활용했다.

권용찬 김모락, 'WHO 한국사 조선시대' 시리즈, 최제우·최시형 편, 2016: 'WHO 한국사 조선시대' 시리즈의 최제우·최시형 편은 최제우와 최시형의 생애를 영웅 서사의 틀로 서술하고 있다. 김용찬 글, 김모락 그림, 만화라는 장르의 속성상 각 장 내에서 내러티브가 전개될 '장면'과 '요약'의 기법을 주로 활용하고 있으며, 캐릭터와 사건을 보다 극적으로 연출하는 스토리텔링 기법을 동원하고 있다.

이이화, 원병조 『만화 인물 한국사』 동학 지도자 편, 2006: 고 '이이화 선생님과 함께 배우는 만화 인물 한국사'를 수정 보완한 것으로 교육 텍스트로서의 특성을 가졌다. 〈동학농민혁명참여자명예회복심의위원회〉 사무국은

---

33 에듀테인먼트(edutainment)는 에듀케이션(education, 교육)과 엔터테인먼트 (entertainment, 오락)의 합성어로, 즐겁게 게임을 하듯 학습할 수 있도록 하는 교육 형태를 말한다.

전봉준과 최시형의 활약상을 그린 이 책 1만 2천 부를 제작해 전국의 초등학교에 배포했다.

고일권, 『갑오 2017』: 디지털 콘텐츠 그룹 '링거스커뮤니케이션즈'가 '전남정보문화산업진흥원'이 주관하는 '2017년 문화콘텐츠 상품 개발 지원 사업'에 선정되어 장흥군 설화를 바탕으로 제작했다. 갑오년 동학농민혁명 최후 최대의 전투인 장흥 석대들 전투를 소재로 삼은 것으로, 전투 주역인 여성 동학 지도자 이소사와 석대들 전투에 이어 옥산전투에서 동학농민군을 지휘하다가 일본군에게 체포된 10대 소년 장수 최동린이 주인공으로 등장한다.

(12) 회화, 노래 콘텐츠

오승윤 〈동학 교주 전봉준〉, 1976. : 동학농민혁명과 전봉준을 보여주는 대표적인 그림으로, 백산대회의 한 장면을 그림으로 재현했다.

이의주, 〈3월 봉기도 1984〉: 이의주 화백의 1984년 작품으로 동학의 가치를 인상적으로 보여주는 작품이다.

김성태(작곡), 신석정(작사, 시): 정읍의 황토현에 건립된 갑오동학농민혁명탑이 제막된 것은 1963년 10월이다. 당시 제막식에는 "대통령 권한 대행이며 국가재건최고회의 박정희(朴正熙) 의장을 비롯하여 정부 요인과 학계 학자, 5만 군중이 황토현 일대를 메웠다."라고 했다.

「백산에 올라」는 부안지역 출신 강민숙 시인의 노랫말을 장정희가 작곡하여 직접 노래했다.

이상으로, 그동안 진행돼온 문화콘텐츠를 한자리에 놓으니, 다양한 문화콘텐츠로 활용된 사실을 알 수 있다. 먼저, 위의 콘텐츠를 한 자리에 집대성한 문화기념관도 필요할 수도 있으며, 기존의 다양한 문화콘텐츠를 바탕에 둔, 보다 창의적인 문화콘텐츠로 발전돼야 한다.

4. 부안 동학농민혁명 문화콘텐츠 활용방안

앞에서 살펴본 바와 같이 문화콘텐츠의 범위는 넓다. 그리고 문화콘텐츠의 의미나 범주가 시대에 따라 혹은 국가마다 시시각각으로 달라지고 있다. 오늘날 한국문화콘텐츠의 이해를 위해 뮤직비디오 등장과 발전을 참고할만하다. 그 이유는 비교적 한국의 뮤직비디오 문화콘텐츠가 일정 부분 세계문화콘텐츠를 선도하고 있고, 다양성을 뜻하기 때문이다. 뮤직비디오란 음반이나 음원의 발표와 함께 음악의 미비한 시각적, 지각적 요소를 보완해주기 위해 제작되는 영상을 뜻하는 것으로, 멀티미디어의 한 유형이다. 1980년대 미국에서 MTV의 개국과 함께 본격적으로 제작되었으며, 우리나라 역시 1995년 음악전문 케이블 채널의 개국을 시작으로 제작 활성화와 더불어 주요 콘텐츠로 자리매김하기 시작했다.[34] 뮤직비디오에 대한 양식적 측면으로는 장면을 구성하는 이미지 조합을 기준으로 삼는다. 이때 인물 이미지 중심형, 내러티브 중심형, 메시지 전달형, 공연 중심형, 몽타주 중심형, 영화/드라마 편집형이 있다. 내용적 측면으로 분류하면 낭만적 유형, 사회의식적 유형, 감각 표출형, 무언표적 유형이 있다. 그러나 이는 포스트모던 경향에 따른 분류이므로 일정 부분 한계를 가진다고 볼 수 있다.[35]

여기서 뮤직비디오 사례를 든 이유는 현재의 첨단 문화콘텐츠의 대표성 혹은 상징성 때문이다. 예컨대 역사적인 스토리텔링이 나레이션과 함께 '서

---

34 김영식, 권중문, 지현호, 「국내 뮤직비디오의 영상적 특성에 따른 유형 분류 연구」, 『AURA』, 한국사진학회, 2000.
35 위의 책, 같은 곳.

사 뮤직비디오'로 전개하는 창의적인 문화콘텐츠로 응용될 가능성도 있기 때문이다.

그러나, 이 연구는 부안지역 동학농민혁명 기념관 문화콘텐츠 방안을 제안할 목적이므로 시 구 군청 홈페이지 운영 문제와 동학농민혁명 기념관에 국한하여 살펴보고자 한다.

먼저, 지역 역사 문화콘텐츠의 저변 확대를 위해서는 향토사 연구가 우선돼야 하며, 군민 교육과정이나 정보 공유 방안을 위한 지방 자치 단체의 구체적인 홈페이지 활용방안이 뒷받침돼야 한다. 지자체 홈페이지는 인터넷 공간의 효과적인 배치와 효율적인 운영 방안이 핵심이다. 제안을 정리하면 다음과 같다.

1) 지방 자치단체 홈페이지의 문화콘텐츠 효과적인 활용방안

(1) 역사연구와 사적지 소개와 활용

역사연구나 증언을 통한 사적지 중심으로 스토리텔링을 확보하고, 자료들을 군청 홈페이지에 올려서 군민과 시민단체의 역사 공유를 유도해야 한다. 학술세미나와 같은 행사가 동시에 진행된다면 더 효과적일 것이다. 사적지 관련 콘텐츠로는 정읍시의 홈페이지 운영을 참고할만하고, 군민과 시민단체의 참여는 지난해 부안 미술협회 회원의 "부안 동학농민혁명 특강" 수강과 이를 계기로 기획되었던 미술작품 전시가 사례가 될 만하다.

위와 같은 맥락으로, 백산고등학교 학생들의 문화 행사 지원이 좋은 사례가 된다. 백산고등학교는 2022년 5월 2일, 〈동학농민혁명 정신, 학교에 물들다〉라는 주제로 행사를 진행했다. 오전에는 '내가 만드는 동학농민혁명 기념공원'과 '동학농민혁명 굿즈' 디자인 및 상품 제작 프로그램 순으로 진행됐다. 오후에는 '동학농민혁명 골든벨 대회', '동학농민혁명의 현대적 계승을 위한 정책제안 대회'가 늦은 시간까지 진행됐다. 이 지역을 지켜갈 차세대 학생들이 자발적으로 참여한 행사였다는 점이 고무적이다. 이렇게, 지자체 홈페이지에서 지역 문화콘텐츠는 지역 특성에 따라 창의적으로 기획되고 진행되어야 한다.

(2) 부안지역 동학농민혁명 관련 사적지 소개 콘텐츠

사적지에 대한 기념 표지판이나 표지석을 세워야 한다. 이는 시민단체와 지자체에서 공동으로 기획한다면 일반 시민들의 자발적인 참여를 기대할 수 있고, 동학농민혁명의 역사를 인식시키는데 효과적일 것이다. 부안군의 경우 동학 사적지 안내판이 잘 갖춰진 편이다. 그러나 이런 사적지는 군청 홈페이지 관광 안내와 연계가 되지 않은 점에 아쉬움이 있다. 현재 지역 사적지를 영상 미디어 제작 등 다양한 문화콘텐츠 기획이 필요하다.

(3) 문화 관광 정책의 일환으로 역사 탐방 코스 개발과 관광지도 제작

동학농민혁명 활용을 위한 문화 관광 정책이 바람직하다. 이는 부안지역 공원시설과 근접성을 활용하여 역사 문화 체험 걷기 코스를 조성해도 좋을 것이다. 필요에 따라 공원시설에 동학 관련 조형물 설치도 계획해 볼만 하다.

(4) 홈페이지에 동학농민혁명 소개의 비중을 높여야 한다.

현재 부안군 홈페이지 보기 창에 부안지역 동학농민혁명 소개가 전무한 편이다. 체계적인 향토사학의 연구를 기반에 둔 연구자료를 올리고, 이를 바탕으로 기념 표지판. 기념 표지석 등으로 군민들의 역사 인식을 환기할 방안을 마련해야 한다. 이를 위해서는 관을 비롯한 자치단체에서 자발적인 참여 방안 계획을 세우고 실행해야 한다. 예컨대 부안 동학농민혁명의 사적지를 중심으로 역사체험의 답사 코스 개발도 바람직하다.

(5) 기획 가능한 다양한 문화콘텐츠 개발

다양한 문화콘텐츠 개발에 대한 구체적인 예를 든다면 부안 동학농민혁명 전개 과정을 스토리텔링화 하여 사적지를 소개하며, 공유 대상의 연령이나 교육 수준에 따라 부안지역 동학농민혁명 안내 만화 소책자, 부안 동학농민 혁명 테마 관광지도, 리플렛, CD매체, 다큐멘터리 동영상 등 다양한 문화 콘텐츠로 제작하여 직접 보급하거나, 군청 홈페이지에 탑재한다.

(6) 지역 자치단체 혹은 시민단체의 동학농민혁명 현창 방안을 제안하고 후원

지자체에 마다 차이는 있지만, 동학농민혁명 시기에 희생된 동학농민군 에 대한 현창 방안이 시민단체를 중심으로 제안되고 추진돼야 한다. 관의 일방적으로 주도된 사업은 대개 졸속으로 진행되어 흉물로 전락한 시설물도 많다.

2) 기존 기념관의 문화콘텐츠 특징과 문제점

현재 운영되는 동학 관련 기념관은 정읍동학농민혁명기념관, 장흥동학농 민혁명기념관, 전주동학농민혁명 1백주년 기념관, 태안동학농민혁명기념 관 등 4곳이다. 이 연구에서는 4개의 기념관의 개요와 특징을 비교 분석하 여 문제점을 찾고, 〈부안 동학농민혁명문화기념관〉 건립에 필요한 문화콘 텐츠 활용방안을 제안하고자 한다.

(1) 정읍동학농민혁명기념관

(위치) 전라북도 정읍시 황토현 전적지 내 조성/ (규모) 연면적 5,361㎡/ (주요시설) 상설전시실, 기획전시실, 어린이관, 교육관 등이 있다./ (특징) 동 학농민혁명 기념재단이 운영하는 대표적인 동학농민혁명 기념관이다. 맞춤

형 전시(연 2회) 및 전시 콘텐츠 진행, 황토현 전투 유적지, 세계혁명 전시, 어린이 동학 인물(어린이 동학관), 집강소 소개 중심으로 구성되었다. 지리적으로 멀리 떨어져 있어서 관람객의 접근성이 크게 떨어지는 단점이 있다. 정읍동학농민혁명기념관 홈페이지는 있지만, 기념관 내부를 소개하는 내용조차 없다. (동학농민혁명기념관, minjuroad.or.kr)

(2) 장흥동학농민혁명기념관

(위치) 전라남도 장흥 석대들 전적지 일원/ (규모) 부지면적 9,632㎡, 건축면적 2,194㎡/ (주요시설) 전시관, 체험시설, 수장고, 카페테리아/ (특징) 동학농민혁명기념관이 위치한 석대들 전적은 동학농민혁명의 4대 전적지로, 동학농민군이 참여한 최후 항쟁의 격전지 인근에 세워졌다. 동학농민혁명기념관 내에는 동학과 관련된 각종 책과 무기류가 전시되어 있고, 전투현장을 느낄 수 있는 영상물과 체험시설들이 구비 되었다. 전시관은 4개, 체험관은 2개의 스토리라인으로 구성하여, 영상과 전시물을 통해 장흥지역 역사 속 인물을 두루 소개하고 있다. 새로 개발된 다양한 영상 미디어의 체계적인 운영이 아쉽다.

기념관을 소개하는 홈페이지가 사실상 없다. (장흥 동학농민혁명기념관 < 유형문화

재 < 문화재 < 관광명소 - 장흥문화관광 홈페이지 (jangheung.go.kr)

(3) 전주동학혁명백주년기념관

(위치) 전라북도 전주시 은행로 34(전주 한옥마을 내 위치)/ (규모) 연면적 893

㎡/ (특징) 천도교에서 동학농민혁명 100주년 기념하기 위해 건립했으며,

천도교에서 직접 운영하여 동학과 천도교 관련 자료가 풍부한 편이다. 동경

대전 용담유사와 최시형 동상 등 100여 종의 자료를 보유하고 있다. 한옥

마을에 있어 접근성이 좋아 관람객은 많지만, 내부가 협소하다. 기념관 내

부를 소개하는 홈페이지가 사실상 없다.(동학혁명기념관 - 전주 - 동학혁명기념관

의 리뷰 - 트립어드바이저 (tripadvisor.co.kr))

(4) 태안동학농민혁명기념관

(위치) 충청남도 태안읍 성안1길 28-23/ (규모) 연면적 1,586㎡(지하1층, 지상2층)/ (주요시설) 상설전시실, 휴게 공간/ (특징) 지하1층, 지상 2층으로 1층 상시 전시실, 2층 휴게 공간, 동학의 태안 전파과정 중심, 동학에 얽힌 스토리, 야외에서 최후 항전지인 백화산 자락의 추모탑과 연결된 특징을 지니고 있다. 내부시설을 안내하는 홈페이지는 아예 없다.

위의 기념관은 대체로 지역의 사건 현장에 건립함으로써, 지역의 동학농민혁명의 특징을 살리는데 나름대로 기여하고 있다. 그렇지만 대부분의 기념관이 '한적한 시골의 역사적인 기록 재현'이라는 기본 기능 이상을 담지 못하는 한계를 드러내고 있다. 이는 최근 코로나 시국을 감안하더라도 '시골의 잊힌 역사적 사건 현장' 범주를 벗어나지 못한다. 관람객 유치는 홈페이지에서 먼저 이뤄져야 하는데, 동학 관련 홈페이지는 한 군데도 이런 역할을 수행하지 못하고 있다.

독일과 예루살렘에 소재하는 홀로코스트 기념관 야드 사셈은 관광객의 발길이 끊기지 않는 박물관으로 유명한데, 세계인들이 홈페이지 방문으로 실제 관람을 대신하기도 한다.(Yad Vashem, https://www.ushmm.org/learn, 아래 자료 참조)

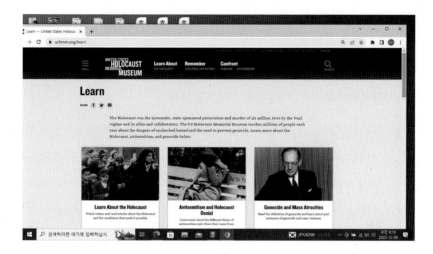

가까운 대한민국 역사박물관을 보더라도 오프라인과 온라인 박물관이 함께 열려있다. 홈페이지 메인 창에 이용안내, 전시, 교육·행사, 교육·문화행사, 참여 신청, 나의 신청 확인/취소, 연구·발간, 소장자료, 온라인 박물관, 소개·소식 등 박물관의 내부와 외부의 시설을 종합 안내하고 있다.

(https://www.much.go.kr/museum/onlinemuseum/list.do, 아래 자료 참조)

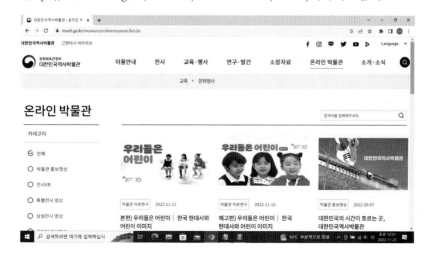

현재 동학농민혁명 관련 기념관 4곳은 오늘의 영상 미디어 콘텐츠 환경에 부응하지 못하고 있다. 지역 소재의 기념관일수록 홈페이지부터 특징적인 문화콘텐츠를 창출할 필요가 있다.

3) 〈부안동학문화기념관〉의 문화콘텐츠 활용방안

부안 동학농민혁명은 당시 부안인이 남긴 동학 관련 문헌사료[36]가 풍부한 편이고, 이에 관한 연구도 축적되었다.[37] 게다가 부안지역은 백산대회를 중심으로 동학 관련 기념사업의 연륜도 쌓였고, 시민단체의 활동도 이어왔다.[38]이런 역량이 〈부안동학문화기념관〉(가칭) 건립의 조건이 되었다.

(1) 기념관 건립은 차별화의 최우선으로, 사이버 동학기념관 건립(홈페이지 제작) 계획이 우선돼야 한다. 기념관을 소개하는 종합적인 문화콘텐츠가 우선한다는 의미는 기념관의 성격을 결정짓는 요건이며, 홈페이지 제작 계획은 기념관의 세부적인 내부설계를 의미한다.

(2) 동학농민혁명사에서 부안 백산대회의 역사적 의미를 총체적으로 담아낸 기념관으로 건립되어야 한다. 특정 지역의 역사적인 사건 현장에 기념관이 건립되었지만, 그 지역 기념관의 특성도 제대로 담아내지 못한 유명무실한 기념관이 된 예가 대부분이다. 이는 지역 사건에 매몰되어 전국의 동

---

36 『김낙철 역사』, 『김낙봉 이력』, 『홍재일기』, 『임하유고[제행일기]』 등이 있다. 이 중 『김낙철 역사』와 『김낙봉 이력』은 동학 교도로 동학농민혁명에 직접 참여한 기록이라는 점에서 실증적이다. 그리고 『홍재일기』와 『임하유고[제행일기]』는 동학농민혁명 당시 부안에 살던 유생(儒生) 기행현과 김방선이 남긴 기록이다. 참여자와 비 참여자가 기록한 문건으로 상호 비교를 통한 실증적인 스토리텔링도 가능하리라 본다.

37 부안문화원 編, 『동학농민혁명과 부안』, 부안문화원, 2011, 부안동학농민혁명기념사업회, 『부안 동학농민혁명 자료집』, 2016, 한국역사문화원, 『백산과 동학농민혁명 학술연구용역 보고서』, 부안군, 2016, 박대길 강민숙, 『부안의 동학과 동학농민혁명』, 부안군, 2019, 홍영기 외, 『부안의 동학농민혁명과 민족운동』, 부안동학농민혁명기념사업회 전북대학교 이재연구소, 2020, 기행현 著, 『홍재일기』 탈초집, 동학농민혁명백산봉기기념사업회, 2017.

38 20여 년 전부터 동학농민혁명백산봉기기념사업회를 조직하여 해마다 기념행사를 치러왔다.

학농민혁명사와의 유기적인 관계를 해명할 콘텐츠가 없기 때문이다. 심지어 어느 지역 기념관은 이웃 지역 지역의 동학농민혁명조차 다루지 않았다. 요컨대, 지역의 사건 외에 주변의 역사적 사건을 연계하여 총체적인 의미를 창출해야 한다.

(3) 시대의 변화에 부응하는 콘텐츠로 거듭나야 한다. 현재 운영되는 기념관은 한번 다녀간 사람이 다시 찾아올만한 변화하는 문화콘텐츠가 없다. 이는 기념관 홈페이지에 소개되는 영상 미디어 문화콘텐츠와 같이 다양하고 역동적인 콘텐츠로 구성돼야 한다. 그리고 콘텐츠화된 자료를 바로 수용할 수 있어야 한다. 예컨대 동학 관련 학술 문화 행사, 출판, 공연 정보 등이 공유돼야 한다.

(4) 메인 전시관은 모든 문화콘텐츠를 아우를 수 있는 최첨단 영상 미디어 콘텐츠로 특성화된 기념관으로 진행돼야 한다.[39]

(5) 위와 관련된 내용으로, 〈부안동학문화기념관〉이 다양한 문화콘텐츠를 집대성하기 위해서는 현재 계획 중인 기념관 설계 중 야외 캠핑장, 야외공연장, 미디어아트 공간을 효과적으로 활용할 수 있어야 한다.

(6) 동학농민혁명 모든 자료를 DB화하여 전시 자료를 체계 있게 계획하고 설계할 필요가 있다. 현재의 동학농민혁명 관련 기념관에는 지역 자료가 많지 않은 데 비해 부안은 호암수도원에서 보관된 유물[40]이 많은 편이다. 이 자료를 기반으로 모든 동학 관련 자료를 DB화할 필요가 있다.

---

39 필자는 부안군 동학농민혁명 기념사업 운영위원회 부위원장으로, 〈부안 백산 성지 조성 및 세계시민혁명의 전당 건립 기본계획 설계용역 사업〉에 건의서를 제출한 바 있다. 건의서의 핵심은 ①〈부안 백산 동학 문학관 건립〉(가칭) ② 인근 지역인 전주 고창 정읍지역 기념관과 차별화된 영상 미디어 콘텐츠 중심의 기념관 건립 ③ 부안은 주변에 관광명소가 많은 만큼 이와 연계된 사업으로 관광 특화 등을 제안했다.

40 호암수도원에서 발굴된 대표적인 유물(원본) 5점은 전주동학농민혁명 100주년 기념관으로 이관(보관)된 상태이다. 유물은 『해월문집』『대선생사적』『제세진전』『제2세교조훈어』『학산경역사』이다.

5. 결론

부안지역은 전라도 초입이라는 지정학적 요건에 따라 동학이 일찍이 유입되었고, 부안의 동학교도는 집강소 시기와 1차 기포 시기에 역동적인 활동에 나서게 되었다. 2차 재기포 시기에 부안 동학농민군은 공주전투와 부안지역 방어, 나주 전투 참여 등 다양한 투쟁 활동을 벌였다. 이에 따라 토벌시기에는 참혹한 토벌전이 전개되는 등 '부안 고유의 다양한 동학·동학농민혁명의 스토리텔링'을 지녔다.

그동안 다양한 장르에 걸쳐 진행되어온 동학 문화콘텐츠 양상을 고찰했고, 이어 〈부안동학문화기념관〉을 채울 부안 동학의 문화콘텐츠 활용방안에 대해서 살폈다. 부안동학기념관은 개성적인 홈페이지 제작 계획을 시작으로, 창의적이고 다양한 문화콘텐츠를 집대성한 차별화를 핵심과제로 제시했다. 이를 위해서는 부안지역 동학농민혁명 연구가 심화 되고, 이에 근거한 다양한 스토리텔링 개발과 독특한 지역 문화콘텐츠가 개발돼야 한다.

이 논의가 부안지역 동학농민혁명의 큰 흐름을 좇다 보니 주변 지역 동학농민군 활동과 연계되는 문화콘텐츠를 제시하는 데 소홀했다. 뒷날의 과제로 남겨 둔다.

[참고문헌]

사료

『김낙철 역사』

『김낙봉 이력』

『동학사』

『홍재일기』

교단 자료

『대선생사적부해월선생문집(大先生事蹟附海月先生文集)』, 1906.

『東學亂記錄』상/하(국사편찬위원회刊)

『동학사(東學史, 이돈화)』, 1938.

『東學判決文集』, 1895~1900.

『兩湖右先鋒日記(東學亂記錄)』, 1894.

『본교역사(本教歷史)』1910.~1914.

『司法稟報』, 1898~1907.

『수운재문집(水雲齋文集)』, 1898.

『수운행록(水雲行錄)』, 1865.

『巡撫先鋒陳謄錄(東學亂記錄)』, 1894.

『承政院日記』(고종 20-31)

『시천교역사(侍天敎歷史)』, 1920.

『시천교종역사(侍天敎宗繹史)』, 1915.

『일성록』(고종)

『천도교서(天道敎書)』, 1920.

『천도교실사집편(天道敎實事集編, 권병덕)』, 1922.

『천도교창건사(天道敎創建史, 이돈화)』, 1933.

『천도교회사초고(天道敎會史草稿)』, 1920.

『최선생문집도원기서(崔先生文集道源記書)』, 1879.

『聚語』, 1893.

『해월문집(海月文集)』, 1885~1892.

기본 자료

박태원, 『갑오농민전쟁』 제1부, 평양 문예출판사, 1977년.

_____, 『갑오농민전쟁』 제2부, 평양 문예출판사, 1980년.

박태원 · 권영희, 『갑오농민전쟁』 제3부, 평양 문예출판사, 1986년.

송기숙, 『녹두장군』 1-12권, 서울: 창작과비평사, 1989-1994.

신동엽, 『금강』, 서울: 창작과비평사, 1997.
차범석, 『새야새야 파랑새야』, 서울: 범우사, 2005.

논문
권지혁 외, 「인문콘텐츠분야 연구사의 경향성 분석」, 『인문콘텐츠』51, 인문콘텐츠학회, 2018.
김영준, 「19세기 후반 전라도 부안현 호구 및 결가 조사의 실제적 양상 - 남하면 훈집 기행현의 홍재일기를 중심으로 - 」, 『전북사학』 제53호, 2018.
김철배, 「전라도 부안사족 기행현의 홍재일기와 19세기 후반기 부안의 경제사정」, 『전북 사학』46, 전북사학회, 2015.
_____, 「『홍재일기』로 본 19세기말 부안의 사회상과 동학농민혁명」, 『부안의 동학사상 과 동학농민혁명』, 동학농민혁명백산봉기기념사업회, 2016.
박맹수, 「해월 최시형의 초기 행적과 사상」 『청계사학』3, 1986.
_____, 「동학의 남북접에 대한 비판적 검토」, 『한국학논집』, 한양대 한국학연구소, 1994.
_____, 「최시형 연구, 한국정신문화연구원」, 박사학위논문, 1996.
_____, 「김낙철계 동학농민군 활동과 갑오 이후의 동향」, 『동학학보』 제17호, 동학학회, 2009.
박준성, 「백산대회의 존재와 의의」, 부안문화원 편, 『동학농민혁명과 부안』, 부안문화원, 2011.
성주현, 「동학농민혁명과 백산의 의의」, 부안문화원 편, 『동학농민혁명과 부안』, 부안문 화원, 2011.
신광철, 「동학 콘텐츠의 현황과 전망」, 『신종교연구』39, 한국신종교학회, 2018.
신진희, 「동학농민혁명 지역별 사례 연구의 성과와 전망」, 『역사연구』27, 역사학연구소, 2014.
우수영, 「수운 최제우의 콘텐츠 활용에 대한 시론 - 대구 지역을 중심으로」, 『동학학보』 제56호, 동학학회, 2020.
원도연, 「동학농민혁명 기념사업의 사회성과 기념공간 연구」, 『지방사와 지방문화』10, 역사문화학회, 2007.
윤석산, 「해월 최시형의 호남 포덕과 부안의 동학」, 『한국종교』41, 원광대 종교문제연구 소, 2017.
이병규, 「동학농민혁명 기념사업의 역사적 전개와 과제」 『역사연구』 28, 역사학연구소, 2015.
장성재, 「동학사상 문화콘텐츠 기획」, 『동학학보』 제49호, 동학학회, 2018.
조성운, 「부안지역의 동학농민운동과 백산대회」, 『역사와 실학』 61, 역사실학회, 2016.

조우찬, 「문화예술 콘텐츠로써 동학농민혁명의 확장성과 스토리텔링의 활용」, 『문화콘텐츠연구』 17, 건국대학교 글로컬문화전략연구소, 2019.

채길순, 「김천지역 동학농민혁명 전개 과정과 문화콘텐츠 활용방안 - 사적지를 중심으로」, 『동학학보』 제41호, 동학학회, 2016.

_____, 「수원지역 동학농민혁명 전개 과정과 문화콘텐츠 활용방안」, 『동학학보』 제45호, 동학학회, 2017.

_____, 「영동 동학농민혁명사 전개 과정과 문화콘텐츠 활용방안 연구」, 『동학학보』 제48호, 동학학회, 2018.

_____, 「원주 동학농민혁명사 전개 과정과 문화콘텐츠 활용방안 연구」, 『동학학보』 제49호, 동학학회, 2018.

_____, 「전주성 전투의 전개과정과 문학작품에 나타난 역사적 의미」, 『동학학보』 제51호, 동학학회, 2019.

_____, 「부안지역 동학농민혁명 전개 과정」, 부안군 미술협회 역사 강연, 2022.

단행본

김영순 외, 『문화산업과 문화콘텐츠』, 서울: 북코리아, 2014.

김영인 설규주, 시민교육론, 서울: 한국방송통신대학교 출판부, 2008.

김창수, 『테마파크의 이해』, 서울: 대왕사, 2007.

노태구, 동학혁명의 연구, 서울: 백산서당, 1982.

박맹수, 『1894년 농민전쟁연구』 서울: 역사비평사, 1993.

부안동학농민혁명기념사업회, 『부안 동학농민혁명 자료집』, 2016. [비매품]

부안문화원 編, 『동학농민혁명과 부안』, 부안문화원, 2011. [비매품]

신응철, 『철학으로 보는 문학』, 서울: 살림, 2005.

윤석산, 『동학사상과 한국문학』, 서울: 한양대 출판부, 1999.

채길순, 『새로쓰는 동학기행1,2,3』 서울: 도서출판 모시는사람들, 2014, 2019, 2022.

최연구, 『문화콘텐츠란 무엇인가』, 서울: 살림, 2016.

표영삼, 성지순례, 「신인간」, 서울: 신인간사, 1977.

_____, 해월신사발자취, 「신인간」 서울: 신인간사, 1978.

_____, 해월신사연표, 「신인간」 서울: 신인간사, 1985.

한국역사문화원, 『백산과 동학농민혁명 학술연구용역 보고서』, 부안군, 2016.

홍순석, 『한국문화와 콘텐츠』, 서울: 한국문화사, 2016.

황현(이민수 역), 동학란, 서울: 을유문화사, 1985.

지역 자료

부안문화원 편, 『동학농민혁명과 부안』, 부안문화원, 2011.

부안문화원, 『부안군지-부안의 역사』1-4권 부안문화원, 2015.

전라북도 동학농민혁명기념관, 『동학농민혁명과 전북』, 전주: 신아출판, 2006.

박대길, 강민숙, 『부안의 동학과 동학농민혁명-녹두꽃은 지지 않는다』, 부안군, 2019.

자료 출처 사이트

부안군청 문화관광과, https://www.buan.go.kr/tour/index.buan?menuCd=D
OM_000003005005000000

부안 독립신문 기획 연재, http://www.ibuan.com/news/articleView.html?idxno=27769

전북 정읍 동학농민혁명관, https://map.naver.com/v5/entry/place/13118636?c=141186
57.9970429,4249906.4310290,15,0,0,0,dh&placePath=%2Fphoto%3F, https://
terms.naver.com/entry.naver?docId=1282401&cid=40942&categoryId=38813

동학농민혁명 기념재단, http://www.1894.or.kr/main_kor/index.php

동학농민혁명 종합지식정보시스템, http://www.e-donghak.or.kr/dirFrameSet.
jsp?item=prh

부안지역 동학의 조직과 활동
- 용암 김낙철을 중심으로 -

성주현(1923 제노사이드 연구소)

부안지역 동학의 조직과 활동
- 용암 김낙철을 중심으로 -

1. 머리말

금년으로 동학농민혁명이 일어난 지 124년째를 보내고 있다. 그런데도 여전히 동학농민혁명은 특정 인물의 전유물로 인식되고 있는 것이 현실이다. 그 중심에서 가장 많이 언급되고 있는 인물이 전봉준이다.[1] 이외에 김개남과 손화중 등이 있다. 하지만 동학농민혁명은 이들로만 설명할 수 없는 것이 또한 현실이다. 뿐만 아니라 지역적으로도 동학농민혁명은 한정되어 있다. 정읍, 고창, 금산 등 일부지역의 활동이 때로는 전체적으로 해석되는 경우도 없지 않다. 그리고 이러한 상황은 동학농민혁명을 해당지역의 전유물로 삼기도 한다.

동학농민혁명은 1894년 1월 10일 고부에서 첫 기포를 한 후 1895년 5월까지 호남, 호서, 영남, 강원, 황해, 경기 등 관서와 관북지역을 제외한 전국에서 대규모로 진행되었다. 그런 측면에서 본다면 다양한 인물과 지역에서 연구 보완되어야 한다. 이는 오늘 언급하고 있는 부안지역 마찬가지라고 본다. 그러나 동학농민혁명 기념일 제정을 앞두고 부안의 동학과 동학농민혁명에 대한 새로운 조명이 시도되고 있다. 이는 동학농민혁명의 상징인 '백산'이 부안에 포함되어 있기 때문이었다. 그렇지만 '앉으면 죽산 서면 백

---

1   최근 전봉준을 기리기 위해 전봉준이 옥고를 치루고 재판을 받기 위해 있었던 전옥서 터에 '전봉준 동상'을 건립한 바 있다.

산'이라는 동학농민혁명의 상징성은 지니고 있는 백산이 사실 부안으로 편입되면서 백산의 이미지가 상당히 약화되었던 것이 현실이었다. 부안에서 잊혀졌던 백산의 이미지와 동학농민혁명의 상징인 백산을 새롭게 조명되기를 기대해 본다.

부안은 동학농민혁명의 첫 기포를 한 고부와 매우 가까운 지역으로서 동학농민혁명과 떼려야 뗄 수 없는 곳이다. 그럼에도 불구하고 부안은 동학과 동학농민혁명의 불모지나 다름이 없었다. 사실 지역에서는 어느 정도 관심을 기울이는 사례가 없지 않았지만 연구자의 입장에서는 한발 빗겨선 곳이었다. 이는 아마도 부안이 동학농민혁명에서의 지역적 역할, 그리고 주도 인물에 대한 인식의 부족 때문이었다고 본다. 부안지역의 동학과 동학농민혁명을 이해하는 데는 많은 요소들이 있지만 그중에서도 용암(龍菴) 김낙철(金洛喆)이 핵심이라고 본다.

용암 김낙철은 1890년 동학에 입도하여 부안지역의 대접주로서 동학농민혁명에 참여하였고, 동학농민혁명 이후에는 동학지도부와 함께 활동하면서 생사고락을 같이 하였다. 그렇기 때문에 부안지역의 동학 조직과 동학농민혁명을 이해하는 데는 무엇보다도 용암 김낙철을 이해하지 않으면 안 된다. 이런 점에서 본고는 용암 김낙철을 중심으로 부안지역의 동학의 포교와 조직, 그리고 동학농민혁명 등 일련의 활동을 추적해보고자 한다.

2. 김낙철 형제의 동학 입교와 부안 동학

부안지역에 동학이 언제 포교되었는지는 정확하지 않다. 그렇지만 그 정황을 살펴보면 다음과 같다. 부안을 포함한 호남지역에 동학이 처음 포교된 것은 동학을 창도한 수운 최제우 시기였다. 수운 최제우는 1860년 4월 1

일 동학을 창도하였지만 포교를 시작한 것은 그 이듬해인 1861년이었다. 동학이 포교되자 당시 성리학 이데올로기에서 차별받던 많은 민중들이 동학에 관심을 가지고 입도하였다.

경주를 중심으로 첫 포교된 동학이 어느 정도 교세를 형성하자 조선정부는 '이단'[2]이라고 하여 탄압을 하였다. 수운 최제우는 경주를 떠나 호남지역으로 피신하였다. 수운 최제우가 호남으로 피신하여 은신한 곳은 남원 은적암이었다. 은적암에서 과세를 한 후 다시 경주로 돌아갔는데, 이때 호남지역에 첫 포교가 이루어졌다.[3] 그렇지만 이 첫 포교가 호남지역에서 동학을 크게 포교하는 데는 역할을 하지 못하였다. 왜냐하면 수운 최제우가 동학교단 최초의 조직인 접을 조직할 때 호남지역은 없었기 때문이다.

수운 최제우가 동학교단의 接을 조직할 당시, 동학의 포교지역은 경주를 비롯하여 영해, 울산 등 영남 동부지역, 대구 등 영남 북부지역, 그리고 경기도 남부지역이었다. 일찍이 호남에 피신하여 논학문 등 핵심 경전을 지었지만, 교단 조직이 형성될 정도로 포교는 이루어지지 않았던 것이다. 그런 점에서 남원지역의 포교는 다만 동학이 호남지역에 처음으로 포교되었다는데 의의가 있을 뿐이다. 실제적으로 수운 최제우의 사후 남원의 동학은 맥이 끊겼던 것이다.

그렇다면 언제부터 호남지역에 동학이 본격적으로 전래되었을까. 일반적으로 호남지역에 동학이 포교되기 시작한 것은 해월 최시형이 1884년 익산

---

2 조선은 '성리학'이 통치이념이었다. 조선전기에는 성리학 이외의 학문에 대해 어느 정도 수용하였지만 사림파가 정권을 장악한 조선중기 이후에는 성리학 이외에 모든 학문은 이단이라고 하여 철저하게 배척하였다.
3 『남원군종리원사』에 의하면 다음과 같이 기록하고 있다.
"포덕 2년(1861-필자) 신유 6월에 대신사(수운 최제우-필자) 호남으로 향하사 산천풍토 인심풍속을 관하시고 본군에 到하사, 광한루下 오작교邊 서형칠가에 留하시고 주인 생질 공창윤가에 숙침하사 유수 십일에 서형칠, 공창윤, 양형숙, 양국삼, 서공서, 이경구, 양득삼, 제현의 동정으로 포덕하시다." 전주종리원 연혁에 의하면 이때 전주에서도 동학에 포교되었다고 하였다.

군에 머물렀을 때였다. 당시 동학의 최고책임자였던 해월 최시형은 1871
년 영해교조신원운동[4] 이후 강원도 영월과 정선, 그리고 충청도 단양 등지
에서 은신하면서 동학을 재건하였다. 그렇지만 여전히 중앙정부의 탄압이
지속되자 1884년 해월 최시형은 익산 금마면에 있는 미륵산 동쪽 계곡의
사자암으로 피신하였다. 이곳에서 49일 기도를 마친 해월 최시형은 육임제
(六任制)를 마련하였다.[5] 이 육임제는 수운 최제우 이후 동학교단에서 두 번
째 만든 조직체였다.[6] 당시 해월 최시형이 사자암에 피시한 것은 익산 출신
의 고산접주 박치경(朴致京, 朴致卿)이 주선하였기 때문이었다.[7] 이로 볼 때 익
산지역에 동학 조직이 상당히 있었음을 알 수 있다. 그렇지만 호남지역에
본격적으로 교세가 형성된 것은 1890년대라 할 수 있다.

사자암 49일 기도 이후에도 해월 최시형은 호남지역을 순회하면서 포교를
하였는데, 부안지역에도 동학이 포교되기 시작하였다. 부안지역에서 첫 동학
에 입도한 인물은 1890년에 입도한 김낙철과 김낙봉 형제로 추정된다.

김낙철은 1858년 현 전북 부안군 부안읍 봉덕리 쟁갈마을에서 태어났
다. 쟁갈마을은 안쟁가리, 용성리, 새멀, 송학동 등 네 개의 마을로 형성되
었는데, 김낙철은 새멀에서 산 것으로 추정된다. 김낙철의 본관은 부안이
며, 자는 여중(汝仲), 도호[8]는 용암(龍菴)이었다. 부안에서 1천여 년을 넘게

---

4 영해교조신원운동에 대해서는 그 성격에 따라 교단 내에서는 '이필제의 난'이라고 부른다.
5 『천도교서』포덕 25년조.
6 육임은 교장(敎長)·교수(敎授)·도집(都執)·집강(執綱)·대정(大正)·중정(中正)인데 이들의 선
   정 기준을 보면 다음과 같다.
   교장은 자질이 알차고 신망이 두터운 사람으로 하고, 교수는 성심으로 수도하여 가히 남에게
   도를 전할 수 있는 사람으로 하고, 도집은 위풍이 있고 기강을 밝혀 경위와 한계를 따질 줄 아
   는 사람으로 하고, 집강은 시비를 밝히고 가히 기강을 잡을 수 있는 사람으로 하고, 대정은 공
   평하고 근후한 사람으로 하고, 중정은 능히 바른 말을 하고 강직한 사람으로 정하였다. 해월신
   사는 이들에게 교단의 중요한 교화를 담당하도록 했다.
7 「익산종리원연혁」, 『천도교회월보』189, 1926.9.
8 '道號'는 동학교단에서 사용하는 호이다.

터를 잡은 김낙철 집안은 명문고족이었으며, 선대에 5대째 독자로 내려오다가 김낙철 아버지 대에 이르러서야 형제를 둘 정도로 자손이 귀한 집안이었다.[9] 집안은 '하인이 수십 명이었다'고 전해올 정도로 천석꾼이었다고 한다.[10] 삼형제 중 장남인 김낙철은 동생 김낙봉과 함께 1890년 6월 7일 동학에 입도하였다. 이어 10일 후인 6월 17일 막내 동생 김낙주, 그리고 종제 김낙정과 김낙용도 함께 동학에 입도하였다.[11]

그렇다면 양반이며 지주였던 김낙철 형제 일가가 왜 동학에 입도하였을까. 당시는 삼불입(三不入)이라 하여 양반, 유생, 부자는 동학에 입도하지 않았다. 김낙철 형제 일가가 동학에 입도한 것은 매우 선진적인 사고를 가지고 있었기 때문이었다. 즉 시천주의 만민평등사상, 보국안민사상, 척왜양의 민족주체사상, 그리고 유무상자의 경제적 평등을 추구하는 동학에 매료되었던 것이다.

동학에 입도한 김낙철은 형제들과 가족들을 적극적으로 포교하여 1891년 3월에 이르자 따르는 교인이 수천 명이 되었다고 한다.[12] 그러나 동학을 포교하는 과정에서 가산을 제대로 돌보지 않아 재산이 점점 줄어들었다. 이는 김낙철 형제의 포교로 집안에 빈객이 가득하였기 때문이었다.[13] 이처럼 부안지역에 동학의 교세가 크게 형성될 즈음 해월 최시형은 공주 보평(湺平)

9 「김낙봉 이력」, 『동학동민혁명국역총서』 5, 동학농민혁명참가자명예회복심위위원회, 2009, 220쪽.
10 허철희, 「동학대접주 용암 김낙철」, 『부안 21』, 2003.1; 「부안에서의 동학」, 『부안독립신문』 2009년 5월 5일자; 박맹수, 『사료로 본 동학과 동학농민혁명』, 모시는사람들, 2009, 174쪽. 「김낙봉 이력」에는 "아버지 대에서 형제분이 나와 맨손으로 집안을 이루어 몸소 수만 환(圜)의 재산을 이루었다"라고 하였다.
11 『天宗列賢錄』, 『구악종보』 2, 1914.7, 61쪽; 「용암성도사역사약초」; 「김낙철역사」, 『동학농민혁명국역총서』 5, 167쪽.
12 「김낙철 역사」, 『동학농민혁명국역총서』 5, 167쪽; 박맹수, 『사료로 보는 동학과 동학농민혁명』, 174쪽.
13 「김낙봉 이력」, 『동학동민혁명국역총서』 5, 220쪽.

윤상오(尹相五)의 집으로 이주하였다.[14] 김낙철은 동생 김낙봉, 김영조, 손화
중과 함께 여러 차례 찾아가 가르침을 받았다. 이때 해월 최시형은 "天心을
잃지 않고 食道를 미리 갖추고 氣를 바르게 하는 것이 가장 어렵다. 또한 먹
는 것이 한울님이다"라고 가르침을 주기도 하였다.[15] 이는 동학의 핵심적인
가르침인 '수심정기(守心正氣)'와 '식고(食告)'의 중요성을 강조한 것이다. 이어
이해 7월에는 해월 최시형이 부안 신리에 머물게 되자 교인 수백 명을 이끌
고 배알하였다. 다음날 옹정의 부안접주 김영조의 집에서 하루를 머문 다음
날 태인 동곡 김낙삼의 집으로 떠나면서 "부안에 꽃이 피고 부안에 열매가
맺힐 것이다"[16]라고 하였다. 이를 계기로 김낙철 형제는 더욱 동학을 포교
하였는데, 1892년과 1893년에는 관할하는 교인이 수만 명에 이를 정도로
부안지역에 교세가 크게 확장되었다.[17]

이처럼 김낙철, 김낙봉 형제가 부안에서 교세를 확장하던 1892년과
1893년, 동학교단은 신앙의 자유를 획득하기 위해 교조신원운동을 전개하
였다. 1892년 5월 들어 호서지역과 호남지역의 동학교인들이 관헌과 지역
토호들의 탄압에 견디지 못하고 길거리로 나앉게 되는 사례가 적지 않았다.
이들은 갈 곳이 없자 동학지도부가 있는 보은 장내리와 금구 원평으로 모여
들었다.

이와 같은 상황을 타개하기 위해서는 무엇보다도 동학의 공인이었다. 즉
신앙의 사유를 획득하는 것이었다. 이에 따라 동학의 중견지도자인 서병학

---

14 이에 대해 「김낙봉 이력」에는 1890년 가을 해월 최시형이 김연국과 함께 공주 신평 윤상오의
   집에 머물렀다고 하였다. 그런데 이 기록은 김낙봉이 잘못 기록한 것이다.
15 「김낙철 역사」, 『동학농민혁명국역총서』5, 167쪽.
16 「김낙철 역사」, 『동학농민혁명국역총서』5, 167-168쪽; 「김낙봉 이력」, 『동학농민혁명국역총서』
   5, 220-221쪽. 그런데 이 기록 역시 차이를 보이고 있다. 김낙철은 1891년 7월 김영조의 집
   에서 김낙삼으로 떠날 때이고, 김낙봉은 같은 해 5월 금구 김덕명의 집에서 한 것으로 각각 기
   록하였다.
17 「김낙철역사」, 『동학농민혁명국역총서』5, 168쪽.

과 서인주는 이해 7월 처음으로 교조신원운동을 추진하고자 하였다.[18] 서병
학과 서인주는 해월 최시형을 찾아가 교조신원운동을 전개할 것을 요청하였
지만 해월 최시형은 "때를 기다림만 못하다"고 하여 신중하게 접근하였다.[19]
그러나 서인주와 서병학 외에도 일반 교인들도 교조신원운동의 필요성을 제
기함에 따라 해월 최시형은 이해 10월 공주에서 교조신원운동을 전개하였
다. 이어 11월에는 삼례에서 교조신원운동을 재차 전개하였다.[20] 그런데 이
두 차례의 교조신원운동에 김낙철과 부안지역 동학교인들은 참가하지 않았
다. 이에 대해 김낙철의 동생 김낙봉은 다음과 같이 기록하였다.

> 서장옥이 교조신원운동을 할 때, 성훈에 "허락하지 않았다"고 하고 승인을 받을 것
> 을 말하며 조금도 돌아보지 않았다.[21]

이는 김낙철, 김낙봉 형제가 공주와 삼례에서 전개한 두 차례의 교조신원
운동에 참여하지 않았음을 알 수 있다. 그렇다면 김낙철, 김낙봉 형제는 왜
교조신원운동에 참여하지 않았을까. 이는 김낙철과 김낙봉의 연원[22]이 김연
국계였기 때문이다. 김연국계에서 정리한 『해월선생문집』에 의하면, 공주와
삼례의 교조신원운동은 해월 최시형의 허락 없이 서인주와 서병학이 주도로
전개한 것으로 기록하였는데,[23] 이러한 인식은 김연국계인 김낙철 형제도
마찬가지였던 것이다. 그렇지만 이듬해 광화문에서 전개한 교조신원운동에

---

18 『천도교서』, 포덕 33년조 ; 『해월선생문집』임신년조.
19 표영삼, 『동학』2, 통나무, 2005, 196쪽. 해월 최시형의 신중함은 1871년 영해교조신원운동에
  서 많은 교인들이 희생당하였기 때문이었다. 더욱이 영해교조신원운동은 병란적 성격을 가지
  고 있었기 때문에 서인주와 서병학의 요청 또한 병란적으로 전환될 것을 염려하였다.
20 오지영, 『동학사』, 영창서관, 1938, 70쪽.
21 「김낙봉 이력」, 『동학농민혁명국역총서』5, 221쪽.
22 동학에서 연원의 의미는 전교인과 수교인의 관계이다. 김낙철과 김낙봉은 1891년 3월 해월 최
  시형이 공주 보평에 머무를 때 김연국이 수행하였다. 이때 김낙철 형제는 김연국과 연원관계
  를 맺었고, 동학교단이 천도교와 시천교로 분화될 때 김연국을 따라 시천교로 갔다.
23 표영삼, 『동학』2, 205-206쪽.

는 적극적으로 참여하였다. 광화문 교조신원운동은 공주와 삼례에서 교조의 신원을 지방 관찰사를 상대로는 목적을 달성할 수 없다는 사실을 확인하였기 때문에 중앙정부를 상대로 전개한 것이다. 1893년 1월 29일 왕세자 탄신일을 맞아 전개된 광화문교조신원운동은 소두 박광호를 비롯하여 김연국, 손병희, 손천민, 박인호 등 교단지도부들이 참여하였다. 이와 같은 광호문교조신원운동에는 김낙철 형제와 부안지역 동학 조직도 적극적으로 참가하였다.[24] 이에 대해 김낙철과 김낙봉은 다음과 같이 기록하였다.

> 계사년 3월에 대선생님(수운 최제우-필자)의 신원을 하러 동생 낙봉이 김영조와 교도 몇 백 명과 함께 서울에 갔으나 대선생님의 억울함을 풀어드리지 못하고 돌아왔다. 그때 나는 도내의 도도집을 맡고 있었다.[25]

> 그러다가 다음해 계사년(1893년-필자) 봄 대궐 문 앞에서 복합상소를 할 때에 참여하였다.[26]

즉 부안지역 동학 조직의 책임자였던 김낙철은 동생 김낙봉과 김영조 등을 포함한 백여 명의 동학교인들 참아하였던 것이다. 그렇지만 김낙철이 밝히고 있는 바와 같이 몇 백 명은 좀 과장되었다고 판단된다. 아마도 김낙철, 김낙봉, 김영조 등 핵심인물만이 참가하였다고 보여 진다.

광화문교조신운동 결과 국왕 즉 고종이 집으로 돌아가 생업에 종사하면 소원에 따라 베풀어 준다고 하였지만[27] 실제적으로는 동학교인에 대한 탄압은 더욱 심하였다. 김낙철은 광화문교조신원운동 이후 상황을 "이때부터 각도와 각읍에서 지목이 크게 일어나 붙잡힌 자와 죽음을 당한 자가 이루 헤아

---

24 『동학도종역사』계사년조; 『해월선생문집』 계사년조; 『천도교회사초고』계사년조.
25 「김낙철 역사」, 『동학농민혁명국역총서』5, 168쪽.
26 「김낙봉 이력」, 『동학농민혁명국역총서』5, 221쪽.
27 『시천교종역사』 제2편 계사년조.

릴 수가 없었다"[28]라고 하였다. 이와 같은 관의 탄압에도 불구하고 김낙철은 병을 구제하는 일을 종사하며 동학 포교에 적극적으로 활동하였다.[29]

광화문교조신원운동에서도 동학 공인을 획득하지 못한 동학교단은 이해 3월 10일 수운 최제우 순도일을 기해 충북 보은 장내리에서 다시 한 번 집회를 갖기로 했다. 이에 동학교단 지도부는 충북 청산군 포전리에서 수운 최제우 순도향례를 한 후 전국의 교인은 장내로 모이라는 통유문을 발송하였다.[30] 그런데 이 통유문에는 교조신원뿐만 아니라 외세에 대한 저항 즉 반외세의 내용을 포함하였다.[31] 이는 앞서 광화문에서 전개한 교조신원운동 과정에서 서구열강들의 침략성을 직접 눈으로 확인하였기 때문이었다. 이로써 보은의 집회는 교조신원운동에서 척왜양창의운동으로 전환되었다.

해월 최시형으로부터 통유문을 받은 김낙철은 동생 김낙봉과 함께 부안지역 동학교인들을 이끌고 보은 장내로 향하였다. 보은 장내에는 각지의 동학교인들이 집결하여 수만 명에 달하였다. 해월 최시형은 보은에 집결한 각 포의 조직에 포명을 부여하는 한편 대접주를 임명하였다. 『동학사』에 의하면 부안대접주에 김낙철이 임명된 것으로 기록하고 있는데,[32] 여기에는 약간의 오류가 있는 것으로 보인다. 즉 김낙철과 김낙봉 형제는 보은 장내에 직접 참여하지 못한 것으로 추정된다. 왜냐하면 김낙철의 기록에는 보은 척왜양창의운동에 대해 전혀 언급을 하지 않고 있으며, 김낙봉 역시 보은으로

---

28 「김낙철 역사」, 『동학농민혁명국역총서』5, 168쪽.
29 「김낙철 역사」, 『동학농민혁명국역총서』5, 168쪽.
30 『천도교회사초고』계사년조; 『동학도종역사』계사년조.
31 외세에 대한 반침략적 내용은 다음과 같다.
　"(전략) 밖으로는 침략세력이 더욱 떨치게 되었다. (중략) 생각다 못해 다시 큰 소리로 원통한 일을 진정하고자 이제 포유하니 각 포 도인들은 기한에 맞추어 일제히 모여라. 하나는 도를 지키고 스승님을 받들자는데 있고, 하나는 나라를 바로 도와 백성을 편안하게 하는 계책을 마련하는데 있다."
32 오지영, 『동학사』, 83-84쪽.

향하였지만 고산(高山)까지 밖에 못 갔던 것이다. 김낙봉은 보은 척왜양창의
운동에 대해 다음과 같이 기록하였다.

> 연이어 계사년 3월 보은 장내에 입회가 있어 고산 등지로 올라갔다가 해산하라는 명
> 령을 뜯고 집에 돌아왔고, 나중에 올라가 뵈었다.[33]

즉 김낙철과 김낙봉 형제는 보은으로 가던 중 고산에서 해산 명령을 듣고
되돌아온 것이다. 결국 김낙철은 척왜양을 기치로 내건 보은 장내리에 참가하
지 못하였던 것이다. 그렇지만 무안에서 동학을 포교하고 교세를 확장한 김낙
철의 명성이 부안대접주로 임명되었을 가능성은 충분하였다고 판단된다.

3. 동학농민혁명과 부안지역 동학의 동향

동학농민혁명의 첫 기포는 1894년 1월 10일 고부에서 시작되었다. 고부
기포는 전봉준을 비롯하여 사발통문에 참여한 20명이 주도하였다. 전봉준
등 동학교인과 농민들은 고부관아를 점령한 후 이 일대를 한 눈에 조망할 수
있는 백산으로 이동하였다. 백산에서 옛 성을 수축하는 한편 전열을 정비하
였다. 이처럼 전봉준이 고부에서 동학농민혁명의 첫 기포를 하였지만 김낙
철 등 부안지역 동학 조직은 적극적으로 참여하거나 협력하지 않았다. 우선
김낙철은 고부기포의 동향을 파악하였다.

> 갑오년 3월부터 고부 전봉준이 민요의 장두로서 고부 경내의 인민을 선동한다는 말
> 이 들리므로, 은밀히 그 속을 탐문해 보았더니 외면은 민요의 장두이나 내면은 스스
> 로 동학의 두목이라 부르며 다른 사상을 품고 있었다.[34]

---

33 「김낙봉 이력」, 『동학농민혁명국역총서』5, 221쪽.
34 「김낙철 역사」, 『동학농민혁명국역총서』5, 168쪽.

김낙철은 전봉준의 고부기포를 민요(民擾)로 인식하였다. 그리고 진정한 동학교인이 아니라고 보았다. 그렇기 때문에 전봉준의 고부기포에 대한 동향 파악을 무엇보다도 우선하였다. 그가 파악한 동향은 직접 언급하고 있지는 않지만 '다른 사상'으로 우회적으로 표현하였다. 그렇다면 '다른 사상'은 무엇인가. 이에 대해서는 그의 동생 김낙봉은 "고부의 전봉준이 자신의 아버지가 해당 군수 조병갑의 손에 죽은 일을 보복하기 위해 민란을 일으켰다가 마음대로 되지 않아"[35]라고 하여, 아버지의 억울한 죽음에 대한 복수로 인식하였다. 이와 관련하여 『동학사』는 전봉준의 아버지와의 관계를 다음과 같이 기술하였다.

> (전략) 古阜郡守 趙秉甲이는 그것을 奇貨로 여기어 민간에 勒捧하게 되는 것이며, 기타의 것도 모두ㄱ 무리로 濫捧하게 되어 古阜 백성들은 극도로 격분이 생기어 古阜 16面 수백 동리에 있는 수만 명의 인구들은 일시에 일어섰다. 그 백성 중에 狀頭로 나선 사람은 全彰赫, 金道三, 鄭一瑞 등 세 사람이며 세 사람 중에는 全彰赫이 首狀頭가 되었었다. 古阜 백성들은 이 여러 가지 원통한 사정을 들어 本 郡守 趙秉甲에게 等訴를 하였다. 郡守 趙秉甲이는 이것을 亂民이라고 하여 狀頭 세 사람은 곧 때려 가두고 全羅監營에 報狀을 올려 세 사사람은 監營에 移囚하게 되어 여러 백성들은 두들겨 몰아냈다. 이때 전라감사 金文鉉은 狀頭들이 많은 백성들을 충동시켜 亂을 일으킨 것이라 하여 嚴刑으로써 狀頭를 징벌한 후 다시 令을 내리어 古阜 本獄으로 移囚하고 嚴刑納考하라 하였음으로써 狀頭 세 사람은 모두 古阜郡에 내려와 重杖을 맞고 獄中에 滯囚하였는 바, 首狀頭 全彰赫은 마침내 獄中에서 杖斃되고 말았다.[36]

전봉준의 아버지 전창혁이 고부군민을 대표하여 등소할 때 수장두로 나섰다가 죽음을 맞은 것이다. 이에 전봉준은 억울하게 죽은 아버지의 원한을

35 「김낙봉 이력」, 『동학농민혁명국역총서』5, 221쪽.
36 오지영, 『동학사』, 103~104쪽.

갚기 위해 동학 우두머리라 칭하고 민요를 일으킨 것으로 보았다. 즉 김낙
철과 김낙봉 형제는 전봉준의 고부기포를 사적 원한을 해소하기 위한 것으
로 인식하였음을 보여주고 있다. 김낙철과 김낙봉의 이러한 인식은 전봉준
을 교단 내에서 경쟁의 대상으로 보았기 때문으로 풀이된다.

이와 같은 인식하에 고부기포의 동향 보고서를 동생 김낙봉으로 하여금
청산 문암리에 있는 해월 최시형에게 전달하였다. 이에 해월 최시형은 "이
것도 시운이니 금할 수가 없다"라고 고부기포의 당위성을 인정하였다. 그
렇지만 해월 최시형은 김낙봉에게 "너는 형과 상의하여 접의 내부를 정중히
단속하고 숨어 지내는 것을 위주로 하라"고 하면서 답장과 첩지 4천여 매를
주었다.[37] 즉 전봉준에 동조하지 말고 자중할 것을 당부하였다. 이에 김낙철
은 관내 각 접에 해월 최시형의 뜻을 전달하고 수도에만 매진하였다. 김낙
철은 해월 최시형이 동생 김낙봉에게 전한 비밀지령을 다음과 같이 밝혔다.

> 저 봉준은 교인으로 일을 한 것이 아니라 속으로 다른 생각을 갖고 있으니, 너의 사
> 형(김낙철─필자)과 상의하여 절대 상관하지 말고 몰래 각 접에 기별해서 비록 온갖
> 어려움 가운데 있더라도 조금도 상관하지 말고 모두 지휘에 따라 봄을 기다리라.[38]

한편 고부기포를 주도하였던 전봉준은 고부관아를 점령하는 한편 새로 임
명된 고부군수 박원명과 관민화합의 책을 마련하였지만 안핵사로 파견된 이
용태는 오히려 동학교인들을 탄압하였다. 이에 전봉준은 고부기포에 참여
하였던 일반 동학농민군을 일시 해산하고 지도부를 이끌고 정읍대접주 손화
중[39]에게 의탁하였다. 이어 3월 20일 무장 공음치에서 포고문을 발표하고

---

37 「김낙봉 이력」, 『동학농민혁명국역총서』5, 221쪽.
38 「김낙철 역사」, 『동학농민혁명국역총서』5, 168쪽.
39 손화중은 1893년 3월 보은 장내리에서 개최된 척왜양창의운동에서 정읍대접주로 임명되었
   다.(오지영, 『동학사』, 83-84쪽)

재차 기포하였다.

무장에서 기포한 동학농민군은 굴치를 넘어 고창을 점령하였다. 이어 일부는 정읍과 고부를, 그리고 일부는 흥덕을 지나 부안으로 진출하였다. 부안으로 향하던 동학농민군은 사진포에서 하루를 묵은 후 3월 22일 오전 10시경 부안 줄포로 향하였다. 줄포는 부안대접주 김낙철의 관내로 이곳으로 동학농민군이 진출한 것은 김낙철포와 연대를 하기 위함이었다. 줄포를 잠시 점거한 동학농민군은 오후 6시 줄포를 떠나 오후 8시경 고부에 이르렀다.[40]

이처럼 무장에서 기포한 동학농민군이 부안지역으로 진출하자 김낙철은 전봉준과 연대를 하지 않고 오히려 부안지역의 안정을 도모하였다. 이에 대해 김낙철은 다음과 같이 기록하였다.

> 그러나 뜻밖에 전봉준이 고부성을 무너뜨린 뒤에 각처의 교인을 선동하여 보전하기 어려울 때에 다시 각처의 무뢰배가 전봉준과 김개남의 포에 몰려들어 각 읍을 어지럽혔다. 그 때에 부안군수 이철화씨가 향유 및 이호와 상의하고 여러 차례 요청하기를, 고을 일이 어떤 지경이 될지 알 수 없으니 들어와서 성을 지켜 외적을 막아 달라고 했기 때문에 어쩔 수 없이 갑오년 4월 1일 교인 수백 명과 함께 서도 송정리 신씨네 제각에 가서 도소를 설치하였다. 그때에 군수가 향촌의 유생 및 이호와 함께 경내의 호에 배정하고 난 뒤에 다시 부민인 요호에게 배정하였다. 동생 낙봉은 신소능과 함께 부안 줄포에 도소를 설치하였다.[41]

이 글에 의하면, 전봉준이 무장에서 기포한 후 부안으로 진출하자, 부안군수 이철화는 김낙철에게 도움을 요청하였다. 이에 김낙철은 4월 1일 부안지역 동학교인 수백 명과 함께 송정리의 신씨 제각에, 그리고 동생 김낙

---

40 『수록』, 1894년 3월 27일 계초; 『동학농민혁명국역총서』3, 6-7쪽.
41 「김낙철 역사」, 『동학농민혁명국역총서』5, 169쪽.

봉은 줄포에 각각 도소를 설치하였다.

김낙철이 도소를 설치한 이틀 후인 4월 3일 전봉준과 손화중은 동학군 4천여 명을 이끌고 부안으로 들어와 군수 이철화를 처형하고자 하였다. 이에 김낙철은 손화중을 달래 화를 모면하였다. 그렇다고 김낙철은 동학농민혁명 자체를 부정하지는 않았다. 김낙철은 손화중에게 부안을 자신에게 맡겨 줄 것을 요구하였을 때, 손화중은 부안에서도 호응한다면 그렇게 하겠다고 하였다. 이에 김낙철은 "나도 갈 터이니 진을 옮기라"고 하여 동학농민혁명에 동참하였다.[42] 이후 김낙철 김낙봉 형제는 부안지역 동학농민군을 이끌고 전봉준, 손화중과 함께 고부로 진출하여 황토현 전투에 참여하였다. 그렇지만 황토현 전투 이후 김낙철과 김낙봉 형제는 더 이상 전봉준, 손화중과 연대하지 않고 부안으로 돌아왔다.[43]

그렇지만 해월 최시형이 9월 18일 총기포령을 내리자 김낙철은 부안지역 동학농민군과 함께 부안에서 기포하였다. 당시 부안에서 기포한 동학지도자는 김석윤, 신명언, 강봉희, 신윤덕, 이준서, 신규석 등이 있다. 김낙철 등은 호남과 호서지역 동학군이 연합전선을 형성하는 논산으로 가지 않고 독자적으로 부안에 남아서 집강소를 설치하고 패정개혁을 단행하였다. 이로 인해 부안은 전란임에도 불구하고 평온한 상태를 유지하였다.[44]

김낙철이 동학농민혁명 당시 무력적으로 부안관아를 점령하지 않고 군수와 유생들의 요청을 받아 도소를 설치한 것은 급진적인 사회변혁보다는 종

---

42 「김낙봉 이력」, 『동학농민혁명국역총서』5, 224-225쪽.
43 「김낙봉 이력」, 『동학농민혁명국역총서』5, 225쪽.
44 「김낙봉 이력」, 『동학농민혁명국역총서』5, 225-226쪽. 이에 대해 김낙봉은 다음과 같이 기록하였다.
  "10월에 군수 윤시병씨가 새로 부임해서 형에게 말ㄹ하기를 "이곳에 와서 탐문해보니, 온 경내의 인민이 그대의 덕으로 살게 되었다고 한다. 위로부터 하는 일은 내가 맡을 것이니 탁란배의 금지는 그대가 담당하라고 하여 서로간에 의리가 자연히 특별하였다."

교적 신념에 따른 점진적 변혁을 위한 조치였던 것이다.[45] 그러나 무엇보다도 중요한 것은 부안지역에서 동학에 대한 사회적 인식이 부정적이지 않았다는 사실이다. 여기에는 누대를 살아온 김낙철 가문과 천석꾼이면서도 동학에 입도한 김낙철, 김낙봉 형제의 성품에 기인한 것으로 본다. 이와 같은 인식으로 동학농민혁명 기간 부안에서는 관과 유생, 그리고 동학과 관민상화(官民相和) 내지 민중자치(民衆自治)가 가능하였던 것이다. 이와 같은 상황을 김낙철은 다음과 같이 밝히고 있다.

> 전봉준, 김개남, 정일서의 포가 동도라고 하여 각 포구와 부민을 어지럽히는 것이 매우 심하였기 때문에 밤낮으로 힘을 내어 방어를 하였다. 그래서 온 고을(부안-필자)이 편안하기를 요순시대와 같아서 온 고을 사람들의 칭송이 자자하였다.[46]

한편 동학농민혁명이 한창 진행되던 시기 김낙철은 제주도 유민들을 구제하였다. 제주도는 1893년과 1894년 두 해 동안 가뭄이 들어 매우 어려운 상황에 처하였다. 제주도민들은 호남지역 각 포구로 나가 식량을 구하려고 하였지만, 오히려 자신들의 물건을 빼앗기는 경우가 더 많았다. 그런데도 불구하고 줄포에서 식량을 구하던 제주도 유민들을 보살펴 주었던 것이다. 이러한 연유로 인해 훗날 김낙철이 옥중에 있을 때 제주도민이 구명운동을 하기도 하였다.[47]

---

45 「기획연재 정재철의 부안사람들」, 『부안 21』, 2005.6.14.
46 「김낙철 역사」, 『동학농민혁명국역총서』5, 169쪽.
47 「김낙철 역사」, 『동학농민혁명국역총서』5, 178-179쪽. 김낙철의 제주도민 구휼 내용은 다음과 같다.
　"하루는 나주 수성군이 사람들에게 말하기를, 부안 김모 형제(김낙철 형제를 말함)가 삼십여 명 죄인 중에서 어떻게 살아났는지 아시는가. 그것은 다름이 아니라 제주 뱃사람 사 오십 명이 배를 타고 영광 등지를 지나다가 부안 대접주 김낙철 김낙봉 형제가 나주 진영에 잡혀 수감되어 있다는 소식을 듣고 말하기를, 우리들이 갑오년에 제주도가 흉년이 들어 경내 몇 만 명이나 되는 인민들이 거의 굶어죽을 지경에 이르렀으나 다행히 부안 김모 형제의 애휼지덕(愛恤之德)을 입어서 몇 만 명 목숨이 보존되었는데, 만약 김모 형제가 죽을 지경에 이른다면 하늘

동학농민혁명이 끝나갈 무렵인 1894년 12월 12일 김낙철과 김낙봉 형제는 일경에 피체되었다. 동학농민혁명 과정에서 부안대접주로 활동하였던 것이 널리 알려졌기 때문이었다. 그러나 실제적으로 관군과 일본군과의 전투에 직접적으로 참여하지 않았던 김낙철은 쉽게 처리될 것으로 생각하였다. 그러나 동학을 토멸하고자 하였던 일본군은 김낙철, 김낙봉 형제를 피체한 후 부안을 거처 나주감옥으로 이송하였다. 이후 전주로 압송하기 위해 출발하였으나 김제-고부-정읍-장성-나주 북창점-장성을 거쳐 1895년 1월 3일 다시 나주옥에 감금되었다. 이때 전봉준, 손화중, 이방언 등도 함께 있었다. 나주옥에서 6,7일을 묵은 뒤 김낙철 형제는 장성-정읍-금구-전주-여산-노성-공주-천안-수원을 거쳐 서울에 도착 진고개에 있는 일본 순사청에서 신문을 받은 후 감옥소에 이감되었다. 이곳에서 4,5차례 더 조사를 받은 후 3월 21일 김방서, 이방언과 함께 풀려났다.[48] 앞서 언급하였듯이 김낙철 형제가 무사히 풀려날 수 있었던 것은 제주도민의 구명운동

이 어찌 돌아본다고 할 수 있겠는가. 우리들이 김모 형제를 대신하여 나주군에서 죽는다 할지라도 김모 형제를 구활(救活)하는 것이 옳은 일이라 하고 일제히 나주군으로 들어가 목사 민모 씨에게 등장(等狀·청원서)을 올려 호소하기를, 제주도가 계사(1893년) 갑오(1894년) 두 해에 홀로 큰 가뭄을 만나 경내 몇 만 명 생령들이 거의 죽을 지경에 이르러 생선 등을 배에 싣고 전라도 각 포구에 이르러 곡식과 바꾸려고 할 즈음에 다른 포구에서는 탁란군(濁亂軍·동학농민군)에게 배에 실었던 물건을 모두 빼앗겼으나 오직 부안의 각 포구에서는 혹시라도 탁란군에게 물건을 빼앗기면 김모가 즉시 사람을 보내어 추급(推給·물건 값을 셈하여 지불함)했기 때문에 단 한 홉의 곡식도 잃어버리지 않아 제주 경내 인민들이 부안군의 조맥(租麥·쌀과 보리)으로 모두 목숨을 유지할 수 있었으니, 이것은 바로 김모 형제의 덕화가 아니겠습니까? 그러니 만일 김모 형제를 죽이시려면 소인들을 죽이시고 김모 형제는 생명을 보존하게 하여 주시옵소서라고 호소하니, 목사 말하기를 이 죄인들은 김여중 김명중이요 김낙철 김낙봉이 아니라고 하였다. 뱃사람들이 다시 여쭙기를 여중 명중은 자(字)요, 낙철 낙봉은 이름입니다 하니, 목사가 의아하게 여겨 하인 한 명을 부안군으로 보내 김모 형제의 자와 명을 자세하게 조사하도록 하였다. 하인이 부안군으로 가는 길에 흥덕과 경계를 이루는 곳에 이르러 사람들에게서 여중 명중은 자요 낙철 낙봉은 이름이라는 말을 듣고 돌아와 보고하기를 하나는 자요 하나는 명이라고 보고를 하니, 목사가 탄복하면서 폐하에게 장계(狀啓·보고문서)를 올리겠다고 하였다"

48 「김낙철 역사」, 『동학농민혁명국역총서』5, 169-174쪽.

도 적지 않은 영향을 주었던 것이다.[49]

동학농민혁명 과정에서 김낙철의 활동은 혁명가로서보다는 종교가로서의 모습을 보여주었다. 이와 같은 인식은 그가 동학농민혁명 이후 활동에서 잘 드러나고 있다. 특히 해월 최시형과의 관계는 인간적인 김낙철의 참모습을 알 수 있다. 뿐만 아니라 부안지역 역시 동학농민혁명 이후 여타 지역과 달리 동학교인들의 피해가 상대적으로 많지 않았다고 할 수 있다.

4. 동학교단의 재건과 김낙철의 활동

1890년 6월 7일 동학에 입도한 김낙철은 김연국을 연원[50]으로 하여 일생을 동학교인으로 살았다. 연원주인 김연국은 해월 최시형과 인척관계였던 관계로 스승으로 모셨던 해월 최시형과의 관계는 각별하였다. 자신의 목숨을 대신할 만큼 받들어 모셨다.

동학농민혁명 이후 고향에 돌아온 김낙철은 1896년 2월 9일 부안 하동면 신성리로 이거하였다. 그러면서도 김낙철은 교단지도부와 유기적 관계를 맺으면서 부안지역의 동학 조직을 재건하였다.[51] 이거에 앞서 1895년 7월 임실의 김학종을 통해 해월 최시형을 만난 김낙철은 1896년 4월 상주 고대촌에 머물던 해월 최시형을 찾는 등 꾸준히 동학교단을 찾아 가르침을 받았다. 1890년대 후반 들어 동학교단은 구암 김연국, 의암 손병희, 송암 손천민 삼암이 교단을 실질적으로 이끌었는데, 김낙철은 구암 김연국을 따

---

49 「김낙철 역사」, 『동학농민혁명국역총서』5, 180쪽.
50 「天宗列賢錄」, 『구악종보』2, 1914. 7, 61쪽
51 이 시기 김낙철 관내의 조직과 주요 인물은 다음과 같다.
　"咸平에 全章燮 金仁奎 鄭欄容 鄭浩準 魏騏兒 吳權善 李敦生 鄭潤彬 周東潤, 沃溝에 梁奇容, 扶安에 金鍾浩 金尙三, 泰仁에 趙仲衡, 金堤 朴基柱 金學權, 古阜에 蔡成云 白永德 朱淳凡 吳學穆, 咸平에 鄭欄容, 潭陽에 金仲鉉 李煉相, 昌平에 姜在貞, 扶安에崔贊植 李道仲 朴成基이라"

랐다. 그러나 최후에는 구암 김연국과 결별하고 천도교로 돌아와 의암 손병희를 추종하였다.

1897년 8월 해월 최시형은 관의 추적을 피하기 위해 강원도 원주군(현 경기도 여주군) 전거론에 머물고 있었다. 당시 해월 최시형이 전거론에 머물 수 있도록 주선한 인물은 임순호였다. 임순호는 여주 출신으로 동학농민혁명에 참여하였다가 고향에 돌아왔지만 관의 추적으로 떠돌이 행상으로 생활하였다. 그 와중에서도 의암 손병희와 교류하면서 1896년 10월 전거론에 두 채의 집을 마련하였다.[52] 두 채 중 하나는 해월 최시형과 구암 김연국, 김낙철과 김낙봉 형제가, 그리고 다른 하나는 의암 손병희와 손병흠 형제가 함께 거주하였다. 김낙철 김낙봉 형제는 지근거리에서 해월 최시형을 보필하고 있었던 것이다. 이곳에 머물 때 해월 최시형은 관의 추적을 피하기 위해 서울서 내려온 '이교관'이라고 하면서 은신 중이었다.

이처럼 철저하게 관의 추적을 피하면서 은신 중이었지만, 1898년 1월 4일 권성좌가 관병 20여 명을 대동하고 해월 최시형을 잡으러 왔다. 권성좌는 이천 보평에 거주하고 있는데, 구암 김연국의 연원이었다.[53] 권성좌는 고문에 못 이겨 해월 최시형의 거처를 알고 있다고 자백하였던 것이다. 당시의 상황을 김낙철은 다음과 같이 기록하였다.

> 그러니 뜻밖에 무술년(1898-필자) 1월 4일 이른 아침에 이천의 권성좌가 병사 20여 명을 데리고 원주군 전거리의 구암 어른 집으로 왔다. 구암 어른이 마침 해월선생님을 모시고 계셔서 집에 있지 않았고 나만 방안에 있었다. 병사들이 집을 에워싸고 권성좌는 관인 한 명과 함께 들어와서 말하기를, 최법헌, 손응구(손병희-필자), 김치구(김연국-필자)는 어디에 있는가라고 하기에, 대답하기를 나는 은진 사람으로

52 임순호, 「해월신사의 은도시대」, 『천도교회월보』 248, 1931.8, 12-15쪽.
53 권성좌는 해월 최시형이 이천 앵산동이 있을 때 구암 김연국을 자신의 집에 머물게 하였다.

이곳을 지나가다 5,6일 전에 주인 이 아무개가 이곳에서 훈학을 해달라고 해서 아이들을 가르치고 있다. 주인의 성을 이씨로 알고 있고, 최법헌 손응구 김치구는 알지 못한다고 하였다. 성좌는 별다른 말은 하지 않고 거처를 가르쳐 달라고 하기에, 최법헌과 손응구는 지금 처음 들었고, 주인 이씨는 그저께 성묘를 하러 광주로 갔다고 하였다. 성좌가 말하기를, 허기와 갈증이 심해서 죽을 지경이니 김치 한 그릇과 냉수 한 그릇을 달라고 하기에, 안방에 들어갔더니 사모님께서 안색이 죽을 지경처럼 변해있었다. 그래서 은밀히 말하기를, 만약 안색이 변하면 저 병사들이 안색을 보고 의심을 할 것입니다. 안심하고 편하게 지나시면 이 사람이 무사히 지켜드리겠습니다 라고 하였더니 안색이 조금 풀어지셨다. 김치와 물을 내어주니 순식간에 모두 달게 먹어버리고 병사를 데리고 다른 곳으로 갔다.[54]

권성좌가 병정 20여 명을 이끌고 해월 최시형을 잡으러 왔을 때 다행히 집안에 없어서 체포를 모면하였다. 하지만 김낙철은 일촉즉발의 상황을 넘겨야만 했다. 일단 자신은 은진 사람으로 주인 아들의 훈장이라고 위장하였다. 그리고 해월 최시형을 모른다고 발뺌하였다. 해월 사모가 두려움에 떨고 있었지만 김낙철의 기지로 무사히 위기를 넘길 수 있었다.

일단 위기를 모면한 김낙철은 바로 피하고 싶었으나 이후 해월 최시형에게 닥칠 위기를 그냥 넘길 수 없었다. 아마도 김낙철의 심적 갈등은 매우 컷을 것으로 여겨진다. 김낙철은 당시의 심정을 다음과 같이 표현하였다.

---

54 「김낙철 역사」, 『동학농민혁명국역총서』 5, 186~187쪽. 그런데 이와 같은 상황을 임순호는 다음과 같이 기록하였다.
"이튿날(1월 4일-필자) 강암(손병흠-필자)이 들어와서 병정이 사방으로 에워싸고 한패는 권성좌를 데리고 구암의 집으로 들어갔다고 한다. 그때 성사(손병희-필자), 강암, 염창순, 나 네 사람이 해월신사를 모시고 있었는데, 성사께서 문득 말씀하시기를, 제가 한 번 시험해 볼 일이 있습니다. 그러나 신사께서는 천명을 순히 함만 같지 못하다 하실 뿐이었다. 구암 집에는 그때 구암 김낙철 김낙봉 염창순 여러 분이 있었다. 병정들은 구암 집에 가서, 이 가운데 누가 최법헌이며 이웃집에 사는 자는 누구냐고 물었다. 이에 구암은 나는 본시 서울 사람으로 낙향한 이모(李某)인데 윗집에 사는 이는 내 삼촌과 사촌이요 이렇게 말을 하니 권성좌 역시 이 가운데 없다고 하여 병정들을 권성좌를 끌고 신사 댁으로 와서 신사 계신 방문을 열고 힐난하는지라. 성사께서는, 너희들이 보는바와 같이 80노인이 몇 달째 병환으로 누워계신데 이렇게 무도한 법이 어디 있느냐 너희는 애미 애비도 없느냐 이렇게 꾸짖었다."(임순호, 「해월신사의 은도시대」, 『천도교회월보』 249, 1931.9, 5쪽)

만약 내가 피해 가버리고 저들이 다시 와서 선생님(해월 최시형–필자)과 구암 및 의
암, 그리고 여러 사람이 모두 잡아간다면 도(동학–필자)가 없어질 것이다. 다시 생
각해서 마음을 정하였다. 나라를 위해 죽는 신하와 선생을 위해 죽는 제자가 마찬가
지이다.[55]

라고 하였다. 즉 스승인 해월 최시형을 위해 자신의 목숨을 희생하기로
마음먹었던 것이다. 즉 자신을 희생하기로 결심한 김낙철은 바로 해월 최시
형을 뵙고 자신이 대신 잡혀갈 것을 요구하였고, 해월 최시형은 그렇게 하
라고 하였다.

잠시 후 권성좌는 다시 병정에 이끌리어 구암 김연국의 집으로 왔고, 김
낙철은 해월 최시형 대신 피체되었다. 김낙철은 여주를 거쳐 이천으로 압송
된 후 고문을 당하는 등 악형을 받았다. 며칠 후 장방청(감옥)에 수감되었다.
이때 이용구,[56] 신택우, 전정읍 등도 함께 수감되었다. 다시 며칠 후 서울로
압송되어 경무청으로 이감되었다. 동학농민혁명 직후 이미 이곳에서 신문
을 받은 바 있는 김낙철에게 모진 고문이 계속되었지만 김낙철은 횡설수설
하는 등 일부러 정신 나간 사람처럼 행동하였다. 얼마 후 김낙철은 이용구
등과 함께 수원으로 이감되었다. 이곳에서 이용구 등은 5월경에 풀려났지
만 김낙철은 돈이 많다고 하여 여전히 옥중에 있다가 7월 13일에서야 석방
되었다. 김낙철이 석방된 것은 해월 최시형이 이해 4월 5일 피체되어 6월
2일 순도하였기 때문이었다. 하늘이 무너지고 땅이 꺼지는 것 같았다. 동학
의 도주인 해월 최시형의 안위를 위해 그토록 극심하였던 악형을 참아왔는
데 하루아침에 보람도 없이 되어버린 것이었다.

석방된 김낙철은 자신이 희생해서라도 스승인 해월 최시형을 구하고자 하

---

55 「김낙철 역사」, 『동학농민혁명국역총서』5, 187쪽.
56 이용구는 충주 외서촌에서, 신택우는 음죽 앵산동에서 각각 피체되었다.

였는데, 스승이 순도하였다는 소식을 듣고 김낙봉과 함께 수원 남문에 올라가 봉두난발로 북쪽을 향해 사배를 하고 마음으로 곡을 하였다. 교중의 일이 궁금하여 서울로 올라가려고 하였으나 구암 김연국, 의암 손병희, 송암 손천민 등 교단지도부의 거처를 알 수 없어 고향인 부안으로 내려왔다. 고향에 돌아온 김낙철은 영학당 봉기에 참여하였다가 관의 추적을 받기도 하였다.[57]

해월 최시형의 순도 이후 동학은 크게 위축되었다. 김낙철은 고향인 부안을 중심으로 동학을 재건하고자 하였으나 상황은 좋지 않다. 김낙철은 옛 동학교인들 찾아가 "요순공맹이 수천 년 전에 죽었으나 그 덕이 오늘에 미치고 있거늘, 해월 최시형의 육신은 비록 돌아갔지만 그 덕화는 죽지 않는다"라고 하면서 설득하였으나 제대로 받아들이는 교인들이 없었다. 그럼에도 불구하고 김낙철은 동학을 재건하는데 절치부심하였다.

1900년 들어 동학교단이 어느 정도 안정되자 손병희가 이끄는 동학교단은 이해 3월 10일 정산에서 수운 최제우 순도향례를 하였다. 이때 김낙철과 김낙봉 형제, 그리고 부안지역 지도급 인사들도 참여하였다. 그리고 이날 김낙철은 팔역편의장으로 임명되었다.[58] 이후 동학교단은 구암 김연국의 피체, 송암 손천민의 순도, 의암 손병희의 일본 외유 등으로 우여곡절을 겪었다. 1904년 갑진개화운동을 거친 후 동학교단은 근대적 종교로 전환하였다. 즉 동학을 천도교로 대고천하(大告天下)하였다. 이어 이듬해 1906년 천도교중앙총부를 설립되자 김낙철은 봉도실 우봉도, 고문실 고문으로 선임되었다.[59] 그런데 이 시기 천도교에는 분화가 있었는데, 일진회를 이끌던

57 박맹수, 『사료로 보는 동학과 동학농민혁명』, 176쪽.
58 「김낙철 역사」, 『동학농민혁명국역총서』5, 196쪽.
59 이동초 편, 『천도교회 종령존안』, 모시는사람들, 2005, 465-466쪽.

이용구 등 친일세력이 천도교로부터 출교 당하자 이용구는 시천교를 설립하였다. 이후 천도교에서 권력 관계에서 이를 극복하지 못한 구암 김연국이 이용구를 쫓아 시천교로 가자 김낙철도 시천교에 합류하였다. 이용구의 사후 시천교는 송병준의 시천교와 김연국의 시천교로 다시 분화될 때 김연국의 시천교에서 활동하였다. 김연국의 시천교에서는 관도사(觀道師)의 직책을 수행하였다.

그러나 1914년 11월 그믐 "잘못했구나. 잘못이로다! 나의 출신이여. 의암 선생은 바로 해월 선생의 정통연원이고 3명 중에 주장의 임명을 받았다. 내가 이제 정통주장의 연원으로 갈 것이다"라고 하면서, 사위인 정갑수를 불러 지난날의 상황을 설명하였다. 그리고 정갑수로 하여금 김낙철의 심정을 전달케 했다. 의암 손병희의 양해 아래 김낙철은 시천교와 절교하고 천도교에 귀의하였다. 1915년 2월 3일 의암 손병희를 찾아 전수식을 갖고 성도사에 선임되었다.[60] 이후 종교적 수행에 전념하던 김낙철은 1917년 12월 22일 60세를 일기로 생을 마쳤다.[61]

5. 맺음말

이상으로 용암 김낙철을 중심으로 부안지역 동학의 포교와 조직에 대하여

---

60 그러나 『천도교회월보』에 의하면 1917년 11월 23일 천도교에 귀의한 것으로 되었다. 그 내용은 다음과 같다.
"교인의 참회식 시천교 법도사 김낙철 이하 이훈범 정갑수 정원섭 김영식 김연식 강소영 최난수 제씨는 시천교로부터 본교에 귀하여 참회식을 행하고 更히 교무에 종사하다."(「중앙총부휘보」, 『천독교회월보』59, 1917.12, 35쪽)
한편 김낙철은 천도교에 귀의하면서 「시천교에 대한 포고문」과 「시천교주 김연국에게 송한 서한문」을 각각 게재되었다. 또한 김낙철은 성도사에 선임되었다고 하는데, 1915년에는 천도교에 '성도사'라는 직책이 없다. 1917년에 조직이 개편되면서 '도사'를 임명하였다.
61 「고성도사 김낙철씨의 장례식장에서」, 『천도교회월보』 90, 1918.1, 35-40쪽.

살펴보았다. 김낙철은 동학이 창명되기 2년 전인 1858년 부안 쟁갈마을에서 태어났다. 부안에서 누대를 살아온 김낙철 가문은 아버지 대에 이르러 천석꾼의 지주로서 자리 잡았다. 당시 동학에는 '삼불입'이라는 말이 나돌 정도로 유생, 양반, 부자는 동학에 입도하지 않는 불문율이 있었다. 그럼에도 불구하고 김낙철은 동생 김낙봉과 함께 1890년 6월 7일 동학에 입도하였다. 동학에 입도한 배경에 대해서 자세하게 밝히지는 않았지만 시천주의 만민평등사상, 후천개벽의 혁세사상, 척왜양의 민족주체사상, 그리고 유무상자의 경제적 평등을 추구하는 동학사상이 영향을 미쳤을 것으로 판단된다. 그런 점에서 김낙철은 선진적이고 매우 진보적인 인물이라고 할 수 있다. 뿐만 아니라 자신의 기득권을 부정하고 역사의 대의를 위해 온 몸을 내던졌다고 해도 과언이 아니다. 동학 입교 이후 김낙철은 부안지역에 동학을 포교하는 한편 지도자로 성장하였다. 동학의 공인운동이라고 할 수 있는 광화문교조신원운동에 참가하고 척왜양의 보은집회에 참여하고자 하는 등 부안지역 동학교인을 조직적으로 이끌었다.

한편 김낙철은 동학에 입도한 후 종교적 신념을 철저하게 지킨 인물로 평가할 수 있다. 이는 그가 평생을 스승으로 모셨던 해월 최시형의 영향을 받았다. 해월 최시형은 급진적인 사회변혁보다는 점진적인 개벽을 추구하였다. 그렇기 때문에 초기에는 동학농민혁명에 적극적으로 참여하지 않았다. 이러한 점은 김낙철도 그대로 보여주고 있다. 김낙철은 1894년 1월 10일 고부에서 전봉준 등 동학교인들이 동학농민혁명의 첫 기포를 하였지만 적극적으로 참가하지 않고 동향을 파악하여 해월 최시형에게 보고하였다. 그리고 해월 최시형의 뜻에 따라 자중하면서 부안지역에서 관민상화를 도모하였다. 그러한 인품으로 김낙철은 부안에서 최고의 지도자로 자리매김되었다. 또한 동학농민혁명 때 제주도민을 구휼하는 등 민중을 위한 지도자의 능력을 보여주기도 하였다. 이는 동학의 유무상자의 정신을 그대로 실천한 사례라고 할 수 있다. 그렇지만 동학농민혁명 이후에는 일본군에 체포되어 옥고를 치루기도 하였다.

그렇지만 아쉬운 부분이 없지는 않았다. 김낙철은 구암 김연국의 연원으로 시종 그와 함께 하였다. 1906년을 전후하여 천도교를 떠나 시천교에 합류하였다. 이러한 그의 모습은 종교에서 연원을 중요시하는 상황에서 어쩔 수 없는 선택이었을 것이다. 하지만 당시 시대를 읽는 예지력에서는 흠집을 남기는 오점이었다고 할 수 있다. 그러나 결국은 의암 손병희의 정통성을 인정하고 천도교에 귀의함으로써 그 오점을 씻을 수 있었다.

말년에 오점을 남기기도 하였지만 김낙철은 진정한 종교인으로서의 삶을 실천한 혁명가임에는 틀림이 없다. 때문에 부안지역 동학지도자로 추앙을 받을 수 있었고, 동학농민혁명 당시 부안지역에서 동학이 추구하였던 관민상화를 실천할 수 있었다고 평가할 수 있지 않을까 한다.

백산대회와 동학농민혁명

-논쟁점을 중심으로

임형진(경희대학교 교수)

백산대회와 동학농민혁명
-논쟁점을 중심으로

1. 서론

1894년 갑오년에 발생한 동학농민혁명은 조선사회의 근대로의 전환과정에서 발생한 최대의 사건이다. 이 속에는 조선의 봉건적 요소에 대한 민중의 해체 요구와 점증하는 외세의 영향력에 대한 거부와 저항의식이 결합되어 있다.

조선조말 민란의 대부분과 달리 갑오년의 동학농민혁명은 과거와 같은 반봉건의 주장만이 아닌 반외세의 의지가 명확히 표명되고 있다. 여기에는 농민층의 외세에 대한 부정적 인식이 동학이라는 조직과 연결되면서 동학이 가지고 있는 대서구관이 반영된 것이라 할 수 있다. 즉, 동학은 만민평등의 원리를 기반으로 기존 조선사회의 봉건적 지배질서에 대한 전면적 부정과 그 대안은 제국주의적 침략을 일삼는 서구세력에서도 찾을 수 없는 그래서 반외세를 외치는 피지배층의 민족주의적 혁명이라 할 것이다.

혁명 당시 동학군이 사용한 만장들을 보면 그들의 혁명적 성격을 더욱 명확히 알 수 있다. 『布德天下』, 『輔國安民』, 『除暴救民』, 『五萬年受運』, 『斥倭斥洋倡義』, 『斥洋斥倭』, 『後天開闢』 등은 당시의 농민민란 그 어느 곳에서도 발견되지 않는 것으로 그들의 외세에 대한 반응과 혁명의식을 증명하고 있다. 이제 외세는 피지배층에게 수용되어야할 당위이기보다는 적극적으로 저항하여야 할 대상으로 인식된 것이다.

 동학혁명은 약 10개월에 걸쳐 대략 4단계[1]를 거쳐 전라도를 중심으로 거의 전국에 미쳐 전개되었다. 그러나 그 혁명의 열기가 미친 파급과 역사적 영향력에 비해서 아직도 학계에는 연구되어야 할 과제들이 무수히 많이 남아 있다. 당시의 참여자들에 대한 역사적 규명은 물론 그 올바른 전적마저도 다 밝혀지지 않고 있다. 특히 최근의 국가기념일 제정과 관련하여서는 그 최초 봉기일을 어디로 잡느냐의 문제가 아직 해결되지 않고 있다 보니 참여자들에 대한 선양작업은 요원한 실정이다.

 본 연구가 주목한 백산대회는 동학농민혁명군이 최초로 형성된 곳으로 알려져 있다. 이곳에서 동학농민혁명군은 격문과 4대 명의 및 12조의 기율을 제정하고 전열을 정비해 혁명군으로서의 대오를 정리했던 것이다.[2] 그러나 아직까지도 백산대회는 그 실체가 정확히 들어나지 않았다. 일테면 그 대회 일자가 언제인지에 대한 정확한 고증과 학계의 일치된 의견도 존재하지 않는다. 더욱이 당시에 발표되었다고 알려진 격문과 4대 명의 등도 위작 논란의 대상이 되거나 혹은 백산대회가 아닌 다른 곳에서 발표되었다는 주장도 제기되고 있다.

 백산은 갑오년 1월의 고부기포 때부터 전략적으로 매우 중요한 위치에 있었던 곳이었다. 그곳은 전략적 요충지로서의 충분한 지리적 위치를 가지고 있었기에 고부기포에서부터 전봉준에 의해 지휘부가 설치될 정도로 중요한 거점이었으며 혁명이 본격적으로 불붙은 3월에는 더욱 중요한 역할을 한 지역이다. 즉, 고부가 동학농민혁명의 진원지로서의 상징성이 있다면 백산은

---

1 1단계는 고부민란단계이고, 2단계는 전주성입성까지, 3단계는 집강소를 통한 동학의 이상을 실천해 보려던 시기였으며, 마지막 단계는 일본에 대항해 소위 제2의 봉기를 하는 시기이다.
2 백산대회는 '백산기포', '백산웅거' 등으로도 불려 졌었다. 그러나 동학 조직이 활용되어 일어선 기포적 성격보다는 전라도 지역의 농민군이 집결해 군세를 정비하고 대오를 갖추고 지휘체계를 확립한 '대회'의 성격이 강하다고 할 수 있기에 백산대회로 하는 것이 옳다고 본다.

농민혁명군의 위상이 갖추어진 대회였기에 동학농민혁명과는 떼려야 뗄 수 없는 역사성을 가지고 있다는 것이다.

본 연구에서는 1, 2차에 걸친 백산대회를 살펴보고 그동안의 논쟁점들을 중심으로 역사적 실체에 접근해 보는 방법을 통해 동학농민혁명과정에서 백산대회가 갖는 의의를 밝혀 보고자 한다.

2. 제 1차 백산 집결

갑오년 1월 고부에서 기포하여 고부관아를 점령한 전봉준은 우선 감옥을 부수고 그동안 조병갑의 학정에 시달리던 백성들을 구조하였다. 그리고는 수세미 1,400여 석이 쌓여있는 창곡을 풀어 원주민에게 돌려주었으며 군기창과 화약고를 격파하고 무기를 확보하였다. 이는 곧 있을 관군의 대대적인 공격에 대비하는 전봉준의 구상이었으며 이 기포가 단순한 고부민란의 수준을 넘어설 것임을 예고하는 것과 다름없었다. 한편 전봉준은 원성의 대상이었던 만석보를 파괴하였다. 이 만석보 파괴로 고부기포의 의의가 실현되었다고 할 수 있다.

만석보는 조병갑이 농민들을 강제로 동원해 동진강 상류에 쌓은 것으로 완공 후에는 고부백성이 모두 무료로 사용하게 하겠다고 해 놓고는 정작 추수기가 되자 수세로 700여석을 착복한 곳이었다. 기포 당시 고부 백성의 원성이 가장 큰 것이 만석보였고 가장 먼저 부셔진 것이 그래서 만석보였다.

한편 전봉준은 사발통문에 서명한 인물들 중심으로 지도부를 구성했다. 이는 고부기포가 단순한 민란이 아니라 조직적인 거사이고 나아가 향후의 구상까지를 염두에 둔 행보라고 할 수 있다. 즉, 전봉준 등은 고부기포를 전개하기 위한 사전준비를 면밀하게 진행시키고 있었던 것이다. 동학 조직을 중심으로 동학교인 뿐만 아니라 일반 민중도 동원하고, 격문과 통문을 마련하고 기포 이후 행동절차, 그리고 지휘본부와 지도부를 조직하였다.

이어서 전봉준은 군사적 요충지인 백산에 성곽을 축성하기 시작하였다. 백산은 삼한 시대 이래로 성곽을 축성했을 정도로 이 일대에서는 군사적 요충지였다. 당시 토성의 흔적이 아직도 남아 있다.[3] 백산을 중심으로 모인 당시의 군사력은 대략 3천명 정도였고 이를 통괄하는 사람으로 각 촌에서 5명씩 선발하였다.[4] 그리고 지휘소를 출입할 때에는 왼쪽 손목에 노끈을 매고 이를 확인하기도 하였다.[5]

전봉준이 본격적으로 농민군의 지휘소를 말목장터에서 백산으로 이동한 것은 1894년 2월 25일이었다.[6] 그동안 고부기포로 일어선 동학농민군은 지휘소를 말목장터에 두었으나 백산으로 이동한 것이다. 그것은 전라감사 김문현이 암살대를 만들어 그들을 담배장수로 위장하고 말목장터에 들어가게 하였으나 곧바로 동학농민군에 체포되어 암살대의 전모가 들어나게 된 사건이 계기가 되었다. 그리고 당시 정읍에는 전라감영에서 병정 300명을 뽑아 매복하고 근처에 있는 7개 군의 병정을 소집해 정읍으로 집결한다는 소문도 뒤따랐다. 결국 전봉준은 보다 안전하고 장기전을 치를 수 있는 백산으로의 진지이동을 결심한 것이다.[7] 당시의 지휘소를 말목장터에서 백산으로 이동한 상황은 다음과 같다.

---

3 정봉선, 『전봉준실기』, 1936: 『동학농민전쟁연구자료집』(1), 여강출판사, 1991, 353 쪽.
4 파계생, 「전라도고부민요일기」, (『주한일본공사관 기록』 I).
5 박문규, 『석남일기』, 갑오년 정월조.
6 위의 책, 파계생, 「전라도고부민요일기」.
7 그러나 당시 백산성의 축조는 고부에서 난이 일어났음에도 인근 읍에서의 호응이 없자 일단 장기전의 테세를 갖춘 것이고 나아가 이는 전봉준 등 지도부가 대규모 봉기를 염두에 두고 있었기 때문이라는 해석도 있다. 배항섭, 「동학농민혁명에서의 무장기포의 성격과 역사적 의의」, 전북사학회 편, 『동학농민혁명의 기억과 역사적 의의』, 2011, 205쪽.

先是에 古阜를 陷落하고 貪官을 攘逐하며 傲吏輩를 懲治하니 各地로부터 和應하는 者―風前에 漸水와 같이 大混雜을 이루더라. 全將軍은 모든 將領과 相議하여 曰, 우리가 民瘼郡弊를 肅淸하고 政治를 革新코자 함이어늘, 한 곳에 오래 머무르면 自然 弊瘼이 民間에 없지 못할 것이요. 또한 不久에 官軍이 全州로부터 襲來할 것이니, 만일 이곳에서 戰鬪가 되면 人家가 稠密한 關係로 人民의 死傷者가 많을 테이니, 人家가 稀闊한 白山으로 移陣함이 어떠 하뇨. 모든 將領이 그와 같이 함이 可라 하는지라. 이에 古阜 北距 20리 許 白山에 移陣하니, 사람의 발자취와 말굽에서 일어나는 티끌이 濛濛히 일어나서 天空을 가리우고 旗幟와 劍戰이 서로 錯雜하여 萬山遍野에 人山人海를 이루었다.[8]

이 글에 따르면 당시 동학농민군이 백산으로 이동한 것인 첫째 민폐를 방지하기 위한 것이고 둘째는 관군의 내습에 대비하기 위한 것이요 셋째는 인가의 보호를 위한 조치였다고 보여진다. 백산에 모인 동학농민군은 장막을 설치하고 진지를 축조하는 등 관군의 공격에 대비태세를 갖추어 나갔다. 여기에서 전봉준의 비전과 지략이 돋보인다고 할 수 있다. 즉, 고부기포를 통해 고부관아를 점령했지만 이것이 그대로 고부에서 벌어진 단순한 민란이 아니라는 선언이며 장차는 전국화하기 위한 장기전의 태세를 갖추었던 것이다. 이를 위해서는 백산보다 훌륭한 진지 구축지는 없었다.

백산은 비록 47미터의 나지막한 야산에 불과하지만 배들평야와 김제 만경평야가 아득하게 한눈에 내려다보이는 지역이다. 그곳은 동진강이 백산의 3면을 두루고 있는 배들평에서 가장 높은 곳이었기에 이곳에서는 주변의 관군의 모든 동향이 그대로 척후될 수 있는 천혜의 요새가 가능했던 것이다. 예로부터 백산은 서쪽으로는 부안, 남쪽으로는 고부, 동쪽으로는 태인, 금구, 원평, 전주로 통하는 교통의 요지이며, 남동쪽으로는 경사가 완만하나 북서쪽으로는 급경사를 이루고 있고, 앞으로는 동진강이 흐르고 있

8 송재섭, 『갑오동학혁명난과 전봉준장군실기』, (필사본), 1954.

어 주둔과 방비에 적합한 군사적 요충지였다. 1894년 백산 위에는 소나무가 드문드문 서 있고, 좁은 길을 따라 산 위로 오르면 깊은 골짜기가 있어 수천 명이 숨어 있을 만하다고 하였다.[9] 또한 이곳에는 海倉이 있어 세곡 4천여 석을 저장해 놓았다.[10] 그리고 백산은 들판에 우뚝 솟아 있어 집결과 감시가 용이한 전략상으로도 중요한 거점이었다. 이에 따라 동학농민군은 백산으로 이동하여 주둔한 것이었고 이후 백산은 동학농민혁명에서 중요한 전략적 요충지가 되었다.

백산에 주둔해 있는 동안 동학농민군은 2월 25일 경에 '전운영'을 파괴하고 나아가 폐정을 개혁하자는 내용의 격문을 비밀리에 58개 지역 동학지도자에게 띄웠다.[11] 이는 이 일대의 많은 고을들이 공통적으로 당하는 고통의 원인인 전운영을 혁파하자는 취지였고 고부기포를 확대시키는 계기로 삼기 위해서 였다.[12] 그러나 원성의 대상이었던 전운사 조필영이 관장하던 함열의 전운영은 격파하지 못하였다. 전봉준은 함열 조창에 나아가 전운영을 격파하고 전운사 조필영을 징치하고자 하였으나 고부를 제외한 타 지역에서는 이에 응하지 않았다. 이는 고부를 벗어나 월경하면 반란으로 받아들일 수 있다는 이유 때문이었다.[13] 이를 보면 당시에는 아직 농민혁명군의 대열이 갖추어지지 않았고 주변 읍에서의 호응도 그 준비기간이 필요한 등 시기상 조였던 것 같다.

고부기포에 대한 조정의 반응과 대응은 이중적이었다. 즉, 용현현감 박원

9 『大阪每日新聞』, 1894. 5. 25.
10 김광래, 「전봉준의 고부 백산기병」, 『나라사랑』제 15집, 1974, 87쪽.
11 파계생, 「전라도고부민요실기」.
12 전운사 조필영은 세미의 이중징수 및 운송비용, 선박의 수리비 등 각종 명목으로 부당하게 수탈을 자행해 조병갑의 학정 이외에 또 다른 원성의 대상이 되고 있었다. 오지영, 『동학사』, 영창서관, 1938, 102-103쪽.
13 장봉선, 『전봉준실기』, 1936; 『동학농민전쟁연구자료집』(1), 353쪽; 송재섭, 『실기』, 62쪽.

명을 고부군수로 새로 임명하여 민심을 수습하는 것이었고, 다른 한편으로는 장흥부사 이용태를 안핵사로 임명하여 동학농민군을 해산시키는 한편 주동자를 엄중 조사하는 것이었다.[14] 2월 15일 고부군수로 임명받은 박원명은 부임 이후 동학농민군이 해산하기만 하면 기포의 책임을 묻지 않기로 하는 등 민심을 수습하였다.

이에 따라 동학농민군과 고부관아 사이에는 비교적 원만한 협력관계가 형성되었다. 그러나 뒤늦게 고부에 들어 온 안핵사 이용태는 병졸 8백명을 동원하여 기포의 주동자와 동학교인들의 집을 불태우거나 부녀자를 능욕하는 등 온갖 만행을 자행하였다.[15] 이처럼 상황이 급변하자 백산에 유진하고 있던 동학농민군은 3월 13일 잠정적으로 해산을 하였다.[16] 그리고 전봉준은 자신을 따르는 휘하 수십 명과 함께 무장으로 피신하였다.[17] 이들은 고부기포 당시 핵심 지도부였다. 고부기포에 참여하였던 동학교인과 일반농민들은 해산하였지만 지도부는 해산하지 않고 후일을 도모하기 위한 활동을 한 것이다.

전봉준이 무장으로 간 이유는 크게 세 가지였다. 첫째는 고부접주 전봉준의 연원관계가 무장대접주 손화중의 관내였기 때문이었고, 둘째는 무장대접주로 있는 손화중의 동학세력이 호남일대에서 가장 규모가 컸기 때문이었다. 그리고 셋째는 이러한 관계에서 무장이 지리적으로 고부와 비교적 가까웠기 때문이었다.[18] 특히 전봉준과 손화중은 단순한 연비의 관계뿐만 아니

14 『고종실록』 고종 31년 2월 15일조 및 『일성록』 갑오년 2월 15일조; 『고종시대사』 3, 1969, 탐구당, 410쪽.
15 오지영, 『동학사』, 106-107쪽.
16 파계생, 「전라도고부민요일기」, 황현의 『오하기문』에는 3월 3일에 해산된 것으로 기록하고 있다. 고부기포가 실패냐, 잠정적인 전략적 철수냐 역시 오랜 논쟁거리이다. 그러나 당시의 지도부가 그대로 무장에서도 계승되었다는 점 등에서 전략적 이동으로 보는 것이 타당할 듯하다.
17 신용하, 『동학농민혁명의 사회사』, 지식산업사, 2005, 99쪽.
18 성주현, 『동학과 동학혁명의 재인식』, 국학자료원, 2010, 294쪽.

라 동지적 결합관계였다.[19]

무장에서 전봉준은 손화중과 고부기포의 상황과 관의 동향, 그리고 이후의 대책 등을 논의한 후 손화중의 집에 도소를 설치하였다. 당시 동학교단은 해월 최시형이 머물고 있던 충청도 보은에 대도소를 두었는데, 전봉준과 손화중이 도소를 설치한 것은 대도소와 긴밀한 관계를 유지하면서 유사시 호남지역의 동학조직을 통활하기 위한 것이었다. 그러나 손화중은 전봉준의 기포에 대해 시기상조라 하여 적극적으로 수용하지 않았다.[20] 이는 특히 호남 최대의 접주인 손화중이 차지하는 동학교단 내에서의 비중 때문에 섣불리 움직일 수 없는 이유 때문이었다. 그러나 분명한 사실은 손화중이 거절한 것이 아니라 시기상조임을 말했다는 것이다. 이는 다시금 언제든 그 시기가 도래하면 거사할 수 있음의 다른 표현이었다고 볼 수 있다.

실제로 전봉준이 고부기포를 해산한 3월13일부터 무장기포가 성립된 3월 20일까지의 사이에는 손화중에 의한 동학교단과의 긴밀한 논의가 있었을 것으로 보인다.[21] 그래서 손화중은 전봉준, 김개남, 김덕명 등 호남의 대접주들과 함께 3월 20일 "동학이 하늘을 대신하여 세상을 다스려 나라를 보호하고 백성을 편안케 할 것이다. 우리는 살상과 약탈을 하지 않을 것이나 오직 탐관오리만은 처벌할 것"[22]을 기치로 하여 무장포고문을 발표했다. 포고문의 내용은 다분히 유교적인 내용으로 되어 있지만 '보국안민'과 '제세안민'할 것을 표방함으로써 동학적 가치를 전면에 내세우고 있어 이 기포가 동학을 바탕으로 한 혁명임을 천명한 것이다.

---

19 신용하, 앞의 책, 143–144쪽.
20 장봉선, 앞의 글, 354쪽; 조광환, 『소통하는 우리 역사』, 살림터, 2008, 103쪽.
21 성주현, 앞의 책, 295쪽 참조.
22 황현, 『오하기문』; 김종익 역, 『번역 오하기문』, 역사비평사, 1994, 72쪽.

3. 제 2차 백산대회

무장포고문이 발표된 이후 전라도 각지에서 동학농민군이 기포하기 시작했다. 3월 21일 고창을 점령한 동학농민군은 23일 12시경에 줄포에 도착했고 고부에 이른 것은 오후 8시 경이었다. 23일 늦은 저녁에 고부에 도착한 동학농민군은 우선 향교와 관아를 차지하고 읍내의 서리와 민가에서 저녁을 조달하였다.[23] 24일의 동향에 대해서는 보고가 없어 자세한 활동은 알수 없지만, 억울하게 투옥되었던 동학교인 등을 석방하는 한편 군량미를 비축하였을 것으로 보인다. 또한 안핵사 이용태에게 부화뇌동한 관리들을 색출 처리하고, 폐정개혁을 단행하였다. 동학농민군은 이러한 일을 하면서 25일까지 3일간 머물렀다.

3월 25일에는 무장을 강화하기 위해 무기고를 열다가 실수로 화약고에 불을 내어 수십 명의 희생자가 나기도 하였다.[24] 이날 오후 2시경 동학농민군은 고부의 서북쪽으로 빠져나갔다. 당시 고부에 머물렀던 동학농민군은 3천여 명으로 대부분 동학교인들이었다.[25] 태인에서 점심을 먹고 원평에서 하루를 유숙한 후 3월 26일 백산에 도착하였다. 그리고 이날 화호의 신덕정에서 총을 쏘고 함성을 지르는 등 훈련을 하면서 동학농민군의 군세를 보여주기도 하였다.[26]

백산에 동학농민군이 고부기포에 이어 두 번째 설영한 것은 이미 고부기포 때 백산성을 축성한 바 있으며, 여전히 백산을 전략적 요충지로 인식하고 있었기 때문이었다. 이러한 지정학적 군사적 요충지인 백산은 무장기포

23 『수록』, 1894년 3월 27일 계초(『동학농민혁명국역총서』3, 7쪽).
24 파계생, 「전라도고부민요일기」(『주한일본공사관기록』1, 58쪽)
25 『수록』, 1894년 3월 27일 계초(『동학농민혁명국역총서』3, 7쪽)
26 황현, 『오하기문』, 수필(『번역 오하기문』, 75-76쪽).

234 · 인물로 본 부안 동학농민혁명과 동학정신

이후 동학농민군이 집결하기에 가장 이상적인 곳이었다. 더구나 "可活萬民"이라는 비결도 적지 않은 영향을 주었다. 비결은 전쟁에서 정신적 종교적으로 위안을 주는 최대의 무기이기도 하였다.

박맹수도 동학농민군이 백산에 설영한 이유를 다음과 같이 설명하고 있다. 첫째, "고부백산이 가활만민"의 땅이었기 때문이다. 1894년 당시의 백산은 고부군에 속해 있었는데, 당시 이 일대 민중들 사이에는 "고부의 백산이야말로 만백성을 살릴 수 있는 땅"이라는 비결이 널리 퍼져 있었다.(파계생, 「전라도 고부민요일기」 참조) 이 때문에 농민군들은 백산으로 가면 길한 일이 있을 것이라는 강렬한 믿음을 가지고 있었다. 둘째, 백산성 주변은 이름이 난 벼농사 지대, 즉 곡창지대를 이루고 있었다. 이런 까닭에 백산성 근처에는 가을이 되면 생산된 벼를 세금으로 거두어 보관하던 작은 창고들이 여러 곳이나 있었고, 바로 이런 이유 때문에 농민군들은 식량조달이 비교적 쉬운 백산성으로 모이지 않을 수 없었을 것이다. 셋째, 백산성은 근처에서 홀로 높아(「전라도 고부민요일기」), 사방에서 모여들기 쉬운 교통의 요지에 자리하고 있었다. 바로 이런 교통상의 이점을 손바닥 보듯이 꿰뚫고 있던 농민군들이 백산성으로 모여드는 것은 지극히 당연하고 당연한 일이라 할 것이다.[27]

백산에 설영한 동학농민군은 새로운 지휘체계를 갖추고 격문을 띄워 호남뿐만 아니라 호서지역의 동학농민군까지의 연합전선을 구축하고자 하였다. 오지영은 『동학사』에서 당시의 상황을 다음과 같이 기록하였다.

> 고부읍에서 유숙한 지 3일 후에 대군을 몰아 고부 백산에 진을 옮겨 치고 다시 군을 조성할 때, 중망에 의하여 전봉준이 대장이 되고 손화중 김개남이 총관령이 되고, 김덕명 오시영이 총참모가 되고 최경선이 영솔장이 되고, 송희옥 정백현 등이 비서

---

27 박맹수, 「서면 백산이요 앉으면 죽산이라」, 『부안독립신문』, 2006년 1월 26일자.

가 되었고, 대장기 폭에는 보국안민 4자를 대서로 특서하였고 이에 재도의 격문을
지어 사방에 전하였다.[28]

위의 글로 보아 백산에서 본격적인 지휘체제가 형성되었음을 알 수 있다.
즉, 전봉준을 대장에 선임하고 총관령에는 당시 호남지역의 최대 접주였던
손화중과 김개남으로 확고히 한 것이다. 이를 보아 백산에서 비로소 동학농
민군들은 중앙의 지휘소가 설치되고 본격적인 군대의 대오를 형성했음을 알
수 있다. 따라서 백산에 모인 동학농민군은 본격적인 군대로서의 강령과 군
율이 필요해졌다. 그래서 반포한 것이 4대 명의(강령)와 12조의 기율(군율)이
었다. 먼저 4대 명의를 보면

> "첫째 사람을 함부로 죽이지 말고 가축을 잡아먹지 마라.
> 둘째 충효를 다하여 세상을 구하고 백성을 편안케 하라.
> 셋째 일본 오랑캐를 몰아내고 나라의 정치를 바로잡는다.
> 넷째 군사를 몰아 서울로 쳐들어가 권귀를 모두 없앤다"

4대 명의는 일종의 행동강령으로서 이는 농민봉기가 보국안민뿐 아니
라 외세의 축출은 물론 인륜적 보편의 의미를 담고 있는 생물의 존중과 충
효, 그리고 격문에서 이미 밝힌 바 있는 반봉건적, 반제국주의적 요소를 담
고 있다. 즉 첫째 항목의 사람을 죽이지 않고 물건을 함부로 없애지 않는 것
은 동학사상의 핵심인 삼경사상을 내포하고 있다. 이는 고대에서부터 내려
오고 있는 인본주의의 요소를 가지고 있지만, 특히 '不殺物'은 해월 최시형
의 '물물천 사사천'과 '경천, 경인, 경물'의 삼경사상 중 경물사상까지 확대
한 것으로 볼 수 있다. 둘째 항목의 충과 효는 유교적 윤리로서의 덕목이기
도 하지만 이 역시 고대에서부터 유지되고 있었던 인간의 기본적 덕목이기

---

28 오지영, 『동학사』, 111-112쪽.

도 하였다. 때문에 계서의 질서가 필요하였던 성리학적 조선사회에서 보다 강조되었지만 이는 동학에서도 여전히 강조되었던 덕목이었다.[29] 셋째 항목은 반외세의 요소를 담고 있다. 즉 격문에 나오는 '밖으로는 횡포한 강적의 무리를 내쫓고자 함'을 행동강령으로 나타낸 것으로 이는 일제의 침략적 야욕을 배격한다는 의미이다. 넷째 항목은 반봉건적 요소를 담고 있으니 격문에서 '안으로는 탐학한 관리의 머리를 베고'라고 한 바와 같이, 중앙 조정의 부패한 권세가들을 제거하고 도탄에 빠져있는 창생을 구하고자 하는 의미였다. 따라서 이 4대 명의는 동학농민군의 강령으로 동학의 생명존중사상과 인간 본연의 윤리, 그리고 반봉건 반외세의 뜻을 담아 동학농민혁명의 정당성을 밝힌 것이었다.

한편 12개조의 군율을 제정했으니 이는 동학농민군이 이제는 본격적인 혁명군으로서의 위치에 섬으로써 갖추어야 할 군사행동의 원칙이었다. 12개조의 군율은 다음과 같다.

1. 항복하는 자는 따뜻하게 대한다.
2. 곤궁한 자는 구제한다.
3. 탐학한 자는 추방한다.
4. 순종하는 자에게는 경복한다.
5. 도주하는 자는 쫓지 않는다.
6. 굶주린 자는 먹인다.
7. 간사하고 교활한 자는 없앤다.
8. 가난한 자는 진휼한다.
9. 불충한 자는 제거한다.
10. 거역하는 자는 효유한다.
11. 병든 자에게는 약을 준다.

---

29 성주현, 앞의 책, 307-308쪽 참조.

  12. 불효자는 형벌한다.

  이 12개조 기율은 4대 명의 중에서 첫째 항목과 둘째 항목을 좀 더 구체적으로 세분화한 것이었다. 즉 생명존중의 인본주의적 요소와 충효의 사회적 윤리를 보다 강조한 것으로, 동학농민군이 실천해야 할 덕목이라고 할 수 있다. 이는 전봉준이 각 부대장에게 당부한 약속과도 같다. 즉 전봉준은 "언제나 적을 대할 때는 칼날에 피를 묻히지 않고 이기는 것을 가장 큰 공으로 삼겠다. 비록 부득이 싸우더라도 절대 인명을 상하지 않는 것이 가장 귀한 일이다. 그러므로 행군할 때는 절대 사람을 해쳐서는 안 된다. 그리고 효제충신한 사람이 사는 마을이 있으면 그 주위 10리 안에는 주둔하지 말기 바란다"[30]고 당부하였다. 이처럼 12개조의 기율은 당시 부패한 관군과는 명확히 차별성을 들어내고 있다.

  동학농민군은 백산에 설영하고 있는 동안 각지에 통문과 전령을 보내 군량미를 확보하였다. 우선 백산에 도착 설영한 3월 26일에는 군량미를 확보하고자 하였다. 김제군 보고에 의하면 "읍에서 거두어들이는 돈과 곡식이 얼마쯤인지 내용을 아는 아전이 장부를 가지고 길가 역참에서 기다리라"는 전령을 보내 군자금과 군량미를 마련하고자 하였다. 또한 3월 29일에는 태인현으로 "포수와 창수를 각 1백 명을 거느리고 북과 나팔 징과 바라를 일제히 울리며 기다리라"는 서찰을 보내기도 하였다.[31] 이처럼 동학농민군이 진영을 갖추는 동안에도 각 지역의 동학농민군들은 지역의 관아를 점령하고 있었다. 이에 따라 군현의 군수나 현령은 도망을 가고 호장과 이방 등이 동학농민군의 동향을 감영으로 보고하였다.[32]

---

30 『주한일본공사관기록』1, 19쪽.
31 황현, 『오하기문』, 수필(『번역 오하기문』, 76쪽).
32 황현, 『오하기문』, 수필(『번역 오하기문』, 76쪽). "이 무렵 여러 고을이 함락되었다는 보고가

백산에서 군량미를 확보하고 군세의 전열을 정비한 동학농민군은 일부를 백산에 남겨두고 3월 말경 전주를 점령하기 위해 출발하였다. 대오에는 죽창으로 무장한 군열과 함께 붉은기에는 '보국안민'이라고 쓴 깃발을 앞세웠다. 이들 동학농민군은 4월 1일 부안을 점령하고 장청에서 대기하고 있던 순영문의 포군들을 추방하였다. 뿐만 아니라 시장에서 분전하여 세금을 거두는 폐정 등을 개혁하기도 하였다.[33] 이제 동학농민군의 혁명대열은 전라감영이 있는 전주를 목표로 향했다. 백산대회를 계기로 본격적인 동학농민혁명의 불길이 타 오르는 것이었다.

4. 백산대회의 쟁점

1) 백산대회의 존재 유무

그동안 백산대회에 대해서는 그 존재의 유무에 대한 수많은 논의가 있어왔다. 이처럼 백산대회가 논의에 중심에 있게 된 것은 그 존재의 기록이 오지영의 『동학사』에만 나온다는 점 때문이다. 동학농민군이 백산에서 전봉준을 총대장으로 하는 등 대오를 정비한 점은 인정하더라도 『동학사』에만 나오는 격문 등 때문에 그 대회의 존재자체가 의심을 받아 왔다고 할 수 있다. 즉, 동학농민혁명의 과정에서 중요한 백산대회가 다른 어떤 문헌이나 공초 같은 곳에도 나오지 않는다는 것이 문제이다.

동학농민혁명에서 백산대회의 중요성이 부각된 최초의 글은 김광래였다. 1974년에 나온 『나라사랑』 제15집은 '녹두장군 전봉준 특집호'였다. 여기

계속되었는데, 수령들은 죄다 도망하고 다만 각 고을의 戶長 吏房 首刑吏들이 문서를 올렸을 따름이다."

33 『수록』, 갑오년 4월 초5일조(『동학농민혁명국역총서』 3, 9–10쪽).

에서 김광래는 별다른 근거의 제시없이 전봉준이 3월 21일 백산에서 기포를 하고 3월 27일 격문을 발표하였으며, 농민군 조직을 편재하고, 『대한계년사』를 근거로 3월 25일 4대 강령을 발표한 것으로 보았다.[34] 한편 최현식은 1980년 "1984년 3월 21일 교주 최시형의 탄신일을 기하여 동학교도와 다수의 농민들을 고부 백산에 모이게 하니 3월 봉기의 백산기포이다"고 하였다.[35] 모두 정확한 근거제시 없이 백산대회를 거론하고 있지만 3월 21일이라는 지적은 아무래도 천도교단이 주장하는 것을 별다른 비판 없이 사용한 것이 아닌가 추측된다.

천도교단은 4.19의 열기에 힘 받아 1961년 동학농민혁명을 '우리 민족사와 동양 역사상 가장 빛나는 민중혁명의 효시이며 민주주의 발전의 시발점'으로 평가하고 사계의 권위자들과 논의 끝에 3월 21일로 확정했다. 이들은 당시까지 나온 『동학난기록』 등을 참조해 동학혁명의 핵심인물인 전봉준과 손화중, 김개남 등이 호남의 동학 각 접에게 통문을 보내어 제폭구민, 보국안민으로 동학의 대도창명을 위하여 도인들이 총궐기할 것을 호소하는 한편 동학교주 해월 최시형의 탄신일인 3월 21일을 기하여 동학교인들을 고부 백산으로 집결, 동학교인을 '혁명군'으로 조직하고 '격문'을 발표한 날로 확인한 것이다. 그러니까 천도교단은 백산기포일을 동학농민혁명의 기념일로 확정한 것이다.[36]

그러나 이러한 주장은 당시 교주였던 해월의 생일날에 억지로 꿰어 맞춘 듯한 천도교단의 논리였다. 엄격한 학문적 고증과 과학적 분석이 뒷받침되지 못한 결론이었지만 분명한 사실은 백산대회를 명확히 확인하고 인정하고

---

34 김광래, 앞의 글, 93~96쪽.
35 최현식, 『갑오동학혁명사』, 1980, 59쪽.
36 천도교단이 추진했던 동학혁명기념일의 첫 번째 기념식에는 당시 민의원 의장이었던 곽상훈 씨가 와서 축사를 할 정도로 범국가적 차원의 행사였었다.

있다는 점이다.

또한 한우근은 1894년 4월 말(음력 3월 하순)에 전봉준은 김개남과 모의하여 농민들을 백산에 집결시켰고, 4개항의 강령을 발표하였으며, 호남창의 대장소를 백산에 두고 각지에 통문(격문)을 보내고, 각지에서 8천여 명이 모여 농민군 대오를 편재하였다고 하였다.[37] 그리고 신용하는 「갑오농민전쟁의 제1차 농민전쟁」에서 1894년 3월 20에 '갑오농민전쟁의 제1차 농민전쟁의 최초의 봉기 선언문'인 무장창의문이 발표되면서 무장기포가 일어났고, '백산대회'는 그 이후의 사실이라고 주장했다. 이 논문에서는 3월 25일경 농민군 간부를 확대 개편했고, 『대한계년사』에 있는 '농민군 4대 명의'를 발표하였다고 하였다. '농민군 12개조 기율'도 이때 공포한 것으로 보았다. 격문이 발표된 날은 3월 27일이라고 하였다.[38] 이이화는 3월 25일 이후 고창 금구 둥지에서 농민군들이 백산으로 속속 모여들었는데, 손화중포에 속하는 접주들이 거느린 3천5백 명, 김개남포에 속하는 접주들이 거느린 1천3백 명, 김덕명포에 속하는 접주들이 거느린 2천 명이 모여 연합부대를 형성하여 조직을 정비하였다고 하였다.[39]

모두 백산대회를 인정하고 그 일자를 3월 하순으로 보고 있다는 특징이 있다. 비록 백산대회가 다른 기록에 보이지는 않더라도 대부분의 연구자들이 인정하고 있는 것이다. 1998년에 나온 신순철, 이진영의 『동학농민혁명사』, 2005년의 김양식의 『새야 새야 파랑새야』, 2008년에 나온 조광환의 『소통하는 우리 역사』에서도 백산에서 조직편제가 이루어졌고, 격문과 4대 명의가 발표된 것으로 보았다.

37 한우근, 『동학과 농민봉기』, 일조각, 1983, 102~104쪽.
38 신용하, 『동학과 갑오농민전쟁 연구』, 일조각, 1993, 153~157쪽.
39 이이화, 「전봉준과 동학농민전쟁」, 『역사비평』7호, 1989, 238~239쪽.

무장에서 기포한 후 이에 동조하는 각 지역 동학농민군의 집결지를 무장으로 하기에는 무리가 따랐을 것이다. 즉 본격적인 혁명을 위해서라도 동학농민군이 모여서 집결하고 지도부를 구성하고, 대오를 형성하고 나아가 혁명의 대의를 밝히는 격문과 혁명군의 기율을 밝히는 무언가의 발표가 있어야 했다.

그리고 집결지는 지형적으로 각 지역의 기포한 동학농민군들이 모이기가 유리하고 혁명군의 무장과 군량의 확보가 용이한 지역이어야 했을 것이다. 그 최적의 집결지가 백산이었을 것이다. 실제로 백산대회에 집결한 전라도 각 지역의 접주들은 34개 지역이었다. 백산은 전술한 대로 백산은 서쪽으로는 부안, 남쪽으로는 고부, 동쪽으로는 태인, 금구, 원평, 전주로 통하는 교통의 요지이며, 남동쪽으로는 경사가 완만하나 북서쪽으로는 급경사를 이루고 있고, 앞으로는 동진강이 흐르고 있어 주둔과 방비에 적합한 군사적 요충지였다. 더욱이 백산에는 전봉준이 고부기포시 축성했던 성이 있었고 무엇보다도 군량미를 확보하기가 수월했으며 지리적으로 전라도 각 지역이 집결하기 수월하다는 이점이 있었다. 그리고 고부기포의 경험이 있었기에 그 어떤 지역보다도 농민혁명군의 사기도 드높았을 것이다.

결국 상식적으로 보아도 무장에서 기포하고 호남의 각 접주들이 모여서 연합군을 형성할 대회가 필요했을 것이고 무장 출발 이후 어떤 형태로든 조직 재정비·재편성 및 무력을 강화하였을 터이므로 그것이 백산대회였다고 할 수 있겠다. 그럼에도 불구하고 『동학사』이외에는 그 대회가 공식적으로 거론되지 않는 것은 여전한 문제이다. 추가 자료의 발굴은 물론 본격적인 백산대회의 실체 규명을 위한 연구가 앞으로의 학문적 과제라고 하겠다.

2) 백산대회의 정확한 일자

백산대회의 정확한 일자도 논란이 되고 있다. 그동안 백산대회는 3월21일설부터 3월 25일설, 3월 26일설, 3월 27일설 그리고 3월 26일부터 29일까지설 등이 존재한다. 먼저 백산대회가 3월21일이라는 주장은 천도교단 측의 주장으로 이는 해월 최시형의 생일이 그날이기에 전봉준이 해월에 대한 존경심에서 그날을 택했을 것이라는 추정이다. 그러나 이는 당시 동학농민군의 이동경로나 일자 등을 고려할 때 무리이다. 전봉준이 해월에 대한 존경심을 가졌다고 하더라고 백산대회가 3월 21일일 수 는 없다.

3월 25일설 등은 모두 조금씩 다른 날자로 기록되어 있는 오지영의『동학사』나『수록』,『오하기문』등에 의해서 혼동이 생긴 것이다. 당시 3월 20일 무장에서 기포한 이후 동학군의 행보를 보면은

3.16 사방에서 농민군이 무장 당산으로 집결하기 시작

3.20 무장 당산에 농민군 4천여명 집결, 포고문 반포(수록)

3.21 고창 점령

3.23 무장 농민군이 12시경에 줄포 도착, 오후 8시경 고부 점령(수록)

3.25 고부 화약고 폭발
  고부에 머물던 농민군이 태인으로 이동하여 점심, 원평으로 이동하여 주둔(수록, 오하 기문)

3.26 전봉준이 이끄는 농민군이 저녁 6시경 고부 백산면 예동에서 태인 화호(백산)로 이동 하여 주둔(수록, 오하기문)

27-28일 지휘부 설치 및 조직 재편성. 농민군 활동 소강상태.

3.29 濟衆義所 명의로 태인 용산 화호(백산) 농민군이 태인군에 서찰을 보냄. 농민군 규모 도 무장기포 때보다 2배 많은 6,7천명(수록)

위의 일자로 보면 백산대회가 개최된 것은 3월 26일 이후로 추정된다. 특히 3월 25일에 고부에 집결한 부대원들이 백산으로 이동하고 있은 날은

26일이다. 그리고 그날 격문과 4대강령과 12개조의 규율이 반포되었을 것이다. 이는 『동학사』에 나오는 "고부에 留連한지 3일 후 대군을 몰아 백산에 진을 옮겨 치고, 군을 조성할새 중망에 의하여 전봉준을 대장~"으로 한 표현에 주목할 필요가 있다. 즉, 무장에 모인 동학농민군이 무장을 떠나 줄포를 거쳐 고부에 도착한 날이 3월 23일이다. 따라서 그날부터 3일 뒤면 3월 26일이 되므로 백산대회는 3월 26일에 치러졌음을 알 수 있다.

다만 백산대회는 하루에 끝난 것이 아니라 몇 일에 걸쳐서 행해졌을 것이다. 이는 적어도 기포에 동참한 전라도 각 지역의 동학농민군들이 집결할 시간적 여유가 필요했기에 그러했을 것이다. 그래서 백산대회의 정확한 일자는 3월 26일부터 "제중의소"라는 동학농민군 지휘부의 인장이 사용된 3월 29일까지일 것이다. 제중의소의 인장을 사용했다는 것은 이미 조직이 완비되었다는 의미이므로 29일에 그 인장을 사용하므로 백산대회는 마무리되었다고 판단된다. 즉, 제중의소의 인장을 확정함으로써 동학농민군은 비로소 전열을 정비하고 군대의 대오를 형성해 혁명의 대열에 본격적으로 나아갈 수 있게 된 것이다.

따라서 현재의 기록으로 확인할 수 있는 백산대회는 3월 26-29일로 넓게 잡아야 할 것이다.

3) 동학농민혁명군의 구성과 실체

고부기포 시의 지도부는 아무래도 사발통문에 참여한 인물들이 중심이 되었다. 당시 전봉준 등은 고부기포를 이끌어 갈 지도부를 구성하였다.

일상두에 전봉준
이상두에 정종혁

삼상두에 김도삼
참모에 송대화
중군에 황홍모
화포장에 김응칠[40]

모두 사발통문에 서명하였던 인물 즉 전봉준, 정종혁, 김도삼, 송대화, 황홍모, 김응칠 등을 중심으로 지도부를 구성하였다. 이들 집행부는 이후의 동학농민혁명에 고부 접주로 모두 참여했다. 그중에서 전봉준, 김도삼, 황홍모, 김응칠 등은 혁명의 과정에서 희생되었고 정종혁과 송대화가 살아남 았지만 이들도 모두 고향을 떠나 은신하며 지내야 했다.[41] 이를 미루어 보아 고부기포에 참여했던 혁명 지도부는 그대로 백산대회에 참여했고 그 조직은 그대로 계승되었다고 추정된다.

한편 백산대회에서는 지도부를 구성하는 데 3월 26일에 다음과 같이 발 표했다.

대장 전봉준
총관령 김개남, 손화중
총참모 김덕명, 오시영
영솔장 최경선
비서 송휘옥, 정백현

본격적으로 혁명군의 대오와 지휘체계 그리고 군사편제를 마친 것이다. 이는 동학농민군의 세력이 확대 강화되었음을 의미한다. 무장에서 기포할 당시에는 전봉준, 손화중, 김개남의 단순한 지휘체계였지만, 백산에서는 보다 분명한 지휘체계가 확립되었다. 전봉준은 최고지도자로서 지위를 확

---

40 송재섭, 『갑오동학혁명난과 전봉준장군실기』(필사본), 1954.
41 최현식, 「고부와 갑오동학혁명」, 『전라문화논총』7, 132쪽.

립하였고, 그 아래 총관령에 손화중과 김개남, 총참모에 김덕명과 오시영, 영솔장에 최경선, 그리고 전봉준의 비서로 송희옥과 정백현을 각각 두었다. 이는 무장기포 당시보다 조직이 혁명군으로서의 강화된 것이라 할 수 있다.

즉 무장기포에서도 지휘부를 전봉준, 손화중, 김개남 등으로 구성했지만 이는 서열순이라고 할 수는 없다. 단지 동학농민군의 집결과 포고문 발표에 필요성 때문이었다고 판단된다. 그러나 백산대회에서는 명확한 지휘체계가 형성되었다. 이는 전라도 전 지역에서 모인 동학농민군의 연합전선이 형성되었기에 보다 명확한 상명하달의 지휘체계가 필요했고 이에 부응하기 위해서 전봉준을 대장, 손화중, 김개남을 총관령 등으로 하는 본격적인 혁명군의 지휘체계와 대오를 형성할 수 있었다.

당시 백산에 모인 동학농민군은 모두 34개 지역으로 전라도 각 지역을 망라하고 있다. 지도급 접주만도 160여명에 달할 정도의 대규모였다.[42] 전체 인원은 대략 1만명이 넘었을 것으로 추정된다.[43] 당시의 농민군들로 인해 "서면 백산이요, 앉으면 죽산"이라는 말이 유행할 정도로 백산은 동학농민군의 집결지였던 것이다. 비로소 백산대회에서 전라도 지역의 총연합대군이 형성되었다. 이렇게 집결한 동학농민군에게 가장 시급한 것은 무장의 강화였다. 이를 위해 전봉준은 인근 군현에 통보하여 포수 등 인적 자원을 확보하고 창·검 등 무기와 함께 징·북 등 농악기 등을 확보했다.

호남지역의 동학농민군은 호서지역과 경기도, 경상도 지역의 동학농민군의 기포에도 영향을 미쳤다. 이어서 동학농민군은 군율을 강화할 4대 강령

---

42 오지영, 『동학사』, 영창서관, 1938, 113-114쪽. 이대 모인 34개의 전라도 지역은 고창, 무장, 영광, 고부, 정읍, 태인, 금구, 김제, 옥구, 만경, 무안, 임실, 남원, 순창, 진안, 장수, 무주, 부안, 장흥, 담양, 창평, 장성, 능주, 광주, 나주, 보성, 영암, 강진, 홍양, 해남, 곡성, 구례, 순천, 전주이다.

43 동학의 접주는 대략 200호를 기준으로 하고 있기에 160여명의 접주를 각 접당 200명이 참여했다면 3만2천여 명에 이를 것으로 계산되지만 실제 참여 인원은 이보다는 적었을 것이다.

과 12개 조의 기율을 제정했다. 이를 통해 본격적인 혁명군의 질서와 군율을 유지할 수 있게 되었다. 백산대회를 통해 비로소 지휘체계를 구축하고 병력을 정비한 동학농민혁명군은 본격적인 군사대오를 형성했고 이를 바탕으로 혁명의 거보를 걷기 시작했다고 볼 수 있다.

4) 백산대회 격문의 유무

백산대회의 격문은 가장 논란의 대상이 되고 있다. 우선 출처의 한계 때문이다. 그리고 무장기포에서 격문을 발표했는데 몇 일 뒤에 바로 또 다른 격문을 발표했다는 것이 의문이라는 점 등 때문에 그 존재가 의심의 대상이 되었던 것이다.

정창열은 백산에서 3월 25일에 동학농민혁명군의 조직 체계를 갖추고 4개 명의를 발표한 것으로 보았다. 그 근거로는 오지영이 『동학사』와 『대한계년사』를 들었다. 3월 25일에 4대 명의와 격문이 발표되었으며 이들 모두를 전봉준이 쓴 것으로 보았다.[44] 우윤 역시 『동학사』를 근거로 3월 25일 백산에 모인 농민군의 숫자를 8,000명으로 보고 그 날 부서별 책임자를 정하고 격문을 띄우고, 전봉준이 '4대 행동강령'을 선포하였다고 하였다.[45] 그러나 조경달은 『이단의 민중반란』에서 3월 25일에 백산대회가 열렸고, 이때 태인 대접주 김개남이 이끄는 동학군이 합류하여 농민군 지도부 선출이 이루어졌고 『대한계년사』를 근거로 4개조 행동 강령을 발표하였다고 하였다. 그러면서도 격문에 대해서는 『동학사』에만 등장하는 아주 짧은 국한문 혼용문으로서 오지영의 착각이나 잘못된 기억에 의해 기록된 것으로 판단했다.[46]

---

44 정창열, 『갑오농민전쟁 연구』, 박사학위논문, 1991, 134~137쪽.
45 우윤, 『전봉준과 갑오농민전쟁』, 창작과 비평사, 1992, 168~170쪽.
46 조경달, 『이단의 민중반란』, 2008, 174~175쪽. 이밖에도 백산대회의 격문에 대한 의심은 배항섭의 연구에서도 발견된다.

이처럼 선행연구들 역시 격문의 존재여부에 대한 논쟁이 있어 왔다. 당시 백산대회에서 발표된 격문은 전라도 지방만이 아닌 다른 지역의 동학농민군과의 연합전선 구축을 위해 만들어진 것이다. 백산의 지도부는 이를 각 지역으로 발송하였다. 그 내용은 다음과 같다.

> 우리가 義를 들어 이에 이른 것은 그 본 뜻이 다른 데 있지 아니하고 창생을 도탄 가운데서 건지고 국가를 반석의 위에다 두고자 함이라. 안으로는 탐학한 관리의 머리를 베고 밖으로는 횡포한 강적의 무리를 내쫓고자 함이라. 양반과 부호에게 고통을 받는 민중들과 방백과 수령의 밑에 굴욕을 받는 소리들은 우리와 같이 원한이 깊을 것이나. 조금도 주저치 말고 이 시각으로 일어서라. 만일 기회를 잃으면 후회하여도 미치지 못하리라.[47]

무장창의문이 백성들의 폭넓은 지지를 얻기 위해 당시의 유교적 이념체계 안에서 봉기의 명분을 찾은 데 비해, 이 격문은 봉기에 나서는 자신들의 뜻과 의지를 적극적이고 정확하게 밝힌, 이를테면 농민혁명의 출사표와도 같은 성격을 띠고 있다고 할 수 있다. 이 격문은 오지영의 『동학사』에 나오는 것이 유일하지만, 그러나 당시 동학농민군의 의지를 가장 잘 표현하고 있다. 특히 신용하는 백산대회에서 발표한 격문의 의의를 다음과 같이 밝히고 있다.

> "이 격문은 뒤의 집강소의 행정개혁 12개조와 함께 농민군의 사상이 가장 잘 드러나고 있는 격문이다. 무장기포의 창의문에서는 봉기가 국왕에 대한 반역이 아님을 국민에게 널리 알리기에 급급하여 봉기의 본뜻을 충분히 솔직히 표현하지 못하고 유교의 용어를 분식한 경향이 강하다. 그러나 고부 점령에 성공하고 백산에서 1만 명의 농민군을 편성하는데 성공한 동학농민군 지도부는 거릴 것이 없이 자유로운 조건 위에서 대담하고 솔직하게 봉기의 목표를 밝히고 있다. 백산의 격문은 농민혁명 선

---

47 오지영, 『동학사』, 112쪽.

언의 성격을 갖추고 있는 것이라 말할 수 있다."[48]

확실히 오지영의 『동학사』에만 실려 있는 백산대회의 격문에 대한 많은 논란이 있다. 특히 백산대회의 격문은 다른 격문이나 창의문보다 지나치리만큼 현대적이고 사회과학적이라는 점이 그러한 의문을 더했다고 할 수 있다.[49] 그렇다고 『동학사』를 지어낸 소설이라고도 할 수 없다. 비록 오지영이 당시 천도교단 내에서 반대파의 주장을 반박하고 천도교연합회의 전통성을 확보하기 위해서 쓴 글이었다고 하더라도 오지영 스스로가 1894년 동학농민혁명에 직접 참여한 농민군으로서의 처절한 경험을 바탕으로 하고 있었다는 점을 간과해서는 안 된다. 또한 오지영은 초고 글을 쓰고 난 뒤에 『동학사』를 간행하기 전에 3년 동안 전국의 동학농민혁명의 역사적 현장 찾아다니며 답사하고 철저한 고증을 거쳤으며 『승전원일기』까지도 일일이 열람하고 대조했다고 한다.[50]

또한 1931년 8월부터 10월까지 동아일보에 「동학과 동학란」을 연재한 김상기 역시 백산에 동학농민혁명군이 모였음을 밝히고 있다.

> "민중의 동란은 날이 갈수록 더욱 확대되어 그해 3,4월 경에는 전국이 소연하였으며 당시 동도대장 전봉준에게 통솔된 동학군의 중심부대는 [다보하시(田保橋潔) 씨설에 의하면 약 4천 명의 도중이라 함] 의연히 백산에 주둔하여 무장의 손화중, 남원의 김개남, 태인의 최경화 등과 의각의 기세를 취하여 한편으로는 도중에 조련하여 기세를 올리고 있었다."[51]

이와 같이 백산대회가 명확한 이상 그곳에 모인 동학농민혁명군에게 무언

---

48 신용하, 『동학과 갑오농민전쟁연구』, 155쪽.
49 박준성, "백산대회의 존재와 의의", 전북사학회 편, 앞의 책, 231쪽.
50 위의 글, 231쪽.
51 김상기, 「동학과 동학란」, 『동아일보』, 1931.

가의 대회의 취지를 설명하고 그들의 뜻을 모아 밝히는 것이 당연했을 것이다. 따라서 백산대회의 격문은 틀림없이 존재했을 것으로 사료된다. 성주현은 백산대회의 격문에 대해 "동학농민군의 기포가 첫째 창생을 도탄에서 건지고, 둘째 국가를 반석 위에 두고 함을 그 목적으로 분명하게 밝히고 있다. 그리고 이를 위해 안으로는 탐학한 관리의 처결, 밖으로는 외세의 구축이라는 반봉건적, 반제국적 성격을 강조하였다. 뿐만 아니라 동학농민군은 자신들의 목적을 이루기 위해서 유교적 지배질서에 고통 받고 있는 민중들의 동참을 호소하고 있다. 이러한 의미에서 동학농민군이 백산에서 각지에 파송한 격문은 '혁명'임을 선포하는 함축적인 뜻을 내포한 것이라 할 수 있다."[52]고 하여 반외세와 반봉건의 기치를 확실히 했다는 보다 적극적인 평가를 하고 있다.

따라서 백산대회의 격문은 그때가지 나왔던 농민군의 목표와 지향 그리고 주체와 동맹세력을 오지영이 현대식으로 풀어서 재구성한 것으로 판단하는 것이 올바른 해석이지 그것을 무조건적으로 무시하거나 폄훼해서는 안 될 것이다.

5. 결론: 백산대회의 역사적 의의

시일의 차이는 있지만 대부분의 사료나 정황으로 보아 백산대회의 존재는 확실하다. 백산은 그 지정학적 위치 덕분에 당시 동학농민군이 집결할 수 있는 최적의 장소였다. 즉, 백산은 고부기포 이후 2월 25일부터 3월 13일까지의 20여 일 동안 전봉준의 지휘부가 모였던 1차 집결과 3월 26일부터 29

---

52 성주현, 앞의 책, 303쪽.

일까지의 2차 집결은 무장기포에 동의한 전라도 각 지역의 접주들이 모여서 대오를 정비하고 군사적 지휘체계를 확립한 백산대회가 열렸던 곳이다.

특히 백산대회는 동학농민혁명 과정에서 매우 중요한 역할을 한 현장으로 평가된다. 당시 백산에서는 전라도 각 지역에서 모인 1만여 명에 이르는 대부대가 집결했다. 이들은 모두 고부기포 당시에 전봉준이 돌린 기포의 당위를 알린 포고문이나 무장포고문 등에 동조하고 뜻을 함께 하기로 한 동학농민군이었다. 따라서 백산에서는 이들 대부대를 어떻게든 군사적 지휘체계로 바꾸고 대오를 정비해 본격적인 혁명의 전위에 나서게 할 필요가 있었다.

그래서 백산대회에서는 첫째, 조직의 재편성을 위해 농민군 위상 강화하는 한편, 농민군 조직 재편성하여 전봉준을 대장으로 하는 등 본격적인 지휘체계를 갖추었으며 둘째, 농민군의 규율 정비를 위한 4대명의와 12개조 기율의 발표 그리고 동학농민혁명의 대의를 밝히는 격문의 발표가 있었고 셋째, 무장 및 군비의 강화 등이 있었을 것으로 추측된다. 그러나 이러한 연구결과가 나오기까지는 그동안 많은 논란과 논쟁의 대상이 되었던 것이 백산대회였다. 가장 큰 논쟁은 대회의 존재자체에 대한 유무였다. 그리고 백산대회의 정확한 일자에 대한 논란과 당시 동학농민군의 구성과 실체에 대한 논란 즉, 고부기포시의 지휘부와 무장기포시의 지휘부 그리고 백산대회의 지휘부의 연계성 논란과 마지막으로 백산대회 격문의 존재유무 등이 있어 왔다.

백산대회는 반드시 필요한 대회였을 것이다. 상식적으로 봐도 전국적인 동학농민혁명을 추진한 전봉준에게 그에 동조하고 집결하는 군사들에 대오를 편성할 대규모의 대회가 필요했을 것이다. 그러면 지리적으로 또는 전술적으로 유리한 곳을 택할 정도의 능력은 전봉준에게 있었을 것이다. 또한 대회일자에 대해서도 논란이 있다. 그러나 대체적으로 대회는 당시의 정황상 하루 만에 치루기보다는 몇 일간에 걸쳐서 진행되었을 것으로 추측된다. 이는 당시의 농민군들이 모일 시간적 소요는 물론 이동교통로 등을 고려했을 때 충분히 가능한 이야기이다. 따라서 백산대회는 3월 21일이나 3월 25일 혹은 3월 26일 등 보다는 3월 26일에서부터 3월 29일까지로 보는 것이 타당할 것이다.

백산대회에서의 동학농민혁명군의 구성을 보면 고부기포와 무장기포, 그리고 백산대회로 이어지는 일련의 전개과정에서 지도부의 변화가 없었다. 동학농민군의 최고지도자인 전봉준을 비롯하여 최경선, 송대화 등이 고부기포를 주도하였으며, 이후 전개되는 무장기포와 백산대회의 최고지도부로 여전히 추대되고 있다. 그런 점에서 볼 때 고부기포와 무장기포 그리고 백산대회까지는 독립적인 사건으로 이해할 것이 아니라 동학농민혁명과정의 연속상에서 전개되는 있다고 할 수 있다. 또한 실체 병력의 규모도 기록에 따라 차이는 나지만 대략 약 1만여 명 정도가 집결했을 것으로 추측된다.

끝으로 백산대회 격문의 존재 유무에 대해서도 오지영의 『동학사』에만 등장하는 백산대회의 격문에 대한 올바른 해석을 중심으로 전개된 논쟁이다. 그러나 당시에 백산대회가 존재했다고 확신한다면 대회의 성격과 대의를 알리기 위해서는 어떤 형태로든 대회의 취지를 밝히는 격문은 존재했을 것으로 판단된다. 격문은 창생을 도탄에서 건지고 국가를 반석 위에 두고자 한다는 동학농민혁명의 목적을 명확히 밝히고 이를 위해 안으로는 탐학한 관리의 처결과 밖으로는 외세의 구축이라는 반봉건적, 반외세적 성격을 강조하고 있으며 나아가 유교적 지배질서 하에서 고통받고 있는 민중들의 동참으로 호소하는 내용을 가지고 있다. 이는 동학농민혁명이 반봉건, 반외세 그리고 연합전선의 구축을 주장하는 최고의 격문이라고 평가된다.

결국 동학농민혁명군은 백산대회를 가짐으로써 본격적인 혁명군으로서의 위상을 확보할 수 있게 되었다. 이들은 대회를 통해 앞으로의 투쟁이 혁명임을 만천하에 공포하고 지휘체계를 갖추는 등 군율을 정비했다. 그리고 이에 호응하는 각 지역의 농민군들이 합류하여 황토현 전투와 황룡촌 전투를 승리하고 전주성에 입성했다. 백산대회는 이러한 농민군의 승리가 정당하다는 신호탄이었으며 나아가 동학농민혁명이 조선의 전근대적 지배체제를 개혁하고 외세의 침탈을 물리치고 자주적 근대국가를 만들고자 했던 동학의 이상을 실현시키고자 했던 출발점의 역할을 한 것이다.

[참고문헌]

『고종시대사』 3, 탐구당, 1969.

『고종실록』

『大阪每日新聞』.

『수록』, 1894년 3월 27일 계초(『동학농민혁명국역총서』3).

『일성록』

김광래, 「전봉준의 고부 백산기병」, 『나라사랑』제 15집, 1974.

김상기, 「동학과 동학란」, 『동아일보』, 1931.

박맹수, 「서면 백산이요 앉으면 죽산이라」, 『부안독립신문』, 2006년 1월 26일자.

박문규, 『석남일기』.

박준성, "백산대회의 존재와 의의", 전북사학회 편, 『동학농민혁명의 기억과 역사적 의
　　의』, 2011.

배항섭, 「동학농민혁명에서의 무장기포의 성격과 역사적 의의」, 전북사학회 편, 『동학농
　　민혁명의 기억과 역사적 의의』, 2011.

성주현, 『동학과 동학혁명의 재인식』, 국학자료원, 2010.

송재섭, 『갑오동학혁명난과 전봉준장군실기』(필사본), 1954.

＿＿＿, 『갑오동학혁명난과 전봉준장군실기』, (필사본), 1954.

신용하, 『동학과 갑오농민전쟁 연구』, 일조각, 1993.

＿＿＿, 『동학농민혁명의 사회사』, 지식산업사, 2005.

오지영, 『동학사』, 영창서관, 1938.

우　윤, 『전봉준과 갑오농민전쟁』, 창작과 비평사, 1992.

이이화, 「전봉준과 동학농민전쟁」, 『역사비평』 7호, 1989.

정봉선, 『전봉준실기』, 1936; 『동학농민전쟁연구자료집』(1), 여강출판사, 1991.

정창열, 『갑오농민전쟁 연구』, 박사학위논문, 1991.

조경달, 『이단의 민중반란』, 2008.

조광환, 『소통하는 우리 역사』, 살림터, 2008.

최현식, 「고부와 갑오동학혁명」, 『전라문화논총』7.

＿＿＿, 『갑오동학혁명사』, 금강출판사, 1980.

파계생, 「전라도고부민요일기」, (『주한일본공사관 기록』Ⅰ).

한우근, 『동학과 농민봉기』, 일조각, 1983.

황　현, 『오하기문』; 김종익 역, 『번역 오하기문』, 역사비평사, 1994.

전라도 부안 士族 奇幸鉉의 『鴻齋日記』와 19세기 후반기 부안의 경제사정

김철배(임실군청 문화체육과)

전라도 부안 士族 奇幸鉉의『鴻齋日記』와 19세기 후반기 부안의 경제사정

1. 머리말

본고는 부안에 살았던 기행현이 남긴 『鴻齋日記』를 소개하고, 그 내용의 일부라고 할 수 있는 1866년~1894년까지의 米穀價와 일기에 나타난 19세기 후반기 부안 지역의 경제사정을 밝히고자 작성하였다.

기행현은 전라도 부안군 주산면 홍해마을에 거주하면서 1866년부터 1911년까지 약 45년간 자신의 일상 및 견문을 기록하였다. 주산면은 북쪽으로는 부안읍, 남쪽으로는 보안면, 줄포면, 동쪽으로는 고부면, 용안면, 서쪽으로는 상서면과 백산과 맞닿아 있는데, 이들 지역은 동학농민혁명으로 상징되는 19세기 후반기 민중운동이 활발하게 일어났던 곳으로[1]『홍재일기』에도 이곳에서 일어난 크고 작은 사건들에 대한 기록을 살펴볼 수 있다. 무엇보다도 동학농민혁명이 발발하기 한참 전인 1866년부터 매월 기록한 부안지역의 곡가는 당시의 사회사정과 함께 경제사정을 이해하는데 큰 도움을 주고 있다.

본고에서 논의하고 있는 여러 사정들은 『홍재일기』 중에서 동학농민혁명이 발발하기 이전의 것으로 19세기 후반기 여타 지역의 경제사정[2]과 크게

---

1 기행현이 거주한 홍해마을은 무장기포 이후 농민군들이 모여 봉기하였던 백산과 8km 떨어진 곳으로 기행현은 자신이 지켜본 백산봉기에 대해서도 기록하고 있다.
2 동학농면혁명 전후의 농민들의 경제 형편에 대해서는 백숭종의 「1893년 전라도 태인현 良人 농민들의 租稅 부담」(『진단학보』 75, 1993), 이동희의 「동학농민혁명 직전 전라도 고창현 농민

차이나지는 않을 것이다. 다만, 동학농민혁명의 한 가운데 있었을 동시대 사람의 기록을 통하여 동학농민혁명 전후의 농민들의 경제형편에 대해 이해해 보고자 한 것이다.

2. 부안의 사족 기행현과 『홍재일기』

2011년 4월, 정읍의 향토사연구가의 소개로 입암면 마석리에 살고 있는 기곤(奇昆)이 소장하고 있는 『홍재일기』와 다수의 전적류 및 고문서를 확인하였고, 그 중 『홍재일기』를 포함한 전적류 22책과 고문서 48건을 선별하여 조사하였다.

조사한 자료 가운데 일기에 대해서 관심을 가지게 된 것은 『홍재일기』를 포함해서 필체가 다른 일기 3종이 함께 발견되었기 때문이다. 그중 가장 이른 시기의 일기는 1866년부터 시작되었고 無名日記가 1969년까지 이어졌기 때문에 약 100여 년간 이어진 기록이었다. 여기에 그 가계와 학문을 알 수 있는 『행주기씨족보』, 『鴻齋文集』, 『同苦錄』, 『爲親稧案』과 다수의 간찰 및 고문서는 이 지역 사족을 연구하는데 중요한 단서가 될 수 있을 것이라고 생각하였다.

일기를 쓴 기록자가 누구인지를 밝히는 것이 첫 번째 일이었다. 『홍재일기』을 읽어가는 과정에서 기록자에 대한 몇가지 단서를 얻을 수 있었다. ① 기록자의 처가는 '김씨'였고, ②기록자의 동생이라고 생각했던 기기현이 1909년 11월 5일에 죽었을 때 '從弟'라고 기록하였으며, ③기록자의 부친이라고 여겼던 奇師榮의 사망과 관련하여 1882년 12월 14일자에는 '내일은 仲父의 9일장'이라고 적어 두었다.

들의 경제 형편」(『전북사학』 23, 2000) 참고.

이렇게 확인된 단서를 『행주기씨족보』와 대조하여[3] 그의 족보명 奇泰鉉을
확인할 수 있었다. 즉, 기태현의 초명이 기행현이었고, 『홍재일기』 1869년
6월 26일 아버지 奇師雲(1822~1869)의 사망 날짜도 족보와 일치하였다. 이
에 따라 현재 『홍재일기』 소장자와 기록자인 기행현의 관계를 정리하여 아래
와 같은 가계도를 그릴 수가 있었다.

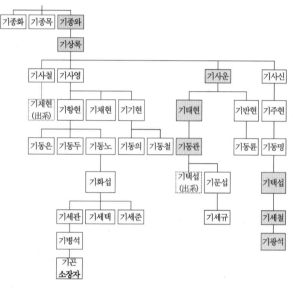

기행현[족보명 기태현]의 가계도(『행주기씨족보』 참조)

기행현은 己卯名賢으로 추숭되고 있는 奇遵의[4] 형 奇進의 11세손이다. 기
진은 奇大臨과 奇大升의 아버지이다. 즉 기행현의 집안은 기진-기대림-기
효분[5]-기방헌-기수백-기진혁-기정호-기덕훈-기종와로 이어진 광주문중

---

3 2013년 12월 부안문화원 김원철 원장님, 김경성 사무국장님, 홍해마을 기세만 이장님, 대초리
　기세원씨의 도움으로 족보를 확보하여 기행현이 기록한 일기라는 것을 확인하였다.
4 기준(1492~1521): 1514년에 문과에 급제하여 典翰 · 應敎를 역임하였다. 기묘사화에 연루되
　어 穩城으로 유배가서 처형되었다. 기묘명현의 한 사람으로 시에도 능하였다.
5 기효분은 기대승의 형인 기대림의 아들로 이조참의에 증직되었다. 기효간의 문하에 오희길이
　바로 그의 사위이기도 하다. 오희길은 하서 김인후의 학맥을 이었으며 임진왜란 직전에 경기

이라고 하겠다. 그런데 기행현의 조부인 기종와가 광주에서 부안군 주산면 홍해마을로 이어하여 부안문중의 입향조가 되었으며, 그후 부안에서 7~8대에 걸쳐 세거하고 있다.

『홍재일기』를 쓴 기행현은 부안 입향조 기종와의 손자 기사운과 부안 김씨 金命璜의 딸 사이에서 1843년 4월 20일에 태어났으며 몰년은 정확하지 않다. 기행현의 족보명은 奇泰鉉으로[6] 초명을 幸鉉, 자를 聖瞻이라 하였으며, 부인은 의성김씨 金永錫의 딸이었다. 『행주기씨족보』에 의하면 기태현은 '가선대부 예조참판에 봉해졌지만 취하지 않았다'고 적고 있는데 아직 그의 직역이나 생활상에 대해서는 구체적으로 파악하지 못하였다.

기행현의 학맥에 대해서는 『홍재일기』와 함께 조사된 『同苦錄』을 참고할 수 있다. 『동고록』은 郭璨의 문인록인데, 곽찬에 대해서는 더 상고할 필요가 있겠으나 그 서문 말미에 다음과 같이 기록되어 있다.

"乙酉十一月二十六日 扶安南下 鴻海居士 奇幸鉉書
道方山下鴻海故或稱道海 靑田白先生稱曰鴻齋"

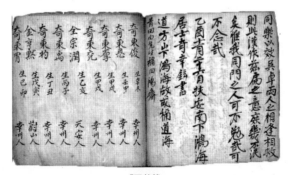

『同苦錄』

전 참봉으로 임명되어 『조선왕조실록』, 경기전 태조어진(국보 317호)을 보전하는데 공이 컸다.
6 기행현은 1868년 10월 '奇太永'이라고 改名하였다. 족보의 돌림자 '태(泰)'와 관련이 있을 것으로 생각된다. 『홍재일기』1868년(고종 5) 10월 6일, '如昨 古阜術客柴老人來到宿 改名以奇太永 更定一点孤燈明朗四隣揭字未滿四十万人可仰'.

기행현은 1885년 을유년에 『동고록』을 작성하면서 자신을 鴻海居士로 지칭하였고, 당시 道方山 아래 홍해마을에 살았기 때문에 道海라고 칭하고 있었다.[7] '홍재'라는 호는 白鶴來가 지어주었다. 백학래는 부안군 상서면 陽山마을에 거주하였던 학자로, 그의 호는 靑田, 자는 殷文이며, 본관은 수원이다. 1821년(순조 21)에 부안에서 태어나 1859년(철종 10) 39세의 나이로 己未增廣試에서 진사 2등으로 입격하였다.[8]

『홍재일기』에 '靑田先生門生稧'가 조직되고 주기적으로 문인들이 모여서 '강학을 했다'라는 내용이 기록되어 있는 것으로 보아 백학래와 그의 문인들의 학문활동을 짐작할 수 있다.[9] 백학래는 주로 東林書院을 중심으로 활동하면서 후학을 양성하였던 것으로 보인다. 백학래의 제자로 알려진 사람은 부안김씨 金洛鎭[10]을 들 수 있다. 김낙진은 艮齋 田愚와 교유하였고 그의 아들 後滄 金澤述(1884~1954)[11]은 전우의 문하에서 수학하였다.[12]

『홍재일기』 현황

명칭	권수	세로	가로	시작	간지	끝	간지	행	자	쪽수	글자수
道海齋日記	1권	19.5	22	1866.03.10	병인	1867.12.29	정묘	14	20	94	26,320
鴻齋日記	2권	23	19	1868.05.01	무진	1869.12.30	기사	14	21	230	67,620
鴻齋日記	3권	21.5	19.5	1872.01.01	임신	1884.12.30	갑신	21	20	112	47,040
鴻齋日記	4권	20	20	1885.01.01	을유	1889.12.30	기축	18	24	104	44,928
鴻齋日記	5권	19.5	20	1890.01.01	경인	1894.12.30	갑오	19	26	116	60,320
鴻齋日記	6권	21	21	1895.01.01	을미	1904.12.30	갑진	19	26	278	137,332
鴻齋日記	7권	21	19.5	1905.01.01	을사	1911.12.30	신해	15	28	172	72,240
합계											455,800

---

7 이 때문에 『홍재일기』의 1책은 『道海齋日記』로 명명하였던 것으로 보인다. 한편 도방산은 홍해마을 뒷산으로 일명 '됫박산'이라고 불리고 있으며, 『여지도서』 부안편에는 '道所峰'이라고 불렀고, '묵방산에서 뻗어 나온 산으로 관아의 서쪽 5리에 있다'고 기록하고 있다.

8 『崇禎紀元後四己未增廣司馬榜目』 참조

9 백학래는 詩에 능하였는데, 유고집 『靑田詩稿』가 번역·출간되었다.

10 김낙진은 부안김씨로 고종 31년(1894) 갑오 式年試에 입격하였고, 당시 거주지를 홍덕으로 하였다.

11 김택술의 문집 『後滄集』과 『俟義錄』이 남아 있으며, 滄東書院에 배향되어 있다

12 김택술에 대해서는 박순철, 「後滄 金澤述의 學問과 思想」, 『유교사상문화연구』 36집(한국유교학회, 2009) 참조.

『홍재일기』는 1866년부터 1911년까지 약 45년간 쓴 일기로, 7책으로 엮어져 있다. 1책은 『도해재일기』(1866~1867)이라고 이름을 붙였고, 2책부터 7책까지는 『홍재일기』(1868~1911)라는 이름을 붙였다. 1년에 대략 20,000자의 분량으로 기록되었다. 1874년부터 1880년까지의 일기는 다른 곳에 적었다는 기록만 있을 뿐 현재로서는 행방을 알 수가 없다.

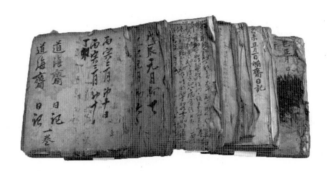

『홍재일기』(기곤 소장)

『홍재일기』는 개인과 집안의 일상뿐만 아니라 격변하는 19세기 후반기의 부안과 그 인근지역에서 일어난 사건과 그에 대한 소문 등에 대해서도 기록해 두고 있다. 때문에 『홍재일기』의 내용에 대한 면밀한 검토와 연구를 통해 부안과 인근지역의 구체적인 地域像을 그려낼 수 있을 것이다. 다음은 『홍재일기』에 수록된 내용 가운데 1868년부터 1894년 동학농민혁명 발발 직전까지 매월 기록된 곡가와 그 변동에 대해 정리하여 부안지역의 경제사정에 대하여 이해를 도모하고자 한 것이다.

3. 1866년~1894년 부안지역의 곡가변동

1) 1866~1874년의 미곡 시세와 가뭄

『홍재일기』에는 매월 租石價와 米價 등 물가가 기재되어 있어서 19세기 후반 부안지역의 경제사정을 살펴 볼 수 있다. 기행현이 일기를 처음

쓴 것은 1866년 3월인데, 일기에 조석의 거래가격이 처음 등장하는 것은 1866년 12월이다. 이후 기행현은 매월 말일 일기 끝에 조석가와 미가를 기록하고 있다. 이를 토대로 1866년부터 1874년까지 조석가를 살펴보면 다음과 같다.

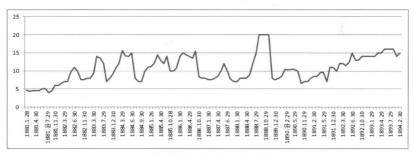

1866년 12월~1874년 12월 조석가

1866년 12월에 겨울과 1869년부터 1870년 초반의 곡가는 각각 18냥에서 14냥까지 치솟았다가 1870년대 들어서면서는 대체로 1석에 6~10냥에 거래되고 있는 것을 볼 수 있다. 치솟았던 곡가의 원인에 대해서『홍재일기』1869년 6월 30일과 7월 10일 일기에는 다음과 같이 기록되어 있다.

> 1869년 6월 30일, 어제와 같았다. 충해가 매우 심하다. 올해 농사는 고르지 못하다. 조 1석 8냥이고, 쌀은 1냥에 1두 2되이다.[13]
> 1869년 7월 10일, 어제와 같았다. 배장흡이 왔다. 말하기를 금년에는 쌀과 나락

13 『홍재일기』, 1869년 6월 30일, '如昨 虫災太甚 年事 未調云 租石 8兩 米1兩 1斗 2刀云'

이 특히 귀하다. 마을마다 굶는 사람이 태반이다. 농사 형편을 점칠수 없다.[14]

가뭄으로 인하여 蟲害와 飢餓가 발생한 상황을 보여주고 있다. 1874년 12월의 곡가 10냥이었는데, 이해 '대흉년'이 들었다고 하였으니, 18냥까지 치솟았던 1869년의 상황은 매우 이례적이라고 할 수 있겠다.[15]

이후 1875년~1877년의 일기는 年評으로만 기록하고 있어 여타의 내용을 확인할 수 없다. 1879년과 1880년의 일기는 다른 곳에 작성하였다고 하는데 지금은 유실된 상태이다. 그런데 1876년 병자년의 가뭄은 1893년까지 農況에 대해 거론할 때마다 비유되는 것으로 볼 때 가장 심한 가뭄이었던 것으로 보인다.[16]

변희룡의 연구에 의하면 한반도에 1777년(정조 1)을 기준으로 앞뒤 124년 주기로 가뭄이 발생하고 있다고 한다. 당시 연강우량 430mm로, 오차는 다소 발생할 수 있겠으나 1771년에 시작된 가뭄이 13년간 지속되었고, 한반도에서 대기근을 1901년을 정점으로 1882년부터 29년간 지속되었다고 보고하였으며, 한반도에서의 가뭄의 주기를 124년의 대주기, 38년의 주기, 12년 주기의 중가뭄, 6년 주기의 평가뭄으로 구분하고 있다.[17] 여기에 따르면, 1877년 전후는 38년 주기로 나타나는 대가뭄에 해당한다고 하

---

14 『홍재일기』, 1869년 7월 10일, '如昨 裵璋翁 來到 言今年 米租特貴 村村飢者 太半 農形無可占云矣'.

15 1868년 4월 일기부터 미곡 상인[米商]이 등장하기 시작하여 1868년 9월 25일에'미곡 상인이 매우 많다. 1냥에 1두 5되라고 한다.'고 기록되어 있다. 미곡 상인의 등장은 1869년부터 1870년에 조석가가 급등하는 이유와 관련이 있을 것으로 짐작되는데 이에 대해서는 보다 정밀한 검토가 필요하다.

16 『홍재일기』 3책에는 1875년 일기로, '雨水 七月 風大吹 豊落松許多 免凶'라고만 적혀 있고, 1876년 일기로는 '亘萬古大旱 而霜亦早降 凶中大凶 民多死而金溝金堤興德猶豊'라고만 적혀 있다.

17 변희룡은 한반도의 다음 기근의 시작을 2025년을 기준으로 2012년부터 시작할 것이라고 예언하고 있다. 변희룡 외, 「주기로 본 한반도의 다음 대가뭄」, 『한국기상학회 학술대회 논문집』 (2008).

겠다.[18] 이와 같이 가뭄으로 인한 흉작이 곡가변동의 주된 원인이었던 것으로 생각된다.

2) 1881~1894년의 곡가변동과 민란

『홍재일기』가 다시 시작되는 1881년부터 동학농민혁명이 일어나는 1894년까지 곡가는 크게 세 기간으로 나누어 볼 수 있다. 1881년부터 1887년까지의 곡가는 진폭은 있지만 춘궁기와 추수기로 구분하여 설명할 수 있다. 매년 정월부터 5~6월까지 곡물가는 11냥~15냥을 오르락거리다가 추수기에 접어드는 8월, 9월에 가격이 7~8냥으로 떨어졌다가 오르는 양상을 띄고 있다. 춘궁기에 올랐던 곡가가 추수기에 하락하면서 곡가가 안정되는 양상이 반복되고 있는 것이다. 때문에 상승하는 곡가가 하락할 것이라고 기대하면서 경제적 어려움을 극복할 수 있었을 것이다.

그러나 1888년 무자년의 극심한 가뭄으로[19] 그해 7월부터 10월까지 곡가가 무려 20냥에 육박하며 역대 최고로 상승하였고, 이후 곡가의 변동폭이 이전과 달라졌다. 『홍재일기』에는 '이런 대흉년은 개국후 처음이다'라고 기록하고 있다.[20] 가뭄과 흉년으로 굶어죽는 사람이 나타나고,[21] 경성에는 '다른 나라 사람들이 아이를 잡아 먹거나 말을 먹는다'는[22] 소문이 도는 등 흉흉한 분위기 속에 민인들이 동요하기 시작하였다.[23]

18 반기성은 1877년 전후하여 발생한 강력한 엘니뇨 현상에 의하여 아시아, 아프리카 등지에 대 가뭄을 가져왔다고 주장한다.

19 무자년(1888) 가뭄은 부안에만 국한 된 것은 아니었다. 황현이 기록한 『매천야록』에는 감영이 있던 전주에서 일어난 다음과 같은 사건을 전하고 있다. '지난 무자년(1888) 봄에 까치와 해오라기 1,000여 마리가 나무를 에워싸고 서로 싸웠는데 까치가 이기지 못했다.'라고 기록되어 있다.

20 『홍재일기』 4책, 1888년 7월 29일. '如此大旱之年 開國後初見初聞云'

21 『홍재일기』 4책, 1888년 8월 28일. '村友金成之餓死即日永葬'.

22 『홍재일기』 4책, 1888년 5월 21일. '仄聞怪說他國之人以餌商欺人幼兒取殺相食或食馬'.

23 이와같이 치솟는 곡가로 민심도 서서히 동요하기 시작했던 것으로 보인다. 12월 16일 일기에서 '정읍에서 민란이 크게 일어났다[井邑民亂大起]'고 기록할 정도로 심각해진 것이라 하겠다.

더욱이 1891년 이후로는 월별로 미미한 변동은 있기는 하지만 1894년 2월까지 약 4~5년간 곡가가 계속 상승하고 있는 것을 확인할 수 있다. 이 전에는 춘궁기에 오르고 추수기에 내리는 농사월령에 따른 곡가의 변동을 예상할 수 있었는데, 1891년 이후로는 추수기에도 곡가가 오르는 기현상이 나타나고 있다.

이와같은 곡가의 상승의 주된 요인은 가뭄으로 인한 대흉년이었던 것으로 보인다. 『홍재일기』에 의하면 1892년 6월에 가뭄으로 대흉년이 이어졌고, 1893년 6월에는 '전라좌도 나주, 함평, 무안 등 7읍에 비가 오지 않아서 대흉년이라고 한다. 경상좌도도 흉년이고 왜국 또한 흉년이라고 기록하고 있다. 황해도, 평안도의 兩西 또한 대흉년이라고 한다'고 기록되어 있다.[24] 같은 해 8월 7일 기록에는 '전라도 27읍이 대흉년이고, 경기, 충청도도 풍해가 매우 심하다.'고 기록하고 있다.

가뭄으로 인한 흉년이 계속되면서 곡가의 상승과 그로 인해 피폐해진 민생으로 민인이 동요하기 시작하였다. 『홍재일기』에는 다음과 같이 1890년에 일어난 '민란' 소식을 기록하고 있다.

> 어제와 같았다. 나주민란이 아직까지도 그치지 않았는데 우두머리는 羅泰原이라고 한다. 石堤 李參議, 孫致壽가 다녀 갔는데 南原에서 民亂이 크게 일어났다고 한다. 김익삼씨가 다녀 갔는데 京城의 大亂으로 세자가 돌아왔다고 한다.[25]

1890년 8월 26일 기사에 의하면 4월에 발생한 나주민란이 8월까지도 지속되고 있었으며, 주동자 나태원 등 2명이 사망하는 10월까지도 그대로 이어

---

24 『홍재일기』 5책, 1893년 6월 28일, '年事豊兇則 全羅左道羅州咸平務安等七邑 雨不來大兇 慶尙左道亦兇 倭國亦兇 黃平兩西亦大兇云'.
25 『홍재일기』 5책, 1890년 8월 26일, '如昨羅州民亂尙今不止 首頭羅泰原云 石堤李參議孫致壽來去 南原民亂大起云 金丈益三氏來去 京城大亂世子返庭事云'.

졌다고 한다. 나주 뿐만 아니라 남원민란과 경성대란이 일어나서 경향의 민심이 동요하고 있음을 짐작할 수 있다. 이러한 민심의 동요는 가뭄과 기근으로 곡가가 앙등하고 민생이 파탄나기 시작하였기 때문으로 생각된다.[26]

이러한 지속되는 가뭄과 그로 인한 대흉년으로 추수기조차도 곡가가 앙등하여 민생이 안정되지 못하였다. 1891년 이후 오르기만 하는 곡가로 인해 민생은 파탄 직전에 이르게 되었던 것이다. 민생의 파탄이 목전에 이른 상황에도 불구하고 이에 대한 적절한 대응책은 마련되지 않고 오히려 민인에 대한 과세의 부담이 증가하면서 경제사정은 극복하기 어려운 수준에 이르렀던 것으로 보인다. 이에 대해서는 다음 장에서『홍재일기』에 기록된 당백전의 유통으로 인한 혼란과 각종 부과세에 대해 살펴 보고자 한다.

4. 19세기 후반기 부안지역의 경제사정

1) 부안의 願納錢 배당과 當百錢 횡행

기행현이 처음 일기를 쓰기 시작한 것은 그의 나이 24세 경인 1866년 3월이었다. 이 무렵 일기를 쓰기 시작한 이유에 대해서는 자세히 알 수는 없다. 그는 1874년부터 1880년까지 약 6년을 제외하면 1911년까지 45년간 거의 매일 일기를 썼다.[27] 기행현이 일기를 쓰기 시작한 해인 1866년은 고종이 즉위한 지 3년이 되던 해로 흥선대원군이 집권하고 있었다.

12세에 왕위에 오른 고종은 翼宗(1809~1830)의 양자로 입적되어 헌종의 뒤를 이어 왕통을 계승하였다. 어린 고종을 대신하여 神貞王后 趙大妃의 수렴

---

26 이러한 상황을 수습하기 위해 전라감사는 방곡령을 내리거나 직소폭포, 두승산 등지에서 기우제를 지냈는가 하면, 1889년, 1890년의 結價를 지역의 饒戶富民에게 分定하기도 하였다. 『홍재일기』 5책, 1892년 5월 23일.
27 기행현은 특별히 기록할 내용이 없는 날에도 '如昨'이라고 적으며 꼬박꼬박 매일 기록하였다.

청정이 시작되었고, 신정왕후는 고종의 친부인 흥선대원군 李昰應에게 권한을 위임하여 흥선대원군의 집권하고 있었다.

흥선대원군은 집권하면서 경복궁을 중건하고자 하였으며 중건에 필요한 재원을 마련하기 위해 원납전이 제기되었다. 일반인의 원납은 의정부에서, 璿派人의 원납은 종친부에서 받기로 하였고 대왕대비는 內下錢 10만 냥을 내놓기도 하였다. 그런데 원납전으로 재원을 충당하기 어렵게 되자 1866년 10월에 가서 원납전 이외의 재정 수입으로 당백전을 발행하였다. 『홍재일기』에는 원납전 부과와 당백전의 유통에 대한 부안의 실상에 대해 기록되어 있다.

『홍재일기』에는 1868년 10월 4일에 각 읍에 원납전이 부과되었다는 내용이 기록되어 있다.

> 날씨는 맑고 화창하다. 서울소식을 들는데, 당백전은 호불호가 있어서 가려서 받는다고 한다. 원납은 각 읍에서 내오는데 당백전이 반이고, 엽전이 반이다. 흥덕은 1만 3천냥이라고 관찰사에게 보고하였다고 한다.[28]

원납전은 당백전과 엽전을 섞여서 받았으며, 흥덕에 부과된 원납전은 1만 3천냥이라고 적고 있다. 10월 18일에는 경복궁을 중건하는 일에 갈수록 돈이 더 많이 필요해지자 京鄕의 대소민을 가리지 않고 당백전 1엽으로 신역을 면하게까지 하면서 재정을 충당하고자 하였다.

가랑비가 내렸는데 본 면 주인이 또 첩지를 전해 왔다. 대원군의 지시로 (경복궁) 영건 공사가 갈수록 더욱 커져서 안으로는 경성 5부, 밖으로는 8도 4도시의 대소민들과 縉紳家, 班戶, 廊屬들이 공사 차출[身役]을 면하고자 한

---

28 『홍재일기』 2책, 1868년 10월 4일, '晴和 聞京奇 則當百有好不好擇受云 願納各邑出來 當半葉半 興德以一万三千兩 報營云'.

다면 관원이나 사람이나 1인당 당백전 1엽씩을 원납하게 한다는 뜻으로 營門에 감결하여 고을 관청에 보내도록 하였다 하므로, 이번 23일에 향회를 연다는 뜻으로 첩을 내린 것이다.[29]

같은 해 11월 5일에는 15세 이상 원납할 사람 수를 성책하여 보고하지 않은 일로 訓執에게 첩정을 내리게 하였는가 하면[30], 다시 9일에는 인구를 성책하는 일로 面任이 다녀가기도 하고,[31] 이어 11일에는 원납과 관련하여 南下面 戶口 208호에 인구 299명이라고 보고하는 일 등이 있었다.[32]

의연금, 출연금으로 시작했던 원납전은 첫 해인 1865년에는 500만 냥, 1866년에는 100만 냥으로 뚝 떨어지고 1867년에는 60만 냥으로 줄었다. 결국 원납의 대상을 15세 이상으로 한정하여 훈집을 동헌에 불러들인다거나, 면임이 직접 조사를 하러나간다거나 함으로써 그 원성이 쌓여갔다. 원납이라는 본의와는 달리 人頭稅 성격의 稅源이 추가되었다고 할 수 정도이다.

『홍재일기』는 원납전의 한 형태로서 幼學錢·勳裔錢을 거론하고 있다. 즉 1869년 7월 22일 일기에서 성균관을 중수하는 일로 生進과 幼學에게 1 냥 1전씩으로 원납으로 거둔다는 말을 들었는데,[33] 8월 12일 유학전을 거

---

29 『홍재일기』 2책, 1868년 10월 18일, '雨細 本面主人 又傳下帖 大院位分付內 營建之役 去益浩大 內而京城五部 外而八道四都 大小民人與縉紳家班戶廊屬 免身役之人 每員每人 當白錢一葉式願 納之意 營門甘結付邑官家 以今二十三日鄕會之意 下帖'.
30 『홍재일기』 2책, 1868년 11월 5일, '如昨 十五歲以上 願納人口成册 不報之事 下帖訓執 夙夜來 待于邑底云'.
31 『홍재일기』 2책, 1868년 11월 9일, '如昨 人口成册事 面任來到 本里人口二十名題去'.
32 『홍재일기』 2책, 1868년 11월 11일, '如昨 南下面戶口 二百八戶 人口二百九十九名稟報'. 1789 년에 작성된 『호구총수』에 의하면 부안군 남하면은 청계리, 산막리, 청태리, 사산리, 양정리, 선반리, 종정리, 도리산리, 신묘리, 황점리, 외둔리, 내손리, 외고리, 오희리 등으로 원호는 240호로 1,552명 중 남자는 772명, 여자는 780명으로 기재되어 있다.
33 『홍재일기』 2책, 1869년 7월 22일, '如昨 聞京奇則 成均館重修之意 生進幼學願納一兩一戔式爲 之 而今聞再修云矣'.

둔다는 회유문이 온 것이다.[34] 유학전은 幼錢·儒錢 등으로 최초 성균관 중수를 위한 재원 마련으로 시작하였던 것이 각 고을에 소위 유학이라고 하는 사람들에게 명목세금을 만들어 부과시킨 것이다. 후에 幼學戶는 班戶와 비견하여 호포제가 실시될 때 호포의 납부 대상이 되기도 하였던 것으로 보인다. 1869년 8월 3일에는 훈공이나 원종공신의 후손의 명단을 만든다고 하더니, 그 후손을 상대로 勳裔錢을 거둔다는 내용이 기록되어 있다.[35] 처음에는 願納으로 시작하였지만 결두세, 통행세, 인두세, 유학전, 훈예전 등으로 자꾸 세목이 늘어났으니 백성들의 고충은 더욱 심해졌다. 이 와중에 8월 21일에는 본 고을의 辛應煥와 辛公守가 각각 1만 냥과 3만 냥을 원납하였다고 한다.[36]

이와 같이 원납이라는 뜻과는 달리 각 읍에 할당되어 징수하고 있는 것을 확인할 수 있다. 원납전으로 사용되었던 당백전은 흥선대원군 집정기인 1866년 10월 우의정 김병학의 건의로 11월부터 호조 소속 금위영에서 주조 발행하여[37] 1867년 4월 중지될 때까지[38] 약 6개월간 유통된 고액 화폐로서 주조 총액은 약 1,600만 냥이었다. 당백전은 종래 주로 사용되던 상평통보에 비해 소재 가치, 즉 무게가 5~6배에 지나지 않는 것에 비해 액면 가치는 100배가 되는 고액화폐이었다.

정부는 당백전의 유통을 원활하게 하기 위하여 모든 공사거래에서 종래의 상평통보와 함께 통용하게 하고 각 관청에서 경비를 지출할 때 당백전 2/3, 상평통보 1/3의 비율로 통용하게 하였는가 하면 1868년 3월 29일에는 조

---

34 『홍재일기』 2책, 1869년 8월 12일, '更熱 見新官下帖則 以幼學錢責納事回喩云'.

35 『홍재일기』 2책, 1869년 8월 3일, '陰陰 校中回文來到 而勳裔及原從功臣子孫姓名 成冊云矣'.

36 『홍재일기』 2책, 1869년 8월 21일, '如昨 禮洞金丈來臨 聞富者願納 更出本邑辛應煥萬兩 辛公守三萬兩云'.

37 『고종실록』 3권, 3년(1866) 11월 6일(신유).

38 『고종실록』 4권, 4년(1867) 5월 4일(병진).

정의 명령으로 공납 및 사채, 물건 값을 거래할 때 1냥 이하는 엽전으로 하고 1냥 이상은 당백전으로 지불하도록 하였다.『홍재일기』에 는 당백전 유통과 관련하여 정부의 강압적인 노력을 알 수 있는 다음과 같은 내용이 실려 있다.

> 오늘 시장을 이야기하자면 당백전이 횡행한다. 관가에서 시장에 나와 각종 물품 점포[各色纏]의 우두머리 등을 불러 모아 이르기를 "조정의 명령이 이 이와 같으니 공납, 사채, 물가 거래는 말할 것도 없고 1냥 이내는 엽전을 쓰나, 1냥 이상은 당백전을 써라. 만일 명령을 거부하면 엄형에 처하도록 보고할 것"이라 하였다더라.[39]

이에 따르면 조정에서 당백전을 사용하도록 압박하였다는 것을 알 수 있다. 기행현은 시장의 상황에 대해, 당백전이 횡행하자 시중의 상인들이 당백전의 사용을 꺼려하자 점포의 우두머리를 불러모아 당백전을 사용하라는 조정의 명령을 전달하고 있다고 기록하고 있는 것이다. 당시 시장에서는 당백전 사용을 기피하며 일시적으로 물물교환을 하면서 물가가 올랐다고 한다. 이로 인해 상인들이 태형을 당하는 일도 있었다.

더욱이 1867년 4월에 당백전의 주조가 중지된 이후 1868년 5월에도 여전히 당백전을 사용하라는 효유문을 내렸다.

> 날씨는 어제와 같았다. 각 면의 社首와 훈집을 동헌으로 불러들여 함께 앉아 얼굴을 보며 회유하여서 당백전을 쓰도록 하는 효유문 1장을 각각 주어 보내며 각자 돌아가 면에 통고하여 면회(를 열어) 알리라고 일렀다 한다.[40]

---

39 『홍재일기』2책, 1868년 3월 29일, '言今日市 當百錢橫行 而官家出行市中 招各色纏頭民 謂曰 朝令如是 無論 公納私債物價去來 一兩以內 則以葉錢爲行 一兩以上 則以當百錢爲行 若有拒令 嚴刑報營云矣'.
40 『홍재일기』2책, 1868년 5월 16일, '如昨 各面 社首與訓執 招致東軒 同席面論 當百錢行用 各授 曉諭文一本 出送 各歸通面 面會曉諭云矣'.

그것도 각 면의 사수와 훈집을 동헌으로 불러들여서는 동석한 자리에서 얼굴을 보면서 효유문을 전달하고, 이들로 하여금 각 면회에서 당백전을 유통시키라고 지시한 것이다.

한편 당백전이 발행된 이후, 기행현은 곡가를 비롯한 몇몇 물가를 엽전과 당백전으로 기록하고 있다.

> 6월 29일 租 1石에 엽전 6냥, 당백전 7냥, 8냥이다.[41]
> 7월 19일 햅쌀[新米] 1말 6되 5홉과 묶은 쌀[舊米] 1말 2되가 당백전 1냥과 엽전 3戔으로 서로 매매된다.[42]
> 7월 22일 조 매석에 당백전 6냥과 엽전 1냥 2전씩 거래하러 오는데 일이 뜻대로 되지 않아 그냥 가기도 한다.[43]
> 8월 10일 목화는 엽전 1냥에 3근, 당백전으로 1냥에 2근, 담배[南草]는 1把에 7, 8전이다.[44]
> 8월 11일 집소[家牛]는 당백전으로 72냥과 엽전 1냥으로 내다 팔았고, 또 고창의 석탄우(石灘牛)을 사는 것은 당백전으로 85냥과 엽전 3냥을 주고 사왔다.[45]

조 1석이 엽전으로 6냥일 때 당백전으로 7~8냥이어서 약 10%의 차등을 확인할 수 있다. 햅쌀[新米] 1말 6되 5홉과 묶은 쌀[舊米] 1말 2되가 당백전으로 1냥과 엽전으로 3전으로 서로 매매된다고 기록된 것처럼, 거래에 엽전과 당백전을 함께 사용하였음을 알 수 있다.[46]

---

41 『흥재일기』 2책, 1868년 6월 29일, '時價租一石 以葉六兩 以當七兩八分爲之矣'.
42 『흥재일기』 2책, 1868년 7월 19일, '新米一斗六刀五合 舊米一斗二刀式 以當百一兩 葉三戔相爲賣買矣.'
43 『흥재일기』 2책, 1868년 7월 22일, '租每石 當百錢六兩 葉錢一兩二戔式 貿去次來到 而事不如意空去'.
44 『흥재일기』 2책, 1868년 8월 10일, '木花葉一兩三斤 當一兩二斤 南草一把七八錢矣'.
45 『흥재일기』 2책, 1868년 8월 11일, '家牛以當七十二兩 葉一兩出賣 又高敞石灘牛以當八十五兩 葉三兩買得'.
46 『흥재일기』에는 미곡가 이외에도 몇가지 물품에 대한 시세가 기록되어 있어서 당시 물가를 아는 데 도움이 된다. 당시 쌀 1말은 대략 1냥에 거래되고 목화로는 2~3근이고, 소는 쌀로

2) 늘어나는 세목과 가중되는 부담

경복궁 중건 재원을 마련하기 위한 세목은 砲糧米, 洞布, 戶斂 등으로 점차 늘어났다. 포량미는 1876년 이후 서양인들이 침입하는 것을 경계하기 위하여 강화도에 진무영을 설치하고, 경내에서 포수 3,000명을 뽑아 강화유수로 하여금 관장하게 하였다. 그 비용을 대기 위해 삼남지방에 田稅를 부과하고 이것을 포량미라고 하였다. 『매천야록』에는 이것이 수만 석에 이르고 관리들이 이것을 핑계 삼아 농간까지 부렸으니 남도 백성들이 더욱 곤경에 빠졌다고 기술하고 있다. 『홍재일기』 1890년 당시 포량미를 (결당) 2냥 2전 4복을 추가하였다고 기록하고 있고, 이것 또한 매번 그 수량이 늘어갔다.[47]

동포는 기존에 군포를 대신한 것인데, 1864년 초에 대원군이 사대부를 포함하여 귀천을 막론하고 해마다 장정 한 사람당 2緡 내게 했던 것으로 동포전이라고도 불렀다. 『홍재일기』 1886년 1월 10일자 일기에는 동포 징수에 대한 전령이 도착하였고, '매호당 2냥 3전 3푼'씩을 부과하였다고 한다.[48]

호렴은 집집마다 물리던 세금이라고 할 수 있는데, 조선시대에는 戶役이 있기 때문에 호렴을 거두는 것을 막았던 것이었는데, 『홍재일기』 1885년 8월 26일 일기에는 호렴이 '매호당 1냥 5전 1푼'씩 부과되었고, 9월 14일에는 여기에 다시 2전이 추가되었다고 기록하고 있다.[49]

70~80말 정도로 거래되었다.

47 『홍재일기』의 내용을 『매천야록』 등 비슷한 시기의 기록과 비교를 통해 19세기 사회의 구체성에 대해 검토할 수 있을 것으로 기대된다.

48 『홍재일기』 4책, 1886년 1월 10일. '本面面任韓在玉來傳 洞布傳令 每戶二兩三戔二分式云矣'.

49 흥미로운 것은 같은 날 9월 14일 기사에서 기행현은 태인의 鄕會에 대한 일을 듣게 되는데, '대원군이 나오는데 청나라 사람의 治送錢 1,000냥'이 태인으로부터 나왔고, 이를 위해서 각 호당 2전씩이 부과되었다고 기록하고 있다. 『홍재일기』 4책, 1885년 9월 14일; 1885년 8월 27일.

이와 같은 각종 부가세가 추가되는 상황에서 관찰사의 공덕비를 마련하기 위한 碑役錢이 징수되었다.

1886년 1월 24일 舊 完伯 金聲根의 비역전 관련 일로 하인이 왔다 갔다.[50]

1883년 1월부터 1885년 2월까지 전라감사를 지낸 김성근의 공덕비를 세우기 위해 비역전을 징수하였던 것이다. 비역전 징수는 이후에도 계속되었다. 1892년 향교에서 '비역전에 대한 回文'을 가지고 왔다. 이 내용을 보면 공덕비 마련비용과 이에 대한 분정의 정도를 알 수 있다.

(중략) 향교에서 하인이 비역전에 대한 회문을 가지고 왔다. 巡相 閔庭植은 덕치를 고루 폈으며[德治化宣], 고을 수령 尹成求는 異說을 배척하고 유학을 숭상한 공덕[斥異崇文]이 있으며, 또 전 순상 李憲稙의 公德碑, 三公碑 가격으로 435냥이다. 그 사이 鄕會에서 65냥 7전, 晦軒 선생의 詩銘 揭板 값으로 15냥이고, 합이 5백 15냥 7전이다. 그 중에서 본 고을에 18냥 2전 4분이 할당되었다.[51]

이헌직은 1887년 4월부터 1889년 6월까지, 민정식은 1891년 2월부터 1892년 8월까지 전라 관찰사를 지냈다. 당시 부안현감이었던 윤성구는 현직에 있으면서[52] 전직 전라 관찰사 2명과 함께 자신의 공덕비를 세우고자 했던 것이다. 공덕비를 건립하기 위해 비역전을 각 고을에 할당하여 거두고 있었다.[53] 연이은 가뭄으로 흉년이 들어 곡가가 앙등하는 상황에서 각종 세목에 대한 징수는 줄어들기는커녕 오히려 늘어나서 백성들의 고충은 심해지

---

50 『홍재일기』 4책, 1886년 1월 24일. '舊完伯金聲根碑亦錢事下人來宿去'.
51 『홍재일기』 5책, 1892년 7월 18일, '(중략)校下人持碑役錢回文來到 而巡相閔公庭植之德治和宣 本官尹候成求之斥異崇文 且前巡相李公憲稙之碑 三公碑錢四百三十五兩 其間鄕會錢六十五兩七戔 晦軒先生詩銘揭板錢十五兩 合五百十五兩七戔 內本面十八兩二戔四分也'.
52 윤성구는 1891년 5월부터 1892년 10월까지 부안현감을 지냈다
53 얼마 지나지 않아 조병갑은 자신의 아버지의 치적을 기리기 위한 공덕비 마련을 위해서 재원을 마련하게 되는데, 이때 재결(災結)에 관계없이 비역전을 부과하였다고 한다.

고 있었던 것이다.

게다가 기축년(1889)과 무자년(1888)에 납부하지 못한 결가도 1892년, 1893년에 계속 추징되고 있었으므로 백성들의 부담은 가중되고 있었다. 가뭄과 흉년으로 곡가가 치솟는데도 오히려 경제적 부담은 가중되는 경제적 상황에 대해[54] 백성들은 童謠, 혹은 讖謠를 통해 조정에 대한 반감을 드러냈다.[55] 이러한 조정에 대한 반감은 급기야 전주의 객사의 殿牌가 훼손되는 지경에 이르게 되었다.[56] 소위 殿牌作變이란 조선후기 客舍의 대청이나 북벽에 걸어둔 '殿'자나 혹은 '闕'자를 쓴 나무 패인 전패를 훼손하거나, 서원의 位牌, 왕실의 胎室 등을 훼손하는 사건으로 지방 수령과 중앙정부에 대한 불만과 반감을 드러내는 民意의 한 형태라고 할 수 있다.[57]

6. 맺음말

본고는 1866년부터 1911년까지 기행현이 쓴 『홍재일기』를 소개하고 일기의 내용을 통하여 부안지역의 경제사정에 대해 검토하였다. 기행현의 집안은 증조부 기종와가 부안군 주산면 홍해마을로 이거하면서 부안에서 세거하게 되었다. 기행현의 행적을 확인할 수 있는 자료가 일기 외에는 거의 남아 있지 않다. 앞으로 기행현과 부안에 거주한 행주 기씨에 대해서는 더 상고되어야 할 것이다.

54 오지영의 『동학사』에서는 이미 '1893년 11월부터 고부, 전주, 익산 등 세 고을에서 한꺼번에 민란이 일어났다'고 기술하고 있다.
55 『홍재일기』 4책, 1888년 11월 17일 ; 『홍재일기』 5책, 1890년 9월 27일 ; 『홍재일기』 5책, 1890년 9월 28일.
56 『홍재일기』 5책, 1891년 2월 14일. '晴和風寒…客舍殿牌失之云'
57 윤석호, 「조선후기 殿牌作變의 展開와 그 性格」(연세대 석사학위논문, 2009) ; 김철배, 「헌종 3년(1837) 永興 濬源殿 태조어진 모사과정 연구」『대동문화연구』 76권(대동문화연구원, 2011).

『홍재일기』는 모두 7책으로 구성되어 있는데, 1책은 『도해재일기』, 2책부터 7책까지는 『홍재일기』라고 명명되었다. 『홍재일기』에는 기행현과 그의 집안의 일상 뿐아니라 부안과 인근 지역에서 일어난 크고 작은 사건에 대한 견문과 소문 등 19세기 후반기 地域像에 대한 내용이 실려 있다. 무엇보다도 매월 租石價와 米價를 꾸준히 기록하여 부안지역의 곡물와 그 변동내역에 대해 구체적으로 알 수 있으며, 당시 백성들에게 부과되었던 여러 형태의 경제적 부담에 대한 구체적인 내용이 실려 있다.

본고에서는 1868년부터 동학농민혁명 발발하는 1894년 직전까지의 곡가의 변동을 정리하여 부안지역의 경제사정에 대해 살펴보았다. 1866년 겨울과 1869년부터 1870년 초반의 곡가는 가뭄과 충해로 인한 흉작으로 14냥~18냥까지 올랐다가 1870년대 들어서면서는 대체로 1석에 6~10냥에 거래되었다. 1880년대에 곡가는 춘궁기에 상승하였다가 추수기가 다소 하락하는 추세를 유지하였다. 그런데 1891년 이후로 월별로 약간의 변동만 있을 뿐 1894년 2월까지 약 4~5년간 지속적으로 하락하지 않고 계속 상승하였다. 농사월령에 따른 가격변동이 없이 추수기에도 곡가가 오르는 기현상이 벌어진 것이다. 1891년 이후 오르기만 하는 곡가로 인해 민생은 파탄 직전에 이르게 되었던 것이다. 민생의 파탄이 목전에 이른 상황에도 불구하고 이에 대한 적절한 대응책은 마련되지 않고 오히려 민인에 대한 과세의 부담이 증가하였다.

특히 경복궁을 중건하면서 필요한 재원을 마련하기 위해 징수한 원납전이 각 읍에 할당되고 각종 세목이 증가하면서 흉년으로 인한 경제난에 시달리고 있던 민생을 더욱 도탄에 빠뜨렸다. 중건사업을 위해 발행한당백전의 유통으로 인해 물가가 불안정해졌고, 백성들의 경제적 고통은 견딜 수 없는 지경에 이르렀고, 나주, 남원 등지에서 민란이 일어났다. 급기야 왕권을 상

징하는 객사의 전패가 훼손되는 사건이 일어나는 등 호남 지방의 민중들이
동요하기 시작하였다.

[참고문헌]

『鴻齋日記』·『同苦錄』·『행주기씨 족보』

『부안군지』, 부안문화원, 2015.

오지영, 『동학사』

황현 저, 허경진 옮김, 『매천야록』, 서해문집, 2006.

김민성, 『부안 땅이름』, 부안문화원, 2002.

박정규, 「朝報의 起源에 대한 연구」, 『언론정보연구』 15, 1978.

하원호, 「開港後 防穀令實施의 原因에 관한 硏究(上)」, 『한국사연구』 49, 1985.

백승종, 「1893년 全羅道 泰仁縣 良人 農民들의 租稅 부담」, 『진단학보』 75, 1993.

이동희, 「동학농민혁명 직전 전라도 고창현 농민들의 경제 형편」, 『전북사학』 23, 2000.

변희룡 외, 「주기로 본 한반도의 다음 대가뭄」, 『한국기상학회 학술대회 논문집』 2008.

박맹수, 「동학농민혁명기 전라도 지식인의 삶과 향촌사회-강진유생 박기현의 『日史』를
　　　중심으로-」, 『한국사상사학』 31, 2008.

윤석호, 「조선후기 殿牌作變의 展開와 그 性格」, 연세대학교 석사학위논문, 2009.

박규택, 「조선후기 지방의 날씨, 농사·주민의 삶, 정책의 상호관계: 오횡묵의 『固城叢
　　　瑣錄』을 사례로」, 『한국지역지리학회지』 16-3, 2010.

박대길, 「동학의 교조신원운동과 척왜양」, 『전북사학』 37, 2010.

김철배, 「헌종 3년(1837) 永興 濬源殿 태조어진 모사과정 연구」, 『대동문화연구』 76권,
　　　대동문화연구원, 2011.

김용환, 「동학교조신원운동과 동학농민혁명의 상관연동」, 『동학학보』 25, 2012.

김봉곤, 「서부경남지역의 동학농민혁명 확산과 향촌사회의 대응-조성가의 월고일기를
　　　중심으로-」, 『남명학연구』 41, 2014.

19세기 부안유생 奇幸鉉의 『泓齋日記』와 동학농민혁명의 실상

이선아(전북대학교 이재연구소)

19세기 부안유생 奇幸鉉의 『泓齋日記』와 동학농민혁명의 실상

1. 머리말

　『홍재일기』는 전라도 부안군 남하면[현 주산면] 홍해마을에서 거주한 기행현(奇幸鉉; 1843~?)이 1866년부터 1911년까지 쓴 일기이다. 기행현은 기묘명현(己卯名賢) 기준(奇遵; 1492~1521)의 형이자 기대승(奇大升)의 아버지 기진(奇進; 1487~1555)의 11세 손이다. 기행현의 집안은 증조부 기종와(奇宗窩)가 광주에서 부안으로 입향(入鄕)한 이후에 세거하였다.[1]

　기행현이 약 45년 동안 쓴 일기에는 개인적 일상과 견문(見聞), 중앙의 민정(民政)과 각종 부세(賦稅) 행정, 매월의 미곡가(米穀價)를 비롯한 물가(物價)에 대해 기록되어 있다. 기행현은 부안의 향유(鄕儒)로서 개인적 일상과 삼정(三政)의 대상으로서 민인(民人)의 실상을 기록하였다. 특히 그가 훈집(訓執)으로 차정(差定)되었던 기간의 일기에는 조정(朝庭)과 감영(監營)에서 지방에 하달한 공문(公文)과 그 시행 과정에 대한 사례가 행정일지(行政日誌)처럼 기록되어 있다.[2] 『홍재일기』는 단순한 개인의 일기에 그치지 않고 19세기 후반의 부안과 인근 지역의 역사상(歷史像)을 구체적으로 확인할 수 있는 사료

1　『홍재일기』의 발굴 과정과 자료 소개 및 기행현의 가계 등에 대해서는 김철배, 「전라도 부안 士族 奇幸鉉의 『鴻齋日記』와 19세기 후반기 부안의 경제사정」 『전북사학』 제46호, 전북사학회, 2015 참고.
2　김영준, 「19세기 후반 전라도 부안현 호구 및 결가 조사의 실제적 양상 – 남하면 훈집 기행현의 『홍재일기』를 중심으로」, 『전북사학』 제53호, 전북사학회, 2017 참고.

라고 생각한다.

『홍재일기』가 발굴되어 공개된 이후, 가장 주목을 끌었던 것은 '동학농민 혁명 기념일 제정'과 관련하여 부안의 백산대회의 실체를 확인할 수 있는 내용이었다.[3] 그런데 『홍재일기』에는 백산대회 뿐만 아니라 동학농민혁명 전후의 부안과 인근 지역의 동학과 관련된 내용이 기록되어 있다. 특히 1894년 3월에서 12월까지 부안 '동학인(東學人)'의 활동 양상과 '동학군(東學軍)'의 행적을 추적할 수 있는 내용이 기록되어 있다.

더욱이 『홍재일기』를 쓴 기행현은 동학농민혁명에 참여하지 않은 지방의 유생(儒生)으로서 자신이 목격하고 경험한 사실(事實)을 의도 없이 기록하였다. 때문에 '동학교도(東學敎徒)'가 남긴 기록을 중심으로 정리된 부안의 동학농민혁명에 대해 관찰적 시점에서 제시하는 새로운 측면을 확인할 수 있다. 본고에서는 1894년 전후의 기행현의 『홍재일기』에서 확인되는 '동학'과 관련된 내용을 토대로 기행현의 눈에 비친 '부안의 동학농민혁명'에 대해 정리하고자 한다.

2. 『홍재일기』의 동학농민혁명[4]

1) 교조신원과 금구의 원평집회

『홍재일기』에 동학이 처음 언급된 때는 1890년 7월 29일이다. 일기에는 '동학설[東學之說]이 크게 일어났다.'라고 기록되어 있다. 8월 24일에 '동학

---

3 김철배, 『홍재일기』로 본 19세기말 부안의 사회상과 동학농민혁명」, 『부안의 동학사상과 동학 농민혁명』, 동학농민혁명백산봉기기념사업회, 2016, 60~62쪽.

4 동학농민혁명이 전개되는 과정에서 일어난 사건에 대한 명칭에는 연구자의 견해와 입장이 반영되는데, 본고에서는 『홍재일기』에서 사용하는 명칭을 우선적으로 사용하고, 그 명칭이 명확하지 않은 경우에는 학계에서 통용되는 사례를 따라 표기하였다.

설이 크게 일어났고' 9월 8일에는 '동학설이 불같이 번졌다.'고 기록되어 있
다.[5] 동학이 불같이 번져가자 부안에서는 향론(鄕論)에 의거하여 향교의 청금
안(靑衿案) 가운데 동학인[東學之人]의 이름을 삭제하고 훈집(訓執)도 그 이름을
삭제하였다고 기록하고 있다.[6]

동학에 대한 향촌사회의 우려와 경계는 1892년 이후에 본격적으로 제기
된 것으로 보인다. 기행현은 관가(官家)에서 동학인을 크게 징치하고 속전(贖
錢) 300냥을 받았으며 동학인을 적발하라는 향교의 회문(回文)에 대해 기록
하고 있다.[7] 동학인이 공주 감영과 전주 감영에 모였다는 소식과 함께 장안
에 화적(火賊)이 크게 일어났다는 소식을 적어 두었다.[8]

1893년 3월 이후에는 동학과 동학인에 대한 견문(見聞)과 탐문(探問)이 자
주 등장한다. 1893년 3월 11일에 서울에 다녀온 장교(長橋) 정원장(鄭元章)
을 만나 전해 들은 서울소식 – 동학인의 복합(伏閤), 인천에 내박(來泊)한
10여 척의 이양선[洋船], 경시(京試) 일자에 대해 적었다. 그리고 같은 달 21
일에 같은 마을의 동학인 박문표에게 전해들은 동학복합(東學伏閤) 이후에 계
하(啓下)한 관문(關文) 내용을 다음과 같이 기록해 두고 있다.

"삼천리 강산의 오백년 성학(聖學)이 방백 수령의 상호 침어(侵漁)로 부지할 수 없
다고 하니 지금 이후로 침어하지 말고 향교에서는 강학(講學)을 하도록 하라. 만약
다시 침어하는 방백 수령이 있거든 법률로 시행하라'고 하였다. 또 이르기를, 『예기
(禮記)』에 백성을 교화시키고 풍속을 이루는 것은 반드시 학문에 있다고 하니 우리
도[斯道]를 강구해서 밝혀야 한다. 너희들은 물러가 더욱 익히고 닦는 일에 힘쓰면

---

5 기행현은 동학이 크게 번지고 있는 상황을 우려하며 문성공 안향의 시[香灯處處皆祈佛 簫管家
　　家競祀神 獨有數間夫子廟 滿庭秋草寂無人]와 문정공 김구(金坵)의 시[蜂歌蝶舞百花新 欲探華
　　帳藏裡珍 終日啾啾說圓覺 不如織口過殘春]를 베껴 적었다. 『홍재일기』 5책 1890년 9월 8일.
6 『홍재일기』 5책 1891년 9월 15일.
7 『홍재일기』 5책 1892년 7월 19일; 8월 11일.
8 『홍재일기』 5책 1892년 10월 30일.

무슨 근심이 있겠는가? 이설(異說)은 조정에서 처리할 것이다.'라고 하였다."[9]

1890년대의 동학교단은 '혹세무민(惑世誣民)'의 죄명으로 억울하게 처형된 교조의 신원(伸冤)과 공인(公認)을 위해 교조신원운동(敎祖伸冤運動)을 전개하고 있었다. 1892년의 삼례집회와 1893년 보은집회를 통해 확장된 교세를 과시하면서 교조의 신원을 요구하였다. 그러나 조정의 분명한 대답을 듣지 못한 동학의 지도부는 복합상소(伏閤上疏)를 준비하였고, 박광호(朴光浩) 등 40여 명의 교도가 1893년 2월 12일부터 복합상소를 개시하였다. 조정에서는 상소절차가 잘못되었다고 하면서 접수도 하지 않으면서 해산을 통고하였다. 동학의 복합상소 이후 동학에 대한 탄압이 심해지고 동학을 배척해야 한다는 공론이 조성되면서 동학교단에서도 새로운 투쟁 방향을 모색하였다.[10] 합법적인 방법에 의한 신원이 어려워지면서 동학교단에서 보은집회를 개최하였고, 비슷한 시기에 전라도 지역의 동학교도 서장옥(徐長玉), 손화중(孫華中), 전봉준(全琫準) 등이 주도하여 금구집회를 개최하였다.[11]

『홍재일기』에는 '금구의 원평취회'에 참여하였던 박문표에게 전해들은 소식이 다음과 같이 기록되어 있다.

'동학인(東學人) 3,000여 명이 이미 금구의 원평에 모여 진을 이루었는데 진법(陣法)은 궁을진(弓乙陣)이고 깃발의 이름[旗名]은 창의(倡義)인데 깃발에 '충의지사(忠義之士)에게 물어 도모하여 저 왜양(倭洋)을 쓸어 버리자.'라고 썼다. 다음달 2

9 『홍재일기』 5책 1893년 3월 21일, 三千里之江山 五百年之聖學 方伯守令 互相侵漁 莫可扶支云 自今以後 勿爲侵漁 自校宮 使之講學 若復有侵漁之 方伯守令 依律施行事云 而又日 記日化民成俗 其必有學講明斯道 汝等宜惟退 去益勉講修 則何患乎異說 自朝家宜處向事云矣.

10 김용환, 「동학교조신원운동과 동학농민혁명의 상관연동」, 『동학학보』 제25집, 동학학회, 2012, 6~8쪽.

11 성주현, 「보은·금구집회의 전개와 동학농민혁명」, 『중원문화연구』 제21집, 중원문화연구소, 2013, 67~70쪽.

일에 행군(行軍)하여 팔도(八道)에서 합세하여 왜양(委洋)을 쫓아낼 것이다."[12]

『홍재일기』의 기록에 따르면, 금구의 원평집회에서 '궁을진'이라는 진법(陣法)에 의거한 군사 훈련를 하였으며 '충의지사에게 물어 도모하여 저 왜양을 쓸어 버리자.'라는 기치를 내세웠다. 교조의 신원을 요구한 보은집회는 전국 각지에서 20,000여 명이 참여하여 평화적으로 진행되었다. 반면에 전라도의 동학교도가 주최한 원평집회는 군사 훈련과 정치적 구호가 등장하는 정치 집회로 전환되었다는 점을 『홍재일기』에서도 확인할 수 있다.

『홍재일기』에는 동학의 이러한 움직임에 대한 조정의 조처에 대해서 기록되어 있다. 1893년 4월 5일 일기에 '각도각읍에서 오서오경(五書五經)과 강목(綱目), 근사록(近思錄)을 설강하고 10일 간격으로 강습하라.'는 감결이 기록되어 있다. 감결에 따라 향중(鄕中)에서 도강장(都講長)에 고제상(高濟商), 본면 강장(本面講長)에는 김병용(金秉鏞), 김기택(金基澤), 직월(直月) 김낙구(金洛龜)이 임명되었으며, 전주향교에 보낸 통문이 각지의 향교로 발송되었다.[13]

4월 6일의 전운사(戰運使)의 감결에는 '동학의 소요[東擾]를 방수(防守)하기 위해 수원 유수부와 평양 감영의 병정(兵丁)을 수원, 용인, 안성 등지로 발송하며, 군향(軍餉)이 가장 급선무이므로 호남의 세곡(稅穀)을 서둘러 장발(裝發)하되 위반하는 경우에 군율(軍律)로 시행하겠다.'고 하였다.[14] 1893년 4월 11일에 도착한 관하첩(官下帖)에도 '동학무리[東學之類]는 각자 물러나 생업에 종사하라는 윤음(綸音)을 받들고 각자 향리(鄕里)에 돌아가서 조금도 경동(驚

動)하지 말라는 뜻으로 면내의 각리에 칙유(飭諭)하라.'고 하였다.[15]

이와 같이 동학교단의 활동과 이에 대한 조정의 경계가 강화되면서 향촌의 유생을 중심으로 강학(講學)도 활발해졌다. 부안에서도 4월 15일에 예동의 송재 강회소(宋齋講會所)에 모여 강장(講長) 김병용(金秉鏞)과 김기택(氏金基澤)이 학동(學童) 수십인과 함께 단회(團會)를 열었고, 4월 24일의 관하첩에는 향약을 시행하라는 선무사(宣撫使)의 감결이 내려 왔다.[16] 기행현은 여러 친우들과 함께 송재 강회소의 강학에 참석하는 등[17] 유생의 일원으로 대응하는 모습을 보인다.

예동의 송재는 강회(講會)와 면회(面會) 등을 위한 공간으로 사용되던 곳이었다. 기행현은 송재를 통해 동학에 대한 감결과 조령(朝令)을 접하는데, 1893년 5월 29일 일기에는 '송재(宋齋) 면회소(面會所)에 갔는데 향약(鄕約)에 관계된 일로 영문의 감결이 다시 발송되었다. 조령(朝令)이 거듭되고 있는데 하첩과 전령(傳令)이 오로지 동학인에 대해 신칙하는 것이라고 한다.'[18]라고 하였다. 1893년 교조신원운동 이후에 조정에서 내려오는 명령이 대부분 동학인과 관련된 것이라는 점을 알 수 있다.

2) 고부민란과 백산의 '동학군'

기행현은 1894년 1월 12일에 '고부민란(古阜民亂)'이 일어났으며 군수 조병갑(趙炳甲)이 도주했다는 소식을 기록하고, 1월 29일에 고부민란이 갈수록 심해졌다고 기록하고 있다.[19] 2월 1일에 부안 군수가 겸관(兼官)으로 고

---

15 『홍재일기』 5책 1893년 4월 11일.
16 『홍재일기』 5책 1893년 4월 15일; 4월 24일.
17 『홍재일기』 5책 1893년 4월 29일.
18 『홍재일기』 5책 1893년 5월 29일.
19 『홍재일기』 5책 1894년 1월 12일; 1월 29일.

부에 갔다는 소식과 2월 3일에는 당시 유행하는 동요(童謠)를 기록해 두었다.[20] 이러한 어수선한 상황에서 2월 11일에 기행현이 교임(校任)의 망기(望記)에 이름을 올리게 되는 것으로 보아 그의 유생으로서의 입지가 확인된다. 같은 날 부안의 예리(禮吏) 김응건(金應建)이 '고부민요(古阜民擾)'로 고부에 갔으며, 2월 25일에 고부민란이 갈수록 심해졌다는 소문과 함께 자칭 호병대(胡兵隊)라고 하는 자객(刺客) 27인이 민란 중에 돌입(돌入)하였다가 붙잡혀 갇혔고 한 사람은 피살되었다고 기록하고 있다.[21] 고부민란이 점점 심해지자 2월 27일에 부안에서도 수성군(守城軍)을 모집하기 시작하였다.

기행현은 이어지는 일기에서 고부민란의 정황에 대해 기록해 두었다. 고부민란은 신임 군수 박원명(朴源明)에 의해 수습되어 갔지만, 다른 지역에 영향을 미쳐 '영광·순천·진안에서 민요가 크게 일어났다.'고 한다.[22] 고부민란은 박원명의 노력으로 점차 수습되었는데 안핵사(按劾使) 이용태(李用泰)가 오더니 작폐(作弊)가 더욱 심해졌고[23] 다시 일어난 동학인은 무장을 거쳐 고부의 백산에 집결하였다.

당시 백산은 고부군에 속해 있었지만 기행현이 거주하였던 부안의 남하면에서 멀지 않은 곳이었기 때문에 『홍재일기』에는 백산에서 일어난 동학의 활동에 대해 비교적 자세히 기록되어 있다. 백산대회에 대해서는 그 실체 여부에 대한 논란이 있었다. 오지영의 『동학사』의 기록을 토대로 백산대회의 실체를 신뢰하는 입장과 『동학사』의 사료로서의 가치에 대한 유보적인 입장이 맞서고 있다.[24] 『홍재일기』에는 1894년 3월의 고부와 부안의 동학인의

---

20 『홍재일기』 5책 1894년 2월 1일; 2월 3일.
21 『홍재일기』 5책 1894년 2월 11일; 2월 25일.
22 『홍재일기』 5책 1894년 3월 3일; 3월 4일; 3월 8일.
23 『홍재일기』 5책 1894년 3월 12일.
24 임형진, 「백산대회와 동학농민혁명-논쟁점을 중심으로」, 『동학학보』 제25집, 동학학회, 2012, 127~135쪽; 조성운, 「부안지역의 동학농민운동과 백산대회」, 『역사와 실학』 제61집, 역사실학

동향에 대해 다음과 같이 기록되어 있다.

> 1894년 3월 23일 동학인이 4,000여 명이 남쪽에서 다시 고부 백산으로 모인다고
> 한다.[25]
> 1894년 3월 24일 동학인이 크게 일어났는데 우리 마을 박문표와 강일봉(姜一奉)
> 이 참여했다고 한다.[26]
> 1894년 3월 25일 동학인이 어제 고부읍에 들어가 군기(軍器)를 탈취하였는데 화
> 약고(火藥庫)가 불에 탔고 두서너 명이 피해를 입었다고 한다.[27]
> 1894년 3월 26일 동학인이 무장, 고창, 흥덕, 고부 4읍에서 군기를 탈취하여 고
> 부의 마항(馬項)에 둔취(屯聚)하였다고 한다.[28]

이와 같이 기행현은 고부의 백산으로 집결한 동학인과 같은 마을의 동학
인 박문표와 강일봉의 행적, 동학인의 고부읍 습격과 군기 탈취, 무장·고
창·흥덕·고부 4읍의 군기 탈취와 마항 둔취 등 동학인의 활동에 대해 기록
하였다. 이어지는 1894년 3월 27일에는 '동학군(東學軍)'의 백산 이동에 대
해 다음과 같이 기록하였다.

> 1894년 3월 27일 '동학군(東學軍)'이 어제 백산으로 진을 옮겼는데, 오늘 본읍에
> 들어온다고 한다. 그래서 도소봉(道所峯)에 올라가 바라 보았는데, 거취(去就)를
> 알 수가 없어서 바로 내려 왔다. 친구 최수겸(崔守兼)과 성운(聖云)이 왔다 갔는데
> 동학군이 곧장 전주로 향했다고 한다.[29]

학회, 2016, 324~325쪽.

25 『홍재일기』 5책 1894년 3월 23일, 東學之人四千餘名 自南更會古阜白山云.

26 『홍재일기』 5책 1894년 3월 24일, 東學之人大起 而本村朴文表姜一奉發行云.

27 『홍재일기』 5책 1894년 3월 25일, '東學之人昨入古阜邑 君器奪取 而火藥庫火燃 人名數三人被
害云矣.

28 『홍재일기』 5책 1894년 3월 26일, 東學之人 茂長高敞興德古阜四邑 軍器奪取 屯聚於古阜馬項
云矣.

29 『홍재일기』 5책 1894년 3월 27일, 東學軍 昨日移陣白山 而今日入本邑云 故登道所峯 望見則不
知去就 故卽爲下來矣 崔友壽兼與聖云來去 東學軍卽向全州云.

기행현은 홍해마을의 뒷산 도소봉(道所峯)에 올라가 동북쪽에 있는 백산에 모인 '동학군'에 대해 탐색하였다. 그는 3월 27일 이전의 일기에서는 '동학인'이라고 지칭하였는데 백산대회를 기점으로 '동학군'이라고 기록하고 있다. 이로 미루어 보아 3월 24일에 고부읍을 습격하여 무장한 이후에 '동학군'이 조직되었고, 백산대회를 통해 '동학군'이라는 인식이 확산되었던 것으로 생각된다.

백산에 동학군이 집결한 후 3월 29일에 제주의 동학군이 부안에 들어왔다고 소식과 함께 부안군에 내려온 3월 19일자의 영문(營門)의 감결에 대해 기록하였다. 수륙군도대장(水陸軍都大將)의 전령이 포함된 감결은 '영문에서 3월 25일을 시작으로 본읍을 수성할 군정(軍丁) 100명을 충원하여 올려 보내고 읍저(邑底)의 건장한 사람을 충원하여 4월 1일내로 영솔(領率)하여 도착하라. 만약 기한을 넘기면 해당 수령을 군율(軍律)로 시행할 것이다.'라는 내용이었다. 당시 부안군수는 재외(在外)에 머물고 있었는데 전령을 듣자마자 밤에 수성군을 모집했다고 한다.

3) 부안의 수성군 모집과 읍성 함락

수성군을 모집한다는 소식이 전해지자 부안읍은 크게 혼란스러워졌고 도피자가 허다했으며 민심도 동요되었다. 기행현은 백산에 동학군이 집결하고 수성군을 모집하라는 전령이 내려오자 다시 도소봉에 올라가서 상황을 살펴 보았다. 그는 도소봉에서 관망한 상황에 대해 '장갈리(長葛里) 김여중(金汝中)이 이끄는 수백 인이 분토동(分土洞)의 김씨 재각에 둔취(屯聚)하였다.'라고 기록하였다.[30] 고부의 백산에 집결하였던 동학군 가운데 김여중이 이끄

---

30 『홍재일기』 5책 1894년 4월 1일.

는 동학군이 부안으로 이동한 것으로 보이는 기록이다. 백산여당(白山餘黨)
이라고 표현된 고부지역의 동학군이 부안으로 이동해서 부안의 동학군과 합
세하여 하동면(下東面) 분토동에 주둔하였다.[31]

그림 1 『홍재일기』 5책 1894년 3월 23일~27일

　　부안의 동학군을 이끌었던 김여중은 부안군 부안읍 봉덕리 쟁갈리 출신의
김낙철(金洛喆; 1858~1917)이다. 김낙철의 본관은 부안이고, 도호(道號)는 용
암(龍庵)이며 여중은 그의 자(字)이다. 김낙철의 집안은 부안에서 세거한 부
유한 사족으로 김낙철이 동학에 입도한 후 동생 김낙봉·김낙주, 종제 김낙
정·김낙용 등이 동학에 입도하였다.[32] 『홍재일기』에는 1894년 4월 1일에
김낙철이 수백 인과 함께 분토동의 김씨재각에 모여 있었다고 전한다.

---

31 『수록(隨錄)』, 1894년 4월 5일, 동학농민혁명 종합정보시스템(http://www.e-donghak.
　　or.kr) 제공.
32 윤석산, 「해월 최시형의 호남 포덕과 부안의 동학」, 『한국종교』 제41집, 종교문화연구소,
　　2017, 35쪽.

한편 부안군수는 전령에 따라 '건장한 사람 100명을 수성군으로 모았으며 김방헌(金邦憲)을 영거대장(領擧大將)으로 올려보내겠다.'고 보고하였다. 부안군수가 수성군을 모집한다는 소식을 들은 김낙철과 40여 인이 부안 읍성으로 돌입하여 옥문(獄門)을 부수고 모집한 군정을 모두 내보내고 동헌(東軒)에 곧장 들어가 부안군수를 책망하며 말하기를, '왜 군정을 모집하느냐. 다시는 군정을 모집하지 마라.'고 만류하였다.[33]

김낙철이 이끄는 동학군에 의해 수성군을 모집하여 올려 보내지 못한 부안군수는 영문에 상황을 전보하였는데, 영문에서는 4일내로 기필코 상송하라고 회제(回題)하였다. 이에 부안군수는 다시 수성군 모집에 대해 방보(坊報)하였고, 사방에서 '모정령(募丁令)'을 듣고 동분서주하였으며 기행현의 홍해마을 사람들도 우왕좌왕하였다고 한다.[34] 고부민란과 고부 백산의 동학군집결 이후에 수성군을 모집하는 등의 일련의 소란을 겪고 나서 기행현은 동학이 일으킨 소요(騷擾)라는 의미의 '동요(東擾)'라는 표현을 비로소 썼다.

김낙철의 만류에도 불구하고 수성군이 모집되자, 1894년 4월 4일에 김낙철이 이끄는 동학군 10,000여 명이 입성(入城)하여 함락하였다. 기행현은 부안군수의 도피와 동학군의 동헌 장악 등 부안읍성의 함락에 대해 적었다. 그는 그때의 곤란한 상황은 형용하기 어렵다고 하면서 '불빛이 하늘을 가리며 총 쏘는 소리가 천지를 진동하였다'고 적었다.[35]

부안의 동학군의 동향에 대해서는 『김낙철 역사(金洛喆歷史)』와 『김낙봉 이력(金洛捧履歷)』 등을 중심으로 연구되었는데, 부안읍성 함락과 관련해서 다음과 같이 기록되어 있다.

---

33 『홍재일기』 5책 1894년 4월 2일.
34 『홍재일기』 5책 1894년 4월 3일.
35 『홍재일기』 5책 1894년 4월 4일.

그 때에 부안군수 이철화씨가 향유(鄕儒) 및 이방(吏房)·호장(戶長)과 상의하고, 여러 차례 와서 요청하기를, "고을 일이 어떤 지경이 될지 알 수가 없으니 들어와서 성(城)을 지켜 외적(外敵)을 막아 달라"고 했기 때문에 어쩔 수 없이 갑오년 4월 1일에 교인 수백 명과 함께 서도(西道) 송정리(松亭里) 신씨(辛氏) 재각(齋閣)에 가서 도소(都所)를 설치하였다. 그 때에 군수가 향촌의 유생 및 이호(吏戶)와 함께 경내의 호(戶)에 배정하고 난 뒤에 다시 부민(富民)인 요호(饒戶)에게 배정하였다. 동생 낙봉은 신소능(申少能)과 함께 부안 줄포(茁蒲)에 도소를 설치하였다.[36]

부안군수 이철화씨가 이방·호장과 상의하고, 형을 청하여 성안을 보전하려고 했기 때문에 어쩔 수 없이 성에 들어가 머물렀다. 4월 3일에 전봉준과 손화중 등이 포병 4,000여 명을 인솔하여 부안성안으로 들이닥쳐 군수 이철화씨를 잡아 꿇어앉히고 칼을 빼어 목을 쳐서 거의 죽을 지경에 이르렀다. 그래서 형이 진을 치고 들이닥쳐서 손화중에게 말하기를, "네 선산이 이 성 밖에 있으니 나의 성주가 바로 너의 성주이다. 성주는 부모와 마찬가지인데 어찌 이런 도리가 있는가"라고 하니, 손화중도 역시 감화가 되어 이철화씨가 참혹한 화를 면하였다.[37]

『김낙철 역사』와 『김낙봉 이력』에는 부안군수 이철화의 요구로 4월 1일에 동학군이 움직였으며, 부안읍을 보전하기 위해 입성하였고, 전봉준과 손화중으로부터 이철화를 보호한 것으로 기록되어 있다. 이러한 자료에 의거하여 그동안 부안의 동학농민혁명은 '관민상화(官民相和)'의 협력적, 평화적 사례로 평가되었다.[38] 그런데 앞에서 살펴 보았듯이 『홍재일기』에는 감영의 명령에 따라 수성군을 모집한 부안군수의 조처에 반발하여 동학군이 관아를 습격하여 점령하였다고 기록되어 있다.

당시 부안군수 이철화는 1892년 12월 10일에 임명되어 이듬해 2월에

---

36 『김낙철 역사』 갑오 4월, 동학농민혁명 종합정보시스템(http://www.e-donghak.or.kr) 제공.
37 『김낙봉 이력』 갑오 4월 3일, 동학농민혁명 종합정보시스템(http://www.e-donghak.or.kr) 제공.
38 부안지역의 동학농민군의 동향과 김낙철의 역할에 대해서는 박맹수, 「김낙철계 동학농민군의 활동과 갑오 이후의 동향」, 『동학학보』 제17집, 동학학회, 2009 참고.

부임하였다.[39] 1894년 8월 21일 전라감사 김학진(金鶴鎭)의 장계에 의거하여[40] 1894년 9월에 군기(軍器)를 서실(閭失)한 일로 의금부에 압상(押上)하라고 윤허되자 10월 22일에 자수하여 의금부에 하옥되었다가[41] 10월 28일에 '군기(軍器)를 잃어버리고 군수(軍需)를 마음대로 다루었다는 죄목으로 처벌되었다.[42]

그림 2 『홍재일기』 5책 1894년 4월 1일~6일

동학군에 의해 부안읍성이 함락된 이후의 상황에 대해서도 『홍재일기』에 기록되어 있다. 기행현은 남성(南城)에 올라가 동학군의 진중(陣中)을 바라보니 기치(旗幟)와 창칼(劍戟), 북과 나팔(鼓角)에 화총(火炮)가 하늘 높이 솟아올랐으며, 부안읍을 장악한 동학군이 읍규(邑規)로 이속배(吏屬輩)와 향유(鄕

---

39 이동희 편저, 『조선시대 전라도의 감사·수령 명단』, 전북대학교 전라문화연구소, 107쪽; 『승정원일기』, 고종 1892년 12월 10일.
40 『승정원일기』 고종 31년(1894) 8월 21일.
41 『승정원일기』 고종 31년(1894) 10월 22일.
42 『승정원일기』 고종 31년(1894) 10월 28일.

儒) 등 반상(班常)을 따지지 않고 훼도(毁道)한 죄인을 엄형(嚴刑)하기로 정하자 부안의 향유와 당장(堂掌)이 도피하였으며, 향교의 문서상자와 청금록(靑衿錄)과 교생안(校生案)이 불태워졌다고 기록하였다.[43]

이와 같이 『김낙철 역사』 등에 기록된 동학군의 동향과 『홍재일기』의 내용에 차이가 있다. 김낙철 등 동학군은 수성군을 모집한 부안군수에 반발하여 관아를 습격하여 읍성을 함락하였으며, 읍성을 함락한 이후에는 반상을 가리지 않고 훼도한 읍민 등을 엄형에 처하였다. 이러한 동학군의 활동으로 인해 부안군수가 처벌되었다. 이런 점으로 미루어 보아 부안 동학군의 동향에 대해 『김낙철 역사』, 『김낙봉 이력』 등 동학 관계자의 기록뿐만 아니라 동학의 자장(磁場) 밖에 있는 자료를 통해 다면적 검토가 이루어져야 할 것이다.

4) 황토현전투와 전주성 함락

『홍재일기』에는 황토현 전투와 전주성 함락 이후의 전황(戰況)에 대한 소문이 기록되어 있다.[44] 기행현은 4월 7일에 고부의 황토치(黃土峙)에서 영병(營兵) 1만여 명과 동학이 접전하여 영병 수천 명이 몰사하였지만 동학인은 단지 2,3명 죽었으며, 중군장(中軍將) 이재섭(李在燮)은 도주했다고 적고 있다. 그리고 기행현은 같은 날에 김낙철을 우연히 만나 '본읍에 후환이 있을 것이다'라는 얘기를 듣기도 하였다.[45]

이후 일기에도 황토현 전투에서 승리한 동학군이 정읍으로 진을 옮기고

---

43 『홍재일기』 5책 1894년 4월 5일.
44 황토현전투의 전황에 대한 『홍재일기』의 내용은 기행현이 들은 소문과 전언을 기록한 것이기 때문에 그 사실 여부를 확인할 필요가 있다. 다만 이런 기록을 통해 직접 가담하지 않은 사람들에게 동학군의 활동이 어떻게 알려지고 있었는지에 대해서는 짐작할 수 있다고 생각한다. 동학군의 활약상에 대한 다른 기록과의 비교를 통해 '실상'과 '소문'의 간극을 좁혀간다면 동학농민혁명의 일면을 파악할 수 있을 것이다. 황토현전투에 대해서는 조성운, 「황토현전투의 전개와 역사적 의의」, 『한국민족운동사연구』 77, 한국민족운동사학회, 2013, 86~89쪽 참고.
45 『홍재일기』 5책 1894년 4월 7일.

좌수와 이방을 참수하였으며, 경군과 청병(靑軍) 수천 명이 영문에 도착하여 금구읍에 머물고 있으며, 고부의 교전(交戰)에서 동학인은 한 사람도 죽지 않는데 영병은 100여 명 혹은 1,000여 명이 죽었으며, 영군장(營軍將) 4명도 죽임을 당했다고 기록되어 있다.[46] 기행현은 동학군의 활동과 함께 동학 괴수의 성명 등에 대해 치보하라는 초토사(招討使)의 감결과 정탐사(偵探使)가 무장의 동학소(東學所)에 내려갔으며 조정에서 동학과 더불어 '사화(私和)'하고자 한다는 내용과 동학군이 영광으로 진을 옮겼다는 소문을 기록하였다.[47]

기행현은 동학군과 정부군의 접전 상황에 대해 탐문하기도 하였다. 같은 마을의 동학인 강일봉을 만나, '지난 23일 오시에 장성(長城)의 월평(月坪)에서 접전하였는데, 경군은 수백 명이 죽었고, 동학인은 수십 명 죽었으며, 25일에 정읍에 도착하였다.'는 소식을 들었다.[48]

기행현은 동학군이 4월 27일에 전주부성을 함락한 소식을 4월 30일에 기록하고 있다. 이날 이후의 기록에는 전투 끝에 사망한 동학인에 대해 적어 두고 있다. 죽은 동학인이 수백 명으로 성 안밖에서 죽은 인민을 헤아릴 수가 없거나, '동인(東人)' 600명이 죽었고, 경군 16명이 죽었다거나, 동학인 1,300여 명이 죽었다는 떠도는 풍문을 기록해 둔 것 같다.[49]

기행현은 동학군의 피해상황 뿐만 아니라 조정의 대응에 대해서도 기록하고 있다. 운량관(運粮官) 익산군수 정인섭(鄭仁燮)이 관문으로 운량군 30명을 모집하여 보내고 소 13마리를 대신 보내 달라고 하니, 부안 군수가 군수전(軍需錢) 300냥과 소 2마리를 초토사(招討使)가 있는 곳에 실어 보냈다고 기

46 『홍재일기』 5책 1894년 4월 8일; 4월 9일.
47 『홍재일기』 5책 1894년 4월 13일; 4월 14일; 4월 15일.
48 『홍재일기』 5책 1894년 4월 26일.
49 『홍재일기』 5책 1894년 5월 2일; 5월 6일; 5월 8일; 5월 9일.

록하고 있다.[50] 또한 전주의 경기전에 봉안된 태조대왕의 화상(畵像)과 전패 (殿牌)를 전주부 판관과 영장 중군이 모시고 부중(府中)에서 도주하여 화상과 전패가 이미 없으니 홍계훈 대장이 화공(火攻)하려고 한다는 전언과 이어지 는 부안에서 소 2마리 등을 홍대장에게 보냈다는 내용이 기록되어 있다.[51]

전주성이 함락된 이후 정부군과 대치한 상황에서 각지에 비밀 첩문과 초토 사의 감결이 전달되었는데, 기행현의 그 내용을 다음과 같이 적어 두었다.

> '동도 무리[東徒輩]가 혹 4, 5명이 혹은 6, 7명이 점점 사방으로 흩어져 각자 도주하 여 은닉하고 있으니 진실로 매우 통악하다. 저같은 비류(匪類)는 하늘과 땅 사이에 함께 하기 어려운 물종(物種)이니 마을을 따지지 말고 촌정(村丁)을 영칙하여 수상 한 한 사람이라도 한편으로는 압상(押上)하고 한편으로는 착실하게 파수(把守)해야 하니 빠져나가서 도주하는 폐단이 절대 없도록 하라. 만일 혹시라도 대수롭지 않게 여겨 체포하지 못하여 놓치게 되면 결단코 군율(軍律)로 시행할 것이니 두려워하는 마음으로 거행하라.'[52]

이외에 『홍재일기』에 초토사의 감결 등 동학군에 대한 정부의 조치에 대해 서 내용을 요약하거나 전문(全文)을 베껴두고 있다.[53] 기행현이 동학군의 동 태에 대해 관망하면서 정부의 조치에 더 관심이 많았다는 것을 알 수 있는 대목이다.

전주화약이 체결된 이후, 동학군이 사방으로 흩어져 일부는 김제·부안· 고부·무장 등지로 가고, 일부는 금구·태인 등지로 갔는데, 부안으로 향

---

50 『홍재일기』 5책 1894년 4월 22일.

51 『홍재일기』 5책 1894년 5월 2일; 5월 3일.

52 『홍재일기』 5책 1894년 5월 4일, 見官家秘帖招討使甘結內 東徒輩或四五名或六七名 或稍稍散 出四方 各自遯匿云 誠甚痛惡 似彼匪類段 卽係覆載間 難貸之物 無論某里 令飭村丁雖一箇殊常 之人 一邊結縛押上 一邊着意把守 切勿漏網逃走之弊是矣 如或認以尋常有所許放失捕之端 則斷 當施以軍律 惕念擧行宜當向事是乎等以 兹下帖云矣.

53 『홍재일기』 5책 1894년 5월 20일; 5월 23일.

한 동학군의 소식과 함께 전주성 전투에 참여하였던 같은 마을 동학인 박문표에게서 초토사 홍계훈과 더불어 화친(和親)하고 해산했다는 소식을 들었다.[54] 그리고 홍계훈은 상경하고, 청병 1,000명이 내려 왔는데, 400명은 금영(錦營)에 들어가고 600명은 완영(完營)에 들어왔다는 소식과 함께 청병 37,000명이 나왔는데 대인 원세계가 왜양(倭洋)을 치기 위해서라는 전언을 적어 두었다.[55]

5) 삼례봉기와 동학군 탄압

『홍재일기』에는 도소(道所) 설치 기간에 벌어진 청일전쟁의 전황에 대해서는 그다지 자세하지 않다. 왜적이 불같이 일어나 청군 만여 명이 몰사하고 군기(軍器)와 군기(軍旗) 등을 빼앗겼으며 대원군이 왜진(倭陣)에 체포되었으며, 청병 48,000명이 죽었고 왜병은 18,000명이 죽었다거나, 왜인 700명이 본읍의 경계를 향하고 있다거나, '우리 임금 3대가 왜진에 들어갔다.'는 등의 풍문을 적어 두고 있다.[56] 청일전쟁이 막바지에 이르는 8월 23일에는 '사대문(四大門)에 대일본(大日本)이라고 썼고 임금께서 왜복(倭服)을 입었으니 왜국(倭國)이라고 할 만하다.'는 서울 소식을 기록하고 있다.

청일전쟁에서 승리한 일본이 경복궁을 점령하고 조선에 대한 노골적 위협을 가하는 상황에서 동학군은 재기(再起)하려고 하였다. 9월 이후 대원군의 관문과 의정부의 관문이 하달되었는데, 의정부의 관문에는 '동학인에게 다시 취회(聚會)하지 말라고 일일이 지위(知委)하라'는 내용이었다.[57] 그러나 동학군은 기포(起炮)를 결정하였다. 9월 15일에 다음과 같이 기록되어 있다.

---

54 『홍재일기』 5책 1894년 5월 9일.
55 『홍재일기』 5책 1894년 5월 25일.
56 『홍재일기』 5책 1894년 7월 3일; 7월 20일; 7월 22일; 7월 23일.
57 『홍재일기』 5책 1894년 9월 14일.

외료촌(外蓼村)의 친구 백원장(白元章)의 집에 가서 들으니 '각읍의 접주는 모두 기군기포(起軍起炮)하고, 본읍도소(本邑道所)를 읍내의 작청에 다시 설치하며, 사통(私通)이 왔는데, 각 접주는 오늘 저녁 전에 기포(起炮)하고 창검(創劍)을 들고 부리나케 와서 모이라.'고 한다.[58]

같은 날 기행현은 상도(上道)에서 내려온 백치현(白致賢)의 아들에게 각읍의 '기군(起軍)' 소식을 물었더니 북접의 법헌(法軒) 최시형이 '운수(運數)를 어찌하겠는가?'라고 했다는 대답을 전해 들었다. 기행현은 며칠 후에 법헌의 경통(敬通)을 보았는데, '일제히 분발하여 함께 대의(大義)에 이르러 힘을 다해 천위(天威)에 호소하여 선생의 숙원(宿寃)을 시원하게 펴고 종사(宗社)의 위난(危難)을 알려 모든 종사(從事)의 대의에 보답하자.'라고 하였다.[59] 최시형 등 북접도 동학의 기군이 불가피하다고 판단하였던 것으로 보인다.

김개남이 이끄는 동학군이 남원에서 모여 재봉기를 결의한 이후, 기행현은 9월 16일에 전봉준이 삼례에서 '기군만명(起軍萬名)'하고, 최경선(崔敬善)도 '기군만명'하고, 정일서(鄭一西)도 '기군만명'하였으며, 손여옥(孫汝玉)도 정읍에서 군을 일으켰다는 소식을 들었다.[60] 부안읍의 동학군의 동정에 대해서도 9월 18일에 '도인(道人)'이 도소봉에 올라가 천제(天祭)를 지내고 9월 19일에 상서면 장전평(長田坪)에 모였으며, 9월 22일에는 동학인들이 읍전동(邑前洞)의 '교련사습터(敎鍊私習基)'에 모였는데, 그 모습이 진짜 장관이었다고 적었다.[61]

동학군의 위세와는 달리 경병과 왜병이 동학을 토벌하려고 내려온다는 소

---

58 『홍재일기』 5책 1894년 9월 15일. 偕徃外蓼村白友元章家 聞各邑接主皆起軍起炮 而本邑道所 更設於邑內作廳 而私通來到 各接主今日暮前 起炮創釖星火來會云.

59 『홍재일기』 5책 1894년 9월 29일.

60 『홍재일기』 5책 1894년 9월 16일.

61 『홍재일기』 5책 1894년 9월 22일.

식에 민심이 동요하고[62] 경군과 왜군이 수륙(水陸) 양방면으로 이동하고 있으며[63] 전라도의 12읍 수령이 각자 병사를 거느리고 오고 있다는[64] 경병과 왜병 연합군의 소식이 이어졌다. 이후에는 다음과 같이 동학군의 패전 소식을 기록하고 있다.

> 10월 24일 김기범(金基凡); 김개남의 접졸(接卒)를 만났는데 셀 수 없이 패배했다고 한다.[65]
> 10월 28일 전봉준의 부대가 패하여 함몰되었으며 과반이 사망하였다고 한다.[66]
> 11월 14일 9일에 접전하였는데 전봉준이 또 크게 패하였고 사람이 많이 죽었다고 한다.[67]
> 11월 26일 동학인 전봉준, 김기범이 모두 패주하여 원평(院坪)에 이르렀고, 경군(京軍)은 삼도(三道)를 아울러 68,000명에 이르렀는데 완영에 들어가더니 한편은 김제, 만경에 이르고, 한편은 금구 원평에 도착하여 동학군을 크게 무찔렀다고 한다.[68]
> 11월 28일 경군과 동학이 태인에서 접전하였는데 동학이 패주했다고 한다.[69]
> 12월 2일 나주 동학이 대패하여 경군 700명이 고부에서 나주로 내려갔다고 한다.[70]

왜병을 앞세운 정부군과의 접전에서 동학군이 패배한 이후, 동학군에 대한 체포와 탄압이 이어졌다. 동학군을 진압하는 장군 가운데는 동학에 피살

---

62 『홍재일기』 5책 1894년 9월 27일.
63 『홍재일기』 5책 1894년 10월 6일.
64 『홍재일기』 5책 1894년 10월 9일.
65 『홍재일기』 5책 1894년 10월 24일, 至全州綿田店宿 逢金基凡接卒無數見敗.
66 『홍재일기』 5책 1894년 10월 28일, 至全州府 聞全琫準敗陣 或至咸沒 散亡者過半矣 至岩店宿.
67 『홍재일기』 5책 1894년 11월 14일, 還至馬峙洞宿 聞初九日接戰 全琫準又爲大敗 人多死亡云.
68 『홍재일기』 5책 1894년 11월 26일, 東學人全琫準金基凡皆敗走 至院坪 京軍三道並至六万八千名 入完營 一至金堤萬頃 一至金溝院坪 大敗東學云 大將申正希南原府使李用憲 被死東學 故其弟▩▩▩復讐將軍奉兵下來 大邱中軍朴恒來 亦以復讐將軍奉兵下來云 古阜新官梁▩▩▩被害東學 而其邑吏民間 不爲斂尸 故屠陸其邑革其邑名云.
69 『홍재일기』 5책 1894년 11월 28일, 偕往校中 京軍與東學接戰於泰仁 東學敗走云.
70 『홍재일기』 5책 1894년 12월 2일, 羅州東學大敗 而京軍七百餘名 自古阜下去羅州云.

된 가족의 앙갚음을 위해 내려온 '복수장군(復讎將軍)'도 있었다.[71] 또한 고부에 부임한 군수가 동학에 피살되었는데 읍에서 시신을 염하지 않았기 때문에 그 읍을 도륙하고 읍명을 바꾸는 조치도 있었다.[72]

이런 험악한 정황에서 동학군에 대한 탄압이 진행되었다. 경군이 고부로 들어가 죄인을 체포하였는데,[73] 경군이 부안의 백원장(白元章)을 고부에서 붙잡아 갔으며 전명숙(全明叔)과 정일서(鄭一西) 여러 접주가 모두 체포되었고,[74] 백사준(白士俊)이 석교에서 체포되었다는 소식도 듣는다.[75] 체포된 백원장이 전주부로 이송되었고[76] 부안의 동학군을 이끌었던 김낙철도 붙잡혀 고부로 압송되었다고 한다.[77] 12월 21일에는 '동학괴수(東學魁首)' 전봉준과 손화중이 나주에 갇혀있다고 하였다.

동학군를 체포하는데 향교의 유생이 앞장서기도 했다. 향교에 설치된 유회소(儒會所)에 모여 향사대회(鄕士大會)를 열어 '동학거괴(東學巨魁) 7인' - 백사준, 김도삼(金道三), 이상용(李相用), 손수일(孫守一), 김석윤(金石允), 곽덕언(郭德彦), 신명언(辛明彦)을 체포하기 위해 향중유생(鄕中儒生) 30인을 별유사(別有司)로 차정하고 거괴와 구동학(舊東學)을 체포하기로 모의하였다.[78] 본면의 별유사에 차정된 송윤두(宋潤斗), 김규용(金奎鏞), 김진용(金鎭庸)이 같은 마을의 구동학(舊東學) 박문표와 도산(道山)의 김태보(金泰甫)와 이화일(李化一)을

71 『홍재일기』 5책 1894년 11월 25일.
72 『홍재일기』 5책 1894년 11월 26일.
73 『홍재일기』 5책 1894년 12월 6일.
74 『홍재일기』 5책 1894년 12월 7일.
75 『홍재일기』 5책 1894년 12월 8일.
76 『홍재일기』 5책 1894년 12월 11일.
77 『홍재일기』 5책 1894년 12월 12일.
78 『홍재일기』 6책 1895년 1월 4일; 오지영의 『동학사』(초고본)에는 부안에서 활동한 접주로 신명언과 백이구가 수록되어 있으며, 『천도교회사 초고』에는 김석윤, 신명언, 김낙철, 김낙봉이 수록되어 있다. 박찬승, 『동학농민혁명의 지역적 전개와 사회변동』(서울: 새길, 1995), 44~50쪽.

체포해 갔다.[79] 곽덕언과 송서구도 체포되었고,[80] 고창에서 신소룡(申小龍)이 체포되고 김도삼도 체포되었다고 한다.[81] 별유사에 의해 체포되었던 박문표, 김태보, 송성구는 1월 12일에 남문 밖에서 총살되었고[82] 본읍의 '동학 구인(東學九人)'도 남문 밖에서 총살되었다.[83] 별유사 김군오(金君五)와 채기삼 (蔡奇三)이 수성군과 함께 강일봉을 체포하였는데 나이가 너무 어려서 불쌍히 여겨 돌려 보냈다고 한다.[84]

동학군에 대한 탄압은 1895년 2월과 3월 사이에도 계속되었는데[85] 기행현은 그 소문과 소식을 꾸준히 기록해 두었다. 기행현은 고산의 산중에 둔취(屯聚)하였던 동학당(東學黨)이 거병한 영문의 공격으로 20인이 죽고, 18인이 생포되었으며,[86] 전주부에 갔다가 동학 김석윤이 포살되었다는 소식을 들었다.[87] 또한 면주인이 들고온 전령에, '본읍 동학의 거괴 백사중(白士仲), 손수일, 이상용, 신명언, 신공선(辛公先) 다섯 사람을 체포하지 않을 수 없으니 민은 경동하지 말고 편안히 생업에 종사하라.'고 했다.[88] 그리고 3월 27일에 전봉준과 손화중 6인이 처형되었다는 소식을 4월 19일에서야 듣고 기록해 두었다.[89] 부안의 동학군을 이끌었던 김낙철을 체포하기 위해 장차(將差) 노대규(盧大圭)를 발송하였으나[90] 김낙철 형제가 도주하였기에 그 종제를 붙잡아다 매질을 하고 풀어주면서 김낙철을 자현(自現)하게 했다는 소문도

79 『홍재일기』 6책 1895년 1월 7일.
80 『홍재일기』 6책 1895년 1월 5일.
81 『홍재일기』 6책 1895년 1월 10일.
82 『홍재일기』 6책 1895년 1월 12일; 1월 15일.
83 『홍재일기』 6책 1895년 2월 12일.
84 『홍재일기』 6책 1895년 1월 25일.
85 『홍재일기』 6책 1895년 2월 22일; 2월 26일.
86 『홍재일기』 6책 1895년 2월 6일.
87 『홍재일기』 6책 1895년 3월 18일.
88 『홍재일기』 6책 1895년 3월 23일.
89 『홍재일기』 6책 1895년 4월 19일.
90 『홍재일기』 6책 1895년 5월 22일.

기록하였다.

3. 기행현의 '도소' 경험과 향촌 사회의 대응

1890년 무렵 동학이 부안에 전래된 이래 기행현은 동학에 대해 특별한 반감은 없었던 것으로 보인다. 기행현도 당시 유행하던 도참(圖讖)과 비기(祕記)에 관심이 있었기 때문에 동학에 대해서도 '이설(異說)'로 여겼던 것 같다. 그런데 기행현은 도소가 설치되는 시기를 겪으면서 동학에 대한 인식이 변화하였다. 다음 일기는 이른바 '집강소 시기'라고 알려진 1894년 6월에 기행현이 개인적으로 겪은 일이다.

> 6월 5일 요즘 동학인이 집안에 들어와 의관가산(衣冠家産)을 적몰해 간다고 한다. 동학인이 곳곳에서 횡행하는데 방백과 수령을 두려워하지 않으며, 부민(富民)이 먼저 그 피해를 당하고 있다.[91]
>
> 6월 7일 동학인 10여 명이 어제 김우(金友)의 집에 들어가 헤아릴 수 없는 악행을 저지르고 돈 100냥을 훔쳐갔다. 30여 명이 지금 백석의 친구 최태보(崔泰甫)의 집에 들어가 돈 400냥을 훔쳐갔다. 이러한 동학인들의 행위에 대해 동학 내부에서도 논란이 되어, 백계중(白癸中)과 백사준(白士俊)이 금단하기 위해 왔다.[92]
>
> 6월 9일 같은 마을 동학인 박문표와 김자현(金自賢)이 외료촌(外蓼村)의 백원장(白元章)의 집에서 와서는 이르기를, '그대가 면사(面事)로 왕세(王稅)를 독촉할 때에 자기의 결가(結價)를 동학(東學) ㅁㅁ라는 까닭으로 초보(招報)한 죄와 금산의 사음(舍音)으로 있을 때 자기의 시작답(時作畓)을 이정(移定)한 죄, 두세 차례 접전하고 전주에서 살아 돌아온 후에 한 번도 찾아오지 않은 죄가 있으니

---

91 『홍재일기』 5책 1894년 6월 5일, 近日東學人入家內 衣冠家産賊沒去云 東學之人處處橫行 不畏方伯守令 富民先被其害矣.

92 『홍재일기』 5책 1894년 6월 7일, 東學之人十餘名 昨入金友家 行惡無數 錢百兩盜去矣 三十餘名 今入白石崔友泰甫家 錢四百兩盜去 而東學中白癸中白士俊 禁斷次來到云.

오늘내일 사이 그대의 집에 들어가 때려 죽이겠다.'고 하였다. 우선 피하여 종산에 갔다. 점심을 먹은 후에 제내 내종의 집에 가서 서당에서 잤다. 이후로 기행현은 집에 돌아가지 못하고 '제내서당'에 머물렀다.[93]

기행현은 1888년 8월에 훈집에 임명되어 관의 명령을 전달하거나 도박금지 등 향촌질서를 바로잡거나 호구 조사와 각종 조세와 관련된 행정 업무를 담당한 적이 있다.[94] 기행현이 훈집으로 '면사(面事)'를 담당하였을 때 박문표와 김자현은 자신들이 불이익을 받았다고 생각하였고, 이에 대해 '유감'을 품고 앙갚음하겠다고 하였던 것이다. 실제로 동학인은 기행현의 집에 침입하여 가산을 부수고 아들을 구타하였다.

동학인들을 피해 제내서당에 은신하였던 기행현은 다음날 6월 10일 종제 성오(成五)가 와서 전해준 소식을 듣는다. 9일 밤에 동학인 백사준이 10여명을 거느리고 집안에 쳐들어와 기행현의 아들 동환(東煥)을 구타하여 죽을 지경에 이르렀으며, 동학이 다시 대소가(大小家)에 들어와 큰 소란을 일으키고 아들을 예동에 붙잡아갔다는 것이다. 6월 11일 종제 성오가 와서는 '동학의 조처에 돈이 아니면 데려올 수 없다.'고 하여 기행현은 장동(狀洞)에 가서 100냥을 주선하여 보냈다. 그 후에 종제 성습이 와서 말하기를, '근처의 친우(親友)가 모두 백원장을 만나보는 게 좋겠다.'고 해서 기행현은 오랫동안 벗으로 지냈던 백원장을 만날 생각을 하였으나 찾아가지 못하고 도로 제내서당에 묵었다.[95]

93 『홍재일기』 5책 1894년 6월 9일, 本村東學人朴文表與金自賢 自外蓼村白元章家來到云 君以面事督責王稅 時渠之結價 以東學ㅁㅁ之致 招報之罪 錦山舍音時 渠之時作杳移定之罪 二三次接戰 自全州生還後 一無來見之罪 今明間屠入君家 打之殺之云 姑避徙鍾山 午飯後 徙堤內內從家 書堂宿.
94 김영준, 앞의 논문, 191쪽.
95 기행현이 아들의 방면(放免)을 위해 만나고자 하였던 백원장은, 기행현이 1866년 무렵 청전(靑田) 백학래(白鶴來;1821~1889)의 문하에 출입하면서 맺은 교우(交友)이다. 기행현은 동학에 입교한 백원장을 통해 일을 수습하려고 하였던 것으로 보인다. 이후에도 기행현은 1894년 9월 동학 접주의 기포 소식을 백원장에게 듣는 등 교의(交誼)를 이어갔다. 백원장은 1894년

6월 12일 기행현은 장동의 전편(錢便)에게서 아들 동환이 집으로 돌아갔 다는 소식을 듣고 처남 김경선을 찾아 집안 소식을 탐문하고서 그날 저녁에 잠시 집에 들렀다가 다음과 같은 소회를 남겼다.

> 집안이 적료(寂廖)하였으며 사문(四門)과 대나무 창살(竹牕)이 모두 부수어졌고 방 안에 늙은 아내만 있고 뜰 아래는 아이 하나만 있었다. 아들 동환은 장독(杖毒)을 이 기지 못하고 불러도 능히 마루 위로 올라오지 못하였다. 서로 붙들고 대성통곡(大聲 痛哭)도 못하고 슬프게 흐느끼니 오히려 동학인이 소리를 듣고 올까 봐 걱정되었다. 난리(亂难)를 형용하자니 정말로 가련하다.[96]

기행현은 집안 상황을 살피고 불안한 마음에 다시 제내서당으로 돌아와 묵었다. 이어지는 일기에도 사돈집 식솔에 대한 걱정과 동학 사람이 여러 차례 내왕하였고, 근처의 여러 사람이 밤마다 동학당에 들어가 혹은 작난하 고 혹은 금난했다거나 태인의 사장(查長) 배습여(裵習汝)씨가 올해 81세인데 동학 때문에 서당을 파하였다는 소식을 기록하였다.[97] 사돈 배원거(裵元巨)와 담화하는 와중에 '곳곳에 동학인이 당당히 횡행하며 악행을 저지르며 폐단 을 일으키고 무엄하게 사람을 죽여서 대소민인이 그 세력을 두려워하여 밤 마다 제(祭)를 올리고 동학당에 들어가고 있다.'고 기록하였다.[98]

12월에 경군에 의해 고부에서 체포되어 전주로 압송되었다. 『홍재일기』에는 부안의 '동학9인', '동학거괴7인' 등이 기록되어 있는데, 백원장과 백사준(白士俊)〈백사중(白士仲)〉 등 수원백씨 와 신명언, 신공선 등 영월신씨가 중요한 역할을 하였던 것으로 추정된다. 『동학사』에도 부안 의 접주로 백이구와 신명언이 수록되어 있다. 이들 부안 사족 출신의 동학군 지도자에 대한 현 지 조사와 자료 발굴 등을 통해 19세기 후반기 부안의 향촌사회의 변화와 동학농민혁명의 지 역적 의의를 확인할 수 있으리라 생각한다. 『홍재일기』 5책 1894년 9월 15일, 12월 7일; 오지 영, 『동학사』(서울: 대광문화사, 1994) 124쪽.

96 『홍재일기』 5책 1894년 6월 12일, 家中寂廖 四門竹牕破碎 房中但一老妻 庭下但一兒 子東煥不 勝杖督 招招不能 上堂相扶不能 大聲痛哭 但爲悲泣 猶恐東人聞聲而來也 亂难形容 眞可憐.

97 『홍재일기』 5책 1894년 6월 15일; 6월 16일.

98 『홍재일기』 5책 1894년 6월 17일, 與查元巨終日談話……處處東學之人 堂堂橫行 行惡作弊 無 嚴殺人 大小民人畏於其勢 夜夜祭入東學黨云.

이러한 동학군의 집단행동은 여러 곳에서 확인된다. 6월 20일에는 '동학 5,6인이 총을 가지고 소산의 제내에 들어갔다거나, 사산(士山)에 들어갔다거나, 둔계점(遯溪店)에 갔는데 동학이 곧장 들어갔다고 들었다.'라고 기록하였다. 6월 21일에는 '동학이 어젯밤에 유동(柳洞)의 장성수(張聖守)의 집에 들어갔다고 하는데 방금 듣자니 동학이 내예동의 민윤국씨의 집에 들어갔다고 한다.'라고 기록하였다. 6월 22일에는 '동학이 장동 최성운(崔聖云)의 집에 들어갔다.'고 기록하였다.

그림 3 『홍재일기』 5책, 1894년 6월 1일~6월 12일

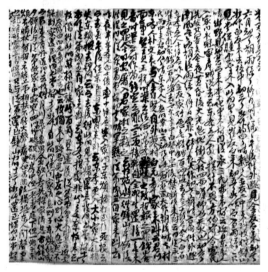

이러한 동학의 활동은 '입도(入道)' 권유와 관계가 있다. 6월 23일의 일기에는 석제(石堤)의 이씨재실에 모인 10여 명의 동학과 접주 김도삼의 동정, 곳곳마다 진을 치고 있는 동학에 대해 기록하면서 '오늘밤 새로 들어간 사람이 30여 명'이라고 적고 있다. 같은 마을의 동학인 박문표를 통해 밤마다 3, 4인이 입도하고 '오늘밤에도 4인이 입도하였다.'고 적고 있는 것으로 보

아 동학인이 집단적으로 움직이면서 입도를 권유하였던 것으로 보인다.[99] 이런 분위기에서 결국 그의 아들 동환도 6월 24일에 새로 동학에 들어가고 천주(天主)에 제사를 지냈으며[100] 법헌 최시형에 의해 중정(中正)에 차정되기 까지 하였다.[101]

기행현의 주변에서도 차츰 동학에 입도하는 사람이 생겼다. 친구 민진문 (閔辰文)과 고응찬(高應贊), 김여교(金汝敎) 등이 동학에 입도하였다.[102] 기행현 도 먼저 입도한 고응찬과 김기중(金基中)에게 입도하라는 권유를 받았고,[103] 도인 김사익(金士益) 등이 허다하게 왕래하면서 입도를 권유했다.[104] 그러나 기행현은 끝내 동학에 입도하지 않았다. 한편 흥덕과 광주, 장성의 종족(宗 族) 가운데 입도를 권유받고 피신하거나[105] 동학인의 지속적인 권유를 뿌리치 지 못한 광주의 종족 10여 인이 동학에 입도하였다는 소식이 전해졌다.[106] 이러한 입도는 '동학인이 마을마다 속인(俗人)을 적간하여 성책한다.'는[107] 기 록으로 보아 조직적으로 진행된 것으로 생각된다.

전주화약이 체결된 이후 동학군은 도소를 세우고 향권(鄕權)를 장악하였 다.[108] 『홍재일기』에도 부안에 도소가 설치된 이후의 상황을 알 수 있는 내 용이 기록되어 있다. 기행현은 같은 마을 동학 박문표가 접주가 되었고[109] 본읍의 도집강(都執綱)은 백성흠(白性欽)이 되었으며, 본도의 도집강은 관찰

99 『홍재일기』 5책 1894년 6월 23일.
100 『홍재일기』 5책 1894년 6월 24일.
101 『홍재일기』 5책 1894년 9월 15일.
102 『홍재일기』 5책 1894년 7월 2일; 7월 10일; 8월 4일.
103 『홍재일기』 5책 1894년 8월 9일.
104 『홍재일기』 5책 1894년 8월 17일; 8월 25일.
105 『홍재일기』 5책 1894년 7월 5일.
106 『홍재일기』 5책 1894년 8월 27일.
107 『홍재일기』 5책 1894년 9월 2일, 東學人村村摘奸俗人成冊云.
108 동학군의 도소 조직에 대해서는 김양식, 「동학농민군의 도소 조직과 이념기반」, 『역사연구』 제27집, 역사학연구소, 2014 참고.
109 『홍재일기』 5책 1894년 7월 3일.

사 김학진(金鶴鎭)이며,[110] 각면의 훈집(訓執)을 '도인(道人)'으로 정해졌다고 한
다.[111] 석전대제(釋奠大祭)의 헌관(獻官)을 모두 '동학인'이 맡았다는 기록도 흥
미롭다.[112]

또한 전 이방(前吏房) 신정식(辛正植)이 도소에 붙잡혀서 태장(笞杖) 30여 대
를 맞고 벌금을 납상하였고, 마을 사람 김내경(金乃京)이 동학접주 박문표에
게 죄를 얻어 매질을 당했으며, 같은 마을의 김화숙(金化叔)이 형제가 화목하
지 못하였다는 죄로 40대를 맞았다고 기록되어 있다.[113] 이와 같이 도소가
설치된 후 훈집과 석전대제의 헌관과 같은 향촌사회의 직임을 동학인이 차
지했으며 접주에 의해 형벌과 벌금이 부과되는 등 동학군이 향권을 장악하
였다는 사실을 확인할 수 있다.

기행현은 '동학을 배척할 수 없는 세상'이라고 생각하면서[114] 끝내 동학에
입도하지 않고 '유생'으로서 정체성을 지키려고 하였다. 동학의 패전 소식이
쌓여가는 가운데 관에서 동학에 입도하지 않은 유생에게 '유학표(儒學標)'를
발행해 주었는데, 기행현은 2장의 유학표를 받아서 깊이 숨겨두었다.[115] 또
한 동학에 입도하였던 사람들 가운데 '귀화장(歸化狀)'을 작성하여 관아에 제
출하고 제음을 받기도 하였는데,[116] 기행현은 부탁을 받고 귀화장을 대신 써
주기도 하였다.[117] 당시 조정에서는 귀화한 동도(東徒)의 명단을 정리하라는

---

110 『홍재일기』 5책 1894년 7월 19일, 完伯金學鎭 爲本都 都執綱 三元丈白性欽 爲本邑 都執綱云.
111 『홍재일기』 5책 1894년 7월 8일; 8월 4일. 당시 남하면의 집강은 김태보(金奉甫)이었고, 훈집
    은 김군화(金君化)로 확인된다.
112 『홍재일기』 5책 1894년 8월 3일.
113 『홍재일기』 5책 1894년 7월 12일; 7월 28일; 8월 24일.
114 『홍재일기』 5책 1894년 9월 8일. 如昨 與鄭友作別 與其子八興越江 過簣浦後浦苗浦 至榮田店
    聞東學八万餘名 會于南原 作亂尤甚云 入堤內金友又弘家 飮冠禮酒 內從生永三家午飯後 崔友與
    八興作別 與從弟徍柳川 高丈濟商氏家宿 當今之世 東學不可排斥云.
115 『홍재일기』 5책 1894년 12월 2일.
116 『홍재일기』 5책 1894년 12월 8일.
117 『홍재일기』 5책 1894년 12월 9일.

명령을 내리면서[118] '비록 동학인이라 할지라도 귀화하면 나의 양민이다.'라는 윤음 등을 통해 동학을 회유하고 있었다.[119]

또한 지역의 향유(鄕儒)를 중심으로 무너진 향촌질서를 세우기 위한 리-면-읍의 '유회(儒會)'를 조직하여 유생의 명단을 정리하였는데,[120] 각 단위별 유회는 향교에 모여서 작폐를 일으키는 경군에 시정을 요구하는 등 현안을 의논하여 해결하기도 하였다.[121] 아울러 조정에서 향약을 정비하여 통제를 강화하기 위해 '향약장정절목책(鄕約章程節目冊)'을 내려 보내 각면에 1건씩 출부하도록 하였다.[122] 당시 향교는 지방의 질서를 회복하는 구심적 공간으로 활용되었던 것으로 보인다. 향교의 임원을 새로 선출하고[123] 향음주례(鄕飮酒禮)를 시행하고[124] 향교를 복구하고[125] 백일장(白日場)을 여는[126] 등 향교를 중심으로 조직된 유회는 동학군의 흔적을 지우고 향촌의 질서를 회복하기 위한 노력을 기울였다.[127]

4. 맺음말

세도정권을 종식하고 민생 안정과 왕권 회복을 내세우며 권력을 장악했

---

118 이병규, 「김산 소모영의 설치와 동학농민군 진압 활동」, 『동학학보』 제41집, 동학학회, 2016, 6~8쪽.
119 『홍재일기』 5책 1894년 12월 19일.
120 『홍재일기』 5책 1894년 12월 21일.
121 『홍재일기』 5책 1894년 12월 23일.
122 『홍재일기』 6책 1895년 1월 19일.
123 『홍재일기』 6책 1895년 2월 6일.
124 『홍재일기』 6책 1895년 4월 20일.
125 『홍재일기』 6책 1895년 5월 5일.
126 『홍재일기』 6책 1895년 5월 7일.
127 동학농민혁명이 진행되는 기간에 향촌질서를 유지, 회복하기 위한 일환으로 향약이 다시 강조되었다. 이광우, 「동학농민전쟁기 경상도 유림의 향약 시행」, 『민족문화논총』 제68집, 영남대학교 민족문화연구소, 2018, 81~87쪽.

던 흥선대원군이 하야(下野)하고 민씨의 외척정권이 재등장하면서 폐정은 개혁되지 못하였다. 강화도조약의 체결로 일본의 경제력의 침투까지 가세하면서 조선 인민의 삶은 조선정부의 힘으로는 회복될 수 없는 지경에 이르렀고, '민란'이라는 이름의 항쟁이 시작되었다. 동학농민혁명은 그 항쟁의 정점에서 타오르는 횃불의 역사라고 할 수 있다.

그러나 그 역사에 모두가 동참하였던 것은 아니었다. 기행현은 그 변혁의 역사에 동참하지 않고 관망을 선택하였다. 그는 부안의 유생으로서 자신의 일기에 '일상'으로 경험한 '혁명'을 기록하였다. 『홍재일기』에 동학이 처음 거론된 것은 1890년이었다. 기행현은 불같이 번져가는 동학설을 이설(異說) 혹은 사설(邪說)로 여겼기 때문에 받아들이지 않았다. 유생의 삶을 지향했던 기행현은 옳은 도[斯道]를 버리고 새로운 도를 선택할 수 없었던 것 같다. 그는 동학에 동참하지 않지만 동학을 비난하지 않았다. 동학에 참여하지 않아 개인적 피해를 입었지만 동학에 대해 분노하지 않았다. 그는 자신이 지향하는 가치를 지키며 동학인과 동학군에 대해 보고 들은 내용을 기록하였다. 그리고 그의 기록을 통해 부안의 동학인과 그들의 행적의 단서를 확인할 수 있게 되었다.

기행현은 1893년 3월 금구에 모인 동학인이 창의기(倡義旗) 아래 군집하여 궁을진(弓乙陣)의 군사훈련을 하며 척왜양(斥倭洋)을 외쳤다는 사실과 무장과 고창, 흥덕, 고부의 군기를 탈취한 동학인이 백산에 집결하여 '동학군'을 조직하였다는 사실을 적어 두었다. 1894년 3월 26일에 백산에 집결한 동학군에 대한 일기는 백산대회의 실체를 둘러싼 학계의 논란을 정리하는 중요한 단서가 되었다.

그동안 부안의 동학농민혁명에 대한 연구는 『김낙철 역사』, 『김낙봉 이력』 등과 같은 동학 관계자의 기록을 주로 활용하여 동학의 관점과 입장이 지나

치게 부각되었다. 기행현의『홍재일기』는 이러한 한계를 보완할 수 있는 자
료로, 1894년 1월 '고부민란'부터 1894년 12월 동학군의 패전에 이르는
시기에 기록된 일상으로서의 동학농민혁명을 살펴 볼 수 있다.

 『홍재일기』에 기록된 부안의 동학농민혁명은 '관민상화'의 모범적 지역으
로 거론되는 논의에 물음표를 던진다. 부안의 동학군은 김낙철의 영솔 아
래 부안읍성을 장악하고 훼도한 이속과 향유를 징치하였으며, 향교의 청금
록과 교생안을 불태웠다. 유감을 품은 폭압적 집단행동과 강압적 입도 권유
등의 양상도 확인된다. 동학인과 비동학인의 기록 사이에서 확인되는 엇갈
리는 사실(事實)에 대해 새로운 사료의 발굴과 그에 대한 연구를 통해 1894
년 혁명의 역사를 입체적으로 구축하는 노력을 기울여야 할 것이다.

[참고문헌]

『홍재일기』
『승정원일기』, 국사편찬위원회
『김낙철 역사』
『김낙봉 이력』
『동학사』
『수록』

박찬승, 『동학농민혁명의 지역적 전개와 사회변동』, 새길, 1995.
김양식, 「동학농민군의 도소 조직과 이념기반」, 『역사연구』 제27집, 역사학연구소, 2014.
김영준, 「19세기 후반 전라도 부안현 호구 및 결가 조사의 실제적 양상 – 남하면 훈집 기행현의 『홍재일기』를 중심으로」, 『전북사학』 제53호, 전북사학회, 2017.
김용환, 「동학교조신원운동과 동학농민혁명의 상관연동」, 『동학학보』 제25집, 동학학회, 2012.
김철배, 「전라도 부안 士族 奇幸鉉의 『鴻齋日記』와 19세기 후반기 부안의 경제사정」, 『전북사학』 제46호, 전북사학회, 2015.
_____, 「『홍재일기』로 본 19세기말 부안의 사회상과 동학농민혁명」, 『부안의 동학사상과 동학농민혁명』, 동학농민혁명백산봉기기념사업회, 2016.
박맹수, 「김낙철계 동학농민군의 활동과 갑오 이후의 동향」, 『동학학보』 제17집, 동학학회, 2009.
성주현, 「보은·금구집회의 전개와 동학농민혁명」, 『중원문화연구』 제21집, 중원문화연구소, 2013.
윤석산, 「해월 최시형의 호남 포덕과 부안의 동학」, 『한국종교』 제41집, 종교문화연구소, 2017.
이광우, 「동학농민전쟁기 경상도 유림의 향약 시행」, 『민족문화논총』 제68집, 영남대학교 민족문화연구소, 2018.
이병규, 「김산 소모영의 설치와 동학농민군 진압 활동」, 『동학학보』 제41집, 동학학회, 2016.
임형진, 「백산대회와 동학농민혁명–논쟁점을 중심으로」, 『동학학보』 제25집, 동학학회, 2012.
조성운, 「부안지역의 동학농민운동과 백산대회」, 『역사와 실학』 제61집, 역사실학학회, 2016.

부록: 부안지역 동학농민혁명 자료

부안지역 동학농민혁명 자료

金洛喆歷史[1]

경인년(庚寅年, 1890) 6월 7일에 동생 낙봉(洛蓻)과 함께 동학에 입도(入道)하였다. 6월 17일에 동생 낙주(洛柱)가 종제(從弟)인 낙정(洛貞)·낙용(洛庸)과 함께 입교(入敎)한 뒤에 7월부터 점차로 포덕(布德)을 해서 신묘년(辛卯年, 1891) 3월에 이르러 신도수가 몇 천 명이 되었다.

해월(海月) 선생님께서 구암(龜菴)[2]·장백원(蔣伯元)·장희용(張喜用)·최덕기(崔德基)와 함께 공주(公州) 보평(洑平)으로 이사를 하셨는데, 집의 주인은 윤상오(尹相五)였다. 동생 낙봉·김영조(金永祚)·손화중(孫化中)과 함께 여러 번 가서 문안을 할 때에 선생님께서 분부하시기를, "천심(天心)을 잃지 않고 식도(食道)[3]를 미리 갖추고 기를 바르게 하는 것[正氣]이 가장 어렵다. 또한 먹는

---

1 김낙철(金洛喆, 1858~1917)의 본관은 부안이고 자는 여중(汝中), 동학 도호(道號)는 용암[龍(溶)菴]이다. 그는 전북 부안군 부안읍 봉덕리 쟁갈마을에서 태어나 1890년에 동생인 김낙봉과 함께 동학에 입교하였고 1894년 2차 동학농민혁명에 참여해 12월에 체포되어 서울로 압송된 뒤 다음해 3월 석방. 이후 전라도 일대에서 동학조직을 재건하는 일에 전력하였고 천도교로 개명된 이후에는 호남 천도교의 중심적 역할을 한 인물이다. 「김낙철역사」는 그가 동학에 입도한 1890년부터 사망 해인 1917년까지의 행적을 편년체 형식으로 기록한 자전으로 부안의 동학농민혁명의 전반적인 내용뿐 아니라 혁명의 전과정과 혁명 이후를 이해하는 주요한 1차 자료로서의 역할을 하고 있다. 이에 전문을 싣는다.

2 구암(龜菴): 김연국(金演局)의 호. 최시형은 만년에 김연국에게 구암, 손병희에게 의암(義菴), 손천민에게 송암(松菴)이란 호를 지어주고 3대 제자로 삼았다. 김연국은 최시형이 죽고 난 뒤 시천교를 창시해 친일행각을 벌였다.

3 식도(食道): 동학에서는 먹는 일을 한울님으로 여기며 하나의 도라고 했다. 그래서 밥을 먹을 때 감사를 드리는 식고(食告)를 했다.

것이 하느님이다."라고 하셨다.

7월경에 선생님께서 구암·장백원·장희용·최덕기를 인솔해서 부안(扶安) 신리(新里) 윤상오의 소실(小室) 집으로 오시자, 교도(教徒) 수백 명이 모였다. 다음날 옹정(瓮井) 김영조의 집에 가셨는데, 마침 큰비가 내렸다. 선생님께 서 측간에 가실 때 가죽신을 신지 않고 왕래하셨으나 짚신에 물 한 방울 묻지 않았다. 건넌방에서 어떤 교인이 연죽(烟竹)을 두들기는 소리가 있어 구암어른께서 엄중히 금지시켰다.

다음날 태인(泰仁) 동곡(洞谷)[4]의 김낙삼(金洛三)의 집으로 떠나실 때에 선생 님께서 말씀하기를, "부안(扶安)에 꽃이 피고 부안에 열매가 맺힐 것이다." 라고 하였다. 임진년(壬辰年, 1892)과 계사년(癸巳年, 1893) 사이에 포교(布教)를 하여 신도수가 몇 만 명에 이르렀다.

계사년(1893) 3월에 대선생님(大先生主)[5]의 신원(伸寃)을 하러 동생 낙봉이 김영조와 교도 몇 백 명과 함께 서울에 갔으나 대선생님의 억울함을 풀어드 리지 못하고 돌아왔다. 그 때 나는 도내(道內)의 도도집(都都執)[6]을 맡고 있었 다. 이때부터 각 도(道)와 각 읍(邑)에서 지목(指目)이 크게 일어나 붙잡힌 자 와 죽음을 당한 자가 이루 셀 수가 없었다. 그러나 나는 그들의 지목을 두려 워하지 않고, 중문(中門)을 열어 선약(仙藥)으로 병을 구제하는 일을 하며 3 ~4년 동안 별 탈 없이 포교를 하였다.

갑오년(甲午年, 1894) 3월부터 고부(古阜) 전봉준이 민요(民擾)의 장두(將頭)로 서 고부 경내(境內)의 인민을 선동한다는 말이 들리므로, 은밀히 그 속을 탐

---

4 태인(泰仁) 동곡(洞谷): 동곡(洞谷)은 동곡(銅谷)의 오자. 주민들은 지금실이라 부른다. 동학농 민군 3대 지도자인 김개남의 태생지요 거주지로 유명했다.
5 대선생님(大先生主): 동학에서는 1세 교주 최제우를 대선생 또는 대주인, 2세 교주 최시형을 선생 또는 주인이라 불렀는데 시천교와 천도교로 개편되었을 때 대신사와 신사로 바꾸어 불렀 다. 시천교에서는 최제우를 천사, 최시형을 대신사라 하기도 했다.
6 도도집(都都執): 동학의 육임제(六任制)에서 도집강을 맡았음을 알려주고 있다.

문해 보았더니, 외면은 민요의 장두이나 내면은 스스로 동학의 두목이라 부르며 다른 사상을 품고 있었다. 그래서 그 진실을 알 수가 없어 동생 낙봉을 해월 선생님께 보내었더니, 해월 선생님의 비밀 분부(分付)에 의하면, "저 봉준은 교인으로 일을 하는 것이 아니라 속으로 다른 생각을 갖고 있으니, 너의 사형(舍兄, 김낙철)과 상의하여 절대 상관하지 말고, 몰래 각 접(接)에 기별(奇別) 해서 비록 온갖 어려움 가운데에 있더라도 조금도 상관하지 말게 하고, 모두 지휘에 따라 봄을 기다리라."고 하셨다. 그래서 그 뒤 마음으로 홀로 기뻐하여 자부(自負)하고, 은밀히 각 접에 알리고는 수도(修道)만을 하였다.

그러나 뜻밖에 전봉준이 고부성을 무너뜨린 뒤에 각 처의 교인(敎人)을 선동하여 보전하기 어려운 때에, 다시 각 처의 무뢰배(無賴輩)가 전봉준과 김개남의 포(包)에 몰려들어 각 읍을 어지럽혔다. 그 때에 부안군수(扶安郡守) 이철화(李哲化, 化는 和의 오식)씨가 향유(鄕儒, 지방 향촌의 유생) 및 이호(吏戶, 이방과 호장)와 상의하고, 여러 차례 와서 요청하기를, "고을 일이 어떤 지경이 될지 알 수가 없으니 들어와서 성(城)을 지켜 외적(外敵)을 막아 달라."고 했기 때문에 어쩔 수 없이 갑오년 4월 1일에 교인 수백 명과 함께 서도(西道) 송정리(松亭里) 신씨(辛氏)네 재각(齋閣)에 가서 도소(都所)를 설치하였다. 그 때에 군수가 향촌의 유생 및 이호(吏戶)와 함께 경내의 호(戶)에 배정하고 난 뒤에 다시 부민(富民)인 요호(饒戶)에게 배정하였다. 동생 낙봉은 신소능(申少能)과 함께 부안 줄포(茁蒲)에 도소를 설치하였다.

전봉준·김개남·정일서의 포(包)가 동도(東徒)라고 하며 각 포구(浦口)와 부민(富民)을 어지럽히는 것이 매우 심했기 때문에 밤낮으로 힘을 내어 방어를 하였다. 그래서 온 고을이 편안하기가 요순(堯舜)의 시대와 같아서 온 고을의 사람들의 칭송이 자자하였다.

군수 이철화씨가 교체되어 가고, 7월경에 신임군수 윤시영(尹時榮)씨가 내려와서도 향촌의 모든 일을 언제나 상의하여 그 교분이 형제와 같았다. 뜻밖에 12월 12일 이른 아침에 갈촌(葛村) 앞 주점(酒店) 김야만(金冶萬)의 여남은 살 먹은 어린 아들이 군수 앞에 편지 1장을 바쳤다. 그 편지에 "김여중(金汝中)·김명중(金明仲) 형제를 일인(日人)의 행차소(行次所)로 압송하라"고 하므로 군수가 들어올 것을 요청하여 들어갔다. 그 때 조반상(朝飯床)이 들어왔으나 밥상을 보지 못하고, 편지로 얼굴을 가리며 한참 만에 편지를 들어 말하기를, "죄가 없으면 상관이 없다"라고 하였더니, 눈물이 옷과 수건에 떨어졌다. 다시 말하기를, "우리나라의 일이면 옥에 갇히는 일도 없게 할 터이나 외국의 법률은 나도 자세히 알지 못한다. 우선 옥에 갇혀 있으면 내가 바로 영문(營門)으로 가서 일인(日人) 행차소로 기별을 하여 무사히 석방시킬 터이니 걱정하지 말고 갇혀있으라"고 하고 형제를 옥에 가두었다. 그 때에 일본인 대대장(大隊長)이 나주군(羅州郡)에 머물렀다.

12월 21일에 나주 수성군(守城軍) 50여명이 오권선[7]을 잡으려고 왔다가 갈촌(葛村)의 우리집에 와서 수색했으나 발견하지 못하자 아내를 툇마루 기둥에 묶고 무수히 때려 거의 죽을 지경에 이르게 하였다. 이들이 부안군으로 들어와서 죄인을 나주로 데려가려고 죄인에게 행차검(行次劍)을 목에 씌웠다. 죄인을 데리고 갈 때 아내와 제수(弟嫂)씨가 4살 먹은 집 아이 영식(永植)과 하인 춘매(春梅)를 데리고 관정(官庭)에 들어왔다. 아내가 말하기를, "나는 자식 하나가 있으나 아우는 자식이 없으니 형은 죽더라도 동생은 살려 주십시오"라고 하였고, 제수씨가 말하기를, "동생은 죽더라도 형이나 살려 주십시오"라고 하였다. 그렇게 하던 차에 갑자기 경군(京軍)이 일본군 30여명과 함께 와서 죄인을 모두 탈취하였다. 그래서 나주의 수성군이 한밤중

---

7 오권선: 자는 중문(重文)이다. 나주의 농민군 지도자로 손화중 최경선과 함께 나주 관아 점령에 나섰으나 실패하고 몸을 피했다.

창밖에 와서 은밀히 말하기를, "돈 400냥을 주면 무사히 풀려날 것이다"라고 하였다. 다음날 새벽녘에 바로 내려갈 때 경군과 일본군이 죄인을 전주로 데리고 간다고 하므로 이방과 호장(戶長) 및 성내(城內)의 사람들이 말하기를, "나주로 내려가면 일이 매우 어려운데 전주로 올라간다고 하니 염려하지 말라"고 여러 차례 말하는 소리에 마음이 조금 풀렸다.

12월 23일에 일본군이 죄인을 데리고 전주로 향해 출발하여 김제군(金堤郡)에 묵었는데, 누구인지 모르는 사람들이 술상을 가지고 와서 술을 권하였다. 다음날 이른 아침에 나주의 대대장에게서 편지가 도착했는데, 죄인을 압송하여 나주로 데려오라고 했기 때문에 군사들이 죄인을 인솔하여 다시 고부군으로 가서 묵었다. 김진안(金鎭安, 진안현감)이 새벽녘에 말을 타고 와서 고부군수 윤병(尹秉)에게 은밀히 말하기를, "부안의 김(金)아무개 형제가 죄가 없는 것은 성주(城主)도 들어서 알고 있을 것입니다"라고 했다. 그러자 군수가 "김 아무개 형제 덕택에 부안뿐만이 아니라 인근의 군(郡)이 안도(安堵)한 사실은 이미 알고 있으나 외국의 법률은 상세히 알지 못한다"고 하였다. 그래서 진안(鎭安)이 말하기를, "재정(財政, 돈)으로 풀어준다면 민(民)이 몇 천 냥이라도 낼 것입니다"라고 하니, 군수가 놀라서 말하기를, "외국 법률에 죄가 없는 사람이라도 돈으로 말하면 없는 죄도 있게 된다고 하니, 만에 하나라도 돈으로 말하다가는 죄를 모면하기가 어려울 것이다. 죄가 없으면 풀려날 터이니 걱정하지 말라"고 하였다.

다음날에 길을 떠나 정읍군에 묵었는데, 사촌동생 낙정(洛貞)이 동헌(東軒)에 들어와서 군수 최재철(崔在澈)에게 사실을 말하였다. 그가 말하기를, "누가 동학(東學)을 하라고 했느냐? 나는 알지 못 한다"고 하므로 낙정이 탄식하고 나왔다. 그 때에 최국명(崔國明)과 은상렬(殷相烈)도 왔다. 다음날 장성(長城)으로 떠날 때 나주에서는 죄인을 따라온 사람도 모두 죽인다는 소문을 들고, 상렬과 국명에게 핑계를 대어 사촌동생을 데려가라고 하였다. 상렬과 국명이 낙정과 함께 크게 통곡을 하며 떠나갔다. 군령교점(軍令橋店)에 이르러 잠시 쉬었는데, 사촌동생 낙정이 뒤를 쫓아와서 일본군과 경병 및 심지어 마부(馬夫)에게 청원서(請願書)를 보이고, 우리 사촌형제는 죄가 없으니 나를 대신 잡아가고 사촌형제는 풀어달라고 여러 차례 애걸하는 소리를 차마 들을 수가 없었다. 사촌동생 낙정에게 여러 차례 본가(本家)로 돌아갈 것을 권하니 어쩔 수 없이 눈물을 흘리고 돌아갔다.

다시 나주의 북창점(北窓店, 窓은 倉의 오식)에 이르러 잠시 쉬고 있었는데, 낙정이 뒤를 따라 왔다. 뒤따라 온 사람도 모두 죽인다는 나주의 소식을 다시 듣고서는, 만약 잘 대처하지 못하면 집안이 모두 멸망하는 재앙을 당할 터이므로 낙정을 대하고 말하기를, "죄가 없으면 살아 돌아오고, 죄가 있으면 죽을 것인데, 네가 따라오려고 한다면 우리 형제는 이 자리에서 자결할 것이다. 시신이나 가지고 가라"고 여러 번 폭언을 하였더니, 낙정이 어쩔 수 없이 크게 통곡을 하고 집으로 돌아갔다. 길을 떠나 장성읍에서 머물렀다.

을미년(乙未年, 1895) 1월 3일에 나주읍에 도착하였다. 함께 데려간 죄인 32명을 문루(門樓)앞에 줄을 세워 앉혔다. 부안군에 왔던 수성군(守城軍) 50여명과 다른 50여명이 와서 가죽신발과 나무지팡이로 2시간 동안 차고 때릴 때에 유독 우리 형제는 수성군에게 돈 400냥을 주지 않은 혐의 때문에 머리를 뒤로 묶고 진영(鎭營)까지 가는 5리를 나무 지팡이와 철편(鐵鞭, 쇠채찍)으로 때려서 몰고 가 진영의 문 앞에 줄을 세워 앉혔다. 수성군 100여명이 나무지팡이와 철편(鐵片, 쇠조각) 및 주장(周杖)[8]으로 3시간 동안 차고 때렸는데, 그 때의 광경은 입으로는 차마 말을 할 수가 없다. 하지만 그 사이 경

---

8 주장(周杖): 주장(周杖)은 주장(朱杖)을 잘못 쓴 듯하다. 주장(朱杖)은 주릿대나 무기 따위로 쓰던 붉은 칠을 한 몽둥이를 말한다.

황이 없는 가운데도 입으로 끊임없이 외고 마음으로 바란 것은 "나는 죽더
라도 동생은 목숨을 보전하게 해주소서"였다. 동생도 마찬가지로 입으로 끊
임없이 외고 마음으로 바란 것은 "나는 죽더라도 형의 목숨을 보전해주소
서"였다고 한다.

3~4시간 동안을 차고 때린 뒤에 주장(周杖)으로 때려 진영의 토굴(土窟)에
넣으니 사람이 마치 삼묶음과 같았다. 다른 사람들 중에는 어깨와 갈비뼈가
부러진 자가 허다하여 피가 흘러 내를 이루었으나 우리 형제는 손가락 하나
씩만 부러졌고 다른 상처는 없었으니 진실로 한울님과 선생님[天師]의 덕(德)
이었다. 옥에 갇힌 지 3일 뒤에 3명은 다른 사람 대신 잡혀왔다고 풀어주었
고, 29명은 일본인 대대장이 있는 곳으로 불려갔다. 옳고 그름을 묻지 않
고, 우리 형제는 일인(日人) 순사청(巡査廳)[9]에 가두고 나머지 27명은 을미년
1월 6일 신시(申時, 오후 3~5시)에 모두 쏘아 죽였다고 한다. 먼저 갇혀있던
자들은 보성군수 유기원(柳基元, 奎源의 오식)·박태로(朴泰魯)와 장흥군의 이방
언(李方彦)[10]과 운봉군(雲峰郡)의 구모사(丘模史)·백낙천(白樂天)등이었다. 전봉
준과 손화중은 어제 서울로 올라갔다고 하였다.

옥에 갇힌 다음날에 사촌동생 낙정이 은상렬(殷相烈)과 함께 떡을 사서 싸
가지고 왔다. 낙정이 말하기를, "어제 들어와서 27명의 시신을 하나하나
살펴보고 곡절을 알지 못해 크게 소리를 내어 울고 있을 때에 어떤 사람이
알려주어 왔습니다"라고 하였다. 상렬은 3일 동안 머무르다가 집으로 돌아
갔으나 낙정은 사관(舍舘, 하숙)에 묵으면서 밤낮으로 경병과 일본군에 애걸
하니 모두 감복하였다. 6~7일 뒤에 서울로 길을 떠날 때 일본인이 포(砲)를

---

9 일인(日人) 순사청(巡査廳): 나주에 설치한 일본정토군 본부를 잘못 기록한 것이다. 일본군 소
   좌 미나미 쇼시로(南小四郎)가 지휘했는데 중죄인을 인수받아 서울로 보냈다.
10 이방언(李方彦): 장흥출신의 농민군 지도자 이방언. 뒤에 전라감사 이도재의 지시로 잡혀 고향
   장흥에서 불법으로 처형되었다.

지고 뒤를 따랐다. 장성·정읍·금구·전주·여산·노성·공주·천안·수원을 거쳐 서울의 성안으로 들어와서 진고개[泥峴] 일본인 순사청(巡査廳)[11]에 갇혀 조사를 받은 뒤 다음날 감옥소에 들어갔다. 낙정이 어느 곳에 머무르고 있는지를 알지 못하였다.

교인(敎人) 구암(龜庵, 김연국)어른의 숙부인 김광문(金光文)씨·사촌동생 기원(基元)씨, 성두환(成斗煥)[12]이 죄인 수 백명과 함께 옥에 갇힌 지 여러 날이 되었는데, 손화중·전봉준·최정선(崔貞先)[13]이 감옥소(監獄所)로 내려왔다. 전봉준은 다리가 부러져있었다. 낙정이 찹쌀밥을 간간히 들여보냈으나 매일 허기와 갈증을 견디지 못하여 술지게미를 얻어먹었다. 조사를 받으러 문을 나갈 때에 잠시 낙정의 얼굴을 보았으나 말을 하지 못하고 지나쳤다. 그 광경은 입으로 말을 할 수가 없었다. 4~5차례 조사를 받은 뒤에 보성군수(寶城郡守) 유원기(柳元基, 奎源의 오식)씨는 먼저 풀려났고, 우리 형제는 김방서(金芳瑞)·이태로(李泰魯)·이방언과 함께 3월 21일에 풀려났다.

문을 나가니 사촌동생 낙정이 감옥의 문 앞에 서있었다. 함께 사관(舍⊠)에 가니 주인이 말하기를, "형제분이 풀려난 것은 사촌동생분의 정성으로 이루어진 것입니다. 사촌동생분이 올라와서 2~3개월 동안 한밤중에 짚신 1짝을 삼고 새벽녘에 1짝을 삼고 아침밥을 먹은 뒤에 매일 감옥의 문 앞에 가서 하루 종일 서 있다가 저물녘에 와서 저녁밥을 먹은 뒤에 여전히 짚신 1짝씩을 삼았습니다. 그리고 찹쌀밥 2그릇을 지어 보낸 것입니다. 사촌 형제 사이에 세상에 이렇게 성력(誠力)을 가진 사람은 지금 들을 수가 없고 옛날에

---

11 진고개[泥峴] 일본인 순사청(巡査廳): 서울 남산 밑 일본인 거리에 두었던 일본영사경찰서를 말한다. 이곳에 중죄인을 가두고 심문했다가 한성 재판소로 넘겼다.
12 성두환(成斗煥): 성두한(成斗漢)의 오식이다. 성두한은 충청도 청풍일대에서 활동하다가 강원도로 진출해 활동했다. 전봉준·손화중·김덕명·최경선과 함께 재판을 받고 교수형에 처해졌다.
13 최정선(崔貞先): 최경선(崔景善)의 오식이다. 5대 지도자로 꼽힌다. 전봉준과 함께 교수형에 처해졌다.

도 듣지 못하였습니다. 그래서 그 성력에 감동하여 혼자 쌀을 사서 밥을 지어 대접하려고 유숙(留宿)을 권면한 것입니다"라고 하였다.

사촌동생 낙정이 말하기를, "사촌형님이 올라온 뒤에 군수가 불량한 사람들 중 향촌의 유생 유정문(柳正文)과 최봉수(崔鳳洙)등의 사주(使嗾)를 받아 죄없는 교인 20여명을 쏘아 죽였습니다. 집안일을 말씀드리면, 사촌형님 낙주(洛柱)씨는 최봉수와 최치운(崔致雲)의 지목(指目)을 견디지 못하고 목을 매어 거의 죽을 지경에 이르렀다가 매듭을 풀어 겨우 목숨을 건졌습니다. 최치운이 무슨 성력(誠力)이 있어 개고기 다리 1짝을 삶아가지고 와서 먹기를 권유하였습니다. 그래서 어쩔 수없이 먹었는데, 두눈이 튀어나와 밤에는 길을 구분하지 못하게 되었습니다. 더욱이 사촌동생 낙용(洛庸)은 내종(內腫, 고름가슴증)으로 거의 죽을 지경에 이르러 생사를 구분하지 못하고 있습니다. 형수님은 지난해 12월 11일부터 음식을 전혀 먹지 않고 밤낮으로 청수(淸水)[14]를 바치며 청수단(淸水壇)에 엎드려 비와 이슬, 서리와 눈을 피하지 않고 54일을 이렇게 지내셨으니 그 광경은 말로 할 수가 없습니다. 또한 더욱이 최치운과 최봉수 및 봉수의 아들 광술(光述) 형제가 유정문과 함께 서로 어울려 간계(奸計)를 꾸민 얘기는 말로 할 수가 없습니다"라고 하였다.

다음날에 우리 3명의 사촌형제가 김방서·박태로·이방언과 함께 길을 떠나니, 한울님과 선생님[天師]이 감응한 덕(德)을 누가 알리요. 박태로와 이방언의 한울님[天]과 선생[師]을 원망하는 소리는 입으로 말을 할 수가 없었다. 이번에 내려갈 때에 공주 금강(錦江)머리의 시목점(柿木店)에서 보성군수 유원기씨를 만났는데, 그이 말에 의하면, "나는 토포사(討捕使)로 내려간다. 인심은 서울과 지방이 매우 다르니, 천은(天恩)을 입어 풀려 나왔다고 돌

---

14 청수(淸水): 천도교에서 의식(儀式)에 쓰이는 맑고 깨끗한 물을 말한다.

아다니지 말고, 밤을 이용하여 들어가서 가만히 엎드려 읍과 마을의 인심을 정탐하고서 다니도록 하라. 그렇지 않으면, 형제분이 보성군에 내려와서 함께 살자"고 하였다. 그리고 술과 안주를 내어 서로 권하며 거기서 묵었다. 다음날에 악수를 하고 서로 이별을 했는데, 박태로와 이방언은 군수(郡守, 유원기)를 따라갔다. 김방서와 함께 길을 가고 같이 밥을 먹으며, 방서와 진심으로 말하기를, "밤을 이용하여 들어가서 종적을 피했다가 가을에 몰래 서로 만나자"라고 약속하였다.

전주의 황등(黃登)장터 등지에서 헤어져 점차로 돌아들어가 음력 3월 29일 한밤중에 몰래 부안(扶安)밖의 갈촌(葛村)마을 정자(亭子)아래에 도착하였다. 그 때 마침 하늘에서 비가 내리고 사방에 인적(人跡)이 없어 조용하였다. 사촌동생이 몰래 본가(本家)에 기별을 하여 아내와 잠시 만난 뒤에 본마을[갈촌마을]의 사촌동생의 집으로 가서 곁방에 숨었다. 그 날 한밤중에 본가(本家)에 갔더니 집 모양이 완전히 빈집 같고 차가운 바람이 소슬하였다. 진실로 난리를 겪은 세상이라고 할 만하였다. 나머지는 어찌 다 번거롭게 말을 하겠는가?

새벽녘에 몰래 사촌동생의 집으로 가서 5~6일 동안 숨어 지내면서 읍과 마을의 인심을 정탐했더니, 어떤 사람은 풀어주라고 하고 어떤 사람은 죽이라고 하여 그대로 믿을 수가 없었다. 그래서 4월 4일 한밤중에 동생 낙봉(洛鳳)과 함께 고잔(古棧)의 동생 낙봉 집으로 가서 곁방에 숨었다. 그러나 인심(人心)이 좋고 나쁜지를 알지 못했기 때문에 동생과 함께 상의하여, 서울에서 풀려나 부치는 편지인 것처럼 군수 윤시영(尹時榮)과 향교의 여러 회원들, 문중(門中)의 친족들과 이방 및 호장, 읍(邑)의 여러 사람들에게 보내는 30여장의 편지를 하인 박필룡(朴必龍)에게 주어서 보냈더니 3~4일 만에 필룡이 돌아왔다. 그래서 물어보았더니, "군수와 집집마다 정말로 매우 기뻐하

였다"고 하였다. 또한 노적산(露積山)의 고진사(高進士)는 당시 향장(鄕長)으로
서 우리 친족과 고을의 여러 사람들에게 말하기를, "아무개 형제 때문에 부
안읍과 마을이 무사히 지나갔는데, 아무개 형제의 집안일이 어떤 지경에 이
르렀는지 모르겠다. 향촌의 회원들은 빈손으로 가서 보겠는가? 백미(白米) 1
∼2말씩이라도 가지고 가야 옳을 것이다"라고 하니 여러 사람들이 모두 말
하기를, "좋습니다"라고 하였다는 소식을 들었다. 또한 아내가 하인에게 술
과 안주를 지고 몰래 수기제(守基堤)위를 지날 때 나무가 하늘을 가려 사람모
습은 보이지 않고 다만 사람 소리만이 들렸는데, 뚝 아래 읍인(邑人) 20여명
이 늘어앉아 고기를 잡으면서 사람들이 말하기를, "갈촌(葛村)의 김생원(金生
員) 형제분이 서울에서 풀려나 내려 온다고 하니 하늘의 이치가 밝게 드러난
것이다"라고 하였으며, 또 "우리들이 무사히 지낸 것은 누구의 힘인가? 모
두 김생원 형제의 덕분이다. 한차례 가서 보더라도 빈손으로 가서 볼 수가
없으니 백미 1∼2말이라도 가지고 가는 것이 의리에 당연하다"고 말하더라
고 하며, 각 처의 인심이 모두 따르는 듯 하다고 말하였다.

  그래서 4월 12일 한밤중에 서울에서 내려오는 행색으로 동생과 함께 몰
래 본가(本家)에 갔더니, 다음날 새벽녘에 본 마을과 인근 마을의 남녀노소
(男女老少) 몇 백 명이 구름처럼 모여들었다. 술과 안주 및 남초(南草)를 가져
오는 사람이 숫자를 헤아릴 수 없었다. 날마다 읍(邑)과 마을의 젊거나 나이
든 사람들이 구름처럼 왕래할 때에, 최봉수(崔鳳洙)는 그 때 향교 장의(長儀)[15]
이고 여러 대(代)에 걸쳐 이웃에 살던 사람으로 속인(俗人)이었기 때문에 아
내가 나의 갓과 망건, 가죽신과 우리 형제의 대모(玳瑁)풍잠(風簪) 2건을 봉
수의 집에 두었는데, 봉수가 와서 말하기를, "갓·망건·풍잠·가죽신은 여중

---

15 장의(長儀): 향교의 여러 업무를 관장하는 장의(掌議)를 잘못 쓴 것이다.

(汝仲)이 아직 출입하지 못하고 있으니 출입하게 되면 주겠다"고 하기에, "내가 바깥 출입을 하게 되면 사서 사용할 터이니 걱정하지 말고 쓰라"고 하고 그것을 주었다. 그러나 봉수가 소인(小人)의 마음을 가져 뒷일을 알 수 없으니, 얼굴은 기뻐하는 듯하나 속은 흉악한 마음을 품고 최치운·유정문과 어울려 관문(官門)과 향교의 각처를 왕래하며 음모를 꾀하였다. 어느 날 관문(官門)에서 반쯤 취해가지고 와서 말하기를, "전주감사 이도재(李道宰)씨가 토포사(討捕使)를 겸하면서 보성(寶城) 박태로와 장흥 이방언 및 금구 김방서를 잡아 죽이고 내일 부안으로 들어오지만 걱정하지는 말라"고 하였다. 또 말하기를, "성주(城主, 사또)께서 형제분이 죄가 없다는 생각을 감사에게 자세히 보고하여 감사의 분부에 의하면, '아무개 형제가 죄가 없는 것과 온 고을이 편안하였던 것은 이미 알고 있으니 걱정하지 말라'고 하시더라"고 하면서, "빈객(賓客)을 한 사람도 보지 말고 바깥 출입도 하지 말고 은밀히 집에만 있으라"고 여러 차례 부탁을 하였다.

저 사람(최봉수)은 그의 친족 최문옥(崔文玉)과 최이경(崔二景)을 몰래 죽인 자로서, 흉계를 잘 살펴보니 겉과 속이 매우 달라 반드시 좋지 않은 일이 있을 것이기 때문에 바로 동생에게 기별을 하여 5월 19일 한밤중에 함께 부안 동도면(東道面) 신월리(新月里)의 친족 여문(汝文) 김재중(金在仲)과 그의 조카 도숙(道叔)의 집으로 몰래 갔다. 그 숙질(叔姪)네 집의 빈 건물 안에 바로 토굴 2곳을 파고 몰래 숨었다. 그런데 정말로 5월 21일 하오(下午) 7점(七點, 7시)에 동쪽 나루터 큰길로부터 횃불이 영롱하며 감사가 도착하였다. 들으니, "다음날 이른 아침에 장교 1명이 본가의 안방 문 앞에 와서 은밀히 말하기를, '일어나셨습니까'라고 여러 차례 말하기에, 아내가 대답하기를, '누구시오. 일전에 출타(出他)하였습니다'라고 여러 번 말하였더니 장교가 물러나 사촌동생 낙정의 집으로 가서 낙정을 잡아 갔고, 산야(山野)의 여러 곳을 관인(官人)이 정탐한다"고 하였다. 정탐하는 관인이 정말로 들에 가득 찼고 여문과 도숙의 집 울타리 주위를 에워싸며 돌았으나 집안에는 들어오지 않았다. 그 날 한밤중에 사촌동생 낙정이 풀려나 와서 말하기를, "감사가 '너의 사촌형제는 어느 곳에 있는가? 천은(天恩)을 입어 풀려났으니 영문(營門)에 와서 나의 물침표(勿侵標)¹⁶를 얻으면 다시 후환이 없을 것이다. 네 사촌형제가 오거든 바로 보내어 표(標)를 가져가라'고 하더니, 한참 만에 갑자기 낯빛을 바꾸며 말하기를, '너희 동학군을 민(民)이라고 부르다니 소인(小人)이라고 하라'고 하였다. 그리고 팔을 들어 올리고 크게 말하기를, '너희 접솔(接率)이 몇 백 명이냐? 우리 군병도 400여명이니 기포(起包)하려면 해보라'고 하면서 곤장 8대를 때리고 풀어주었습니다"라고 하였다. 그 사이의 광경은 말을 할 수가 없었다. 경황이 없는 중에 해를 보지 못하고 토굴에 숨어 있다가 사람이 없으면 굴을 나오고 사람이 있으면 굴에 들어갔다. 어느덧 10여 개월이 되었는데, 아내와 사촌동생이 한밤중에 왕래하며 쌀과 반찬을 몰래 보내왔다. 우선 고부 오신(梧新)의 유재오(劉載午)씨에게 몰래 통지했더니, 한밤중에 1길[丈]의 물을 건너 간간히 와서 비밀리에 서로 도(道)에 관해 이야기를 나누었다. 그 뒤에 점차로 김창후(金昌厚)와 강용래(姜龍來) 및 여러 형님들이 몰래 간간히 밤을 이용하여 왔다.

하루는 나주의 수성군이 어떤 사람에게 말하기를, "부안의 김아무개 형제가 30여명의 죄인 중에서 어떻게 살아 돌아왔는지를 아는가? 다름 아니라, 제주(濟州)의 뱃사람 40~50명이 배를 타고 영광(靈光)등지를 지나다가 부안의 대접주(大接主) 김낙철·김낙봉 형제가 나주 진영(鎭營)에 갇혀있다는 소식을 듣고 말하기를, '갑오년에 제주에서 흉년으로 경내(境內)의 몇 만 명이

---

16 물침표(勿侵標): 통행을 허가하는 표로, 농민군과 관군 양쪽에서 모두 발행했다. 이 표는 신분을 보장하는 징표이다.

거의 굶어죽을 지경이 되었는데, 다행스럽게도 부안 김아무개 형제의 불쌍히 여겨 은혜를 베푼 덕(德)으로 몇 만명이 목숨을 보존하였다. 만약 김아무개 형제가 죽을 지경에 이른다면 하늘이 어찌 돌아보지 않겠는가? 우리들이 김아무개 형제 대신 나주군에서 죽더라도 아무개 형제를 살리는 것이 옳다'라고 하고 일제히 나주군에 들어가서 목사(牧使) 민아무개씨[민종렬]에게 등장(等狀)[17]을 내어 말하기를, '제주도가 계사년(癸巳年, 1893)과 갑오년(甲午年, 1894) 이태 동안 큰 흉년을 만나 경내의 몇 만명 목숨이 거의 죽을 지경에 이르러 어곽(魚藿, 해산물) 등의 물건을 배에 싣고 전라도 각 군(郡) 포구(浦口)에 와서 곡식을 살 때에 다른 포구에선 탁란군(濁亂軍)에게 실은 물건을 모두 빼앗겼는데, 유독 부안의 각 포구에선 탁란군에게 혹시라도 빼앗긴 것이 있으면 김아무개가 바로 사람을 보내 돌려주었습니다. 그래서 한 홉의 쌀도 잃어버리지 않아 제주 경내의 인민(人民)이 부안군의 조맥(租麥)으로 모두 목숨을 보전하였습니다. 이것은 김아무개 형제의 덕분이 아닙니까? 만약 김낙철·낙봉 형제를 죽이실 터이면 소인들을 죽이고 김아무개 형제의 목숨을 살려주시기 바랍니다'라고 하니 목사가 말하기를, '이 죄인은 김여중과 김명중으로 김낙철·김낙봉이 아니다'라고 하였다. 뱃사람들이 아뢰기를, '여중과 명중은 자(字)이고 낙철과 낙봉은 이름입니다'라고 하니, 목사가 의심이 구름처럼 일어나서 하인 한명을 부안군에 보내어 김아무개 형제의 자와 이름을 상세히 알아오게 하였다. 하인이 부안군에 가기 위해 흥덕(興德) 경계에 이르렀을 때 여중과 명중은 그들의 자이고 낙철과 낙봉은 이름이라는 말을 들었다. 하인이 돌아와서 아뢰기를, '하나는 자이고 다른 하나는 이름입니다'라고 하니, 목사가 감복하여 폐하에게 장계(狀啓)를 하였다"라고 하였다.

---

17 등장(等狀): 여러사람이 이름을 연달아 써서 관청에 호소하는 것을 말한다.

그러나 그것을 믿지 못하자 사람들이 그 사람에게 말하기를, "김아무개 형제는 하늘이 낸 사람이다. 장성의 김아무개 집에 갔더니, 제주 사람들이 김아무개 형제의 일로 나주목사에게 등장(等狀)을 하여 목사가 폐하에게 장계를 해서 그 회답(回答)을 베껴써서 내려왔기 때문에 그것을 상세히 보았다"고 하였다. 또 들으니 부안의 읍인(邑人)이 와서 말하기를, "김아무개 형제분이 어떻게 살 수 있었는지 아는가? 전 군수(前 郡守) 이철화(李哲和)씨가 서울에 있을 때에 부안 김아무개 형제가 잡혀서 갇혀있다는 말을 듣고 밤낮을 가리지 않고 10개 관부(官府)의 대신에게 애걸하기를, '부안군의 김아무개 형제 덕분에 하관(下官, 자신을 지칭)도 목숨을 보전했고, 경내의 인민(人民)이 모두 김아무개 형제 덕택에 생명을 보전하였습니다. 김아무개 형제를 죽이려고 한다면 나를 대신 죽이고, 김아무개 형제를 바로 풀어주십시오'라고 밤낮으로 애걸을 하여 무사히 특별하게 풀어주었다"라고 하였다.

3월 19일부터 아내에게 태기(胎氣)가 있어 여식(女息) 1명을 낳았는데, 최봉수(崔鳳洙)와 그의 아내 및 그 여식 조만금(趙萬金)의 어미와 그 아들 광술(光述) 및 수용(水用), 최치운(崔致雲)등이 흉악한 말과 괴상한 얘기를 남에게 하여 음모를 꾸민 일은 말로 다 할 수가 없었다. 그러나 몸이 토굴 속에 있는데 어떻게 바로 변명을 할 수 있겠는가? 하늘을 쳐다보며 탄식할 뿐이었다.

7월경에 임실군(任實郡)의 김학종(金學鍾)이 와서 은밀히 해월(海月) 선생님의 안부를 물었다. 그 뒤에 옥구(沃溝)의 허진(許鎭)이 양기용(梁奇容)씨와 함께 해월선생님을 뵈었더니, 선생님께서 분부하신 내용 중에, "부안의 김낙철·김낙봉이 서울에서 내려간 뒤에 어느 곳에 숨어있는지 몰래 기별을 하여 올라오게 하라"고 하였으나 지목(指目)을 두려워하여 바로 올라가지 못하였다. 어느덧 해를 넘겨 병신년(丙申年) 2월 9일에 부안 하동면(下同面) 신성리(新成里)로 이사를 하였다. 그 때에 최창용(崔昌用)의 어머니는 최봉수의 조카며느리이고 신소능(申小能)의 누이동생인데 신소능이 고창군에서 해를 입어, 창용의 어머니가 창용과 함께 소능을 동학에 입교(入敎) 시켜서 죽게 하였다고 밤낮으로 악담(惡談)과 패악한 말을 하였다. 하루는 정조(正租, 벼) 3석(石)을 빼앗아갔고, 수 백냥의 값이 나가는 가산(家産)등의 물건을 모두 부수어 버렸다. 최봉수는 유정문과 함께 어울려서 근거 없는 말들을 만들어 내어, 갑오년 접솔(接率)이 1,000냥이 넘는 돈을 빼앗아갔으니 마련하여 갚으라는 것이었다. 악담과 패악한 말로 괴로움이 매우 심했기 때문에 화관평(火串坪)의 논 8두락을 200냥으로 쳐서 최봉수가 그의 외손자 조만금에게 주었고, 각 처의 교인에게 수백냥 또는 수십냥씩 거두어서 갑자기 부잣집 늙은이라는 말을 듣게 되었다.

이사를 한 뒤에 각 처의 교인이 간간히 몰래 통보하여 김도숙(金道叔)의 집에 왕래하였다. 4월에는 김학종과 함께 상주(尙州)로 가서 해월선생님을 뵈었다. 그 때에 옆에서 모신 사람들은 김구암(金龜菴, 김연국)·손송암(孫松菴, 손천민), 손의암(孫義菴, 손병희)이었다. 선생님께서 하신 분부 중에, "은밀히 숨어 수도(修道)를 하라"고 하시었다. 구암 어른께서 문을 나와 몰래 부탁하기를, "함께 가지 말고 몰래 혼자 가라"고 하시었다.

내려온 뒤에 각 처의 두목을 은밀히 정탐해 보니, 믿을 만한 두령은 비록 온갖 어려움이 있더라도 반석(盤石)처럼 온전하였다. 점차로 연락이 되는 두령은, 함평(咸平)에는 전장섭(全章燮)·김인규(金仁奎)·정호준(鄭浩準)·정기태(鄭騏兌)·오권선(吳權善)·이돈생(李敦生)·정윤빈(鄭潤彬)·주동윤(周東潤), 옥구(沃溝)에는 양기용(梁奇容), 부안(扶安)에는 김종호(金鍾浩)·김상삼(金尙三), 태인(泰仁)에는 조중형(趙仲衡), 김제(金堤)에는 박기주(朴基柱)·김학권(金學權), 고부(古阜)에는 채성운(蔡成云)·백영덕(白永德)·주순범(朱淳凡)·오학목(吳學穆), 함평(咸平)에는 정난용(鄭欄容), 담양(潭陽)에는 김중현(金仲鉉)·이련상(李煉相),

창평(昌平)에는 강재정(姜在貞), 부안에는 최찬식(崔贊植)·이도중(李道仲)·박성기(朴成基)가 있었다. 그 뒤에 차차 몰래 포교(布敎)를 하였고, 동생 낙봉(洛葑)과 함께 연달아 장석(丈席, 해월 최시형)에게 올라갔다.

8월경에 접(接)을 돌아보려고 동생과 함께 태인, 임실 등지에 갔었는데, 장석(丈席)으로부터 빨리 올라오라는 편지가 왔다. 유재오(劉載午)씨가 가지고 왔기 때문에 올라가기 위해 시일을 다투어 집으로 돌아오느라 노독(路毒)이 너무 심해 발바닥이 소의 눈깔처럼 되어있었다. 그러나 황공스러움을 견디지 못하고 금방 길을 떠났으며 중도에서 점차로 완쾌되었다. 차차 올라가다가 상주(尙州) 화항(火項)의 이철우(李哲雨)의 집에 묵었고, 다음날에 고대(高垈)의 이팔용(李八龍)의 집에 가서 선생님을 뵈었다. 깊은 산골짝이에 도인(道人) 4~5채의 집이 있었는데, 누가 그것을 알겠는가? 참으로 요순(堯舜)의 세상이었다. 구암(龜菴)·송암(松菴), 의암(義菴) 등 6~7명이 옆에서 해월선생님을 모시고 밤낮으로 도리(道理)를 서로 토론하고 있었다. 구암 어른은 동경대전(東經大全)과 용담유사(龍潭遺詞)를 선생님 앞에서 보며 오자(誤字)와 토를 다시 정하고 교첩(敎帖)을 새로 시작하고 있었다. 2~3개월 머무르는 동안에 해월선생님께서 도의 진리(眞理)를 간간히 비유를 하여 설명하기를, "이 운수(運數)에서 요순 같은 성인은 몇 사람만이 세상에 드러났고, 그 다음으로 공자(孔子)와 맹자(孟子)같은 성인은 몇 사람만이 세상에 나왔다"고 하시었다.

10월에 김인규(金仁奎)가 향수금(享需金, 제사를 지낼 비용)을 가지고 와서 3~4일을 머물고 내려갔다. 그 때에 잠시 화항(火項) 이철우의 집에 가서 동경대전과 용담유사 몇 권을 베껴 쓰고, 며칠 뒤에는 다시 고대(高垈)에 가서 선생님을 뵈었다. 선생님 옆에서 머물렀는데, 하루는 손병규(孫炳奎)·홍계관(洪桂寬)·최익서(崔益瑞)등 8명이 고대산 아래 물방앗간에 머무르며 9개의 대접(大接)으로 포(包)를 만든다고 하였다. 그래서 선생님께서 분부하시기를, "낙철이 바로 가서 권유하면, 구암을 곧 보낼 터이니 잘 타일러서 함께 내려가라"고 하셨기 때문에 분부를 받들어 내려갔다. 8명과 함께 상주(尙州) 갈항리(葛項里) 김치순(金致順)의 집에 갔는데, 저물녘에 구암 어른께서 박희인(朴熙寅)의 집으로부터 오셔서 머무르셨다. 구암 어른께서 8명에게 말씀하시기를, "너희들이 두목이 되어 포(包)를 만든다고 하는데, 손화중의 시신[18]은 운구(運柩)를 했는가?"라고 하니, 모두 말없이 대답을 하지 못하고 앉아 있었다. 또한 크게 꾸짖어 말씀하시기를, "두목의 시신도 어느 곳에 있는지 모르고 두목이 되겠다고 하니 모두 무례한 얘기들이다. 바로 내려가서 손화중의 시신을 운구하여 매장한다면 천사(天師)가 감응한 덕(德)으로 접(接)안의 일은 자연스럽게 크게 드러날 것이다. 김아무개와 함께 내려가라"고 하시었다. 그래서 바로 함께 내려갔다.

정유년(丁酉年, 1897) 2월에 내려가서 각 처에 포교(布教)하여 날로 더욱 퍼졌다. 3월에 화항(火項) 이철우의 집에 올라가니 해월선생님은 이천(伊川) 앵선동(鶯先洞)으로 옮기시고 구암 어른도 이천 보통리(保通里)로 이사를 하셨다. 이덕현(李德賢)의 하는 말에, "다른 사람은 알지 못하게 하라"고 하였고, 선생님이 하신 분부에, "낙철이 올라오거든 몰래 오게 하라"고 하셨기 때문에 덕현에게 교의 체지(帖紙)[19] 7,000여장을 지워 보통리 구암 어른의 집에 갔더니 주인 권성좌(權聖佐)가 앉아있었다. 밤을 이용하여 앵선동으로 가서 해월선생님을 뵈었더니, 선생님께서는 "믿을 신(信)자를 풀어 보면 사람의

---

18 손화중의 시신: 서울에서 재판을 받고 교수형을 당한 5대 지도자의 시체는 효수를 하는 등 버려졌는데 김덕명만은 가족의 주선으로 시신을 찾아 안장했다. 손화중은 시신을 거두지 못해 고향 정읍에 가묘를 만들었다.
19 교의 체지(帖紙): 보통 첩지로 잘못 읽는다. 교단조직의 사령장. 동학농민전쟁 이후 최시형은 경기도 강원도 등지로 잠행하면서 조직 확대에 나섰다. 그리하여 많은 임명장을 발행했다.

말이라는 뜻이니 사람의 말 가운데는 옳고 그름이 있는 것을, 그 중에서 옳은 말은 취하고 그른 말은 버리어 거듭 생각하여 마음을 정하라. 한번 작정한 뒤에는 다른 말을 믿지 않는 것이 믿음이다"는 글귀를 간간히 외우고 계셨다. 물러나서 보통리 구암 어른의 집에 머물며, 간간히 선생님을 찾아뵙고 분부를 받들어 교첩(教帖)을 내었다. 4월 5일은 제세(濟世, 최제우)님이 도(道)를 깨우친 날이었다. 해월선생님께서 새벽녘에 분부하시기를, "이 일은 천추(千秋)동안 바뀌지 않을 법이다. 비록 과실(果實) 한 개라도 노인·소년·어린애·속인(俗人)·고인(雇人, 삯꾼)의 등급을 구분하지 않고 나를 향해 자리를 마련해서 지성(至誠)으로 하늘에 고(告)하되, 1월 1일은 새해의 기운을 각기 받는 법이니 지금부터 진리를 아는 두령은 차차 그것을 실행하라"고 하시고 새로 향아설위법(向我設位法)[20]을 마련하셨다.

각 도(道)의 도접주(都接主)와 수접주(首接主)를 새로 정했는데, 나를 전라도 수접주로 임명하셨다. 그 후에 포교를 하러 내려가서 각 접을 순회할 때에 구암 어른의 편지가 도착하였다. 김학종(金學鍾)이 선생님께 아뢰기를, "구암이 낙철에게 8월 절일(節日)의 찬문(饌文)[21]을 바로 거두어 올려 보내라는 편지를 보냈다"고 하니, 해월선생님께서 크게 화를 내어 구암에게 말씀하시기를, "네가 낙철에게 이러 이러하게 편지를 했는가?"라고 하였다. 그래서 구암이 답변하기를, "다른 일이 아니라 안부편지일 뿐입니다. 낙철이 올라온 뒤에 물어 보십시오"라고 하였다는 말씀을 내가 올라간 뒤에 구암 어른께서 웃으면서 하셨다. 그 뒤 곽기룡(郭騎龍)이 올라와서 편지의 안부 말을 선생님께 말씀을 드렸더니, 선생님께서 마음으로 학종의 무고(誣告)를 그르

---

20 향아설위법(向我設位法): 동학에서는 제사 의식을 간소화하고 제수를 차릴 적에 종래의 위치를 바꾸어 주제자 위치를 중심으로 진설하게 했다. 곧 신위보다 인간 중심의 뜻을 드러내려 한 것이다.
21 찬문(饌文): 제사비용을 마련하기 위한 돈을 가리키는 듯하다.

다고 생각하였다. 그 뒤에 학종이 올라왔는데, 해월선생님께서 크게 꾸짖기를, "이는 교인의 행사(行事)가 아니다. 바로 내려가라"고 하시었다. 김학종은 처음에는 구암어른과 서로 상종(相從)했는데, 의암(義菴)에게 붙어 간사한 짓을 하며 의암을 따라다녔다. 김학종이 내려간 지 몇 달 만에 체증(滯症)으로 죽었다.

7월경에 고부의 주문상(朱文相)이 올라와서 구암 어른의 집에 머물렀다. 해월선생님께서 구암에게 말씀하시기를, "문상은 허황된 얘기로 인심(人心)을 유인하니 바로 내려 보내라"고 하시었다. 구암어른이 와서 은밀히 말씀하시기를, "문상이 수 만명의 두령인데, 만약 그를 버리면 그 아래의 사람들을 어떻게 처리하겠는가"라고 하시고 그대로 두었다. 선생님께서 여러 차례 분부를 하셨으나 참고 말을 하지 않다가 그 뒤에 구암 어른께서 문상에게 말씀하시기를, "내려가서 접(接)을 잘 순회하며 포교하는 것이 가장 좋다"고 하니, 문상이 말없이 대답을 하지 않았다. 나중에 다른 사람에게 말하기를, "만약에 내려가라고 하시면 물에 빠져 죽을 것이다"라고 하였다. 그 뒤에 그는 해월선생님께서 옮기실 때 상주(尙州) 고대(高垈)의 이팔용 집으로 내려가서 병이 들어 죽었다고 한다.

7월경에 손송암(孫松菴)의 처자(妻子)가 앵선동 근처의 마을로 이사를 했는데, 송암 내외(內外)가 선생님 앞에서 따르지 않는 어떤 일이 있어 선생님께서 크게 화를 내고 영구히 쫓아내었다. 9월경에 해월선생님이 구암 어른과 함께 원주(元州) 전거리(全巨里)로 옮기고 아들 1명을 낳았으나 각 처의 두목들이 전혀 알지 못하게 하셨다. 동생인 낙봉(洛鳳)은 선생님을 모시면서 봉의(鳳儀)를 가르치고 있었고, 나는 구암 어른 집에서 머물렀다. 선생님댁이 구암 어른의 집과 울타리를 사이에 두고 있어 울타리를 통해 왕래하며 선생님을 모셨다. 선생님께서 봉의의 머리를 쓰다듬으시며 말씀하시기를, "네가 인제 단발(斷髮)을 하겠구나. 나야 단발할 것이 무엇 있나"라고 하시면서 "이후로는 갓과 망건이 모두 없어지리라"고 하셨다.

낙봉이 정유년(丁酉年) 설을 쇠러 본가로 내려갈 때에 곽기룡이 올라와서 함께 내려갔다. 그 때에 조정중(趙正重)이 올라왔는데, 채독증(菜毒症)[22]때문에 거의 죽을 지경이 되었다. 선생님께서 낙봉에게 말씀하시기를, "선약(仙藥)을 쓰라"하여, 낙봉이 선약을 먹였더니 바로 효과가 있었으나 몇 시간이 아니 되어 다시 죽을 지경이 되면 선약을 먹여 바로 효과가 있었다. 여러 차례 반복을 하며 겨우 내려갔다.

그 때에 홍정삼(洪正三)과 김은우(金銀雨)가 구암어른에게 십전대보탕(十全大補湯) 2제(劑)를 지어보냈는데, 구암 어른께서 낙봉과 함께 1제씩 먹으려고 하셨다. 낙봉이 이 일을 해월선생님께 말씀을 드렸더니, 선생님께서 말씀하시기를, "허락한다"라고 하셨다. 그래서 낙봉이 이 약을 연(研)에다가 여러 날 동안 갈았다. 선생님께서 직접 살펴보시고 명(命)하시기를, "깨끗하게 하라"고 여러 차례 분부를 하셨다. 며칠 뒤에 꿀물을 섞어 약을 만들 때에 낙봉에게 분부하기를, "네가 어찌하여 약을 먹으며 구암이 어찌하여 약을 복용하는가? 바로 구암을 불러오라"고 하셨다. 구암이 오니, 선생님께서 크게 화를 내며 말씀하시를, "너와 낙봉이 어찌하여 약을 먹는가? 홍정삼과 김은우의 관내(管內)는 모두 약을 먹느냐? 모두 버리라"고 하였다. 좌우에서 모시는 사람들이 황송함을 견디지 못하고 이 약을 모두 버렸다.

12월경에 선생님께서 이질(痢疾) 증세로 자리에 누우셨는데, 송암(松菴)이 어느 날 소 2마리를 사서 임정국(林正國)의 집에 도착하였다. 정국이 와서 말하기를, "송암이 제 집에 왔는데, 어떻게 조치해야 합니까"라고 하니, 구암

---

22 채독증(菜毒症): 십이지장충에 감염되어 생기는 증상을 말한다.

어른께서 장석(丈席)께 그것을 아뢰었다. 선생님께서 말씀하시기를, "내버려두고 말하지 말라"고 하였다. 물러나서 한참이 지난 뒤에 다시 아뢰기를, "불러서 꾸짖으시고 마음을 풀어버리십시오"라고 하였더니, 선생님께서 다시 말씀하시기를, "너희가 나를 이 병중에서 바로 옮아가게 하려는가? 만약 손천민(孫天民)이 온다면 나는 바로 길을 떠날 것이다"라고 하였다. 구암 어른이 다시 말없이 물러나서 말하기를, "만약 송암이 선생님께서 이곳에 계신 것을 알고 왔다면 내일 머무르겠지만, 만약 알지 못하고 왔다면 내일 아침에 길을 떠날 것이다. 내버려두고 그 동정(動靜)을 살펴보라"고 하였더니 정말로 새벽녘에 소를 끌고 가버렸다.

정유년(丁酉年) 12월경 선생님께서 분부하시기를, "꿩을 사가지고 와서 낙철 형제에게 1마리씩 먹게 하라"고 하니, 구암 어른이 분부를 받들어 한 마리씩 먹게 하였다. 그 때에 곽기룡이 올라와서 동생 낙봉은 설을 쇠러 기룡과 함께 본가로 내려가고 나는 선생님과 구암 어른을 모시고 설을 쇠었다. 그러나 뜻밖에 무술년(戊戌年) 1월 4일 이른 아침에 이천(伊川, 利川의 오식)의 권성좌가 병사 20여명을 데리고 원주군(原州郡) 전거리(全巨里)의 구암 어른 집으로 왔다. 구암 어른이 마침 해월선생님을 모시고 계셔서 집에 있지 않았고 나만 방안에 있었다. 병사들이 집을 에워싸고 성좌는 관인(官人) 한 명과 함께 들어와서 말하기를, "최법헌(崔法軒)·손응구(孫應九)·김치구(金致九)는 어디에 있는가"라고 하기에, 대답하기를, "나는 은진(恩津) 사람으로 이곳을 지나다가 5~6일전에 주인 이아무개가 이곳에서 훈학(訓學)을 해달고 해서 애들을 가르치며 있다. 주인의 성(姓)은 이씨로 알고 있고, 최법헌·손응구·김치구는 알지 못한다"고 하였다. 성좌가 별다른 말은 하지 않고, 거처를 가르쳐달라고 하기에, "최법헌과 손응구는 지금 처음 들었고, 주인 이씨는 그저께 성묘를 하러 광주(廣州)로 갔다"고 하였다. 성좌가 말하기를,

"허기와 갈증이 심해서 죽을 지경이니 김치 1그릇과 냉수 1그릇을 달라"고 하기에, 안방에 들어갔더니 사모님께서 안색이 죽을 지경처럼 변해있었다. 그래서 은밀히 말하기를, "만약 안색이 변하면 저 병사들이 안색을 보고 의심을 할 것입니다. 안심하고 편하게 지나시면 이 사람이 무사하게 지켜드리겠습니다"라고 하였더니 안색이 조금 풀어지셨다. 김치와 물을 내어주니 순식간에 모두 달게 먹어버리고 병사를 데리고 다른 곳으로 갔다.

그 때 문밖에 큰 길이 있어 바로 피하고 싶었으나 다시 생각해보니 만약 내가 피해 가버리고 저들이 다시 와서 선생님과 구암 및 의암, 그리고 여러 사람들이 모두 잡혀간다면 도가 없어질 것이었다. 다시 생각해서 마음을 정하였다. 나라를 위해 죽는 신하와 선생을 위해 죽는 제자가 마찬가지이다 생각하고 죽기로 마음을 먹고 몰래 선생님께 갔더니, 다른 사람은 모두 피해서 가버리고 모시고 있던 사람들은 김구암(金龜庵)·손의암(孫義菴)·손응삼(孫應三)이었다. 응삼이 선생님께 아뢰기를, "불이 발등 위에 떨어졌으니 바로 몸을 피하는 것이 옳습니다"라고 하니, 구암어른께서 말씀하시기를, "하늘이 이런 운수를 내었는데, 이곳에서 어찌 죽게 하겠는가? 사지(死地)에 빠졌다가 살아난다는 것이 이를 두고 말함이다"라고 하고, 다시 말씀을 하시기를, "사방의 산위에 수색하는 사람이 마치 꿩을 사냥하는 사람들처럼 줄지어 서있는데 이렇게 병중의 선생님을 모시고 가다가 잡힌다면 더욱 남들의 수치를 면하지 못할 것이다. 천명(天命)을 기다리는 것이 옳다"고 하였다. 그랬더니 선생님께서 말씀하시기를, "좋다"고 하였다. 그 때 내가 선생님께 아뢰기를, "성좌(聖佐)가 아까 이렇게 저렇게 하다가 갔는데, 반드시 다시 올 것 같습니다. 문하생(門下生)이 만약 피하고 없으면 위 아랫집을 병사들과 함께 수색할 터인데 이 일을 어찌해야 합니까? 문하생이 내려가서 방에 있다가 그들이 오기를 기다렸다가 잡혀갈 계획이니 이것을 헤아려주시고 걱정하지 마십시오"라고 하니, 선생님께서 말씀하시기를, "너의 마음이 정말로 그렇다면 그렇게 하라"고 하셨다. 그리하여 구암어른의 집에 내려가서 이자선(李子先)을 불러다가 풍안(風眼, 바람과 티끌을 막으려고 쓰는 안경)과 필낭(筆囊, 붓을 넣어 차고 다니는 주머니)을 주며 말하기를, "몰래 보관해두라"고 하였다. 자선이 정신을 차리지 못하고 풍안과 필낭을 도로 주기에 받아서 자리아래 넣어두고 혼자 앉아 있었다.

정말로 2~3시경에 성좌(聖佐)가 병사를 데리고 들어와 수갑(手匣, 쇠고랑)을 채우려고 하였다. 여러 차례 변명을 했으나 성좌가 이미 병사들과 밀약(密約)을 한 일이어서 어찌 할 수가 없었다. 이렇게 따져 물을 때에 병사들이 아래윗집을 수색하다가 병사 1명이 와서 말하기를, "윗집 노인은 어떤 사람인가"라고 묻기에, 대답하기를, "나는 알지 못하는데, 윗집은 광주(廣州)에서 이사온 이생원(李生員)이라고 하고 노인은 그저께 광주에서 와서 병들어 누워있다고 들었습니다"라고 하였다. 병사가 말하기를, "어떤 노인이 정말로 병들어 누워있고, 윗집은 서울의 사대부이다"라고 하였다. 다시 병사 몇 명이 구암어른 집의 방안 가산(家産) 등을 모두 빼앗아가려고 하기에, 내가 크게 화를 내어 꾸짖기를, "너희들이 아이들을 가르치는 죄 없는 사람을 이렇게 하고, 가산을 훔치려고 하니 진실로 도적놈들이다"라고 하였다. 늙은 병사 한 명이 그것을 금지할 때에 병사 1명이 말하기를, "윗집에 있는 사람을 데리고 내려오라"고 하였다. 구암과 의암이 내려와서 방에 들어오니 병사가 성좌에게 말하기를, "저 사람을 아는가"라고 하니, 그가 대답하기를, "나는 알지 못하고 저 김낙철은 알고 있을 터이니 김낙철에게 물어보라"고 하였다. 바로 수갑을 채우려고 할 때에 내가 크게 화를 내며 말하기를, "너희들은 죄없는 사람을 이렇게 하니 바로 가서 재판을 하자"고 하였다. 병사들을 크게 꾸짖을 때에 병사가 구암과 의암을 가리키며 말하기를, "다른 사람은 상관없으니 바로 올라가라"고 하므로 바로 올라갔다.

　나는 선생을 위해 죽을 마음이었기 때문에 어찌 슬픈 마음이 있었겠는가? 의기가 등등(騰騰)하여 병사를 재촉해서 여주군에 잡혀가 갇히게 되었다. 다음날에 이천읍(伊川邑)으로 압송되어 갈 때에 중도에서 성좌에게 부탁하여 말하기를, "너도 네 목숨을 보전하는 일로 어쩔 수 없는 일이다. 나는 우리 형제가 갑오년경에 서울로 잡혀가서 우리나라의 관리와 외국의 병사 및 관리들이 우리 형제의 자(字)와 이름을 모두 알고 있다. 나의 자와 이름을 바꿔서, 조사 받을 때 자는 여형(汝衡)이요 이름은 영진(永鎭)이라고 답변을 할 것이니, 너도 그들이 물어보거든 그대로 대답하면 너도 무사하고 나도 무사할 것이다. 이렇게 저렇게 하라"고 하였다. 어느덧 이천읍에 도착을 하니, 옥사장(獄使長)이 두루마기와 허리띠, 가지고 있던 물건을 모두 빼앗고 옥에 가두었다. 한참 뒤에 관정(官庭)에 압송해서 물어보기를, "최아무개·김아무개·손아무개는 어디 있느냐"라고 하기에, 대답하기를, "저는 아이를 가르치는 사람으로 이아무개 집에 있다가 무슨 일인지 모르고 잡혀왔습니다. 최아무개·김아무개·손아무개는 전혀 모릅니다"라고 하였다. 형구(刑具)로 여러차례 악형(惡刑)을 가했으나 처음부터 끝까지 한결같았는데, 한참 뒤에 다시 성좌를 법정에 잡아와서 형벌을 가할 때에 성좌가 고하여 말하기를, "저 놈이 중도에서 말하기를, '자신의 본래 자와 이름은 이러 이러 한데, 자와 이름을 바꿔서 이러 저러 하자'고 했습니다"하고 하고는 또 횡설수설을 하며 "저 놈이 최아무개이고 김아무개입니다"라고 하였다. 한참 뒤에 그를 물러가게 하고 다시 나를 중형(重刑)으로 조사할 때에도 역시 승복하지를 아니하였으나 악형을 견디지 못하여 정신을 잃고 죽었다가 한참 뒤에 깨어났다. 다시 조사를 할 때에 "생(生)이 배고픔과 갈증이 매우 심하여 정신이 없어 말을 할 수가 없다"고 하니 술 한 그릇과 국수 한 그릇을 주었다. 그래서 모두 먹은 뒤에 다시 여러 차례 악형을 가하였다. 모진 고문을 참지 못해 정신을 차리지 못하고 죽었다가 저물녘에 갑자기 정신이 나서 보았더니 고랑(錮銀, 쇠고랑)으로 나의 다리 1쪽과 성좌의 다리 1쪽을 함께 묶어놓고 있었다. 성좌가 말하기를, "세상에 몸밖에 만물이 없는데, 한번 죽은 뒤에 쓸 곳이 어디에 있겠는가? 최아무개·김아무개·손아무개를 잡아서 바칠 것을 기약하고 빨리 풀려나는 것이 가장 좋다"고 하기에, 대답하기를, "일은 당연하지만 나는 타도(他道) 타향(他鄕)에서 고독한 홀몸인데 어찌 하겠는가? 그대는 이곳에 부모형제와 친척이 많으니 널리 찾아보는 것이 좋을 듯 하다"고 하였다. 그가 대답하기를, "어머니와 형제가 지금 각처에서 찾고 있는 중이다"라고 하였다.

며칠 뒤에 장방청(將房廳)에 갇혔는데, 이상옥(李相玉, 이용구)·신택우(申澤雨)·전정읍(全井邑)이 갇혀있었다. 갇혀 있은 지 며칠 뒤 5명을 서울로 압송해서 경무청(警務廳)에 가두었다. 하루는 경무관이 4명을 조사하고, 나는 유독 경무사(警務使)[23]가 저물녘에 하방(下房)으로 불렀다. 수 만명의 이름을 베껴 적은 명록(名錄) 5권을 자리 앞에 늘어놓고서 한 권 맨앞의 김낙철이라고 하고 형구(刑具)를 대청(大廳)에 늘어놓으며 긴 칼을 들어 말하기를, "이 이름은 누구인가? 최아무개·김아무개·손아무개는 어느 곳에 있는가? 만약 알려주지 않으면 이 칼로 바로 베어버리겠다"라고 하였다. 크게 화를 내며 악형을 가하기에 조금이나마 늦춘다면 바로 알려주겠다고 하니 조금 풀어주었는데, 횡설수설하니까 다시 모진 고문을 하였다. 연이어 모진 고문을 하는 사이에 새벽녘에 이르러 괴로움을 견디지 못하고 영영 죽은 줄 알았는데 갑자기 정신이 나서 눈을 뜨고 보았더니 발은 족쇄에 묶여있었다.

---

23 경무청(警務廳)과 경무사(警務使): 1894년 갑오개혁 당시 경찰업무를 개편했는데 종래의 포도청을 경무청, 포도대장을 경무사로 개칭하고 도마다 지역 경무국장을 두었다.

다음날 경무관(警務官)이 다시 불렀는데, 걸어서 가지 못하고 손과 발로 기어서 갔다. 경무관이 다시 조사를 하기에 죽을 마음을 먹고 횡설수설로 대답을 하니 경무관이 어쩔 수 없이 대답을 받아 적고 다시 가두었다. 하루는 최영구(崔榮九)가 밥상을 들여오다가 순사(巡査)가 뒤따르자 바로 도망했다고 하였다. 며칠 뒤에 감옥소에 갇혔다. 하루는 동생 낙봉이 김일서(金一瑞)와 함께 올라와서 몇 냥씩의 돈을 탕 그릇 안에 넣어 5명에게 들여보내기를 간간히 하였다. 어느때에 경기관찰도(京畿觀察道)²⁴를 수원군(水原郡)으로 옮겼는데, 그 때의 감사는 김병덕(金炳悳)이었다. 김병덕은 대신(大臣) 권중현(權重顯)씨의 문인(門人)이어서 중현씨가 병덕에게 부탁하여 죄인 5명을 수원군으로 옮겨 가두게 하였다. 동생이 일서(一瑞)와 함께 수원성 남문밖에 머무르며 5명의 아침저녁밥을 계속 보냈고, 각 처의 교우(敎友)들은 힘을 다해 돈을 모아 보내왔다.

어느덧 몇 달이 지나 5월경에 이상옥·신택우·전정읍·권성좌는 풀려나고, 유독 나만 돈이 많은 사람이라고 해서 다시 가두었다. 7월 13일에 풀려나서 감옥을 나왔다. 그러나 송경인(宋敬仁)이 병사와 송겸수(宋兼洙)를 데리고 가서 해월선생님이 모처(某處)에서 4월 5일에 잡혀 서울 감옥소에 갇혔다가 6월 2일에 처형되셨다는 소식을 듣고, 하늘과 땅을 구분하지 못하고 정신을 수습할 수가 없었다. 한참 만에 정신을 차려 겨우 수원의 남문(南門) 위에 오르니 사방을 둘러보아도 사람이 없었다. 봉두난발(蓬頭亂髮, 쑥대머리처럼 헝클어진 머리)로 북쪽을 향해 사배(四拜)를 하고 마음으로 곡(哭)을 한 뒤에 내려갔다. 그 때에 장맛비가 며칠 동안 내려 들판에 물이 가득하였다. 바로 서울로 올라가려고 할 때에 홍정삼(洪正三)이 서울에서 와서 말하기를,

---

24 경기관찰도(京畿觀察道): 관찰도는 관찰부의 오류이다. 1896년 지방제도를 개편하고 전국을 13도로 나누고 각기 관찰부를 두었다. 경기도 관찰부는 수원에 두었다.

"선생님의 시신은 어느 곳에 운구(運柩)했는지 모르고, 3암(三菴, 구암·송암·의암)도 어디에 계신지 모르니 올라가서는 아니 된다"고 하였다. 그래서 동생·사촌동생·김일서와 함께 고향으로 갈 때에 중도에서 이일호(李日顥)를 만났는데, "지금부터 상종(相從)하자"라고 하였다. 하루는 주점(酒店)에 매달린 자라 4마리를 사서 물에 풀어주니 그 뜻이 양양(洋洋)해서 떠나갔다. 차차 은진(恩津)의 남산리(南山里) 손필규(孫弼奎) 집에 이르러 손광수(孫光洙)와 환규(煥奎) 등 여러 사람들과 처음으로 상종(相從)하였다. 며칠 만에 본가에 도착하니 한편으로 기쁘고 다른 한편으로 슬픈 마음을 이루 말할 수가 없었다. 차차 들어보니 각 접내 아무 아무개 씨의 그 사이 걱정스런 일과 처자가 상심한 일을 어찌 다 말로 하겠는가? 사촌동생 낙정이 엽전(葉錢) 130냥을 가지고 2월경에 이천의 권성좌의 집에 가서 성좌의 동생을 만나 소식을 물었는데, 그가 대답하기를, "지금 서울에 가서 넣어드릴 터이니 돈을 두고 내려가고 빨리 다시 더 거두어 보내라"고 했으나 그 뒤 1푼도 주지 않고 먹어버렸으니, 세상에 어찌 이처럼 무례한 큰 도적이 있겠는가?

그 뒤에 소식을 차차 알아보니, 해월선생님이 돌아가신 뒤에 쓸모가 없다고 생각하여 반신반의(半信半疑)해서 도(道)를 저버리는 자가 태반(太半)이었다. 각 처의 교인에게 더욱 도를 권장하여 말하기를, "옛날부터 대인(大人)의 일은, 몸은 죽어도 죽은 것이 아니고 성령(性靈)이 죽어야 죽는 것이다. 옛날부터 성현(聖賢)의 일을 생각해보라. 요(堯)임금·순(舜)임금·공자·맹자로 말한다면 몇 천 년 몇 백년 동안 육신이 살아있어서 각 도(道)와 각 읍(邑)의 문묘(文廟)에 배향(配享)을 하는가? 성령과 도덕(道德) 때문에 배향을 하는가? 대선생님(大先生主)으로 말한다면 세상 사람들은 우리의 천황씨(天皇氏)라고 한다. 육신이 몇 만 년 동안 살아야 천황씨가 되는가? 그렇지가 않다. 몸은 비록 죽더라도 영(靈)이 천황씨가 되어 창생(蒼生)을 보호하는 것이 이것이다. 해월선생님으로 말한다면 천황씨가 있는데, 어찌 지황씨(地皇氏)가 없겠는가? 몸은 비록 죽더라도 영이 지황씨가 되어 창생을 보호하는 것이 이것이다. 우리들로 말하더라도 영세(永世)동안 잊지 않고 지극한 정성으로 도를 닦으면 몸은 비록 죽더라도 성령(性靈)과 도덕으로 5만년 동안 끝없이 전해지는데, 이것이 장생(長生)이다"라고 하니, 반신반의(半信半疑)하던 자가 차차 마음으로 깨달아 상종을 해서 포교가 나날이 더해졌다.

하루는 동생 낙봉과 상의하기를, "대선생님에게 식고(食告)[25]를 하고, 해월선생님에게 식고가 없는 것은 제자의 도리가 아니다. 대선생님은 천황씨이고 해월선생님은 지황씨이다. 하늘과 땅이 하나이고 영(靈)도 하나인데, 어찌 식고의 이치가 없겠는가"라고 하니, 낙봉이 말하기를, "그렇습니다"라고 하였다. 그래서 8월 12일부터 시작하여 식고례(食告禮)를 널리 행하였다.

널리 3암(三菴)의 소식을 알아보았더니, 의암과 구암께서 말씀하시기를, "지금부터는 각처의 교인을 막론하고 한 사람도 보지 않고 숨어있겠다"고 하셨기 때문에 어떤 사람이더라도 보지 못했다고 하였다. 그런데 9월경에 이철우(李哲雨)씨가 구암어른을 대신하여 편지를 해서 은밀히 통보하기를, "9월 9일에 상주(尙州)의 고대(高垈)에서 몰래 도착하여 쌓인 울적한 마음을 풀고 싶다"고 하였다. 그래서 동생 낙봉과 김일서(金一瑞)·곽기룡(郭騎龍)·한명준(韓明俊)과 함께 상주 고대의 이팔용(李八用)집에 갔더니, 한참 뒤에 구암어른께서 이철우와 함께 오셨다. 그 때에 강건회(姜健會)가 마침 도착하여 송아무개의 집에 가서 해월선생님이 형(刑)을 받은 일과 도중(道中)의 일을 서로 말하는데 하늘과 땅이 참담하였다. 강건회가 구암어른을 마주하여 연죽(烟竹)을 함께하며 말하기를, "이 운(運)은 선생님이 떠나가셔서 도(道)에 주

---

25 식고(食告): 천도교에서 식사를 하기 전에 한울님에게 고하는 것을 말한다. 때로 최제우와 최시형에게 감사를 드리기도 했다.

장이 없다. 누구를 주장이라 하겠는가? 아무아무도 주장을 하면 주장이 될 수가 있다"고 하고, 스스로 명암(明菴)이라고 하니, 구암어른께서 "그렇다"고 하셨다. 그러니 그 불경(不敬)스러움은 눈으로 차마 볼 수가 없었다.

구암어른께서 풍안(風眼)을 벗어 나에게 주시면서 말씀을 하시기를, "여중(汝仲)의 풍안을 어쩔 수 없이 팔아 썼으니 내 풍안을 쓰라"고 하시며 주시기에, 그것을 받고 말씀을 드리기를, "팔거나 사는 것은 일상적인 일인데, 팔아서 썼다고 이렇게 주시니 황송함을 견딜 수가 없습니다"라고 하고, 돌려드렸더니 말없이 받으셨다. 다시 아뢰기를, "저의 얕은 생각으로 하늘과 땅은 하나이고 영(靈)도 하나인데, 어찌 대선생님에게는 식고(食告)를 하고 해월선생님에게는 식고를 하지 않습니까? 마음에 온당하지 않으므로 미리 말씀을 드리지 못하고 해월선생님에게 식고를 하였습니다"라고 하니 구암어른께서 말씀이 없으셨다.

철우가 은밀히 말하기를, "의암과 송암이 구암에게는, '각 처의 교인을 한 사람도 만나지말자'고 하고서는 각 처에 몰래 통보하여 혼자 만나고 구암만 알지 못하게 하니, 세상에 어찌 이런 인심이 있는가"라고 하였다. 그리고 구암어른이 지목(指目)을 피해 홍천 등지의 주점(酒店) 상방(上房, 주인이 거처하는 방)에 숨어 있다가 근래에 홍천 후곡(後谷)에 집 한 채를 얻어 사시니 한번 함께 가자고 하였다. 다음날 이른 아침에 몇 사람은 내려가고 구암어른께서 차차 가시고, 나는 이철우씨와 함께 짝을 지어 홍천 후곡으로 가기 위해 사무아취 오치순(吳治順)의 집에 머물다가 다음날 저물 때를 이용하여 후곡의 구암어른 집에 갔다. 며칠을 머물다가 내려와서 차차 널리 포교를 하였다. 그 뒤로 동생 낙봉·김인규·김일서·전장섭(全章燮)과 함께 짝을 이뤄 왕래하기를 어느덧 기해년(己亥年)이 되었다.

차차 왕래를 했는데, 12월경에 물건을 바치려고 갈 때에 김인규와 짝을 이뤘다. 눈이 산처럼 쌓이고 빙판길이어서 발을 떼기가 어려웠다. 인규가 오태운(吳泰云)의 문앞에서 엎어져 한쪽 발의 뼈가 어긋나서 걷기가 매우 어려웠기 때문에 오태운의 집에서 치료를 하였다. 며칠 만에 겨우 걷기 시작하여 후곡(後谷)에 갔다가 인규는 며칠 만에 내려가고 나만 머물렀는데, 구암어른께서 지난번에 나의 풍안(風眼)을 팔아 썼다고 하시더니 도로 주시었다. 그것을 받고 생각해보니, 결코 팔아서 쓴 것이 아니라 내 심지(心志)를 알아보려고 하셨던 것이다.

하루는 연상(硯床)안에 한 권의 책이 있어 들춰보다가 책속에서 쪽지 하나가 있어 보니, '하몽훈도전발은수심훈도전발은(荷蒙薰陶傳鉢恩守心薰陶傳鉢恩) 병신년(丙申年) 정월(正月) 11일 정오'라고 쓰여 있었다. 그래서 구암어른에게 말씀을 드렸더니, 대답하시기를, "해월선생님께서 병신년 1월 11일 정오에 송암(松菴)을 불러 써서 주시며 '천추(千秋)동안 바뀌지 않을 법이다'라고 하셨다"고 하였다. 하루는 구암어른께서 나에게 말씀하시기를, "예전에 해월선생님이 분부하기를 '뒤에 1차례 설법(設法)하고 치성(致誠)을 드릴 때에 엽전 10,000냥을 쓰되 1푼도 남기지 말고 모두 쓰라'고 하시고, 제관(祭官) 36명을 적어서 보여주시고 바로 불태우셨다"고 하였다. 해월선생님이 돌아가신 뒤에 구암어른을 마음에 선생으로 정하고 동생 낙봉과 전장섭 및 김일서와 함께 계속 옆에서 모셨다.

어느덧 경자년(庚子年, 1900)이 되어 구암어른은 연기(燕岐)의 보통리(洑通里)로 이사를 가시고, 의암어른은 해월선생님의 사모님을 모시고 면천군(沔川郡)에서 정산군(定山郡) 등지로 옮기셨다. 3월경에 하루는 동생과 함께 구암선생님을 모시고 해월선생님의 영전(靈前)에 조문(弔問)을 하러 정산의 의암 댁에 가서 선생님의 영전에 조문을 하고 사모님을 뵈었다. 선생님이 돌아가신 뒤에 해월선생님의 도장(圖章)을 구암어른에게 전수하였는데, 의암이 말하기를, "사람이 죽고 나서 3년까지는 살아있는 것과 마찬가지이니 도장을 영전에 두는 것이 옳다"고 하니, 구암어른이 그렇게 여기고 그것을 주었다. 그 뒤 의암이 내가 선생님의 영위(靈位)를 모시니 도(道)의 종가(宗家)라고 하고 체문(帖文)을 내어주며 말하기를, "3년 안에는 살아계신 것과 같은 예(禮)이니 선생님의 도장을 사용한다"고 하였다. 그 때에 평안도의 이두횡(李斗橫)이 와서 체문을 내게 되어 밤을 이용하여 동생 낙봉 및 엄주동(嚴柱東)과 함께 체문을 쓰다가 주동이 마침 밖에 나가게 되었다. 동생에게 말하기를, "운수(運數)와 달덕(達德, 덕이 높은 사람)을 따를 것이니, 교의 체지(帖紙) 몇 장만을 내는 것이 옳다"고 하니, 동생이 "별 말씀 마십시오"하고 더 말하지 않았다. 그런데 의암(義菴)이 아랫방에서 그것을 듣고 이병춘(李炳春)에게 말하기를, "내가 김아무개 형제를 이곳에 있게 할 것이다"하고 체지를 많이 내었다. 며칠 뒤 지목(指目)이 크게 일어나서 여산(礪山) 죽림동(竹林洞)의 고(高) 아무개가 체포되어 죽었고, 김도병(金道柄) · 유숙(柳璹) · 이철우(李哲雨) 등 10여 명이 잡혀서 옥에 갇혔다. 그 뒤에 의암이 말하기를, "사람의 힘으로 미칠 수 있는 것이 아니고 하늘의 운수다"라고 하였다.

그 후에 본가에서 계속 구암어른의 집을 왕래하였다. 5월경에 해월선생님의 대상(大祥)을 치르려고 동생 낙봉 · 곽기룡 · 김일서 · 전장섭과 함께 구암어른을 모시고 연기(燕岐)의 작은집으로부터 정산군(定山郡)의 신택우 집에 가서 머물렀으나, 동생 낙봉과 김일서 · 곽기룡 · 전장섭은 심기(心氣)가 맞지 않아 중도에서 내려갔다. 5월 그믐날에 구암어른을 모시고 큰사모님 댁으로 가는데, 중도에 구암어른께서 말씀을 하시기를, "우연히 한 귀절이 생각나서 썼다"고 하시고, 말씀을 하시기를, "해와 달 같은 성령(聖靈)은 억만년이 지나도 변하지 않고, 춘추(春秋)의 예의는 고금(古今)으로부터의 폄론(貶論)이다"라고 하였다. 어느덧 도착하여 해월선생님의 영위(靈位)와 큰사모님 앞에 가서 뵙고 머물렀다. 6월 1일에 해월선생님의 향례(享禮)를 향아설위례(向我設位禮)로 지낸 뒤에 의암과 송암이 구암어른에게 말하기를, "봄 사이에 천민(天民, 손천민) 및 박인호(朴寅浩)와 함께 이종구(李鐘九)의 집에 가서 설법을 하고 제향을 지낼 때에 오기를 청했는데, 어찌 오시지 않으셨습니까"라고 하고, "해월선생이 '나중에 성경신법(誠敬信法)의 4도주(四道主)²⁶가 있다'고 하셨는데, 오늘 사도주와 5편의장(五偏義長, 偏은 便의 오식)을 정하자고 나는 법도주(法道主)로 하자"고 하였다. 송암은 말하기를, "나에게 해월선생이 성자(誠字)로 하라고 했다"고 하였다. 또 송암이 경자(敬字)로 할까 하니, 의암이 말하기를, "아니다. 구암은 신자(信字)로 하고, 박인호는 경자(敬字)로 하고 호(號)는 춘암(春庵)이다"라고 하니, 구암어른은 묵묵히 말이 없으셨다. 한참 뒤에 의암이 말하기를, "5편의장(五便義長)을 정하되 일개 도를 맡기는 것이 아니라 8역(八域)을 통괄하는 편의장이니 이름 하나를 말하라"고 하였다. 구암어른이 말씀하시기를, "김낙철로 하자"고 하였다. 그랬더니 의암이 5명의 이름을 이미 써놓았다가 내어주면서 생각이 같다고 하며 체지를 내어주어 각각 받았다. 예전에 해월선생님께서 계사년(癸巳年) 11월경에 '구암(龜菴)'이라는 호를 주실 때에 분부하시기를, "용담수류사해원(龍潭水流四海源, 용담의 물은 사해의 근원이다), 구악춘회일세화(龜岳春回一世花, 구악에 봄이 돌아오니 온세상이 꽃이다)"라고 하셨고, 병신년(丙申年) 1월 11일 정오에 전수하신 "하몽훈도전발은(荷蒙薰陶傳鉢恩) 수심훈도전발은(守心薰陶傳鉢恩)"이라는 글이 여기에 분명한데, 의암이 송암 및 춘암과 함께 비밀 계략을 만들어내어 말하기를, "정유년(丁酉年) 11월 경에 선생님 댁에 갔더니 선생님이 병중에서 분

---

26 4도주(四道主): 김연국 손천민 손병희 박인호 등 네 지도자를 동학의 도주로 삼아 후계를 잇게 한 것. 뒤에 김연국은 시천교, 손병희와 박인호는 천도교의 교주가 되었으나 손천민은 최시형을 반대하고 나갔다.

부하시기를, '앞의 3년은 이렇게 이렇게 하고 뒤의 3년은 이렇게 이렇게 하라. 또한 너희 3사람이 한마음으로 하되 주장은 네가 하라'고 하셨다"고 하며 자신이 주장을 하겠다고 하고, 또한 송암은 정유년(丁酉年) 8월경에 해월 선생님께서 영원히 쫓아내셨는데, 이렇게 무례한 비밀계획을 만들어 내니 하늘이 어찌 두렵지 않은가? 이때문에 심기가 불편하여 여러차례 체지를 물렸으나 의암과 여러 형(兄)들이 여러번 권면했기 때문에 어쩔수 없이 받았다. 다시 몰래 구암어른에게 말씀을 드렸더니 여러모로 타이르시므로 어쩔수 없이 물러나지 못하고 말없이 앉아있었는데, 의암이 말하기를, "7월 어느날에 설법을 하고 제향(祭享)을 지낼터이니 망건 9개를 좋은 걸로 사서 가지고 오라"고 하였다.

6월 3일에 김일서(金一瑞)·최명기(崔鳴基)와 함께 구암어른을 모시고 연기(燕岐)의 작은집에 가서 다시 교의 체지를 물리고 아뢰기를, "교의 체지를 당신께서 주장하여 내어주셨다면 어떻게 사양하겠습니까? 이 체지는 받지 않으려고 합니다"라고 하니, 크게 걱정하시면서 말씀을 하시기를, "이 체지는 의암과 내가 내어준 것이 아니다. 하늘과 두 분의 성사(聖師, 최제우와 최시형)가 주신 것인데 어찌 이처럼 함부로 말을 하는가"라고 하셨다. 여러 번 부탁하시기를, "나는 일서(一瑞)와 함께 갈 것이니 바로 내려가서 망건 9개를 사서 빨리 올라가라"고 하셨다. 그래서 어쩔 수 없이 인사를 하고 물러나 내려가서 공주(公州)의 김지택(金知擇)·배성천(裵成天)·박상훈(朴相勳)·손정식(孫貞植)·이종대(李鍾大)·조형원(趙亨元)과 상종(相從)하였다.

7월 7일에 망건(網巾) 9개를 사서 동생 낙봉 및 전장섭(全章燮)과 길을 떠나 며칠 뒤에 홍천 후곡(後谷)의 구암어른집에 도착하였다. 구암어른께서 말씀하시기를, "낙철이 몇 차례 보낸 얼마의 돈을 모두 합하니 토물(土物) 몇 냥중(兩重)이 되었다. 이를 유치하였다가 너를 위해 일서(一瑞)를 서울에 보내

폐백물(幣帛物) 5색(五色) 비단 5필을 사서 두었다. 나가서 목욕하고 와서 보아라"고 하셨다. 그래서 목욕을 하고 그것을 보았더니 매우 상품(上品)이었으나 심기가 저절로 편하지 않았다. 구암어른께서 여러 차례 온갖 방법으로 타이르기를, "이번의 설법치제(設法致祭)는 천지신령(天地神靈)과 두 분의 성사(聖師)에게 정성을 바치는 것이니 조금도 의심을 하지 말라"고 하시었다. 하루는 후원(後園)의 밤나무아래 정자아래에서 몰래 타이르기를, "한마음으로 천지신령에게 정성을 다하여, 두 분이 설법치제(設法致祭)하는 자리에서 심법(心法)을 전수하고 전수받는 것을 알라"고 하셔서 그 분부를 받든 뒤에는 마음이 맑게 갠 하늘과 같았다. 또 다른 하루는 동생 낙봉·김일서·전장섭·최명기(崔鳴基)와 함께 구암어른을 모시고 영남(嶺南) 풍기군(豊基郡) 옛 시장 내 마을의 의암(義菴)댁에 들렀더니, 아무 아무개 교원(敎員)이 기다려서 맞이하였다. 어느 날 밤 예식을 치를 때 제기(祭器) 등의 물건과 예복(禮服) 및 예관(禮冠) 등은 4도주와 5편의장의 범절(凡節)에 전혀 차등이 없고 폐백물로 5색 비단 10필을 사서 가지고 왔다. 나만 5필을 가지고 가서 4도주와 5편의장이 예를 치루고 전수할 때에 나는 구암어른과 함께 몰래 약속한 일이 있어 천지신령과 두 분의 성령(聖靈)앞에 정성을 바치고 심법(心法)을 전수하고 전수받는 예를 치르었는데, 누가 그것을 알겠는가? 마음으로 혼자 기뻐하고 자부할 뿐이었다. 예를 치룬 뒤에 폐백(幣帛)등의 물건을 태우게 하시고 구암어른께서 은밀히 말씀하시기를, "6임(六任)을 골라 정하되 지나치게 한 쪽만을 좋아하거나 싫어하지 말고, 곽기룡과 김은우를 골라 쓰라"고 하시었다. 그 때에 전장섭은 서증(暑症) 때문에 편안하지 않다고 하였다. 4도주는 김구암·손의암·송암·박춘암이었고, 5편의장은 신택우·이종구·김낙철·홍병기(洪秉箕)·이상옥이었다. 6임(六任)을 겸임하여 교장(敎長)은 신택우, 교수(敎授) 이종구, 도집강(都執綱) 손응삼(孫應三), 집강 김낙철, 대정(大正) 홍병기, 중정(中正) 이상옥이었다. 각기 그 뜻을 말하고 써서 제출하였다. 송암·춘암·신택우·이종구·이상옥·홍병기가 구암어른에게 말하기를, "의암선생과 함께 날을 정해 설법제향(設法祭享)을 치르는 것이 옳습니다"라고 하니, 구암어른께서 말씀하시기를, "좋다"고 하시었다. 12월경에 그것을 치루기로 약속하고 각기 헤어졌다.

구암어른께서 우리 형제와 김일서·전장섭·최명기에게 말씀하시기를, "전에 해월선생님께서 분부하시기를, '훗날에 반드시 10,000냥으로 설법제향하는 일이 있을 터이니 이렇게 이렇게 하라'고 하셨는데, 낙철이가 10,000냥을 마련할 수 있겠는가? 그 돈을 마련한다면 겉모습은 이렇게 이렇게 하지만 내용은 이렇게 이렇게 해서 해월선생님의 분부에 부응하라"고 하시었다. 그래서 본가에 와서 여러 친구들에게 전후의 사실을 일일이 설명하였더니, 모두 "좋다"고 하였다. 물러나서 정성을 다해 힘을 모을 때에, 8월경에 서장옥(徐張玉)과 손천민(孫天民)[27]이 청주에서 잡혀 압송되었다는 소식이 들렸고, 각 처에서 지목(指目)이 매우 심하여 그 뒤로는 각 처에 흩어져 한사람도 만나지 못하였다.

12월경에 구암어른이 집을 강원도 양구군(楊口郡) 전월리(全月里)로 옮기실 때에 일서·낙봉·장섭·강건회·최명기와 함께 곁에서 모시었다.

신축년(辛丑年, 1901) 3월 10일에 향례(享禮)를 지낸 뒤에 차례로 찾아왔다. 6월 2일 해월선생님의 향례(享禮)를 지내려고 할 때에 향례문(享禮文)을 김일서에게 주어 대신 보내었다. 뜻밖에 6월 10일에 구암어른의 편지가 김일서

---

27 서장옥(徐張玉)과 손천민(孫天民): 서장옥(徐張玉)은 서장옥(徐章玉)의 오식이다. 손천민의 본명은 사문(思文)이다. 강경파였던 서장옥은 농민전쟁이 실패한 후 최시형과 달리 독자적 노선을 걸었으며 손천민은 손병희의 숙부로 3대 지도자에 들었으나 최시형이 김연국 손병희를 후계자로 꼽자 이에 반대해 떨어져 나갔다. 두 사람은 최시형이 처형된 후 잠행했으나 1900년 9월(양력) 체포되어 교수형에 처해졌다.

의 이름으로 쓰여져 손필규(孫弼奎)에게 도착해서 필규가 바로 전달해 주었다. 그 편지에, "이번 6월 1일에 당신과 김일서·최명기·강건회가 잡혀 8일에 공주에 갇혀있으니 각 접(接)에 은밀히 알리고 몰래 숨어서 주선하라"고하였다. 편지를 다 읽지 못했는데 하늘과 땅을 구분하지 못하고 머리는 마치 기둥에 부딪힌 것 같았다. 바로 각 접에 알리고, 은진군(恩津郡) 남산리(南山里)의 손필규(孫弼奎)의 집으로 길을 떠나 손광수(孫光洙)·환규(煥奎)·필규(弼奎)·유진규(兪鎭奎)·하우현(河禹鉉)·김양식(金陽植)과 서로 의논을 하였다. 그리고 은진군 화지산면(花枝山面) 취암리(鷲岩里)의 임기형(林基衡)씨 집으로 가서 동생 낙봉·전장섭과 함께 숨고 은밀히 탐문해보니, 이민직(李敏稷)은 몇해 전에 동학에 입도(入道)하여 구암어른과 의형제를 맺고 또한 충청도 도도집(都都執)을 지낸 사람인데, 병사를 데리고 양구의 전월리로 가서 이 달 1일구암어른을 체포할 때에 병사들이 총을 당신(當身, 구암어른)의 머리위에 쏘아피가 흐르고 뼈가 드러나서 생사(生死)를 알지 못한다고 하였다. 그 때에 김기태(金基泰)·박희인(朴熙寅) 백씨(伯氏, 큰형)등 10여명이 잡혀서 공주에 갇혔다고 하였다.

하루는 구암어른께서 일서(一瑞)의 이름으로 쓴 편지가 외종(外從) 필규에게 왔는데, 그 편지에, "긴급하게 의논할 일이 있으니 이종(姨從) 박해룡(朴海龍)을 바로 보내라"고 하므로 바로 보냈다. 그랬더니 밀서(密書)를 가지고 돌아와서 말하기를, "저들의 대장 이민직이 구암어른에게 은밀히 며칠 내로돈 몇백원을 주면 바로 풀어주겠다고 했다"고 하므로 토물(土物) 20여개를 박해룡과 이덕련(李德連)에게 주어 보냈다. 그래서 2사람이 공주부에 가서사관(舍館)에 묵고 있었는데, 저 민직이 흉계를 내어 병사를 보내어 토물 20여개를 빼앗고 두 사람을 잡아가두었다고 하였다.

그 때에 각 처에서 주선한 사람은 전라도에 곽기룡·사촌동생 낙정·김창

후(金昌厚)·김인규(金仁奎)·주순범(朱淳凡)·오권선(吳權善)·조중형(趙仲衡)·박기주(朴基柱)·이일호(李日顥)·박노철(朴魯哲)·주인순(朱寅淳)·백영덕(白永德)·엄대영(嚴大永)·전의식(全湜)·김학권(金學權)·주동윤(周東潤)·이종태(李鍾太)·이연상(李煉相)·김상업(金相業)·전방섭(全芳爕)·정난용(鄭蘭容)·정기태(鄭驥兒)·권동섭(權東爕)·김상철(金相哲)이었고, 충청도에는 김지택(金知擇)·박상훈(朴相勳)·배성천(裵成天)·김택정(金澤貞)·김완수(金玩洙)·박봉규(朴鳳奎)·김정의(金正義)·이동규(李東奎)·이창규(李昌奎)·하상하(河相夏)·최덕준(崔德俊)·김창준(金昌駿)·박봉의(朴鳳儀)·남정신(南廷愼)·김생하(金生河)·김용석(金容錫)·손정식(孫貞植)·이종대(李鍾大)·조형원(趙亨元)·이용림(李用林)·손광수(孫光洙)·손필규(孫弼奎)·손환규(孫煥奎)·손정진(孫禎鎭)·조창식(趙昌植)·유진규(兪鎭奎)·송태진(宋泰鎭)·이용태(李容泰)·윤영교(尹榮喬)·길종태(吉鍾泰)·황재호(黃在鎬)·박동하(朴東夏)·김유방(金裕芳)·하우현(河禹鉉)·남중원(南仲元)·김양식(金陽植)·길창만(吉昌滿)·편귀언(片貴彦)·하재홍(河在弘)·김신풍(金愼風)·임기형(林基衡)·진성삼(陳成三)·손제철(孫濟哲)·전대연(田大淵)·이태숙(李泰叔)·김상운(金尙云)·김낙순(金洛舜)·김도숙(金道叔)·김낙도(金洛圖)·김숙현(金淑鉉)·정여진(鄭汝鎭)·임백호(任伯鎬)·최찬식(崔贊植)·안임신(安任神)·한양기(韓良基)·한겸주(韓謙朱·)정학련(鄭學蓮)·이영순(李永淳)·이배식(李培植)·이도중(李道中) 등이었다.

어느덧 알지 못하는 중에 이민직(李敏稷)이 병사들을 충청과 전라도에 널리 보내어 지목(指目)이 크게 일어났다. 엄대영(嚴大永)과 성덕수(成德守) 및 각 처의 두목들이 간간히 체포될 때에 윤일병(尹日炳)과 이민직이 병사 몇 십 명을 데리고 내 집에 들이닥쳤다. 나를 보지 못하자 아내를 총과 칼로 치고 때려서 왼쪽 정강이와 갈비뼈가 부러져 거의 죽을 지경이 되었다고 한다. 며칠 뒤에는 민직이 올라와서 몰래 간계(奸計)를 내어 박해룡(朴海龍)을 유인해 갖옷 입은 차림으로 함께 각처를 다니며 두목을 가리켜 알려달라고 했기 때문

에 해룡이 어쩔 수 없이 함께 고부군 신성리(新成里)의 내 본가로 갔다. 가는
도중 고부의 여백(汝伯)나루를 건널 때에 부끄러움을 견디지 못하고 갑자기
강물에 뛰어들어 거의 죽을 지경이 되었는데, 병사가 물이 솟아오르는 것을
보고 구해내어 겨우 목숨을 건졌다고 하였다. 민직이 병사를 데리고 해룡을
유인해서 해룡이 어쩔 수 없이 나의 본가에 갔으나 내가 집에 없으니까 저
민직과 병사들이 총칼로 내 아내를 차고 때렸는데, 그 광경을 입으로는 말
할 수가 없다. 한참 뒤에 바로 고부(古阜) 거마면(巨麻面) 반월리(半月里)의 동
생 낙봉의 집으로 가서 안방에 들이닥쳐 가산(家産) 등의 물건과 봉상전(捧上
錢)[28] 500여 냥을 모두 빼앗아갔다고 하였다. 민직이 해룡을 유인하여 두목
을 알려달라고 했으나 지금 끝내 모른다고 하고, 며칠 동안 함께 다녔으나
별다른 도움이 없자 해룡을 다시 임실군(任實郡)에 압송하여 가두고 가버렸
다. 해룡의 아내 김씨가 남편의 생사(生死)를 몰라 그 종적을 탐문하다가 어
떤 죄인 한 명을 민직이 임실군에 가두었다는 소식을 듣고 바로 알아보았더
니, 해룡이 굶어 죽을 지경이 되었다고 한다. 그 아내 김씨가 임실군 군수
에게 억울한 사정을 호소하여 풀려나왔다고 하였다.

그 때에 필규는 김일서와 내외종(內外從)사이라고 하고, 여러 차례 공주의
감옥소에 가서 상세히 안부를 탐문하여 왔다. 7월에 김은우(金銀雨)가 취암
(鷲岩)의 임기형(林基衡)씨 댁을 찾아와서 토물 1개를 주고 내려간 뒤에 조득
운(趙得雲)이 올라와서 말하기를, "저번에 김은우가 백목(白木, 무명) 12필을
사서 가지고 올 때에 중도에서 적(賊)을 만나 모두 빼앗기고 거의 죽을 지경
이 되었다가 다시 내려갔다"라고 하고, 다음날 내려갔다. 각처에 왕래한 사
람들은 아무 아무개였다.

---

28 봉상전(捧上錢): 전세로 상납할 돈으로, 상납전이라고도 한다.

어느덧 8월 어느 날에 당신과 죄인 10여명을 서울의 감옥소로 옮겨 가두었다. 그 뒤에 아무 아무개와 함께 길을 알아보려고 했으나 얻지 못하여 어쩔 수 없이 9월경에 동생 낙봉 및 전장섭과 함께 서울에 가서 입정동(笠井洞)의 조주사(曺主事)집에 묵었다. 차례로 와서 동참한 사람은 권병덕(權秉悳)·한덕구(韓德九)·편창구(片彰九)·송태진(宋泰鎭)이었고, 왕래하며 힘을 다해 주선한 사람은 김지택(金知擇)·손광수(孫光洙)·정량(鄭樑)·최류현(崔琉鉉)·원용일(元容馹)·김영하(金永河)·곽기롱 ·김낙정(金洛貞)과 각 관내(管內)의 아무 아무개이었다.

차차 은밀히 탐문해보았더니, 당신(當身, 구암어른)의 상처는 점차 효과가 있었으나 조사할 때에 결연하게 굴복하지 않자 저 민직이 몰래 흉계를 내어 굴종하는 글을 자신이 써서 올려 보냈다고 하였다. 편창구가 말하기를, "조주사 형제가 감옥에 아는 사람이 있다"고 했기 때문에 조주사 형제와 함께 밤낮으로 일을 도모했으나 성사시키지 못하고 잃어버린 것이 몇 만 냥이나 되었다.

어느덧 임인년(壬寅年, 1902)이 되어 감옥소의 청사(廳使, 심부름꾼)를 만나 자리 하나를 얻어 차차 비밀리에 소식을 주고받았는데, 당신의 얼굴위의 상처는 점차로 회복되었고, 조사를 받는 자리에서 비록 모진 고문을 받았으나 끝내 굴복하지 않았다고 하였다.

권병덕이 지난해 부친상을 겪고 다시 아내를 여의는 아픔을 당하였는데, 형편이 어찌할 수가 없을 때 딸 1명을 둔 어떤 과부에게 청혼을 했더니 순종을 하였다. 당신의 식사가 불편했기 때문에 형들과 서로 의논하여 집 한 채를 전세(全貰)로 얻어, 우선 결혼을 하지 않고 동거(同居)하며 아침저녁밥을 바치는 일을 몇 달 동안 하였다. 하지만 당신께서 아침저녁식사가 불편하다고 하시고 작은댁을 올라오게 하라 하시므로, 한양동(漢陽洞)의 집 한 채를 전세로 얻어 이사하고 식사를 바치는 일에 더욱 갑절로 정성을 들였다. 제공하는 일이 전보다 갑절이나 힘들었다. 그 때의 상노(床奴)는 김성봉(金成鳳)이었다.

하루는 밀서(密書)가 있었는데, 그 편지 안에 "공주에서 길을 떠나는 날 새벽녘에 비몽사몽(非夢似夢) 중에 하늘에서 큰소리로 말하길, '억천년이 지나도 산은 여전히 푸르고, 보름날 밤이 되면 달은 다시 둥글어진다'고 하였다" 라고 하시다. 모두 지휘를 따라 규칙을 어기지 않고 각 처의 교인마다 몇 십·몇 원·몇 전을 올려 보내었다.

어느덧 계묘년(癸卯年, 1903)에 다시 하루는, 당신의 밀서가 도착하였는데, "의주(義州) 박성근(朴性根)이 재판장(裁判長) 민병한(閔柄漢)씨·감옥서장(監獄署長) 김병선(金秉善)씨와 아주 가까운 사이여서 이루어지지 않는 일이 없다고 하며, 납속(納贖)을 상주(上奏)하는 것이 가장 좋다고 하니 어떻게 하면 좋겠는가"라고 하였다. 동생 김낙봉·권병덕과 서로 의논하여 일을 도모할 계획을 세웠다. 그래서 은밀히 각 접에 알렸더니, 각 처의 여러 교인들 아무 아무 개씨가 밤낮을 가리지 않고 몰래 왕래하여 하나로 단결하였다. 그러니 하늘이 어찌 구제하지 않겠는가. 이때부터 몰래 포교하는 것이 날로 더욱 확실하게 드러났고 물건도 많아져서 박성근·민병한·김병선과 몰래 서로 의논하였으나 몇 달이 되어도 일은 이루지 못하고 어느덧 갑진년(甲辰年)이 되었다.

하루는 민병한씨가 김연수(金演洙)와 박성근(朴性根) 두 사람의 일로 상주(上奏)하였는데, 성근은 허락하지 않으시고 김연수는 갑자기 칙령(勅令)이 내려졌다고 하였다. 또 하루는 당신께서 용연(龍淵)·충효(忠孝)·인지(仁智)·청신(淸愼)의 8글자를 몰래 적어서 동생 낙봉에게 보내셨다. 9월 6일에 당신께서 천은(天恩)을 입어 석방되었다. 법부대신(法部大臣) 김가진(金嘉鎭)[29]씨가

---

29 김가진(金嘉鎭): 1846~1922. 호는 동농(東農)이고 본관은 안동이다. 뒤에 상해로 망명해 독

대궐 안에서 민병한씨를 만나 따져 말하기를, "너는 양반이고 내가 상놈이라고 하여 상관(上官)도 모르게 죄인을 풀어주느냐"고 하니, 병한씨가 대답하기를, "그 죄인은 죄가 없는 사람으로 여기에 있으니 다시 가두고 마음대로 하라"고 하였는데, 뜻밖에 10월 3일에 조사할 일이 있다고 하여 평리원(平理院)[30]에 다시 갇혔다. 그러나 몇 달 만에 법부대신 김가진씨가 바뀌고 권중현(權重顯)씨가 새로 부임한 뒤에 하루는 병한씨가 법무대신에게 보고하여 12월 6일에 바로 지령(旨令)을 내려 풀려나셨다.

億千年去山猶碧 억천년이 지나도 산은 여전히 푸르고

十五夜來月復圓 보름날 밤이 되면 달은 다시 둥글어진다

구암선생님께서 감옥에 갇혀있을 때에 종사(從事)한 두령(頭領)은 고산(高山)의 이용태(李容泰)·윤영교(尹榮喬)·길종태(吉鍾泰)·김유방(金裕芳)·조병호(趙炳鎬)·갈대근(葛大根)·고종석(高鍾碩)·길창순(吉昌淳)·김중술(金仲述)·오진원(吳鎭元)·최영택(崔永澤)·고영식(高英植)·김진옥(金鎭玉)·오병덕(吳秉悳)·김재기(金裁基)·이평선(李平善)·오용대(吳龍大)·윤태봉(尹泰鳳)·고성모(高盛模)·김용섭(金容燮)·이용균(李容均)·이수만(李壽滿)·노필수(盧弼壽)·이용환(李容煥), 연산(連山)의 황재호(黃在鎬)·김영록(金永祿)·김영덕(金永德)·박준근(朴俊根)·국봉환(鞠奉煥), 진산(珍山)의 박동하(朴東夏)·김기운(金基運)·박희평(朴禧平)·최병조(崔炳祚), 임천(林川)의 김제민(金濟民)·김제상(金濟商)·강종대(姜鍾大)·조희수(趙羲秀), 석성(石城)의 김구현(金玖鉉)·김연구(金淵九)·이주성(李柱成)·이윤근(李潤根), 공주(公州)의 김대현(金大鉉)·장기만(張基萬)이었다.

계묘년(癸卯年, 1903)때 삼자(三字)를 달개(達開)하다.

을사년(乙巳年) 음력 1월 13일에 구암선생님께서 진도(珍島) 군아(郡衙)에

30 평리원(平理院): 1899년 5월부터 1907년 12월까지 존속되었던 최고법원을 말한다.

행차하셨다. 군수 권중면(權重冕)씨가 몰래 거처하시라고 요청한 일이었다.

이 해 3월에 자식 영식(永植)의 혼사를 함평군의 정난용(鄭欄容)씨의 여식으로 정하였다. 성혼예식(成婚禮式)을 치룬 지 3일 만에 영식(永植)이만 부안군 신성리(新成里) 본가로 보내고, 나는 배를 타고 진도군청에 가서 구암선생님을 뵈었다. 20여일을 머문 뒤에 집에 돌아오니 아내가 말하기를, "도(道)도 좋고 선생님도 응당 가서 뵙는 것이 의리에 합당하지만 딸자식 3형제를 결혼시킬 때도 지목(指目) 때문에 나타나지 않고 아들자식 하나를 혼례를 치르고서 170리가 넘는 길을 혼자 보내니 마음에 신신(薪薪)하고 남이 보기에도 무정(無情)하다고 합니다"라고 하였다. 선생님께서 이 해 5월에 서울 평동(平洞)의 본댁(本宅)으로 돌아가셨다.

병오년(丙午年) 1월 1일에 손의암(孫義菴)어른이 일본으로부터 조선으로 돌아오셨다는 소식을 구암선생님께서 듣고 말씀하시기를, "범범(凡凡)한 친구라도 외국에 있다가 오면 앉아서 보는 것과 가서 보는 것이 매우 다르다. 더욱이 해월대신사(海月大神師)의 슬하에서 몇십년 동안 함께 있었는데, 앉아서 보는 것은 옳지 않다. 중도에 가서 보는 것이 어떠한가"라고 하시었다. 나와 권정암(權貞庵) 및 원신암(元愼庵)이 선생님을 모시고 1월 1일에 차를 타고 대구부(大邱府)에 가서 의암 손병희씨를 만나 같이 일을 진행할 때에 이용구(李容九)[31]가 불복(不服)하자, 이용구 등 교령(敎領) 60여명을 의암어른께서 교단에서 쫓아내셨다.

병오년(丙午年) 어느 달에 각 처의 교도(敎徒)들이 사문(師門)의 적통(嫡統)이 구암선생에게 있는 것을 모두 알고 있는 바인데 의암어른이 교무(敎務)를

---

31 이용구(李容九): 손병희의 지시로 진보회를 조직해 동학 재건에 나섰으나 친일행각을 벌이자 축출되었다. 손병희가 천도교를 창건하자 시천교를 창건해 김연국을 대예사로 추대했고 연달아 송병준을 영입해 친일행각을 벌였다.

총괄하여 모든 일이 진행되지 못하는 것을 유감으로 여겨 사람들의 마음이 복종하지 아니하였다. 그리하여 그때 천도교(天道教) 고문(顧問) 권동진(權東鎭)[32]·오세창(吳世昌)[33]과 금융관장(金融觀長) 윤귀영(尹龜榮)등이 우리 형제 및 권정암(權貞菴)과 협의하고, 사문(師門)의 종통(宗統)에 있어 적통인 구암선생을 대도주(大道主)로 모시지 아니하고 의암어른이 도주(道主)를 자처하기 때문에 교무(敎務)가 발전하지 못한다고 하여 의암어른에게 사퇴를 권고하였다. 교인 전체의 공론에 따라 정미년(丁未年, 1907) 7월 30일에 구암선생을 대도주로 받드는 예식을 거행하고 기념장(記念章)을 교원(敎員, 교단의 임원)에게 반포하였다.

정미년(丁未年) 3월경에 동생 연암(淵庵)이 금융관장을 맡았다.

이 해 7월에 연암이 금융관장의 자리에서 물러난 뒤에 금융관장을 맡았다가 9월에 그만두었다.

이 해 10월에 신도사(信道師)를 맡았다.

의암어른이 교중(敎中)의 공론에 따라 대도주(大道主)의 직임을 사퇴하였으나 향수금(享需金)을 개인적으로 받아 용종도장(龍宗圖章)을 몰래 사사로이 새겨서 교단 안에 반포하여 인심을 현혹하고 대교령(大敎領)을 몰래 불러 제멋대로 호를 내렸다.

해월대신사께서 비밀리에 구암선생에게 물려주신 교사(敎史)를 양옥묵(梁沃黙)으로 하여금 변경하여 저술하게 해서 천약종정(天約宗正)이라고 이름하여 몰래 간행하였다. 그 심복들을 데리고 제멋대로 바꿔서 교무(敎務)와 종통(宗統)을 어지럽히기 때문에 구암선생님께 동생 낙봉 및 권병덕과 상의하

---

32 권동진(權東鎭): 1861~1947. 호는 애당(愛黨)이고 본관은 안동이다. 천도교에 입교한 뒤에 도호(道號)는 실암(實菴)이다. 민족대표 33인의 한사람이다.
33 오세창(吳世昌): 1864~1953. 자는 중명(仲銘)이고 호는 위창(葦滄)이며 본관은 해주이다. 민족대표 33인의 한사람이다.

여 사문(師門)의 유훈(遺訓)과 교종(敎宗)의 진경(眞經)을 어길 것을 걱정하여
여러 차례 아뢰었다. 선생님께서도 그런 걱정이 없지 않아, 이 해(1907년)
12월 4일에 의암에게 의롭지 않은 일을 조목조목 적어 대도주의 인(印)과 함
께 싸서 보내었더니, 의암이 받지 않고 돌려보내었다. 다음날에 선생님께서
다시 보내셨더니 다시 받지 않고 돌려보내기에 선생님께서, "대도주의 인장은
한사람의 물건이 아니다"라고 하시고 중앙총부(中央總部)로 보내셨다.

무신년(戊申年) 1월 15일에 의암이 와서 사과하기를, "의롭지 않은 일은
지금 이후로는 절대로 하지 않겠다"고 하였으나 선생님께서는 전혀 듣지 않
으셨다. 그 뒤에 의암어른이 다시 홍병기(洪秉箕)와 이종숙(李鍾淑)으로 하여
금 서간(書簡) 2통과 몇 사람의 증약서(證約書)를 함께 보냈는데, 그 내용은,
"지금 이후로는 교단 안의 크고 작은 일과 암호(菴號)[34]에 관한 모든 권한을
대도주에게 위임한다"고 하였다. 또한 증약서를 보냈는데, 김낙철·박인호·
이종구·홍병기·권병덕의 이름을 연이어 적고 우리 교단 전체가 평화롭게
앞으로 나아가기 위해 왼쪽에 여러 조항을 열거하여 약속을 증거한다고 하
였다.

하나. 질서를 바로잡는다.

하나. 명령에 복종한다.

하나. 규칙을 준수한다.

하나. 서로를 막론하고 마음을 합해 이치를 분별하며 혹시라도 갈라지는
       일이 없게 한다.

하나. 오늘 이전의 일은 일체 거론하지 않는다.

포덕(布德) 49년 15일

---

34 암호(菴號): 최시형은 동학을 재건하면서 이름에 시(時)를 넣게 하였고 그 뒤 암(菴)을 넣은 호
  를 주어 동학의 계통을 표시했다. 도통을 전수한 교주가 암호를 주는 권한을 가졌다.

대도주(大道主) 각하(閣下)

다시 지방의 천주(薦主)[35]와 증약서(證約書)에는 차례로 인장(印章)을 찍음.

구암선생이 영영 나오지 않으시고, 대도주의 직임에서 물러나셨기 때문에 천도교중앙총부에서 대도주는 박인호가 되었으나 교단의 일은 여전히 의암어른이 전적으로 처리하였다. 의암은 성사(聖師)[36]를 자칭하였다.

이때 이용구가 천도교에서 출교(黜敎)를 당하여 자신을 믿고 따르는 교도를 모아 교우동지구락부(敎友同志俱樂部)를 조직하고 있다가 종통계승(宗統繼承)이 구암선생에게 있다는 것을 알고 있는 처지에서 구암선생께서 천도교에서 물러나셨다는 소식을 들었다. 그래서 동생 연암과 권정암의 소개로 여러 차례 선생님에게 나아와 아뢰기를, "우리 교(敎)의 종통은 해월선생님이 구암선생에게 전수하신 것은 이미 상세히 알고 있습니다. 이런 때에 교단의 정무가 병립하지 않으면 매우 어려우니 교(敎)는 선생님께서 전적으로 주관하시고, 회(會, 동학교단의 일)는 제가 주관해서 교단의 일을 함께 세우기를 바랍니다"라고 하였다. 그래서 선생님께서 그것을 허락하여 시천교(侍天敎)를 조직하였다.

정미년(丁未年) 6월 2일은 구한국(舊韓國, 대한제국) 광무(光武) 11년 양력으로 7월 12일이었다. 이용구와 송병준(宋秉畯)[37]이 두 분 선사(先師)를 신원(伸冤)하는 일을 법부(法部)에 호소하니 대신 조중응(趙重應)이 그 안건을 각의(閣議)를 거쳐 상주(上奏)해서 재가를 받아 신원하는 일을 해결하였다.

이 해 12월 16일에 나는 일반 교우와 함께 협의하고 각 포(包)의 교령(敎

---

35 천주(薦主): 인물을 추천하는 사람을 말한다.
36 성사(聖師): 천도교가 창건된 뒤 1세 교주인 최제우를 대신사, 2세 교주인 최시형을 신사라 불렀는데 3세 교주 손병희에게는 성사라 부르게 했다. 한편 시천교에서는 최제우를 천사, 최시형을 대신사라 부르기도 했다. 그리하여 종래 인간 중심적 대선생과 대주인 또는 선생과 주인이 이때부터 서구 종교적 색채가 강한 신비적 명칭으로 바뀌었다.
37 송병준(宋秉畯): 1858~1925. 일진회를 조직하여 이용구와 함께 친일활동을 하였다.

領)과 의결해서 구암어른을 시천교(侍天敎)의 대예사(大禮師)로 모셨다.

이 해 12월 18일에 선생께서 이용구에게 봉암(鳳菴)이라는 호를 내렸다.

무신년(戊申年, 1908) 1월에 두 분 선사(先師)의 진상(眞像, 초상화)을 그려서 봉안하려고 제세주(濟世主, 최제우)의 수양딸 사위인 정울산(鄭蔚山)[이름은 잊어버림]을 경주부(慶州府) 가정리(柯亭里)에서 초청해서 맞아들여 선생님의 모습을 듣고, 서울에서 화사(畫師, 화가) 안중식(安中植)[38]을 불러와서 모사하였다.

이 해 6월에 서울의 대사동(大寺洞)과 청석동(靑石洞)에 본 교당(敎堂)을 건축할 때 일반교인이 성심으로 의연금(義捐金)을 내어 3년 안에 준공할 것을 보고하고, 교인에게서 구리조각과 쇠붙이를 모아서 법종(法鍾)을 주조하였다.

기유년(己酉年) 3월에 나는 동생 낙봉·권병덕(權秉悳)·최유현(崔琉鉉)·원용일(元容馹)·곽기룡(郭騎龍)과 함께 관도사(觀道師)를 맡았다.

기유년(己酉年) 3월에 경주군 남문 밖의 봉황대(鳳凰坮)에 대원교당(大原敎堂)을 세웠다.

경술년(庚戌年) 10월에 교당을 준공했는데, 교령인 사촌동생 낙정의 관내(管內) 교인들이 의연금을 전적으로 부담한 데 따른 것이었다. 의연금을 낸 사람의 이름을 현판에 새겨 교당 안에 걸었다. 이 해 4월에 나에게 전도부장(傳道部長)을 맡겼고, 그 뒤에 다시 삼남순회교사(三南巡回敎師)를 맡겼다.

이 해 12월 21일 하오(下午) 11점(點)에 특별히 치성예식(致誠禮式)을 마련하고, 나와 권정암이 구암선생에게 시천주조화정수명활인만사지(侍天主造化定受命活人萬事知)[39]라는 주문(呪文)을 함께 받았다.

---

38 안중식(安中植): 안중식(安中植)은 안중식(安仲植)의 오자. 호는 심전(心田). 구한말의 유명한 화가로 이용구의 부탁으로 최제우의 초상을 그렸다고 전해지는데 이 초상화가 오늘날 모든 의식에 사용되고 있다.
39 시천주조화정수명활인만사지(侍天主造化定受命活人萬事知): 이 주문(呪文)은 동학의 13자 주문인 시천주조화정영세불망만사지(侍天主造化定永世不忘萬事知)를 약간 변형시킨 것이다.

신해년(辛亥年) 1월 17일에 구암선생님께서 용산(龍山) 도화동(桃花洞) 이용구의 본가(本家)에 갔는데, 이 날 하오(下午) 10시에 천단(天壇)를 만들고 이용구가 선생님께 제자로서의 예(禮)를 행할 생각으로 천사(天師, 최제우)에게 고(告)하였다. 용구가 몇 년 동안 사회에 나가 도심(道心)을 전혀 잊어버린 잘못을 참회하는 뜻으로 축문(祝文)을 천사 성령(聖靈)에 고하고 다시 입교(入敎)를 하였다. 그 때에 봉도(奉道) 권병덕과 교장(敎長) 박형채(朴衡采)가 좌우에서 모시고 서있었다.

이 해 2월에 동생 연암이 다시 13자 주문(呪文)을 구암선생님께 직접 받았다.

이 해 3월에 성도사(誠道師)를 맡게 되었다. 그 때에 이용구가 약을 먹으려고 일본 수마(須磨, 역의 이름)로 갔다.

이 해 5월 11일에 구암선생님께서 경주의 대원교당(大原敎堂)에 가서 머무르시다가 7월 10일에 당신께서 권병덕과 박병양을 데리고 일본 수마(須磨)에 가서 머무르며 이용구를 만나셨다. 권병덕은 며칠 뒤에 돌아왔으나 박병양은 옆에서 모시며 머물렀다.

이 해 8월 8일에 김지택(金知擇)의 대부인(大夫人, 어머니) 종상(終喪)날이기 때문에 8월 5일에 지택의 집에 갔다. 그 때에 큰 비가 와서 조문(弔問)을 하고 다음날 6일에 조치원역(鳥致院驛)에 가서 하오(下午, 오후) 2시에 ■…■ 기선(汽船)을 타고 다음날에 마관역(馬關驛)에 내렸는데, 마침 직행선(直行線)이 있어 수마역에 내렸다. 해월관(海月館)에 찾아가서 선생님을 뵙고 이용구와 박병양을 만났다. 날마다 박병양과 함께 이용구의 사저(私邸)에 왕래하며 기식(寄食)하고 선생님께서는 해월관에서 기식(寄食)하시다가, 즈음하여 거의 1달 동안 고베(神戶)·오사카(大판, 판은 阪의 오식)·도쿄(西京) 등의 각 처를 돌아보고, 다시 화괴여관(花壞旅館)에 묵으셨다.

이 해 8월 11일에 송병준씨가 해월관에 와서 구암선생님을 뵙고 동경(東京)에 갔다.

이 해 8월 26일에 이용구가 구암선생님께 와서 말하기를, "송병준은 반은 교인(敎人)이고 호사가(好事家)이며 욕심이 많은 사람인데, 잘 쓰시면 도(道)의 일을 잘 살필 수 있을 것이니 교직(敎職)과 도호(道號)를 선생님께서 특별히 내려주십시오"라고 하니, 선생님께서 허락하셨다.

이 해 8월 29일에 선생님께서 수마(須磨)의 해월관에서 송병준에게 제암(濟菴)이라는 호를 내리셨고, 이 날에 다시 선생님께서 송병준에게 종무사(宗務師)의 교첩(敎牒)을 내리셨다.

이 해 9월 3일에 선생님께서 수마에서 지석환(池錫煥)을 시켜 송병준의 호첩(號牒)과 교첩(敎牒)을 서울의 권병덕에게 보내어 남산정(南山町) 송병준에게 전하라고 하셨다. 그 날에 선생님을 모시고 조선에 건너가려고 차를 탔다.

이 해 9월 말에 선생님을 모시고 평북(平北, 평안북도) 영변군(寧邊郡)의 박병양의 집에 가서 몇 달 동안 머무르다가 모시고 돌아왔다

임자년(壬子年, 1912) 1월 7일에 선생님께서 송제암(宋濟菴, 송병준)과 상의해서 종무장(宗務長)에 권병덕을 임명하였다.

이 해 1월 8일에 송병준의 종무사(宗務師)의 무(務)자를 리(理)자로 바꿔 종리사(宗理師)의 교첩(敎牒)을 주었고, 이용구를 종례사(宗禮師)로 선임(選任)하였다.

일본 수마에 머물고 있는 이용구의 병세가 매우 위급하다는 전보가 조선의 서울에 왔기 때문에 선생님께서 대표로 나를 보내셨다. 그래서 일본 수마의 이용구집에 갔다.

이 해 3월 24일 오전 8시에 박형채가 이용구의 가르침을 받들고 송병준에게 전교문(傳敎文)을 써주었는데, "제세주(濟世主)·해월대신사(海月大神師)·

구암대례사(龜菴大禮師)·봉암(鳳菴) 이용구가 차례대로 종통을 이었고, 봉암 이용구는 제암 송병준에게 종통을 전수한다"고 하고, 이용구의 이름아래에 도장을 찍었다. 이때에 옆에 있던 사람은 박형채·김승국(金昇國)·한남기(韓南基)·한정규(韓貞奎)·동운경(董雲卿)·최운섭(崔雲燮)·최영구(崔榮九)·김영학(金永學)·엄주동(嚴柱東)·지석환(池錫煥)이었다. 이용구가 말하기를, "제암 송병준은 반은 교인이니 이 글을 대례사(大禮師, 구암)에게 보이고 송제암에게 전하여 도를 믿게 하라"고 하였다. 다시 말하기를, "내 재산은 송제암에게 감독을 부탁하되, 재산의 절반은 시천교당(侍天教堂)에 맡겨 매년 임원들의 월급을 지불하고, 또한 그 절반에서 매년 나의 제사를 부탁한다. 나머지 반을 매년 나의 유족에게 주되 그 중의 이자 10분 3은 일을 주관하는 자가 사용하라"고 하였다.

이 해 4월 어느날에 영암(令菴) 손광수(孫光洙)와 사촌동생 낙정(洛貞)이 관도사(觀道師)의 종위(宗位)에 선임되었다.

이 해 10월 16일 오후 11시에 특별히 천단(天壇)을 설치하고 선생님의 분부를 받들어 내가 권병덕에게 다시 입교하는 예로 전수하였다. 축문(祝文)은 변방기(邊方基)가 읽었다. 예식이 끝난 뒤에 선생님이 본부하시기를, "주고 받는 사람이 도가 없이는 어렵다. 이것도 5만년동안 대도(大道)를 크게 세우는 기초이니 명심해서 잊어버리지 말라"고 하시었다. 이 일은 권정암(權貞庵, 권병덕)이 자원한 일이었다.

이 해 11월 4일에 선생님께서 송병준의 종리사(宗理師) 직임을 해임하고 종례(宗禮)로 올리고 종리사의 일을 대리(代理)하게 하고, 종문(宗文)을 반포하셨다.

이 해 양력으로 11월 28일부터 30일까지 지방의 교령(教領) 70여명이 모여 본 교당과 장실(丈室)채무를 갚기 위하여 회의를 하였다. 채무(債務)

8,000여 원을 각 교령이 자원해서 담당하기로 결정하고, 그 때의 회계 전태현(全台鉉)이 각각 금액을 받았다.

계축년(癸丑年) 양력으로 2월 6일에 송병준이 선생을 찾아뵙고, 종무장(宗務長) 권병덕 이하 각 임원들을 바꾸는 일을 아뢰었다. 그 뒤로 종무장 권병덕이 바로 그만두었다.

이 해 2월 15일에 선생님께서 봉도(奉道) 박형채에게 분부하기를, "종례사(宗禮師) 송병준을 종리사서리(宗理師署理)의 직임에서 해임하고 동생 낙봉을 종리사로 임명하며, 종무장은 원용일을 임명하여 일을 보게 할 것이니 종례사 송병준에게 가서 말을 하라"고 하니 바로 박형채가 복종하지 않고 집으로 돌아갔다. 그래서 선생님께서 박형채를 5~6번 불렀으나 끝내 오지 않고 어그러진 마음을 가졌다.

이 해 1월 23일 오후 7시경에 원용일이 봉도(奉道) 박형채·종무원(宗務員) 최동섭(崔東燮)·최영구(崔榮九)·정원섭(丁元燮)·염창순(廉昌淳)과 함께 선생님을 뵈었는데, 선생님께서 말씀하시기를, "종례사 송병준을 종리사 서리에서 해임하고 원임(原任, 전임) 송리사(宋理師)는 김낙봉에게 첩(牒)을 내어주라"고 하니, 최영구가 선생님께 아뢰기를, "김낙봉을 종리사로 하는 것은 많은 사람들이 불복하니 김낙철을 종리사로 임명하시면 누가 복종하지 않겠습니까"라고 하였다. 선생님께서 말씀하시기를, "그렇다면 김낙철을 종리사로 뽑노라"고 하시고, "종문(宗文)과 교첩(敎牒)을 최승우(崔承宇)로 하여금 깨끗하게 써서 박형채로 하여금 날인(捺印)을 하라"고 하니, 봉도(奉道) 박형채가 자리를 피하고 복종하지 않았다. 그래서 선생님께서 봉교(奉敎) 변방기(邊方基)로 하여금 대신 도장을 찍게 하여 첩(牒)을 내어주셨다.

이 해 1월 24일에 선생님이 덕천(德川) 고향으로 가신 뒤에 봉교 변방기가 선생님의 분부에 따라 종문(宗文)을 교당에 전했더니, 박해묵(朴海黙)이 종문을 접수하지 못하겠다고 하였다. 또한 박형채가 말하기를, "선생이 종규(宗規)를 어겼으니 접수는 말고 증거물로 두겠다"고 하고, 오후 6시에 사환(使喚) 윤정학(尹正學)으로 하여금 종문을 선생님 집으로 돌려보냈다. 이 날에 박형채와 전태현 등이 와서 종무장 권병덕은 선생의 총기(聰氣)를 가려 종리사(宗理師)를 바꾸게 하고 교단의 재정을 훔쳐 먹어 법도를 어지럽힌 적류(賊類)이므로 출교율(出敎律)에 처하겠다는 공시(公示)를 지방에 반포하였다.

음력 1월 29일. 양력으로 3월 6일에 유재풍(劉載豊)·김정국(金鼎國)·문광원(文光元)·최운섭(崔雲燮) 등 30여명이 본 교당에 모여 박형채와 전태현 등의 불법행위를 질문하니 모두 굴복하였다.

음력 2월 3일. 양력으로 3월 10일에 유재풍·김정국·문광원·최운섭( )등 4명이 송종례사(宋宗禮師)에게 가서 박형채와 전태현 등이 불법행위를 한 사실을 말했더니, 송병준이 말하기를, "임원 등이 선생님의 명령을 복종하지 않았으니 바꾸기는 할 것이나 나는 종리사 서리의 직임을 그만두지 않겠다"고 하였다.

음력 2월 6일. 양력으로 3월 13일 밤에 박형채와 전태현 등이 구암대례사를 대도사(大道師)로, 죽은 봉암(鳳菴) 이용구를 대례사(大禮師)로, 종례사(宗禮師) 송병준을 대주교(大主敎)로 받든다고 하는 공시(公示)를 제멋대로 300여 장을 급히 써서 지방에 반포하였다고 한다.

음력 2월 16일. 양력으로 3월 23일에 서울의 교인 한창회(韓昌會)·박노(朴魯)[40]·금운(琴雲)·이심호(李心湖)·범철(範哲)[41]등이 북부(北部) 중학교(中學校) 예빈동(禮賓洞)에 전교실(傳敎室)을 마련하였다.

---

40 박노(朴魯): 박노학(朴魯學)을 가리키는 듯하다.
41 범철(範哲): 이범철(李範哲)을 가리킨다.

음력 2월 18일. 양력으로 3월 25일에 신임 종리사 김낙철이 출석하여 일을 보라는 훈유(訓諭)가 내려왔기 때문에 변방기(邊方基)·이근상(李根尙)·허진(許鎭)·홍봉현(洪鳳鉉)을 함께 데리고 본 교당에 출석하여 박형채와 전태현 등을 앉으라하고 선생의 명교(命敎)를 전했으나 박형채와 전태현 등이 복종하지 아니하였다.

양력 3월 29일에 서울과 지방의 교인 손필규(孫弼奎)·이근상(李根尙)·이범철(李範哲)·박노학(朴魯學)등 40여명이 박형채와 전태현 등의 불법행위와 전후 교단 안의 사실을 적은 포고문(布告文)을 지방교인에게 반포하였다.

음력 2월 23일. 양력으로 3월 그믐 경에 염창순과 박해묵이 대도사(大道師)·대례사(大禮師)·대주교(大主敎)를 받들어 모신다는 품고서(稟告書)를 가지고 가서 평안남도 덕천군의 선생님에게 올리겠다고 하고, 가는 길에 개천군(介川郡)의 전보국에서 본 교당으로 전보를 하였다. 박해묵이 그 사유(事由)를 대강 아뢰고 그 품고서를 선생님께 올렸더니, 선생님이 크게 화를 내며 분부하기를, "이러한 대사(大事)를 하려면 수십일 전에 기약하고 또한 지방의 두령과도 상의한 뒤에 할 일인데, 그저께 일을 1,000리가 넘는 곳에 오늘에 와서 보고하니 이것은 품고서가 아니라 명령서이다"라고 하고 바로 물리셨다. 크게 화를 내고 꾸짖기를, "너는 선정(先程)[42]의 자손이 아닌가? 선정의 자손 같으면 이처럼 무례한 일을 하겠는가"라고 하시니, 해묵이 정신없이 사죄하였다. 다시 크게 꾸짖기를, "무도(無道)하고 무례하며 무리(無理)한 일이다"라고 하고, 해묵에게 "너희들의 글씨로 편지를 써서 가지고 가라"고 하였다. 그랬더니 해묵이 무안하여 자신이 써서 선생님께 아뢰고 다음날 이른 아침에 품고서를 다시 가지고 왔다고 하였다.

---

42 선정(先程): 선정(先正)의 오기로 보인다.

음력 2월 26일. 양력으로 4월 2일에 송병준이 시골에 가서 없었는데, 박형채와 전태현 등이 구암대례사를 대도사(大道師)로, 이미 죽은 봉암(鳳菴) 이용구를 대례사(大禮師)로, 종례사(宗禮師) 송병준을 대주교(大主教)로 높이는 예식을 본 교당에서 제멋대로 치르어 한남규(韓南奎)씨와 여러분들의 욕설이 매우 많았다고 한다.

음력 3월 8일. 양력으로 4월 14일에 박형채·전태현·박해묵·김용진(金容鎮)·최동섭 등이 구암선생의 명교(命教)를 거치지 않고 교단안의 큰일을 제멋대로 단행했으니 교률(教律)로 출교(黜教)하라는 종문(宗文)이 왔다. 그래서 신임 종리사가 종문을 교당에 보내니 저들이 욕을 하며 따르지 않고 종문을 찢어버렸다.

음력 3월 10일. 양력으로 4월 16일은 제세주(濟世主)가 형(刑)을 받은 것을 기념하는 예식날이었다. 지방의 교인들이 ▣…▣ 박형채 등이 주관하였기 때문에 정원섭(丁元燮)·이승규(李昇圭)·구락서(具洛書)가 공포(公布)하기를, "송병준과 박형채를 옳다고 하는 교인은 이 예식에 동참하고, 구암선생을 따르는 교인은 사직동(社稷洞)의 선생님 본댁으로 가서 예식을 치루자"고 하니, 지방의 교인 400여명이 사직동으로 가고, 오문흠(吳文欽)·최승수(崔承守)·최승우(崔承宇)·김명수(金鳴鷭)·송홍서(宋弘瑞)·이순조(李舜祚)등 30여명만 사동(寺洞)의 교당예식에 동참하였다. 최인암(崔仁菴)은 오지 않고, 원신암(元愼菴)은 참석하지 않고서 사동의 교당에서 음복(飮服)하였다고 하였다. 곽청암(郭淸菴, 곽기룡)은 오지 않고 나중에 중립을 말했다고 한다.

음력 3월 11일. 양력으로 4월 17일에 교무정리위원(教務整理委員) 20명을 정하여 본 교당의 사무를 정리하려고 하니, 박형채 등이 예식에 불참하였으니 교인이 아니라고 하며 교인을 내쫓고 사무실을 봉쇄하였다.

음력 3월 13일. 양력으로 4월 19일에 송병준이 교당(教堂)의 증명을 백완

혁(白完赫)과 최상돈(崔相頓)으로 보증인을 세워 자기의 사유(私有) 재산으로 경성부(京城府)에 증명을 바꿔서 올렸기 때문에 이의신청서를 제출하였다.

음력 3월 19일. 양력으로 4월 25일에 본 교당에 공시(公示)를 게시하고, 도를 어지럽히는 무리와 서로 다투면 도덕상 원리(元理)에 훼손이 있을 것을 걱정하여 지방의 교우에게 모두 내려가라고 타일렀다.

음력 3월 20일. 양력으로 4월 26일에 박형채 등이 난류배(亂類輩)로 하여 금 술 먹고 욕을 하게하여 행패가 견줄 데가 없었기 때문에 성토문(聲討文)과 고절문(告絶文)을 발표하였다.

3월 25일. 양력으로 5월 1일에 중부(中部) 동곡동(東谷洞)에 시천교총부(侍天教總部)를 새로 만들어 사무를 나누었는데, 총감부(總監部)[43]에서 같은 이름의 월보(月報)를 인정하지 않았다. 그리하여 우리 교(教)는 제세주가 창립하였기 때문에 제세교(濟世教)로 바꾸려고 하였으나 총감부에서 인정하지 않으므로, 그대로 시천교 총부로 문패를 부쳤다. 이 해 양력 6월 1일에 총부(總部)의 총회에서 의결하여 구암대례사를 대교주(大教主)로 모셨다.

음력 5월 5일. 양력으로 6월 9일에 선생님께서 종위(宗位)와 종직(宗職)을 조직하셨는데, 대종원장(大宗院長)과 부장(副長), 종리장(宗理長)과 부장이 있었고, 나를 대종원장에 임명하셨다.

음력 4월 19일. 양력으로 5월 24일에 선생님과 사모님이 덕천군(德川郡)의 본댁으로부터 오후 7시 10분에 용산역(龍山驛)으로 돌아오셨는데, 환영하는 교인이 수 백명이었다.

4월 27일. 양력으로 6월 1일에 일반교인이 총부(總部)에 많이 모여 선생님을 대교주(大教主)로 모시는 예식을 거행하였다.

---

43 총감부(總監部): 조선총독부에는 총독을 두고 그 보좌기관으로 정무총감(政務總監)을 두었는데 여기 총감부는 정무총감을   말한다.

4월 28일. 양력으로 6월 2일 오전 9시에 선생님께서 최인규(崔仁奎)·최유현(崔琉鉉)·신암(愼菴) 원용일(元容馹)·정암(貞菴) 권병덕(權秉悳)·동생 연암(淵庵)·순암(純菴) 박승건(朴勝健)에게 명령하시기를, "연원(淵源) 2자는 시행하지 말고, 대교주 이하 성도사(誠道師) 김낙철 이하로 하나로 묶으라"고 하시니, 최인암과 원신암이 나와서 아뢰기를, "이후에는 그렇게 될지라도 지금 자리를 나눌 때에 지방의 인심이 그렇지 아니할 듯하니 아직 예전대로 하는 것이 크게 좋을 듯합니다"라고 여러 차례 말씀을 드렸다. 선생님께서 하신 분부에, "권정암과 박순암은 양단간(兩端間)에 말하라"고 하시니, 두 사람이 다시 아뢰기를, "선생님이하 용암(龍菴)이하로 하나로 묶는 것이 가장 좋습니다"라고 하였다. 선생님께서 최유현과 원용일을 돌아보며 분부하기를, "그렇다면 지금부터 한마음이 되겠느냐?"고 하시니, 최와 원 두 사람이 말하기를, "그렇다면 한마음으로 하겠습니다"라고 하였다. "그렇다면 뒤에 차차 볼 것이다"라고 하시고, "원(元)과 최(崔) 두 사람은 우선 예전대로 하라"고 하시었다. 정암은 내 이름아래 계속 이름을 적고, 동생 연암도 똑같이 분부를 받들어 전교문(傳敎文)을 제정하였다.

4월 29일. 양력으로 6월 3일 오전 8시에 대례사(大禮師)의 인장(印章)을 대교주(大敎主) 인장으로 개정(改定)하였다.

5월 17일. 양력으로 6월 21일에 경도사(敬道師) 최유현·곽기룡, 신도사(信道師) 동생 낙봉·권병덕·원용일 등 5명의 도사(道師)에게 첩(牒)을 내어주었다.

6월 5일. 양력으로 7월 8일에 무극월보(無極月報)의 허가가 나왔다.

6월 28일. 양력으로 7월 31일에 총부(總部)를 사직동(社稷洞) 56통(統) 5호(戶)로 옮겼다.

음력 8월 14일에 제세주께서 해월대신사에게 발(鉢)을 전수하신 것을 기념하는 예식을 처음으로 시행하였다.

광무 10년 병오년(丙午年) 10월 28일에 시천교를 처음 세웠다.

갑인년(甲寅年) 1월 11일에 대교주(大敎主, 김연국)께서 대신사(大神師)께 전발을 받은 기념 예식을 처음으로 행하였다. 본 교(敎)의 월보(月報)인 귀악종보(龜岳宗報) 제1호를 지금 처음으로 간행하여 반포하였다.

갑인년 10월에 교단안의 부정(不正)한 일로 다시 내분이 일어나서 매우 혼란하였다. 나는 한 달 넘게 문밖을 나가지 않았는데, 11월 그믐밤에 정신이 황홀하여 잠을 자려고 했으나 자지 못하고 과거와 현재를 두루 추억하며 생각해보니 마음속이 찢어지다가 정신이 이상하게 어지러웠다. 몇 시경에 갑자기 정신이 맑아져서 칠흙 같은 밤에 해를 보는 것과 같아지며 입에서 말이 나오기를, "잘못했구나. 잘못이로다! 나의 출신(出身)이여. 의암 선생은 바로 해월선생의 정통연원이고 3명중에 주장(主掌)의 임명(任命)을 받았다. 내가 이제 정통주장(正統主掌)의 연원(淵源)으로 갈 것이다"라고 하고, 새벽녘에 정갑수(丁甲秀)를 불러 지난밤의 상황을 설명하였다. 그리고 정갑수로 하여금 의암선생님께 아뢰게 하였다. 의암선생님의 허락이 을묘년(乙卯年) 2월 3일에 내려져서 그 날 바로 의암선생님을 뵈었더니, 의암선생께서 말씀하시기를, "김낙철은 내가 직접 전수하겠다"고 하시고, 그 자리에서 성도사(誠道師)의 직을 전수하는 예식을 거행하였다.

그 뒤에 병으로 자리에 누워 원근(遠近) 동지들의 정신을 수습하며 수련(修煉)으로 날을 보내었다.

정사년(丁巳年) 12월 14일에 성도사(誠道師)의 임명첩(任命牒)을 받았다.